江苏师范大学教育学重点学科经费资助项目

薛伟强 著

晚清满汉矛盾与国政朝局

以统治阶级上层为中心的考察

1884—1912

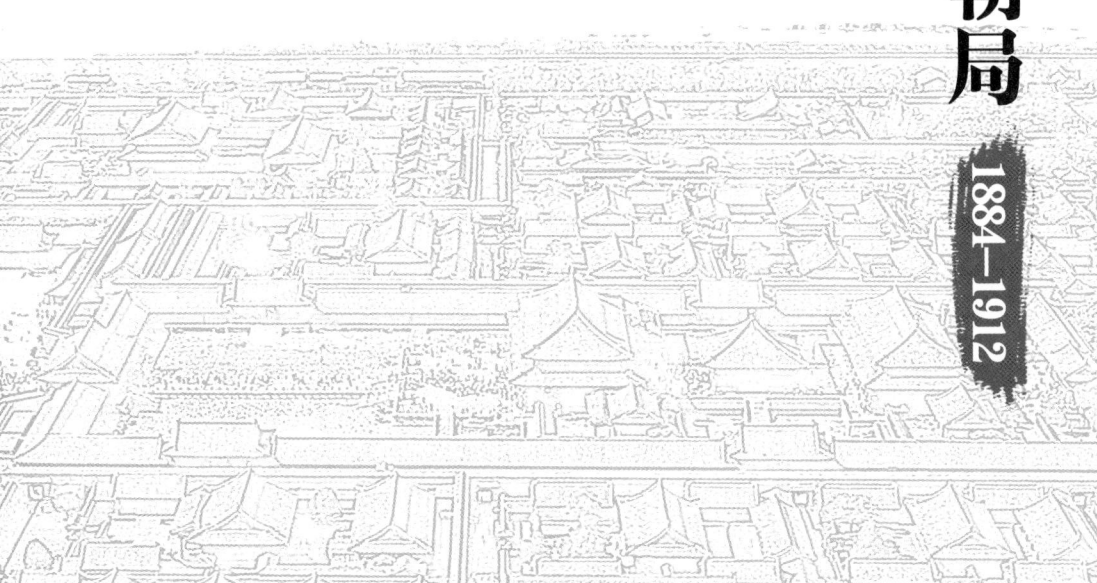

中国社会科学出版社

图书在版编目（CIP）数据

晚清满汉矛盾与国政朝局：1884-1912：以统治阶级上层为中心的考察/薛伟强著.—北京：中国社会科学出版社，2017.12（2018.8 重印）

ISBN 978-7-5203-0669-0

Ⅰ.①晚… Ⅱ.①薛… Ⅲ.①中国历史-研究-清后期 Ⅳ.①K252.07

中国版本图书馆 CIP 数据核字（2017）第 143705 号

出 版 人	赵剑英
责任编辑	宋燕鹏
责任校对	周　昊
责任印制	李寡寡

出　　版	中国社会科学出版社
社　　址	北京鼓楼西大街甲 158 号
邮　　编	100720
网　　址	http://www.csspw.cn
发 行 部	010-84083685
门 市 部	010-84029450
经　　销	新华书店及其他书店

印刷装订	北京明恒达印务有限公司
版　　次	2017 年 12 月第 1 版
印　　次	2018 年 8 月第 2 次印刷
开　　本	710×1000　1/16
印　　张	16.75
插　　页	2
字　　数	288 千字
定　　价	69.00 元

凡购买中国社会科学出版社图书，如有质量问题请与本社营销中心联系调换
电话：010-84083683
版权所有　侵权必究

序 言

董丛林

在清代，因为最高统治者是满人，并连带地存在一个具有特殊政治地位的满洲贵族集团，满汉矛盾也就不仅仅是一般的国内民族矛盾问题，而且密切关联社会的诸多方面，与政局更是紧相牵系。及至晚清，面临"数千年来未有之变局"，列强的入侵使得民族矛盾空前复杂化。中外关系范畴的民族矛盾，成为近代典型意义上的并且也是最为突出的民族矛盾；而性质不同的国内民族矛盾，一般说来自然应该相对淡化和"降位"。然而，因为清朝统治者并没有能够担当起领导国人反对外国侵略的重任，反而在屈辱地妥协投降之路上愈滑愈远，以致到"量中华之物力，结与国之欢心"的地步，与列强的"联体"愈形紧密。又因为满洲贵族集团是清朝统治者的最高阶层代表，这样就使得"反帝"与特定意义上的"反满"，此两者有了不可分割的联系。中国近代的"民族主义"，也就是在这种条件下演绎、蕴蓄和发展，其意涵上的复杂乃至"模糊"不足为奇，其解读的回旋空间亦相当廓大，"满汉矛盾"问题也自在其中。同时，对"满汉矛盾"的审视和阐释，仍然可以有"向内"的角度，即通过对朝纲国政、政局形势及社会诸多相关方面的观照来实现。譬如说满汉矛盾与政局的关系，就不失为一个典型方面。当然，这与中外关系范畴的"民族"问题也无法割裂，只是侧重的方面和角度不同而已。

伟强君的这部著作就是专门研究"满汉矛盾与晚清政局"的。侧重在自1884年的"甲申易枢"直到清朝彻底完结的时段，对前边的相关历史情况亦有铺垫性概要论述，以求整体照应。在侧重考察的时段里，又酌情划分为1884—1899、1899—1905、1905—1908、1908—1912四个小的阶段，各作一章来写。这是时序的纵线，便于显示研究对象发展演变的整体线索。而在各个小的阶段中，不是平铺直叙，而是选取若干节点性的典型事件来细致审视，并且注意前后左右的联系。这样就构成一种纵横结合、平凸交错的格局。其考察的内容和视角，是"以统治阶级上层为中心"，于此"中心"聚焦，又由此"中心"发散。这样的设计和构思，既是对其研究范围上的合适框定，也是彰显其篇章特色的整体基础。

就其选取的节点性事件而言，或性质不同，主体不一，宏微各异，但书中都能有的放矢地酌情处置，适当申论。举例来说，像"甲申易枢"，作为军机处成员大换班事件，是当时清朝权力中枢的非常规人事突变，首先和最主要是针对恭亲王奕?的，从这个意义上说属"满满之争"也未尝不可，该书作者却看到，"那拉氏决定从政治上根除奕?，满汉矛盾亦为其中重要考量"，遂探析个中情由，揭示其结局影响。"东南互保"，则主要是南方省份相关汉族大员在特定形势下与外国方面的议案，也是抛开朝廷的独立行为，书中主要聚焦于汉族官绅的"抗清排满"来予以审视，果有所见。"皇族内阁"，是清朝"预备立宪"的产儿，显然也是对"立宪"的莫大讽刺，书中主要是以"排汉高潮"来看待和阐释的，有其创获。如果说上述事件本身都是为时较短、具体而"微"的事件，那么，辛亥革命则是历时多年、场面宏阔的史事，书中则从"排满高潮"的特定角度来观照。清朝"预备立宪"也是历时数年、事体众多（"皇族内阁"亦在其中）的大事件，并且与"以统治阶级上层为中心"的立意特别契合，书中用最后两章的篇幅予以重点考察，论述较细，且不乏独到见解。

书中论说的理路是清楚的，对相关概念也有明晰界定且能严谨把握。此举一例：像作为核心概念的"满汉矛盾"，对其中"满汉"，指明"满"，"在与蒙古、汉族并列并细分民族时，特指满洲八旗"，"仅与汉族并列时"，"包含所有满洲八旗、蒙古八旗及汉军八旗"；"汉"，则"不包括汉军八旗"。这样，对争议颇多使用涵义上纷杂不一的"满汉"之称，就有了一个自我酌定的义项把握。而对"矛盾"，指明是"取其哲学范畴，指事物内部对立面之间的互相依赖而又互相排斥的关系"，同时说明鉴于研究对象的实际情况，是重在其"斗争排斥方面"。这样交代明确，后边的行文也就有了原则依凭。

在研究方法上，也有其能亮人眼目之处。譬如，计量方法的尝试运用。诚然，"定性"分析是这等内容题材研究中使用的更主要和常规方法，伟强此书也不例外，但同时又注意在适合之处通过"计量"结果说明问题。像自雍正直到晚清多年间是否有皇族亲贵参政、干政，有些论者本"不令亲贵干预朝政"乃清初以后定制之说，持否定之见。而伟强书中则根据量化统计，认定其间不乏皇族亲贵参政、干政之例，实际长期保有这一传统，并通过数字揭示出其具体流变情形，最终证明"皇族内阁"其来有自，并非偶然地一蹴而就。书中载有的多个附表，统计起来绝非轻松，得此"数字成果"，使诸多问题有了"量化"说明的可能。

资料方面，在颇为分散的情况下，作者尽量广泛搜集，并认真鉴别，合理择用，力求以"实"立基，避免虚浮，这一努力自也值得称道。

当然，该书的不足和有待进一步斟酌之处也是存在的。譬如，有的环节上笔墨不够集中，联系、铺垫性内容稍有冗繁之嫌；有的环节上内容较一般化；资料方面虽用力已勤，但限于条件对满文原始资料未能利用，对该书的特定内容来说毕竟也属缺失。该书的初始形态是博士学位论文，我作为指导教师，知道作者当时边工作边写作已颇努力。伟强踏实、勤奋，也有悟性和灵气，而今有了一个更好的发展平台，相信他一定能够在学术上不断进取，多出成果。

目 录

绪论 ··· 1
 第一节 选题旨趣 ··· 1
 第二节 学术前史 ··· 3
 第三节 本书架构 ·· 11
 第四节 挑战创新 ·· 16
 第五节 征引资料 ·· 19

第一章 甲申易枢前满汉矛盾回溯 ································· 21
 第一节 满汉双轨制 ··· 21
 第二节 天命至道光时期满汉矛盾演变 ······················ 28
 第三节 洪杨事变与满汉势力消长 ······························ 34

第二章 甲申至戊戌间的满汉矛盾（1884—1898） ········ 43
 第一节 见微知著——甲申易枢与满汉矛盾 ··············· 43
 第二节 妥协中的猜疑——甲午战争与满汉矛盾 ········ 55
 第三节 保中国与保大清——戊戌变法中的满汉之争 ···· 66

第三章 庚子事变前后的满汉对抗（1899—1905） ········ 81
 第一节 庚子事变——满洲贵族疯狂排汉夺权 ············ 81
 第二节 东南互保与东南意识——汉族士绅断然抗清排满 ···· 94
 第三节 维新·集权·排满——新政初期的满汉矛盾 ···· 107

第四章 预备立宪前期的满汉博弈（1905—1908） ······ 122
 第一节 畛域难平——"满汉之见亘于中" ··············· 122
 第二节 立宪·集权·排汉——满汉之争盛于时 ······· 132
 第三节 排满反清——"革命之声腾于外" ··············· 146

第五章　预备立宪后期的满汉对决（1908—1912）……………158
　　第一节　集权·分权——国会大请愿与满汉之争……………158
　　第二节　皇族内阁——排汉高潮………………………………169
　　第三节　辛亥革命——排满高潮………………………………183

结语……………………………………………………………………198

附录一　清代皇族政治计量考察——以四大中枢机关为核心………207

附录二　清代满汉势力消长统计图表……………………………224
　　表1-1　清代内阁大学士族籍统计表……………………………224
　　表1-2　乾隆以降三殿大学士详表………………………………225
　　表1-3　乾隆以降三殿大学士统计表……………………………226
　　表1-4　嘉庆以降内阁大学士统计表……………………………227
　　表1-5　雍正以降大学士兼军机大臣统计表……………………227
　　表2　清代部院大臣族籍统计表（1644-1910）…………………229
　　表3　清代督抚族籍统计表………………………………………229
　　表4　清代军机大臣族籍统计表…………………………………230
　　表5　清代军机处首枢统计表……………………………………230
　　表6　清代总理衙门大臣族籍统计表……………………………231
　　表7　光绪、宣统朝军机处、总署、部院大臣皇族分年统计表……231
　　表8　1901—1906年皇族部院大臣详表…………………………232
　　表9　1906—1911年皇族部院大臣详表…………………………232
　　表10　光绪朝部院大臣族籍分年统计表…………………………233
　　表11-1　嘉庆朝督抚族籍分年统计表……………………………234
　　表11-2　道光朝督抚族籍分年统计表……………………………235
　　表11-3　咸丰、同治朝督抚族籍分年统计表……………………237
　　表11-4　光绪、宣统朝督抚族籍分年统计表……………………238
　　图一　清代中枢皇族政治变化示意图……………………………239
　　图二　清代中枢大员旗汉比例变化示意图………………………240
　　图三　清代督抚旗汉比例变化示意图……………………………240

参考文献………………………………………………………………241

后记……………………………………………………………………257

绪　　论

第一节　选题旨趣

　　新中国成立以来的相当长时间内,"'历史学'几乎完全可以和'政治史'画等号",政治史"曾经在现代中国的历史叙述系谱中占有至高无上的地位"[①],其核心为革命史、阶级斗争史,其主体内容为奴隶起义、农民起义、资产阶级革命、无产阶级革命和民族解放运动。然自1980年代末起,文化史、社会史、经济史等新兴学科蓬勃兴起,政治史受到"冷落",以致21世纪初学界同人发出了"要重提'政治史'研究"[②]的呐喊。

　　唯权与利最能动人,学界亦未能免俗。这既是新中国成立后30年政治史研究一枝独秀的原因,也是今日日趋低落的背景。政治史之不昌,表面上看是西方话语霸权制约下的无奈结局,但与传统的"政治史"缺乏解释能力和吸引力亦不无关系,除了众所周知的机械教条、片面化、简单化等意识形态因素之外,中国的政治史叙事基本是"制度史"研究的一种翻版,人们在政治史的表述中,"除了了解到堆积出的一系列事件序列和机械的制度描述外,根本无法感受到中国政治运作奇诡多变的态势和与人们日常生活的关联意义"[③]。

　　尽管学界目前对政治史的研究范畴还无公论,但无论如何,政治矛盾和斗争是必不可少的研究对象。列宁认为"政治就是各阶级之间的斗争",固有其一定合理性,然阶级斗争实难涵盖所有的政治斗争。阶级斗争是推动历史发展的动力,但"并不是简单地、直线地、与统治阶级互不相关的自我

---

①　杨念群:《为什么要重提政治史研究》,《历史研究》2004年第3期。
②　同上。
③　同上。

推动"①。辩证唯物主义告诉我们，矛盾具有普遍性或绝对性，"其一是说，矛盾存在于一切事物的发展过程中；其二是说，每一事物的发展过程中存在着自始至终的矛盾运动"②。有矛盾就会有斗争，除了阶级斗争之外，统治阶级内部和被统治阶级内部的矛盾斗争也必然存在。在中国漫长的历史进程中，统治阶级内部的派系斗争比比皆是，近代中国尤甚。但在很长时期内，"近代统治集团，特别是晚清统治集团内部的矛盾斗争并没有得到很好的研究和科学的评价"③。遗憾的是，李书源等先生 20 年前早已揭示的现象至今仍未有本质的改变。晚清政治史研究成果虽汗牛充栋，有关派系矛盾斗争的论著却寥若晨星，似乎反映了统治集团内部斗争问题在研究上受到忽略。

　　满洲以少数民族入主中原，有清一代，满汉矛盾与斗争无时不在，此乃清代政治史重要特征之一。清军入关后，一度实行残酷的民族征服政策，对江南汉族人民大加杀戮，满汉矛盾异常尖锐。清中期，在朝廷长期的刚柔兼济、软硬兼施下，满汉矛盾表面上趋于缓和，然其潜流一直未绝，多结合白莲教、天理教、天地会、哥老会等秘密存在。康乾盛世甫一结束，会党起义便开始绵延不绝。迄至晚清，太平天国运动成为满汉官僚集团势力消长的分水岭，此间清廷有赖于以湘系势力为代表的汉族官僚集团力挽狂澜，其势力急剧上升，顶峰时天下督抚十九。清廷对湘系集团之忧惧猜疑及因应防范显而易见。然彼时汉族官僚势力并无二心，多以满洲贵族集团多疑过敏。戊戌维新后，慈禧之独裁政治开始肆无忌惮，汉族官僚派系势力全面跌宕，满洲亲贵保守势力急速上升，集权夺权之势日益增高，满汉矛盾始益明朗。庚子国变后，走向 20 世纪之满洲政权，面临严重缺乏互信之满汉对立局面，而久被压抑之汉族主义亦日见其隆，满汉矛盾渐趋激烈，几番攻守酣战，直至武昌起义后清朝解体。然学界对晚清统治集团内部之矛盾斗争尤其是满汉矛盾至今着力甚少，成果有限，致使晚清政治史的复杂性、曲折性和丰富的层次性难以显现。

　　纵览古今中外，"权力的征逐与妥协，利益的攘夺与交换，几乎成为一

---

① 李侃：《从〈奕訢慈禧政争记〉所想到的——有关研究统治阶级的一些问题》，《吉林大学社会科学学报》1990 年第 3 期。

② 毛泽东：《矛盾论》(1937 年第 8 月)，《毛泽东选集》第 1 卷，人民出版社 1991 年版，第 301 页。

③ 李书源、赵矢元：《晚清政治史研究的新探索——评〈奕訢慈禧政争记〉》，《近代史研究》1990 年第 5 期。

般人对'派系'一词的共同印象"①。清季太平天国运动的镇压与自强运动的开展便是满汉妥协与合作的结果，此亦"同光中兴"之根本所在。然当权力欲望和公众体国之间失去平衡，激烈争斗之满汉派系，不惜出卖伦理道德，甚至不吝牺牲国家利益。特以晚清女主慈禧，于近50年执政中亦长期利用派系斗争渔一己之利，抑扬顿挫，朝三暮四，玩弄各派系于股掌，自甲申易枢始更一意独裁专制。此于派系对峙与争斗诸多可乘之机。如此恶性循环，愈趋极端。最终只能透过派系间的残酷对决，来重建秩序。甲申易枢、戊戌政变、庚子事变、丁未政潮、皇族内阁、辛亥革命等皆是激烈斗争中的残酷总决。其中与意识形态关联甚少，只有势力与生存之较量。所谓党争、政争，大体如此。本书所将论列者，或为典型。

以满汉矛盾为主线，本书将1884—1912年之政治风云变幻详加考察，读者或许不难发现，过往很多自觉熟稔或已盖棺论定之史事，抑或会有新的面貌浮现。这并非表示满汉矛盾是解释此段史事的唯一路径，但可能反映以往的探研存在某些不足。或许更有意义的是，透过这些讨论我们会发现，以往历经"深耕"的某些晚清政治史课题，仍有其丰蕴内涵以待发掘，此即笔者之旨趣所在。

第二节　学术前史

本书主体部分穿越晚清最后30年，上起甲申易枢，下至辛亥革命，其间甲午战争、戊戌变法、庚子事变、清末新政等诸多史事皆学界过往之探研重点，研究成果比比皆是。然以派系斗争而言，所获甚少，不难追溯。

新中国成立后30年里，晚清政治史研究的核心一直是反帝反封建的阶级斗争史、革命史，是以太平天国、义和团运动、辛亥革命等统治阶级与被统治阶级之间的矛盾斗争最受青睐，发表的成果蔚为大观。自1980年代末起，学术禁忌渐渐突破。

宝成关先生著《奕䜣慈禧政争记》②应是晚清派系斗争研究的开篇大作，该书1980年便已面世，但不知为何直到10年后再次出版时才引起广泛

---

① 林文仁：《派系分合与晚清政治：以"帝后党争"为中心的探讨》，中国社会科学出版社2005年版，第2页。

② 宝成关：《奕䜣慈禧政争记》，吉林文史出版社1980年初版、1990年再版。

关注。《奕䜣慈禧政争记》一书，以官方文书档案为主，兼采部分私家著述，笔记野史，口碑逸闻，资料非常丰富。本书以奕䜣的生平为范围，以奕䜣、慈禧间的政争为主线，着重考察奕䜣集团的兴起，奕䜣与慈禧从联合到冲突的始末，揭示了这一政争对咸丰初年至光绪中叶的政治、经济、文化、外交及社会等方面所产生的作用和影响。该书引起学界的强烈反响，短时间内先后有四位专家作评[1]，皆以褒扬为主，尤其肯定其从统治阶级内部矛盾斗争这一侧面，对中国近代政治史研究的创新与突破。遗憾的是，这股研究势头未能持续，很快便消解了。

苗长青先生撰《晚清官僚派别派系研究》[2]，是主题最明确的官僚派系研究专著。该书以"官僚派系"为核心概念，并分别论述自鸦片战争以降，历同、光两朝，至宣统初期，中央与地方派系发展与对抗的历程。然本书虽以"官僚派别派系"标榜，却有大半内容谈帝后及满洲亲贵的党结，全书所引论据绝大部分是今人通论性著作，并多以"抵抗派—投降派""洋务派—顽固派""维新派—守旧派"等二元对立观简单处理，很难体现出作者自身亦承认的"丰富多彩性"。以上因素使这部倾向以专题讨论而非编年纪事的著作，在整体深度上不免有些缺憾。

相较于苗著，有一部90年代末出版面世，但实际成书年代甚早的作品，给人深刻印象，此即石泉先生之《甲午战争前后之晚清政局》[3]。该书原稿为1948年作者在燕京大学研究院所完成的硕士论文，由陈寅恪教授指导。唯此文完成后，命运多舛，失踪数十年，直至1991年在北京大学图书馆重见天日。就晚清政治派系论著而言，本书不失为一成功范例。石著以1894至1895年，中日朝事冲突与其后战和决策为核心，探讨清廷内部政治因素作用及其影响，求与稍早面世的王信忠名著《中日甲午战争之外交背景》互参。无论就翁系南派与李系北洋间的权力抗衡，或逐渐形成的帝后两党，及其与和战演变之关联，石著都能有发前人所未发，而不失中规中矩的表现。虽然在史料运用上仍较有限，一定程度影响了论述的深入，但以20世

---

[1] 李侃：《从〈奕䜣慈禧政争记〉所想到的——有关研究统治阶级的一些问题》，《吉林大学社会科学学报》1990年第3期；李书源、赵矢元：《晚清政治史研究的新探索——评〈奕䜣慈禧政争记〉》，《近代史研究》1990年第5期；徐彻：《政治旋涡中的两个历史人物——评〈奕䜣慈禧政争记〉》，《中国图书评论》1990年第5期；王道成：《实事求是 开拓创新——评宝成关著〈奕䜣慈禧政争记〉》，《清史研究》1991年第3期。

[2] 苗长青：《晚清官僚派别派系研究》，辽宁大学出版社1993年版。

[3] 石泉：《甲午战争前后之晚清政局》，上海三联书店1997年版。

纪40年代的研究条件，已属难得。

21世纪之初，台湾学者林文仁从地缘关系与派系分合的角度，研究晚清政局的演变态势，颇有新意。一是以军机处汉大臣为中心，探讨1861—1884年的南北派系之争，剖析清朝决策核心人事布局的内部变化，以观察晚清政局变动的复杂场景。① 二是以"帝后党争"为中心，截取光绪十一年至二十四年（1885—1898）间的中枢政事，钩玄抉要，论析清政府内部各种政治派系的分合与争斗，展示其中盘根错节、错综复杂的派系斗争面相。② 该书资料扎实、考证严密，取精用宏，胜义纷呈，可为新世纪晚清派系斗争史研究的上乘之作，将推动大陆地区晚清政治史研究进一步深入。唯林先生两著对其中客观存在且枢纽全局的核心主线——满汉矛盾——着墨甚少，似欠圆满，是以笔者萌发了本书的选题灵感。

同在台湾的高阳，原名许晏骈，出身晚清仕宦名门之浙江仁和许家，自幼即在以宫闱旧闻为床头故事的环境中成长，以历史小说家闻名于世。然其1980年代所出数本作品深涉晚清派系斗争，如《同光大老》《翁同龢传》《清末四公子》《清朝的皇帝》③ 等，考据功力深厚，发人深省。许氏私淑陈寅恪，其综合运用官书、档案、日记、笔记、函札、诗文的能力，在"知人"基础上"论世"的能力，对晚清派系斗争的抽丝剥茧，今世罕有匹敌者。唯许氏之天才想象力亦双刃剑，抽丝剥茧须环环相扣、自圆其说，故自矜专断处难免，最明显的如光绪六年慈禧与荣禄私通而后"小产"说。但无论如何，其对晚清政治史研究的发覆，功不可没。而笔者所见，除林文仁先生前书多有采信，戚其章、姜鸣、董丛林等先生偶有征引外，其他专业史学者罕有借重，窃以为此恐不公，《同光大老》等四著绝非止于一般的历史小说，于晚清政治史难于绕开。

除高阳半文学半学术的四部作品，近20年来面世的晚清派系斗争研究专著总共仅有5部，而其中唯1940年代写成的《甲午战争前后之晚清政局》在第一章里对满汉矛盾有专节讨论。盖清史研究一直受到政治形势的过度影响，民国建立前后有过长期的"反满"阶段，50年代末政府为民族

---

① 林文仁：《南北之争与晚清政局：以军机处汉大臣为核心的探讨》，中国社会科学出版社2005年版。
② 林文仁：《派系分合与晚清政治：以"帝后党争"为中心的探讨》，中国社会科学出版社2005年版。
③ 高阳：《翁同龢传》，黄山书社2008年版；高阳：《清朝的皇帝》，上海三联书社2004年版；高阳：《同光大老》，华夏出版社2006年版；高阳：《清末四公子》，华夏出版社2008年版。

团结计通告停止使用"满清"一词,满汉矛盾与斗争几乎成为学术禁区,一直到20世纪90年代中期才逐渐开放,但影响犹存。以致冯尔康先生多年来不断强调,清史研究要努力"排除政治对学术研究的干扰"[1],"满汉民族矛盾贯穿有清一代,纂修《清史》似宜给予特别关注,而不能刻意回避"[2]。这应该是学界至今仍无一部满汉矛盾斗争研究专著的主要因素。

出身中国人民大学后居海外的孔祥吉先生在晚清史研究方面颇著声名,其学术研究注重发掘大量的档案史料和私人函札,重新解释若干史实,判断敏锐,新见迭出。《戊戌维新运动新探》及《晚清史探微》[3]两著收录了作者的30余篇论文,内容涉及鸦片战争、中法战争、甲申易枢、甲午海战、戊戌维新、义和团运动等晚清重大历史事件。其中很多论文关涉晚清派系斗争,具有很高的参考价值。

《再说戊戌变法》[4]是喜用反常思维做"反常"历史的张鸣先生大作之一,该书主要从帝后政治二元结构、满人政治、戊戌变法的操作等三方面探讨了变法失败的原因。张先生所析满人"旗下政治"、清季的"政治补丁机制"颇有新意,对满汉矛盾亦有所揭示。该书注释不多,文笔通俗流畅,窃以为其可读性并未影响其学术性。

《重读近代史》[5]是学术底蕴和学术成就为学界所公认的朱维铮先生多年重读近代史的札记。全书史论结合,思想的火花四处闪现,每一个观点都有理有据,还历史以真实的面貌。虽篇幅不长,却通俗易懂,内涵丰赡。关于满汉矛盾,朱先生从满汉双轨制、清朝的"儒术"、清代的"神道设教"、武圣怎会压倒文圣等多个角度进行了阐述,令人深思,给读者很大启发。

另有几部近年的晚清政治史大作——《曾国藩集团与晚清政局》《庚子勤王与晚清政局》《戊戌变法史事考》,厘清了一些重大事件的基本史实,对笔者大有启发和帮助。朱东安先生深入探讨了曾国藩集团崛起的主客观条件及其对近代中国政治的重大影响,并有曾氏集团与清政府间矛盾斗争的全面分析。[6]桑兵先生解读了大量长期被误读或者不能解读的新旧史料,将其

---

[1] 冯尔康:《清史研究与政治》,《清史研究》2005年第3期。
[2] 冯尔康:《断代史清史研究的过去、现状与问题》,《天津师范大学学报》(社会科学版)2007年第6期。
[3] 孔祥吉:《戊戌维新运动新探》,湖南人民出版社1988年版;孔祥吉:《晚清史探微》,巴蜀书社2001年版。
[4] 张鸣:《再说戊戌变法》,陕西人民出版社2008年版。
[5] 朱维铮:《重读近代史》,中西书局2010年版。
[6] 朱东安:《曾国藩集团与晚清政局》,华文出版社2003年版。

融会贯通，深入分析了趋新各派、海外华侨、外国来华势力、地方督抚及秘密社会之间错综复杂的关系，确证了康有为及其保皇会在庚子勤王事件中的主导作用，全面、生动地阐释了庚子勤王运动之于晚清政局变化的深刻影响，由此重建出被保皇会故意扭曲的史实，大大改变了以往学术界对于庚子勤王运动的基本认识，并引起人们重新估价1900年中国政治版图变动的趋向和意义。① 茅海建先生坐了7年冷板凳去收集、分析资料，通过缜密的统计数据，科学的逻辑推理，解决了戊戌变法事件的内在起因、矛盾斗争、外国势力影响等许多有深度的学术问题。②

探析清朝政治，不可忽视满洲及八旗制度的研究，有3本新清史理路下之著作与本书关系密切，令人深思。美国学者路康乐教授的《满与汉：清末民初的民族关系与政治权力，1861—1928》③ 是唯一一部从民族关系的视角，以满族的兴衰变化为切入点，较完整地展示了清末新政时期、辛亥革命以后满汉关系状况及其对政治权力的影响的著作。同在美国的欧立德教授多年研究满洲史及八旗制度，其《满洲之道：八旗与晚期中华帝国的族群认同》④ 一书认为满族的精英集团之所以能够成功地维持本民族的一致性和民族意识，依靠的就是八旗这个严密、独特的组织。满洲的成功就在于它对族群主权的体认与实践。从这个意义上来说，清朝在中国成功地维持了近300年统治的主要原因，并不在于它的"汉化"，而在于它能有效地利用自己与内陆亚洲诸少数民族。杜家骥先生的《八旗与清朝政治论稿》⑤ 同样注重清朝历史的满族特色，该书深入全面地考察了八旗领主分封制度、领属关系，揭示了八旗与政治有关的各种制度、现象及相关事件，以八旗领主分封制为核心概念来窥测它对清代政治的影响。

相较于专著的缺失，有关晚清派系斗争的论文至今已有近百篇，现择其代表性文章简述。

1961—1962年，清初主要社会矛盾成为学界讨论的一个热点，有关满汉关系发表了近10篇论文。刘大年先生在《辛亥革命与反满问题》⑥ 中提

---

① 桑兵：《庚子勤王与晚清政局》，北京大学出版社2004年版。
② 茅海建：《戊戌变法史事考》，生活·读书·新知三联书店2005年版。
③ Edward J. M. Rhoads, *Manchus and Han: Ethnic Relations and Political Power in Late Qing and Early Republican China*, 1861—1928, Seattle and London: University of Washington Press, 2000.
④ Mark C. Elliot, *The Manchu Way: The Eight Banners and Ethnic Identity in Late Imperial China*, Stanford, California: Stanford University Press, 2001.
⑤ 杜家骥：《八旗与清朝政治论稿》，人民出版社2008年版。
⑥ 刘大年：《辛亥革命与反满问题》，《历史研究》1961年第5期。

出：反满从来不是一个独立的运动，它在不同时间里，服从不同阶级的利益。李燕光先生撰《清代的满汉民族关系与满族的阶级关系》①一文，以阶级斗争为核心，突出满汉人民联合反抗地主阶级。戴逸先生在《光明日报》发表两文②，分别涉及奕䜣集团及慈禧与奕䜣的争斗。这些文章虽然大多围于阶级斗争史而忽视、否认民族对立和民族斗争，但毕竟表明了满汉矛盾等统治阶级内部矛盾的客观存在，其发覆之功不可没，遗憾的是之后便开始了近20年的沉寂。

到了80年代，相关研究开始回升，共有约20篇论文发表，主题大多集中在同光年间的清流党、帝党及后党，亦有特定阶段统治阶级内部矛盾斗争的分析，多数论述趋于客观。代表作如任茂棠《试论甲午中日战争时期的帝党》③；丁名楠《十九世纪六十至九十年代清朝统治集团最高层内部斗争概述》④；赵秉忠《论清末统治集团内部的派系斗争》⑤；林敦奎、孔祥吉《鸦片战争前期统治阶级内部斗争探析》⑥。

1990年代以后，晚清派系斗争论文大量发表，除了对帝党、后党及清流等传统热点的继续和深化外，亦有不少文章直接探讨晚清统治阶级的内部斗争，至于满汉矛盾已不再刻意回避和掩饰，直接以此为主题的论文就有不下10篇，大多集中于清末新政及辛亥革命时期。

马艾民先生认为洋务运动时期，清廷联合、借重汉族地主中迅速崛起的地方势力派，对内镇压人民起义、兴办洋务；对外交涉于列强之间，延缓了清王朝的覆亡，满汉联合是洋务运动时期政治的一大特点，对中国社会的发展产生了深远的影响。⑦ 高强先生指出，满汉矛盾使满洲贵族统治下的中国缺乏一种鲜明的民族观念和国家意识，此与全国上下齐心合力进行战争的日本形成了鲜明的对比，并成为导致中国甲午惨败的重要因素之一。⑧ 汤志钧先生提出，甲午战争后，翁同龢和帝党主战、拒和，是爱国的举动；和改良

---

① 李燕光：《清代的满汉民族关系与满族的阶级关系》，《民族团结》1962年第7期。
② 戴逸：《第一个洋务集团（奕䜣集团）的兴衰》，《光明日报》1962年8月22日；戴逸：《慈禧、奕䜣斗法记》，《光明日报》1962年8月27日。
③ 《晋阳学刊》1980年第2期。
④ 《近代史研究》1982年第1期。
⑤ 《北方论丛》1983年第5期。
⑥ 《近代史研究》1986年第3期。
⑦ 马艾民：《试论洋务运动时期的满汉联合》，《吉林大学社会科学学报》1993年第2期。
⑧ 高强：《试论甲午战争期间的满汉矛盾》，《宝鸡文理学院学报》（社会科学版）2006年第2期。

派相结合，促使了变法的实现。对这一时期的翁同龢和帝党应予肯定，不能因其是"统治阶级"而忽之。①余英时先生认为戊戌变法失败最根本的原因是"国家利益和王朝利益之间的冲突"，清王朝是满洲人建立的，因此国家与王朝之间的利害冲突最后终于集中在满汉之间的冲突上面。戊戌变法的一个最直接的后果便是满族统治集团忽然警觉到：无论变法会给中国带来多大的好处，都不能为此而付出满族丧失政权的巨大代价。围绕着戊戌变法的激烈斗争"决不可单纯地理解为改革与守旧之争"，当时最有力的反对口号便是"保中国不保大清"这句话。②迟云飞先生对于清末新政时期的平满汉畛域问题作了专门探讨。认为清政府在推行新政及预备立宪的大环境下，主要实行了四项平满汉畛域的措施：一是准许满汉通婚；二是任官不分满汉；三是旗民编入民籍和筹旗人生计；四是司法同一。其中第一、四两项实行较彻底；其余两项成绩较少。宣统年间，平满汉畛域的措施推行趋缓，尤其出现"地方平而政权中枢不平"的局面，这种情形，加剧了社会的不满和清廷的覆亡。③

楚双志先生的研究表明，贯穿宣统朝始末，在统治阶级内部，利益集团的争斗十分激烈。皇族亲贵派、政治中心的汉族官僚派、地方实力派、国内立宪派等四个不同的政治利益集团的争斗，造成统治中枢瘫痪，最终导致了清王朝的灭亡。④马铭德先生指出，晚清满汉之间的矛盾，是清朝灭亡的一大主因。清末新政应该说给庚子动乱后的中国带来了改革的新契机。但是，自戊戌政变以来"保中国不保大清"的传言，使清朝统治者深深警觉到，任何变革不能以满族丧失政权为代价。由此出发，晚清的任何变革，都不可避免地与满汉政争缠绕在一起。⑤

杨国强先生对近代中国民族主义是怎样在中国发韧以及沉寂，反满意识为何又突兀而起的问题有深入探研。认为种姓意识以古人为源头，引入的民族主义以西人为源头，面对满人在整体上的贫困化和衰弱化，两者都不是当日中国内在的东西和真实的东西。因此反满意识在本质上是一种由观念派生的观念，由观念支撑观念的思想的跳踉。其间的激烈曾经感染一时，而后来

---

① 汤志钧：《翁同龢和帝党》，《近代史研究》1994年第4期。
② 余英时：《戊戌政变今读》，香港中文大学《二十一世纪》1998年2月号。
③ 迟云飞：《清末最后十年的平满汉畛域问题》，《近代史研究》2001年第5期。
④ 楚双志：《利益集团争斗与大清王朝灭亡》，《中共中央党校学报》2005年第4期。
⑤ 马铭德：《庙谟已是争孤注——试论清末新政中的满汉政争》，清末新政与辛亥革命国际学术研讨会（2007年）。

论史，则常常经不起究诘。① 王开玺先生认为自清王朝入关至清廷灭亡，满汉民族、满汉官僚间的矛盾是存在的，有时甚至相当尖锐，但有些问题却决非仅是以满汉矛盾所能解释清楚的。由于时人某种民族情绪的激扬，满汉官僚间的矛盾被人为地扩大凸显出来。有清一代满汉民族、满汉官员的矛盾不是在加剧，而是在缓和。在民族危机时刻，清王朝内部的满汉官僚，除极少数民族败类外，皆不可避免地走上各民族统一于中华民族大家庭之内的道路。②

李学智先生的研究发现，清王朝在涉及国家统治权力的问题上向来异常敏感，满洲贵族集团唯恐汉族官僚势力的增长威胁其统治特权。所以，在清末政治改革中，满汉关系遂成为极为敏感、至为关键的问题，始终是这一政治改革中一个重要的制约因素。由于掌握国家最高权力的满洲贵族集团囿于狭隘的集团利益，唯恐在实行君主立宪的政治改革中失去统治特权，故表面上大张旗鼓，煞有介事，实际上却是敷衍、拖延、欺骗，乃至镇压立宪派推进政治改革要求，而且利用改革加强对最高统治权尤其是军权的控制，最后竟改出一个"皇族内阁"，终至人心丧尽。满洲贵族集团对于政治改革的如此态度和政策，非但未能挽救其统治权力的丧失，反而导致阶级矛盾和民族矛盾——尤其是民族矛盾——的激化，加速了其覆亡的命运。③ 朱东安先生认为，辛亥革命大致可以分为两个阶段和两个层次，一是排满，一是革命。袁世凯在1908年下台时与满洲贵族发生了矛盾，因而与革命派在排满的层面相通，并共同完成了这个阶段的任务，此后即与革命派发生了冲突。革命派、立宪派和袁世凯都应该列入辛亥革命的"合力"之中。④ 有论者还从总体上概述了晚清满汉官僚的矛盾斗争及其势力消长，颇具开创性，唯其时段分期及探研，皆有不少可商榷之处。⑤

清初满汉矛盾与晚清满汉关系关切极深，然长时间以来学界鲜有深入研究，近年来姚念慈先生撰宏文多篇，于此贡献颇多。姚先生专攻清初政治史，卓尔不群，信奉历史研究的精髓在于它的批判精神，其由顺治遗诏、魏

---

① 杨国强：《论清末知识人的反满意识》，《史林》2004年第3期。
② 王开玺：《清末满汉官僚与满汉民族意识简论》，《社会科学辑刊》2006年第6期。
③ 李学智：《清末政治改革中的满汉民族因素》，《天津师范大学学报》（社会科学版）2007年第5期。
④ 朱东安：《晚清满汉关系与辛亥革命》，《历史档案》2007年第1期。
⑤ 于建胜、刘春蕊：《浅析晚清满汉官僚间的矛盾与斗争》，《青岛大学师范学院学报》1995年第3期；左之涛：《晚清满汉势力的消长及其原因探析》，《烟台教育学院学报》2005年第1期。

象枢独对、康熙"自古得天下之正莫如我朝"面谕等入手,于顺治、康熙两朝之满汉关系有深入探研,对满洲统治者之民族压迫与歧视政策有严厉批判,发前人之所未发,震聋发聩。①

另有两篇学位论文直接关涉满汉关系。台湾胡健国先生的博士论文《清代满汉政治势力之消长》②由萧一山、王尔敏、杨树藩三位方家联合指导,作者自承其主旨为"探讨有清一代满汉政治势力之消长,述其演变轨迹,究其因果关系"。文章着力论析了清代满汉之间"政治权力之掌握、政治权力之运用、政治权力之分配",并有专章论述"清末最后之集权"。时至今日大陆学界仍无同类大作出现。吴磊对清末民初的满汉关系进行了分析,进而论述了中华民族国家的初期构建历程,其间也对近代民族主义理论加以梳理。③

第三节 本书架构

通过对学术先进相关研究的梳理,可以发现晚清满汉矛盾与晚期政局尚有很多领域有待开垦,尤其缺乏长时段的全面的深入探析,此即本书重点着力所在。唯统治阶级之内部矛盾亦错综复杂,互相交融,各阶层、各集团间利益盘根错节,犬牙忽见。职是之故,条分缕析满汉矛盾与晚清政局变动之关系,势必关涉"满满矛盾"及"汉汉矛盾",前者如恭亲(王)肃亲(顺)之争,恭亲(王)醇亲(王)之争等;后者如南北之争,瞿(鸿禨)袁(世凯)之争等。固然,中央与地方的矛盾亦必纠结其中。特以满汉矛盾为主线,以统治阶级上层为中心。晚清满汉矛盾之发展,以戊戌变法为界,前松后紧,是以本书略前详后,以期突出重点。

满汉矛盾贯穿有清一代,前后关联紧密,职是之故,第一章首先对甲申易枢前的满汉矛盾关系作简要回溯。

---

① 姚念慈:《评清世祖遗诏》,《燕京学报》新17、18期;姚念慈:《评"自古得天下之正莫如我朝"——〈面谕〉与皇太子的立废及玄烨的内心世界》,《燕京学报》新26期;姚念慈:《魏象枢独对与玄烨的反思——康熙朝满汉关系释例》,《清史论丛》2008年号;姚念慈:《再评'自古得天下之正莫如我朝'——〈面谕〉、历代帝王庙与玄烨的道学心诀》,《清史论丛》2009年号。

② 胡健国:《清代满汉政治势力之消长》,博士学位论文,台湾政治大学政治研究所,1978年。

③ 吴磊:《清末民初满汉关系研究——兼论近代中华民族国家的初期建构》,硕士学位论文,中央民族大学,2009年。

贯穿全清两个半世纪以上的满汉双轨制，迄今仍未受到清史论著注意。"首崇满洲"及"不令汉人掌权"乃有清一代的祖传家法，以此为圭臬的满汉双轨制体现在政治、经济、军事、法律、文化等各领域，系统而严密，终清未易。

自努尔哈赤起兵反明始，汉人便是其重要的利用对象，范文程、佟氏家族、洪承畴等更为满洲定鼎中原及巩固统治立下了汗马功劳。乾隆年间当八旗制度出现危及满洲利益的危机时，为了给满洲八旗更多的兵额以解决其生计问题，部分汉军旗人成为唯一被扔掉的包袱——被迫出旗为民，这或许是清代满汉关系的一个缩影——即使衷心归化满洲的汉军旗人，亦不过是仅供驱驰的马前卒而已，遑论其他汉人。清军入关之初，满汉矛盾异常尖锐。清中期，在清廷长期的软硬兼施下，汉人渐忘其被征服之苦，满汉矛盾表面上趋于缓和，然其潜流一直未绝。康乾盛世甫一结束，会党起义便开始绵延不绝。嘉道之际，满洲势力中衰，汉人势力明显上升，而皇族干政分明加强。

太平天国运动时期为满汉官僚集团势力消长的分水岭，以曾氏为首的湘军将帅在平定内乱中逐次掌握了地方大权，形成了督抚专政。这使清王朝中央与地方之间发生了双重权力消长：一是清王朝中央总体权力削弱，地方总体权力增长；二是满族贵族专制主义权力削弱，汉族地方势力抬头。满洲政府对湘军集团始终是既利用又防范，而曾国藩等始终给予善意之回应。当曾氏被授予节制五省钦差大臣的汉人最高大权时，当天下督抚湘系十九时，清廷之忧惧亦达到顶点。满洲贵族多虑为忧，故皇族干政力度空前提高，开创了清季第一个皇族政治高峰，隐伏了此后满汉冲突加剧的危机。

甲午战争的失败，对整个中国社会震动之大，影响之深，是前所未有的。而战争前后的政局之动荡，亦惨烈无比。第二章着力探析甲申至戊戌间的满汉矛盾（1884—1899）。

甲申易枢可谓清廷又一次政变，满汉矛盾为其重要推手，其于清朝政局乃至国运影响深远。奕䜣所遭受的第一次严重打击即因满汉之争而起。慈禧决定从政治上根除奕䜣，满汉矛盾亦为其重要考量。慈禧所瞩意的代奕䜣之人既有双重血亲又易驱驰，且"猜忌汉人尤甚"①。甲申朝变后，"瞽瞍秉政，满人之焰复张"②。汉族势力集体在清廷中央之衰退，自不待言。这次

---

① 恽毓鼎著，史晓风整理：《恽毓鼎澄斋日记》，辛亥九月十八日，浙江古籍出版社2004年版，第557页。

② 坐观老人：《清代野记》，巴蜀书社1988年版，第2页。

政变实为晚清政治走向堕落最重要的转折点。醇亲王唯慈禧是从，对汉族势力集团仍采分化瓦解之策，一心巩固旗人之根本。

满汉矛盾与甲午战争相与始终，并在其间产生了重要影响。甲午战前的满汉矛盾使中国民族分裂，自强运动阻力重重，从而严重影响了中国综合国力的增强。甲午战争期间，满汉畛域使双方互不信任，旗兵统领对汉人将帅猜忌颇深，汉臣对部分旗兵颇有以怨，最终贻误战局。中国内部的满汉矛盾也被对手大加利用，刻意挖掘、放大并激化，对中国人的斗志，起了很大的打击作用。满汉矛盾也极大动摇了清廷抗战的信心和决心，对清军的战略产生了重大影响。甲午战争后，中国的民族主义开始发轫，它向两个方向彰显了力量，一是开放包容以融入世界，另一个则是坚闭固拒以自绝于世界。

光绪亲政后，颇有雄心壮志，无奈年幼权弱，是以依恃翁同龢、张荫桓等汉族大臣，初以甲午战争挺战，而后变法维新，欲与慈禧抗衡争权。而戊戌政变举措严重威胁了满洲部族利益，极大地刺激了旗人的神经，故而有"保中国不保大清"之惶恐，甚而有"宁赠友邦，不予家奴"之高论。国家利益与王朝利益之间的利害冲突最后集中在满汉之间，以慈禧为核心的满族统治集团忽然警觉：无论变法会给中国带来多大的好处，都不能为此而付出满族丧失政权的巨大代价，是故戊戌变法的失败便不可避免，满汉冲突的加剧亦同样不可避免。

第三章重点讨论庚子事变前后（1899—1905），满汉之间在大政方针上出现的明显对抗，及其对晚清政局产生的深远影响。

走向新世纪之满洲政权，面临严重缺乏互信之满汉对立局面。戊戌政变后，汉族官僚派系实力全面跌宕，满洲亲贵保守势力急速上升，集权夺权之势日益增高，满汉矛盾渐次激化。在刚毅、载漪、载澜等满洲少壮派撺掇下，慈禧阴行废立，以期抢班夺权、皇位永固各得其所。恰逢拳变事起，少壮派挟慈禧以令天下，对妨碍满洲利益的"一龙二虎三百羊"等大开杀戒（核心目标是汉族大吏），并对八国同时开战，惹下弥天大祸。

面对国破人亡的危局，以李鸿章、刘坤一、张之洞等为首的东南地区汉族督抚沉着应对，首以"矫诏"为名抵制清廷的战争行为，后又与英美列强商订《东南互保章程》，虽然保全了半壁江山，但坐视中央政府仓皇西迁，表现出明显的割据倾向。多数汉族士绅对满人的疯狂自私寒心不已，职是之故，李鸿章有广东独立甚至自立总统的腹稿，巧于仕宦的张之洞也有独立之心，最后政局明朗后他们才主动放弃。"东南互保"使清政府与东南督抚之间出现了严重的矛盾与危机。事后，清廷虽然被迫称赞东南督抚的做法是"老成谋国之道",但骨子里对其"叛逆"行为衔之刺骨。因此,其后满洲亲贵的集权排汉行动步步加剧。

庚子政变后,西太后被迫开始新政。满人特权已日益为广大汉族所不满,然新政前五年,平满汉畛域问题虽多有建言,但实际举措很少,满汉矛盾无从消解。相反,清廷对以汉人为主的东南督抚势力的摧折打击迅速而有效。铁良南下,完成了"划一营制"、夺取江南制造局以及打破督抚对地方财政的垄断三项任务,东南督抚势力遭到了很大削弱,"东南互保"不复存在,中央实力一时猛增。而与清末新政同时发端于1901年的拒俄运动延续了四年之久,最终由爱国运动演化成革命排满运动。拒俄运动促使相当一部分知识分子从爱国走向革命,有力地促进了晚清革命运动的发展,大出清廷所意料。此间,孙文被留学生逐步认识和接受,最终确定了其众望所归的政治领袖地位。久被压抑之汉族主义在因缘际会下日见其隆,多种因素促发满汉矛盾进一步恶化。

1906年,清末新政进入宪政改革时期,由于事关权力再分配,双方的争斗十分激烈。第四章、第五章集中探究预备立宪时期的满汉博弈(1906—1912)。

光绪季年,"朝政杌隉,满汉之见亘于中,革命之声腾于外"[1],满汉畛域的存在使满汉矛盾日益突出,满汉问题成为社会舆论关注的焦点,中央与地方关系的调整令人瞩目。诸多满汉臣工纷纷上书建言,他们普遍将化除满汉畛域视作消弭革命的重要措施。清廷虽迫于形势,有所兴革,然口惠而实不至,内满外汉、以满驭汉之祖制并未根除,满汉之见自然愈益加深。

立宪运动由汉人发起,始终以汉人为主体,公开的目标是立宪救国,但也显然蕴含打破满族政治优势,免除满人凌压之意。清廷对立宪运动长期漠然置之,却在宪政改革开始后明显地加强了集地方之权于中央、集中央之权于亲贵之步伐。官制改革主要是满汉间的政治角逐,最终雷声大雨点小,1906年清廷最终核定之内阁不但旗人总数远多于汉人,且重要职位悉归满洲,号称"满族内阁"。1906年至1907年,经由官制改革及丁未政潮,汉族官员在中枢大受排斥,皇族干政愈复显见,清廷公开地将统治重心集中于亲贵。慈禧的排汉政策带来严重后果,它使权力阶层中的满汉冲突愈加深刻激烈。汉族士绅对此结局耿耿于怀,效忠清廷之心大打折扣。

与此同时,同盟会在国内外遍设宣传机构,出版书报杂志,宣传同盟会

---

[1] 张一麐:《古红梅阁笔记》,《心太平室集》卷八,40页。

的主张。革命党以《民报》为阵地，对于立宪派的主张作了有力的辩驳，揭露了他们反对革命的实质，进一步划清了革命与改良的界限，取得了思想领导权。在舆论宣传的同时，革命党策划和发动了一系列反清武装起义及暗杀活动。革命党人以满腔热血为革命奋不顾身的崇高精神，振奋了全国人民的反抗意志，激起更多的人投身于反清斗争。革命党力量孱弱，其暗杀和暴动很难有太高的军事价值，但与革命宣传相配合，其政治上影响力却不容小觑。清政府却一直在为革命党的宣传作注脚，内忧外患致革命风潮愈演愈烈。

以载沣为首的满洲少壮派，年幼无知，治国无方，尽管对预备立宪姿态很高，然对核心权力决不放手，排汉集权较之慈禧有过之而无不及。与此同时，国会大请愿亦进入高潮，至1910年已有至少四次大请愿活动。国会大请愿以汉人精英杨度、张謇、孙洪伊等为核心领导，以汉人士绅民众为主体，根本目的首为救国保大清，次则为汉人争权利、争民主，解决满汉矛盾乃其大旨之一。然而一次次的失望终致绝望，自第三次国会请愿运动高潮之后，一些激进的立宪派骨干已经表现出赞助革命的倾向。

1911年，迫于形势成立的皇族内阁使排满运动达到高潮，亦使满人遭受空前孤立，阶级矛盾和民族矛盾——尤其是民族矛盾——激化。不久武昌起义爆发，排满运动达到高潮，满洲统治迅速分崩离析。走投无路的清廷不得不自唾其面，重新敦请三年前被逼下野的袁世凯出山收拾残局，然袁氏坚辞不就以获得足够权力后，便费尽心思在革命军与清廷之间上下其手、摆弄平衡。在革命党边打边炸、袁世凯连哄带吓及奕劻假劝真骗下，满洲贵族已经丧失了所有反抗的勇气，叶赫那拉·隆裕终于1912年2月12日下诏宣布清帝退位。三天后，民国临时大总统孙文亲率临时政府文武官员，赴明孝陵祭奠明太祖朱元璋，宣告汉人之光复大功告成。

几点说明

1. 本书"满汉"之界定。学界于满洲、满族含义及汉军八旗族属等争论颇多。本书满洲意同满族（满人），在与蒙古、汉族并列细分民族时特指满洲八旗；仅与汉族并列时意同满洲势力、旗人或满洲集团，包含所有满洲八旗、蒙古八旗及汉军八旗。汉人或汉族不包括汉军八旗。因汉军与汉人表面上一字之差，却有体制内外之别，汉军旗人作为满洲"世仆"，享有满洲血统贵族的若干特权，较之于被征服的汉人也高出一等，在政治上划入满洲势力应无疑义。尽管清廷始终视汉军为汉人，任职时占汉缺，但在汉人眼里，旗汉之间有天壤之别。然而满汉集团间既有利用与趋附，争斗与妥协，亦有忠诚与背叛、分化与重组，是以满族政治集团中始终有汉人相助，而"汉大臣必以满人为护符"。① 故本书"满汉矛盾"中之"满汉"非确以满汉民族为限，而以满汉官僚政治集团为别。

2. 本书"矛盾"之界定。"矛盾"有多义，本书取其哲学范畴，指事物内部对立面之间的互相依赖而又互相排斥的关系。然甲申以降，尤其是戊戌政变后，满汉之间排斥多于倚赖，清廷虽有对满汉畛域局部调适，然于满汉大局改观未见成效，故本书探研之重点仍在满汉的斗争排斥。

3. 正文起自甲申易枢之原因。晚清满汉矛盾之发展，以戊戌变法为界，前松后紧，往后靠可以突出重点。而"甲申朝局之变"不仅有满汉矛盾为其重要推手，且对满汉矛盾产生了直接反作用，致"瞽瞍秉政，满人之焰复张"②，当年便出现了光绪朝排汉集权的首次高潮，其后一脉相承，对晚清国局朝政影响深远。

第四节 挑战创新

一 挑战

1. 资料不足

此为本书面临之最大挑战。晚清政治史研究可资利用的资料无疑浩如烟海，然就本书特性而论，满汉畛域乃可行而不可言者。有清一代，清廷始终一边反复宣扬"满汉一体、满汉并重"，另一边却笃行"首崇满洲、以满驭汉"。由于关涉满洲部族根本利益，自身合法性的问题，满洲统治者对于满汉畛域诸问题显得异常敏感。清代前期，屡兴文字狱，"文字之禁极严"③，致使许多清代文人下笔心有余悸，小心翼翼，甚而事后删改。譬如清初文人笔记鲜有敢涉满汉矛盾者，《翁同龢日记》中有关戊戌变法部分后经删削，而《王文韶日记》戊戌变政及庚子国变部分则告阙如。庚子以前的长时段内，满汉关系、满汉矛盾几乎是言论禁区，偶有触及者必遭严谴。职是之故，有关满汉矛盾，无论官、私，成文之资料甚少，笔者虽困心横虑、筚路蓝缕亦所获不丰，文献类新材料尤少，致本书难以在资料上见长。

---

① 张一麐：《古红梅阁笔记》，《心太平室集》卷八，文海出版社，第24页。
② 坐观老人：《清代野记》，巴蜀书社1988年版，第2页。
③ 胡思敬：《国闻备乘》，中华书局2007年版，第1页。

2. 篇章结构

本书主体部分穿越晚清最后30年，上起甲申易枢，下至辛亥革命，其间甲午战争、戊戌变法、庚子事变、东南互保、清末新政等诸多史事皆学界所熟稔之大事件。设若依时序而论，述其演变轨迹，究其因果关系，易于上手但难免平淡。如以事物情状相类，如权力之掌握、权力之运用、权力之分配等，又恐同一事断续相离，前后屡出，且取精用宏须相当功力，极难把握。

3. 公允执中

清末政局，中央与地方、新与旧、满与汉、新与新、旧与旧、满与满、汉与汉等，各种矛盾错综复杂，互相交融，各阶层、各集团间利益盘根错节，犬牙忽见。满汉集团间既有利用与趋附，争斗与妥协，亦有忠诚与背叛、分化与重组。如何恰如其分地厘清满汉矛盾与其他矛盾之间的复杂联系，如何全面地揭示满汉矛盾自身的多面性，如何在满汉之间保持相对客观的立场（绝对客观的立场似难以实现），避免满汉二元对立的机械认识，笔者只能尽力而为。

满汉矛盾之资料搜求非易，即有所得，诚如桑兵先生所言："近代好参与政坛角逐的官绅，大都心术极深，难以探测。非心智过之且能由政治角度予以理解同情，无法透视其内心思维，也就无从判断其外在言行。这可以说是对学人智慧耐力的极大考验。"[①] 晚生力有不逮，唯竭力而为，期以尽量搜求，"充分解读史料"，不骛新而能出新，不求异而能自异。

二 创新

机遇往往与挑战并存，结合本书研究现状及所面临之挑战，笔者在探研和撰著中注意下述方面的把握。

结构上纵横结合，以时序为纵向主线，与横向切面交织，既注重宏观态势演进之揭示，亦不忽略微观研究的支撑。研究方法以传统考据为主，亦充分运用计量分析法。计量分析既可对之前模糊的定性论断加以确证、修正或否定，亦可探寻事务发展之演进轨迹及深层奥秘。

资料方面力求两个结合，一则"公""私"结合，既借重日记、函札、文集、回忆录、私家笔记等私人资料，也重视《清实录》、《清史稿》、档案等官方资料；再则文献与数据结合，在力求文献资料翔实的同时，也引入大量笔者所作统计分析数据，力避文字资料的单一性局限。

---

① 桑兵：《庚子勤王与晚清政局》，生活·读书·新知三联书店2004年版，第16—17页。

视野上尽量扩大。治晚清史者易忽视道光之前的清朝历史,实际上光宣政治与咸同一脉相承,与嘉道关切极深,满汉问题更直接关涉此前清代历朝。职是之故,由清代整体满汉形势俯瞰晚清满汉矛盾,可避就晚清论晚清。同时注意厘清晚清满汉矛盾与晚清中央与地方、新与旧、满与满、汉与汉等矛盾之间的复杂联系,力避就满汉论满汉。当然,论述中始终注意扣紧满汉矛盾与晚清政局之主题。

三 本书之主要收获

1. 经对有清一代内阁、部院、总署及军机处四大中枢机关主官及地方督抚中皇族、满人、旗人及汉人的数量逐朝统计分析,以及乾隆以降内阁大学士之逐年逐殿阁统计分析,嘉庆以降地方督抚之逐年统计分析,本书首次具体揭示了清代满汉势力消长之大势,首次以翔实的数据确证了有清一代所谓的满汉合作始终缺乏互信和平等,整体而言汉人于清廷中枢始终处于绝对弱势,满汉畛域异常严密。究其根源,在于内化于历代清帝心中的"崇满抑汉、以满驭汉"之祖制,其威力猛于清代任何恶劣制度,此于晚清政治尤其是光宣政局之影响恶莫大焉。

2. 结合翔实数据及资料考据,笔者首次系统论证和摹画了清代满汉势力消长之演进轨迹:清初是完全的皇族专政,汉人几无地位可言。康熙以降,皇族干政受到束缚,汉人地位有所改善,但满人独占权力要津之局面丝毫未易。嘉道之际,满洲势力中衰,汉人势力明显上升,而皇族干政分明加强,满洲集权亲贵之策初露端倪。此后步步为营,不断传续。咸同时期满洲势力整体衰败,然皇族干政力度空前提高,开创了清季第一个皇族政治高峰,同治朝还开启了清季之"亲王政治"时代。继之,光绪、宣统两朝成为满洲贵族竭力捍卫政治特权之大反弹时期,慈禧、载沣皆为重要推手,有甲申、甲午、庚子、丁未、庚戌次第而行之五次高潮,皇族内阁是其顶峰,他们创造或追平了有清一代排汉集权的诸多最高纪录。

3. 通过翔实的数据,笔者首次确证了清代皇族参政历朝皆有,各有不同,且皇族政治演化始终与满汉势力消长相纠结,与清代政局关切极深。清廷所谓"我朝定制,不令亲贵干预朝政"(不少学者认同),即便非假,亦有名无实。清季皇族内阁其来有自,绝非1911年一蹴而就,亦非仅为皇族内部争斗之结果,它既有天命以降皇族政治传统的不断延续,亦有光、宣两朝逐步的累积。

4. 满汉之间立宪之争的实质是权力之争,满洲权贵是立宪的最大阻碍,汉人精英乃立宪旗手,汉人士绅为立宪主力。甲申以降,汉族士绅数十年如一日孜孜以求者乃分权，满洲亲贵为一己私利、一族私利，数十年如一日孜孜以求者乃集权。《江楚会奏变法三折》、1906年官制改革草案不仅是张之洞及袁世凯的思想，更代表了汉人精英之集体意识。满汉双方有关立宪先后发生了三次激烈的博弈：戊戌变法、1906年官制改革及1910年四次国会大请愿。此间满洲统治者失去了太多机会，犯下了太多错误，最终自食其果。

5. 甲申易枢属光绪朝满人排汉集权之第一波，满汉矛盾虽非主因，但为其重要推手，其后汉族势力在清廷中央集体衰退，实为晚清政治走向堕落最重要的转折点。甲午战争时期，满汉势力以妥协抗日为主，但相互猜疑仍相与始终。旗人主导的庚子国变令多数汉人士绅几至绝望，以张之洞、李鸿章、唐才常等为代表的汉人官民士绅透过不同方式断然抗清排满，慈禧侥幸偷生才令清朝苟延10年。庚子以降，清廷囿于以满驭汉之祖制，不肯根本变革八旗制度，而局部维新或有名无实，如满汉通婚、官制改革；或保留皇室特权，如法律改革，中央地方上下皆不平，于满汉大局自然无济于事。另一方面，满洲统治者集地方之权于中央、集中央之权于亲贵之排汉集权步伐却明显加速，满汉关系必然进一步恶化，直到辛亥革命加以彻底解决。

第五节　征引资料

本书撰写过程中定须接触者，包括《清穆宗实录》《清德宗实录》《同治朝东华录》《光绪朝东华录》《光绪朝朱批奏折》《清史稿》及其他相关档案，以及中国史学会所编《中国近代史资料丛刊》，台湾沈云龙主编《近代中国史料丛刊》相关部分。上述官档、官书，及史料辑之引用，于满汉矛盾或为沧海一粟，或窥斑见豹，然大海捞针亦可披沙拣金，旁敲侧击亦可推原本心。其参考价值，本书绝不忽视。

相较于官书之严肃正统，日记、笔记与年谱等私人资料相对活泼自由，更利于搜求满汉矛盾等禁忌言论。清代是笔记集大成的时代，各种笔记都在前人述作的基础上进一步发展。其中历史琐闻类笔记的内容，尤为充实而多样化，较明人叙述的范围更广。日记部分，本书所倚重的资源，包括《翁同龢日记》《王文韶日记》《张荫桓日记》、王闿运《湘绮楼日记》、李慈铭《越缦堂日记》、叶昌炽《缘督庐日记》、赵烈文《能静居日记》、孙宝瑄《忘山庐日记》《恽毓鼎澄斋日记》《荣庆日记》《那桐日记》《张謇日记》等多种，引用程度不一，但事先皆经搜求与读录。

私家笔记中，本书倚之最重者，当推胡思敬《国闻备乘》、孙宝瑄《忘山庐日记》、陈夔龙《梦蕉亭杂记》、刘体智《异辞录》及吴永《庚子西狩丛谈》；次则包括张一麐《古红梅阁笔记》，黄濬《花随人圣盦摭忆》，徐凌霄、徐一士《凌霄·一士随笔》，王伯恭《蜷庐随笔》，李孟符《春冰室野乘》，何刚德《春明梦录·客座偶谈》《恽毓鼎澄斋日记》，岑春煊《乐斋漫笔》及李岳瑞《悔逸斋笔乘》，祁寯藻、文廷式、吴大澂等《〈青鹤〉笔记九种》，文廷式《闻尘偶记》，朱彭寿《安乐康平室随笔·旧典备徵》，谈迁撰《北游录》，坐观老人著《清代野记》，《清代野史》（1—8辑）等数十种。

个人文集部分，如《李鸿章全集》《张之洞全集》，尤其个中的函稿、奏稿；《荣禄存札》《荣文忠公集》；《袁世凯奏议》《刘忠诚公遗集》《康有为全集》《孙中山全集》《张謇全集》等。

报纸杂志有《申报》《大公报》《时报》《清议报》《国风报》《政治官报》《盛京时报》《民报》《大同报》《东方杂志》《江苏》《河南》《近代史资料》等。

基本资料，得之于古人、前贤，固为当然，今人用心之著述，亦往往能为后学提供研究之便利，相关成果，在学术前史中有所陈述，详细目录，笔者将开列于参考文献中。唯笔者愚钝，目力不及，譬如台湾影印之《能静居日记》，赵烈文行草飘逸，难以辨识；袁世凯家书、手稿亦因此故不得利用。故于公开之资料，亦不能充分检索，甚以为憾。

第一章 甲申易枢前满汉矛盾回溯

满洲贵族入主中原，如何控驭数以亿计之汉族为其面临最大的挑战。有清一代，满汉矛盾与斗争无时不在，此乃清代政治史重要特征之一。鉴于蒙元对汉族公开实行民族歧视致其速灭的不远殷鉴，满洲统治者渐次完善了"联蒙制汉、以满驭汉、以汉制汉"的系统策略，委实在清朝中期以后最大限度减缓了满汉之间的民族矛盾，致国祚长延。不过，其竭力维护本族权力之根本及效用与蒙元并无二致，其"民族统治的内涵超过以前任何一代异族统治政权"①，满汉矛盾与争斗也就相与始终。

第一节 满汉双轨制

"首崇满洲"及"不令汉人掌权"乃有清一代的祖传家法，以此为圭臬的满汉双轨制体现在政治、经济、军事、法律、文化等各领域，系统而严密，终清未易。

所谓满汉双轨制，并非清朝首创。类似的权力结构，在中国古代北方边疆诸族建立的王朝史上早已出现，如鲜卑的北朝，契丹的辽朝，女真的金朝，蒙古的元朝。其共同特色，便是征服族群的血统贵族高居权力核心，依仗"全民皆兵"的征服族群的武装力量，吸纳被征服各族的所谓文化精英参与文官统治。不过，贯穿于清代全部权力史的满汉双轨制，也非清朝列帝所追步的蒙元机制的重复。它的结构准则是"首崇满洲""以满驭汉"。

一 政治

清朝官制形式上标榜"满汉一体"，康熙、雍正、乾隆诸帝亦对此多有圣谕，但实际上无论形式与内容始终皆不平等。

由形式而言，即使实行"满汉复职"制的中枢机关，旗人尤其是满人

---

① 张德泽：《清代国家机关考略》，学苑出版社2008年版，叙例，第3页。

亦明显占优。清代四大中枢机关中，除总署大员旗人平均不足五成外，内阁、部院及军机处大臣旗人明显占优，平均比重均逾五五成，旗汉比例至少122.9%。虽然满人在数量上仅为汉人八十分之一，但却占据着行政官额近一半，于四大中枢机关中的平均比值至少是四成二，最多至五成。部院因负责具体行政，其首长人选始终如一受到清廷重视。清代部院大臣中，旗人一直保持数量优势，满人平均比重逾五成，旗人逾五成七，在四大中枢机关中俱为最高值。① 有人统计，从顺治三年到光绪二十年（1646—1894），内阁和六部的官员中，从大学士、尚书、侍郎、员外郎、主事，旗人任职者约占400名，而汉人任职的只有160余名。② 而各省驻防将军、都统、参赞大臣、盛京五部侍郎等皆为满官缺，理藩院、宗人府及掌握钱粮、火药、兵器的府库等极少有汉官缺。且旗人入仕，多以门阀进，常自侍卫、拜唐阿始，勋旧世族，一经拣选，入侍宿卫，外膺简擢，不数年辄致显职者，比比皆是。如同治癸酉，崇礼由粤海关监督归，"一月七迁，遂由郎中授山海关副都统"③。政权之不平等，"未有过此者也"④。

以内容而观，满人独占权力要津之事实于清代从未改变。清初最高决策机构为议政王大臣会议，议政王大臣皆由满蒙大臣充任，除范文程和宁完我外，议政大臣也全是满蒙旗人。乾隆后的清朝中央以军机处为核心，虽然领班军机大臣无非属于君主或谄媚君主的奴才总管，但即使这样的荣誉称号也极少给汉族大吏。据表5，军机处存在的183年（1729—1911）里计有29人担任过军机首揆，其中有7个满洲亲王，任职共52年；还有14个是旗人，任职共93年；而汉人仅8位，任职共38年。在拼命挽救帝国的中兴名臣里，曾国藩生前止于内阁武英殿大学士，左宗棠入军机处数月便被排挤出门，李鸿章位列内阁首辅虽长达20余年，但至死仍无缘入军机处。中央六部长官虽满汉俱有，然"部院印信皆系满臣掌管，若正官公出，则以次代署，此向来成例"⑤，甚而有"一人手握二三司钥匙"⑥者，"向来各部事皆满尚书为政"⑦，汉官相随画诺，不复可否，谈何权力。由崇德以至顺治，

---

① 笔者统计，详见书末附表。
② 白寿彝：《中国通史·第十卷·清时期·上》，上海人民出版社2002年版，第102页。
③ 文廷式：《闻尘偶记》，《近代史资料》第44号，第37页。
④ 汪精卫：《民族的国民》，《民报》第2号，1906年4月。
⑤ 《明清档案》第23册，第146页。
⑥ 《雍正朝满文朱批奏折全译》，黄山书社1998年版，第27页。
⑦ 欧阳兆熊、金安清：《水窗春呓》，中华书局1984年版，第59页。

"范文程、金之俊辈虽得志，然皆依托满王大臣，以为城社。康熙时，握权者鳌拜、明珠、索额图等，若李光地辈，一弄臣耳。雍正时，握权者鄂尔泰，张廷玉一弄臣耳。乾隆时，握权者阿桂、傅恒、和绅，若陈世倌、汪由敦辈，一养臣耳。嘉庆以降，权虽渐移，然所移者，主眷而已，官制如故也"①。革命派此论并无夸张。

二　经济

满洲贵族为了酬赏效命疆场的八旗官兵，曾连续三次大规模圈占汉人土地，以解决旗人土地问题。据统计，清初由皇室、满洲贵族和各旗王公圈占的土地约有2.2万余倾②，八旗兵圈占的土地高达14万余顷③。康熙八年（1668）再次宣布停止圈地，然直到康熙二十四年四月，圈地运动才正式告终。清人姚文燮在《圈占记》中描述当时情形说，"所至村庄，相度畎亩，两骑前后，牵部颁绳索，以记周四围，而总积之。每圈共得几百十晌"，而且"圈一定，则庐舍、场圃悉皆屯有"④，连农民的房屋也被圈占。清初的汉族土地所有者在这几次大规模圈占中损失惨重。伴随圈地政策的是投充政策的畸形发展。投充指汉族农民失去土地后被迫投靠满洲贵族为奴。按清初政策，投充人无人身自由，可被随时出卖，子女的婚姻亦不能自主，主人杀死奴仆无须偿命。旗兵还抢掠汉人为奴，"价买"人口为奴，或汉人犯罪判归旗下为奴。清政府为了防止奴隶逃亡，制定了极为严酷的逃人法。亲历其时的谈迁记载："国法禁隐匿东人，如犯者，家徙满洲，籍其产给告讦者，邻右十家论如之。"⑤ 惩治的重点在窝逃者，几乎与逃人稍有牵连者皆为窝逃，要受重罚。

康熙五十年清廷实行"滋生人丁永不加赋"，这是数百年来人们所津津乐道的清代空前的"仁政"。满人无赋税，该政策的主要受益者似为汉人。但康熙朝何以能实行大量蠲免的"德政"？汉人是否得到了永久的实惠？稍微比较一下明清赋税，便可发现，"清初全国赋税总额是以明朝万历末期至崇祯时期的横征暴敛为基准的。直至康熙末年清朝的人口土地并未超过明万历时期，然而其赋税收入却较明万历初期增加了许多倍。清廷统治者立国的

---

① 汪精卫：《民族的国民》，《民报》第2号，1906年4月。
② 《清朝文献通考（万有文库本）》卷五，上海商务印书馆1936年版。
③ 《大清会典（康熙朝）》卷二一，康熙二十九年刊本。
④ 《皇朝经世文编》卷三一，上海广百宋斋校印本。
⑤ 谈迁撰，汪北平点校：《北游录》，中华书局1960年版，第387页。

基础，就是过于沉重的高额赋税"。① 而另一方面，"使汉人出资以养旗兵，而因以防汉"②，汉人须承担八旗俸饷，每年总数数百万至千万两之巨。咸同时期满汉俸饷两项，"统计二百余万，汉人所得者十一万有零。发捻乱后，俸饷减成，光绪初年，旋复旧额，是满人俸饷仍占汉人十之九"③。

三 军事

清朝常备军主要按民族分八旗和绿营两个系统。八旗军以满洲八旗为核心，后来又将被征服的蒙古、汉人编为蒙古八旗、汉军八旗，连同满洲八旗一共24旗，总兵力约22万，分京营和驻防两部分，以骑兵为主，驻守京师及全国要地。绿营是清廷在统一全国过程中收编的明军及其他汉兵，参照明军旧制，以营为基本单位进行组建，以绿旗为标志，故称绿营，又称绿旗兵。兵额总数大约60万左右，较之八旗兵多三四倍，主要驻守各地，协助八旗控制地方。京营八旗军约10万人，除奉命出征外，主要是"宿卫扈从"，即保卫皇宫、京师，随侍和保卫皇上出巡。驻防八旗驻扎于全国各重要之地，初为奉天、畿辅、豫、江、浙、陕、甘、鲁、晋等省，后增驻闽、粤等地。直省中以江宁、荆州、西安兵额最多，且前两处只设满蒙兵，构成西北、中南及东南三大军事重镇。④ 畿辅乃八旗驻防的首重之区，各驻防点设置最早，部署最周密，且始终以满洲八旗兵丁为主，后有蒙古八旗参与，但汉军八旗"始终不预其内"⑤。驻防将领虽与地方督抚互不干预，不参与地方治安，但在幕后严密监视，牢牢掌握要害。譬如城市守卫一般由绿营承担，但城门锁钥均由驻防的满洲将领掌握，重要城市的内外还设有多处八旗军队的巡查岗哨。八旗驻防是经过精心设计的，以满洲八旗为核心，以京畿为首重之区，用八旗满蒙军控制八旗汉军，再以八旗汉军控制绿营，然后合八旗、绿营之兵以控制全国，最终达到以满驭汉，由点制面，以少制多。其中的民族猜忌显而易见。

不仅如此，洪杨事变之前，"朝廷兵柄不轻假汉人"⑥。四方有事，辄简一亲贵大臣为大将军，副以一人曰"参赞"。康熙征噶尔丹，雍正平噶尔丹

---

① 姚念慈：《"康乾盛世"与历史意义的采择》，《国学网—中国经济史论坛》http://economy.guoxue.com/article.php/21935。
② 杨度：《国会与旗人》，《中国新报》第7—8号，1907年10月15日—1908年1月12日。
③ 何刚德：《春明梦录·客座偶谈》，上海古籍书店1983年影印版，第100页。
④ 定宜庄：《清代八旗驻防研究》，辽宁民族出版社2003年版，第35页。
⑤ 同上书，第21页。
⑥ 胡思敬：《国闻备乘》，第26页。

策零，乾隆克廓尔喀、缅甸和大小金川等，都是任用爱新觉罗家族亲贵大臣统兵征伐。即使间有特例，如康熙平定吴三桂时，也曾用张勇、王进宝等一批汉将；雍正时曾重用年羹尧为抚远大将军、岳钟琪为参赞出征青海；乾隆时任用张广泗为总指挥出战金川等。虽然年羹尧、岳钟琪、张广泗等已经归附满洲，成为汉军旗人，但受"满汉分畛"传统思维的影响，满洲权贵仍视其为汉人，"钟琪遭蜚语，几不测；年、张贪功不悟，卒以诛死"①，结果都非常凄惨。

满洲入关，旗兵不过十几万，之所以能够定鼎中原、建立新朝，盖精于利用汉人。其术有二：一是以汉人招降汉人，此即新设绿营的原因；一是以汉制汉，令旗营压阵，而绿营前驱。其中最具实力与功勋者，则为三藩。然二者的地位、待遇、装备等方面差距悬殊，绿营官兵处处受到满人的监督和牵制。绿营的部分重要职位必须由旗人担任，旗人可以占用绿营官缺，反之则绝对禁止。八旗兵月饷银四两，年支米四十八斛，出征时另有"行粮"。绿营步兵月饷银仅一两五钱，每月支米仅三斗。② 两者相差近三倍。绿营擅长火器，八旗精于骑射。而清政府多方限制绿营掌握精利的火器，他们只能使用简陋笨拙的抬枪、抬炮。八旗军在入关后迅速蜕变，平定三藩战役时战斗力已大减。嘉庆年间，八旗、绿营皆已衰弱，不堪驱策，不得不借助乡勇团练，由此逐次形成汉族地方势力坐大之势，对满汉关系及晚清政局影响甚巨。

四 法律

确认和维护满族享有政治、经济、司法等各种特权，是清朝法律突出的特点。清代官制创造了按民族划分的"官缺"制度，旗人可占汉缺，反之则绝对禁止。法律规定满人做官可不经科举途径，清末旗人开始正式参加科举，亦有多项特权。如专给旗人的录取名额，其录取比例大大超过汉人。又如专为旗人设置的翻译科，考试难度远低于科举，但可获得同等级别的功名。专属旗人的还有更为简单的"笔帖式"翻译考试，可获较低职位的官职。宗室子弟不参加乡试、会试，直接参加殿试。发榜时也有区别，满洲、蒙古旗人为一榜，汉军旗人与汉人为另一榜。

《大清律》给予旗人特权，犯罪后享有优待。隋唐以降通行的五刑是答、杖、徒、流、死，但旗汉"同罪异罚"。汉人犯罪后如律执行，旗人应

---

① 胡思敬：《国闻备乘》，第26页。
② 《光绪会典事例》，卷二五四、卷二五五。

处笞、杖、徒、流者，仅仅用鞭责、枷号等即可代替。《大清律》规定："凡旗人犯罪，笞杖各照数鞭责。充军流徙，免发遣，分别枷号。徒一年者，枷号二十日，每等递加五日……流二千里者，枷号五十日，每等亦递加五日。充军附近者枷号七十日，近边者七十五日，远边沿海外边者八十日。极边烟瘴者九十日。"① 旗人犯得流徒刑，可以免予发配远乡，免予劳役，免予坐监。次死一等的充军，旗人竟可仅以带重枷示众几十天来替代。即使杂犯死罪者，亦可以折易枷号（仅真犯死罪不能折枷）。除上述折易规定之外，还有对旗人的优待。如当斩立决者，旗人可减为斩监候；当刺字者，旗人只刺臂而不刺面。福临特意规定了旗人免死法条："凡满洲、蒙古、汉军官员军民人等，除谋为叛逆、杀祖父母、父母、亲伯叔、兄，及杀一家非死罪三人外；凡犯死罪者，察其父祖并亲伯叔、兄弟及其子孙阵亡者，准免死一次。本身出征负有重伤、军前效力有据者，亦准免死一次。"② 如此，绝大部分旗人都握有一面免死金牌。即笞、杖、徒、流、死五刑不加于旗人，旗民之"同罪异罚"有若霄壤。

审理旗人的案件，有特定机关，惩治犯罪的旗人，也有特定的监所。步军统领衙门和内务府慎刑司负责一般旗人，宗人府审理宗室觉罗，户部审理民事案由。州县可以审理旗人在辖地内的涉讼，但无权判决旗人，须把证据及建议转送相应的旗人审判机构。须监禁的旗人，也有特定处所。宗人府空房圈禁贵族宗室，内务府监所收押一般旗人，其中的待遇当然好于汉人。因此，旗人在地方上寻衅滋事，"易于躲闪，即狡猾之汉人，亦且得以依附藏身……有司差役、谁敢遽执满兵家奴而问之"③，旗人骄纵无比，地方官很难约束。

清中期以后，因八旗子弟大多不务正业，挥霍无度导致入不敷出，他们便开始抵押甚至出售土地、房产。为了防止旗产散失，清廷多次申令禁止汉人典买旗产，严禁旗民典卖、出售旗地、旗房，这就是所谓"旗民不交产"的例禁。仅乾隆时代就三次定例禁止典买旗地并对此事进行清查。另外，满蒙旗人之家口，禁卖汉军、民人，也不许私赠，违者都要惩处。

五 文化

清朝诸帝以文化分裂为国策，愚民又自愚。④ 作为文明落后的少数民

---

① 《大清律例通考》卷二。
② 《大清律例通考》卷四。
③ 《清高宗实录》卷二八七。
④ 朱维铮：《重读近代史》，中西书局2010年版，第305页。

族，直到清亡，满洲都没有放弃萨满教的巫术迷信，每有军国大事，皇帝总要率领王公大臣到萨满教堂子举行祭天大典，所祀三大至上神除如来佛、观音菩萨外，还有关云长。清代前六朝规定的群神祀典，分大中小三等，祭关帝为大祀，用太牢即全牛全羊全猪三牲。至咸丰二年（1852），关公祭礼才改为"中祀"，与文昌帝君、文圣孔子祀典相等。故清朝长时间内，武圣压倒了文圣，朱子压倒了孔子，满洲最崇拜的汉人是关羽而非孔子，清代各地的关帝庙远多于文庙。

康熙皇帝极具政治眼光，一面禁止圈地，到南京明孝陵祭拜明太祖，安抚前明遗老遗少，拉近满汉距离；一面尊孔崇儒，然其尊孔实为尊朱，将朱熹奉作孔孟正宗，并将自己诠释的朱子学，定作意识形态准绳，意在以朱子压倒孔子。汤斌、陆陇其、熊赐履、李光地若辈为其重要代言人，玄烨明知他们都是"假道学"，却限于内部批评，在公开场合仍然表彰他们是"真理学"。朝廷劝以官禄，士人竞趋其途。玄烨按政治需要重新诠释孔孟程朱之道，"以汉制汉"，绝不妨碍他恪守祖制，"以满驭汉"。因而，他对付蒙藏边疆诸族，重视喇嘛教作用，而在平定准噶尔叛乱之后，不改变回回的信仰，都证明清朝统治者不以宋明"道统"定是非。[①] 然而玄烨的斯文很快就暴露了，自称"平生未尝妄杀一人"[②] 的他带头搞起了清朝中期最恐怖的文字杀人运动。玄烨、胤禛、弘历祖孙三个，制造文字狱的手段一个比一个疯狂，弘历更是残酷到变态的程度。一百余年间，他们炮制的有记载的文字狱案件就超过了一百五十起，平均每年总有一两起，次数之频繁，株连之广泛，超过历朝历代。清廷动辄"立斩""弃市""凌迟""寸磔""开棺戮尸""灭族"，无所不用其极！以此造成专制淫威下的极端恐怖气氛，来震慑士人，汉士龚自珍称这种文化恐怖政策为"戮心"。

在具有超强同化力的儒家文化"包围"中，统治中原近三百年的满族，竟然一直"融而未化"，此为中国中世纪绝无仅有的奇怪现象。盖满洲皇帝早已深谋远虑，历顺治、康熙、雍正、乾隆四朝，近一个半世纪，清廷既"以满驭汉"，又严防满染汉俗。皇太极总结以前契丹、女真入主中原"数世之后，皆成汉俗"的历史教训，峻拒达海汉化的建议，理由是若废骑射，宽衣大袖，待他人割肉而后食，则满人在中原的统治地位难保。作为满洲入关后第一代君主，守旧大臣拟定的总计十四条所谓遗诏垂拱后世，开篇便

---

① 朱维铮：《重读近代史》，第183页。
② 《清圣祖实录》卷二七四。

言"朕以凉德,承嗣丕基,十八年于兹矣。自亲政以来,纪纲法度,用人行政,不能仰法太祖、太宗谟烈,因循悠忽,苟且目前。且渐习汉俗,於淳朴旧制,日有更张。以致国治未臻,民生未遂,是朕之罪一也"。后又专门谈及"满洲诸臣,或历世竭忠,或累年效力,宜加倚托,尽厥猷为。朕不能信任,有才莫展。且明季失国,多由偏用文臣。朕不以为戒,委任汉官,即部院印信,间亦令汉官掌管。致满臣无心任事,精力懈弛,是朕之罪一也"①。此番忏悔未必全是福临的本意,但反映了满洲贵族对"渐习汉俗"、任用汉人等的集体忧虑是无疑的。实际上,清朝列帝自始至终、反复不停地告诫旗丁"国语骑射,是满洲根本",对于皇室子弟吟诗作赋,则严加斥责。乾隆晚期,"圆明园内年轻的王子们谈到汉人时总报以一种极大的蔑视",只要有人拿汉人说笑话,那些年轻的鞑靼王子就会兴高采烈②。在中国这样一个汉人占绝大多数的国家,维护高度集权化的帝制,必须依赖一种强有力的权力表述系统,必须强调满洲的血统高贵和独一无二的特性,才能稳定统治秩序。此即满洲统治成功之文化路径。

第二节 天命至道光时期满汉矛盾演变

清初40余年,满汉矛盾异常尖锐。努尔哈赤歧视汉人、对汉人十分鄙薄,他认为"我国中之汉人、蒙古,并他族类杂处于此,其或逃、或叛、或为盗贼、为奸宄者,其严查之。……若群心怠慢,察之不严,奸人伺间而起,国之乱也由此"③。连清朝人也承认当时的政策就是"诛戮汉人,抚养满洲"④。李永芳、佟养性和刘兴祚(爱塔)乃努尔哈赤时期地位最高的3位汉人将领。皇太极即位后李永芳随贝勒阿敏(努尔哈赤侄)伐朝鲜,因建议按约等待朝鲜大臣莅盟,而被阿敏叱以"尔蛮奴,何(得)多言!我岂不能杀尔耶?"⑤ 在阿敏眼里,李永芳连一般的奴才都不如。堂堂额驸尚

---

① 《清史稿》卷五《世祖本纪一》第62页。
② [法]阿兰·佩雷菲特:《停滞的帝国》,生活·读书·新知三联书店1993年版,第281—282页。
③ 《清太祖实录》卷八。
④ 王先谦:《东华录》,上海古籍出版社2002年版,第188页。
⑤ 《清史稿》卷二三一,《李永芳》,第932页。或王锺翰点校:《清史列传》卷七八,第6428—6429页。两者有一字之差。此段文字在多次修史中未被过滤,说明满洲权贵认为其甚为合理,无可非议。

且如此,遑论一般汉人。汉军八旗建立后,其中的汉人地位固然有所提高,然并非独立,照旧分属同一旗色的满洲八旗贝勒,且在八旗三大系统中是地位最低的。李自成与南明弘光政权被消灭之后,多尔衮肆无忌惮地推行民族征服政策,对江南大加杀戮。"遵依者为我国之民,迟疑者同逆命之寇,必置重罪。……已定地方,仍存明制,不随本朝制度者,杀无赦。"① 顺治实录中,意蕴"抗拒不顺者戮之,不得已而后降者杀无赦"之清廷谕令贯穿顺治朝始终,达31次之多。②

福临极其刻苦地学习汉族文化,大胆"改革维新",放手任用辽东降清的汉军旧臣及江南归附的汉人新官,勇于抛弃旧俗——停拜堂子、允许满汉联姻及将辽金元三朝太祖一并罢祀,遏制满洲亲贵势力,不断取得军事、政治胜利,逐渐稳定了国内局势。然而,清初是完全的皇族专政,汉人几无地位可言。清初内阁是在清帝与满洲皇族势力的斗争中被逐渐引入和完善的,内阁大学士,尤其是汉族阁僚往往是皇权的坚定支持者。而是时内阁制度尚未完善,大学士初仅五品,事权极有限。据表1-1,虽然顺治朝汉人大学士远多于满人(满汉比重为63.2%),然内阁大学士旗汉人数大体持平,汉人大学士地位卑微,几无实权。据表2,部院大臣旗汉比重为124.3%,这个比重于清初四朝中最低,旗人数量明显占优。部院大臣之10.8%的皇族比例在清初四朝中最高,较其他三朝平均高两倍多。顺治朝前3年,六部两院八名首长皆为旗人,前3年清一色满人,皇族比例更是连续两年达五成③,足证是时满洲统治者信心不足,尤其对汉人戒备森严。顺治五年(1648)七月,才开始在六部、都察院实行满汉复职。地方上,出于稳固新建政权的需要,各省督抚亦多用汉军八旗,由表3可见,本朝161名督抚中,只有两位满人,而八旗汉军多至84人,占逾五成。汉人势力稍有增长,即招致满洲贵族强烈反击。顺治十一年,先是汉人大学士陈之遴因满族贵族攻讦而去职,继之汉人大学士陈名夏因倡言"留发复衣冠,天下即太平"为旗人宁完我劾奏而被绞死,如此严厉处置汉大学士,在清代历史上绝无仅有。其根本原因,"当然是制约当时社会发展趋势的满汉冲突"。④ 要而言之,顺治朝之满汉矛盾仍然非常尖锐。

玄烨对满洲的民族认同,始终建立在对汉族的鄙视、排斥之上,"是一

---

① 《清世祖实录》卷一七。
② 笔者据《清世祖实录》统计。
③ 统计数据源于钱实甫编《清季职官年表》,中华书局1980年版,第158—162页。
④ 姚念慈:《评清世祖遗诏》(下),《燕京学报》新18期。

种极其褊狭的民族观"①。他始终强调"国语骑射",拒绝与汉族真正融合,更不惜用一切手段,欲令被统治民族承认其政权具有最高合理性。康熙朝60余年中,三藩之乱是影响玄烨一生最深刻的事件②,这个满洲皇帝由此认识到汉人潜伏的惊人力量。此后,他对汉人的警惕从未放松,尤其对反满意识异常紧张。玄烨是以严格控制舆论,任何不利于清朝的言谈著述,任何有利于明朝的舆论传播,皆严惩不贷,动辄杀人夷族。他表面上对李光地信任有加,内心却时时提防汉大臣左右朝局,李氏以汉人党魁实首当其冲。玄烨终其一生,最关切的问题是如何维持祖宗家业,其政治活动的核心在于保持满洲贵族在政治上的绝对支配地位,无所不用其极。其后之清朝统治者亦大受启发,概莫能外,此或为玄烨被破例谥"圣祖"之深意。

为了加强皇权,由康熙朝始皇族干政便受到束缚。迄乾隆末年,议政王大臣职名被取消,宗室权贵干涉皇权的合法途径自此消亡,金清之君主独裁臻于至极。在中央,虽然满汉复职制成为主要的权力配置形式,但实际上在即使复职官缺中亦存在明显的满洲倾向。部院大臣之旗汉比例在康熙朝便至清代巅峰(157%,见表2),表明旗人增速非常迅猛。乾隆十三年,清代内阁制度基本完善,大学士定员每殿阁满汉各二人。内阁掌议天下之政,枢纽行政。大学士乃百僚之长,地位尊崇。尽管雍、乾两朝内阁大学士中无皇族,然旗人尤其是满人大学士比重亦不断增高,据表1-1,乾隆时120%的满汉大学士比例、144%的旗汉比例皆达到清初之顶峰。雍正创设军机处之初,至少有两位亲郡王入值,对皇族倚恃有加,故开场便创造了清代军机处皇族比重22.2%的最高纪录(见表4)。至乾隆朝,军机处大臣旗汉比重大幅回落,但满汉比重继续上扬,达有清一代之顶点。地方上,据表3,康、雍两朝,汉军督抚持续减少,满人督抚不断激增,雍正朝满人督抚比例已近顺治10倍。弘历较之其父祖更为重视满汉之别,乾隆时,海内升平,满人督抚比例达到了清代最高峰47.8%,110.8%的满汉比例亦为清朝之最,131.9%的旗汉比例仅次于康熙位列清代第二。康、雍、乾三朝无疑为旗人的全盛时代,无论是地方督抚抑或中枢大员,旗人皆占绝对优势,相较而言,清廷对中枢机构的控驭力度更大。

所谓"康乾盛世"的时代,已经潜伏着埋葬大清帝国的巨大危机。以

---

① 姚念慈:《再评"自古得天下之正莫如我朝"——〈面谕〉、历代帝王庙与玄烨的道学心诀》,《清史论丛》2009年号。

② 姚念慈:《魏象枢独对与玄烨的反思——康熙朝满汉关系释例》,《清史论丛》2008年号。

满驭汉的祖制，无处不在地防范与戒备，致使满官多仗势贪婪，汉官则谨慎小心而推诿避事，大大耗损了行政效率和质量，法祖循规、守成将就成为清朝中期政风的突出特点。原已存在的制度性危机，进一步深化，创新与改革更是无法想象。清代中期，地理上的全国大一统渐次完成，然意识形态并未划一，尤其是以江南士绅为代表的知识分子并未彻底屈服，帝国的统治危机渐次呈现。鉴于此，玄烨、胤禛、弘历祖孙三代，一面大施怀柔，以停止圈地、重视民生，尊孔崇儒（实为尊朱），开科取士，礼聘馆阁辞臣等手段，千方百计笼络南方士人，实收"以汉制汉"之功；一面恪守祖制，"以满驭汉"，连续制造文字杀人运动，吹毛求疵、深文周纳，捕风捉影、大肆株连，仅有记载的文字狱案件就超过了150起，以此造成专制淫威下的极端恐怖气氛，对汉族知识分子施行集体精神阉割术。

此等"刚柔兼济"、极具权术手段的精神阉割，表面上黏合了统治者与被统治者间的文化裂痕，实则强烈腐蚀了汉族核心价值观，导致了可怕的民族衰退，万马齐喑中，渐趋消沉、靡顿和猥琐，制造了一批批肢体强健的汉族奴才和愚民。其恶劣影响，弥久不衰。在清廷持续一个多世纪的规训与惩罚下，满汉矛盾表面上趋于缓和，然其潜流一直未绝。"在清朝这样一种不允许有任何反对派政治团体合法存在的专制制度中，秘密活动不时地对历史的开展起着非常重要的作用。尽管有许多汉人加入了清朝政府或默认了清廷的统治，但有很多人却仍然保持着沉默的抵制。"① 所谓的"康乾盛世"之后，清帝国大厦在乾嘉之际砰然倾倒，败相毕露，"国与民皆患贫，奸伪日滋，祸乱相继，士习益漓，民心益竞"②。然其由来也甚渐，其消息也甚微，并非受到西方殖民主义蚕食鲸吞，而是长期潜伏的民族矛盾和社会阶级矛盾总爆发的结果。

在漫长而残酷的皇位争夺战中，谨慎、稳重是嘉庆皇帝旻宁赖以最终取胜的法宝，继位后，这种性格自然演化为多一事不如少一事的执政风格。旻宁御宇30年，老成持重、讳言变革。将这种政治风格加以量化和制度化的重要推手，是道光朝仅有的两位宰相曹振镛和穆彰阿。曹乃乾隆、嘉庆、道光三朝老臣，圣眷不衰，官至极品，绘形图于紫光阁。曹振镛以汉人而连任清廷军机处首揆共15年，为相之道但多磕头少说话而已，"恪遵上意，不

---

① 徐中约：《中国近代史》，香港中文大学出版社2002年版，第6页。
② 欧阳兆熊、金安清：《水窗春呓》，中华书局1984年版，第33页。

敢有一字轻重于其间"①，庸碌无为之态不会令满洲权贵感觉到太大的威胁，此或为其成为晚清得君之专且善始善终之唯一汉人的重要原因，然其终身亦仅止于武英殿大学士。满人穆彰阿入阁两年即迁品级最高之文华殿，同年柄政后，地方八大总督常年维持旗6汉2甚至满7汉1之悬殊比例，与道光前期大有不同（见表11-2）。道光二十年（1840）鸦片战争爆发，旻宁仍尊祖制重用旗人，第一次派往广州的统兵者是靖逆将军奕山（满族人，御前大臣，宗室），隆文（满族人）、杨芳（汉人）为参赞；第二次派往浙江的统兵者是扬威将军奕经（满族人，协办大学士、宗室），文蔚（满族人）、特依顺（满族人）为参赞。能却敌者皆汉臣，辱国者皆旗籍，然必谴有功之汉臣，以袒护旗人，尊满卑汉者如故。战争期间，穆彰阿、琦善等满洲贵族和王鼎、祁寯藻等汉族大臣之间的政争中亦有明显的民族纠葛。而自林则徐被撤职后，委任大臣俱为旗籍，事情办得一塌糊涂，恰可应验"有君而无臣，能将顺而不能匡救"② 这句评语。孟森先生议及道光朝政局时言：

> 道光朝兵事，六年叛回张格尔之役，十二年有叛猺赵金龙之役，不旋踵而皆定。清廷威信尚存，亦恃川、楚立功宿将。杨遇春、杨芳之于回，罗思举之于猺，转战迅速，而赏功必以旗籍大员功上。实则平回大帅长龄，主张割西城膏腴，封回首而退守四城；平猺钦差宗室禧恩攘功逃责，均暴露权贵之无能，其事皆不足述。至鸦片一案，则为清运告终之萌芽。盖是役也，为中国科学落后之试验，为中国无世界知识之试验，为满洲权贵无一成材之试验，二百年控制汉族之威风，扫地以尽，于清一代兴亡之关匪细也。③

盖风云流变，八旗之制已蜕变为特权福利体制，满洲实力已经不可避免地衰落，内外交困的清廷被迫把王朝部分重任渐次交与汉人，这种趋势在督抚中最为显见。由表3可见，自嘉庆朝始，旗人督抚比重直线下降，汉族督抚比重则不断增高。较之乾隆时期，道光朝满族督抚比重下降了近五成，旗汉比重下降了六成多，满汉比例下降了近七成，汉族督抚比例增高了近1.6倍，达到76.4%。中枢机构中，道光朝大军机中满人比重比乾隆朝减少两

---

① 欧阳兆熊、金安清：《水窗春呓》，第54—55页。
② 《清史稿》卷一九《宣宗本纪》，第709页。
③ 孟森：《清史讲义》，浙江人民出版社1998年版，第356页。

成五，满汉比例减少近 127 个百分点，旗汉比例减少近 136 百分点（见表4）。军机处首辅中，据表 5，道光朝 33.3% 的满人比重为有清一代之波底，较之乾隆时期下降近四成，满人首辅任职时间之短（不足五成）于嘉庆以后六朝中亦为最低。反之，汉人军机首揆于道光朝大放光芒，嘉道时期有 3 人共任 21 年①，占据整个清代汉人首辅时间的 55% 以上②。人数比重达到了清代顶点，任职年数比例为清季六朝之顶峰。曹振镛自道光元年任首辅，直到死于任上，"恩眷之隆，时无与比"③，创造了清代汉人任首揆的最高纪录。嘉庆任命了汉人钦差大臣温承惠，道光朝则有汉人杨遇春、林则徐继之，且杨遇春先后两次出任钦差，并于道光八年实授此前专用满人的陕甘总督。道光十九年（1839），清帝任命林则徐为钦差大臣，主持查禁鸦片，并以文官统领水师，这在军政权力严格分控的大清王朝，还不曾有过。故为史家所公认的咸同以降之"满轻汉重"的政治格局，其实已经于嘉道之际初露端倪。

失之东隅则收之桑榆，面对地方上日渐增强的汉族势力，在中央突出满洲亲贵成为一种必然的补救，皇族亦是清廷在危难时最信任的自家人。大学士多兼军机大臣或管部大臣，位高权重，满人比值虽在嘉庆时有所下降，然道光朝又开始反弹，几乎追平乾隆时期（见表 1-1）。品级最高的文华殿大学士嘉道年间共 4 人，汉人仅董诰一位，旗汉比例高达 3∶1。且董诰死后，历道咸同三朝长达 55 年，文华殿大学士从未再授予汉人。④ 各部院大臣直接处理政务，一直为满人所重视，据表 2，嘉庆时旗人比重较之乾隆时反而大幅上扬，增长最多的近三成。无论 52.1% 的满人比例、132.6% 的满汉比例、154.4% 的旗汉比重，均已到达清季六朝之巅峰，仅次于康熙而居清代第二。突出满洲则必突出皇族，以皇族内阁大学士而言，由表 1-1 可知，嘉庆、道光两朝比例（17.2%、17.7%）皆逾顺治朝 3 倍，于清季六朝位列第二、第三，满族大学士中近四成为皇族。以皇族部院大臣而言，雍正以降呈现明显的上升趋势。据表 2，较之乾隆朝，道光朝满人中皇族比例（31.1%）及总人数中皇族比例（14.7%）皆涨至 3 倍以上，达清季六朝之高位，满族部院大臣中皇族已逾三成。要之，嘉道时期汉人势力于地方督抚

---

① 董诰，5 年；曹振镛，15 年；潘世恩，1 年。
② 其他汉人首辅为：雍正朝：张廷玉，1 年。乾隆朝：刘统勋，3 年；于敏中，6 年。咸丰朝：祁寯藻，3 年；彭蕴章，4 年。
③ 《清史稿》卷三六三《曹振镛传》，第 11406 页。
④ 统计数据源于魏秀梅编《清季职官表附人物录》，第 7 页。

大增，而满洲皇族在中枢机构中的比重猛涨，二者有显明的因果关系。故有清季汉官认为，道光中叶，"满人柄政，又复排斥汉才"①。

畛域之见，使满洲皇帝始终不会信任汉人；而时局所迫，又让他们始终不得不倚重汉人。满汉政治合作始终缺乏相互信任、相互平等，面临天下糜烂之势，满汉之间不能和衷共济，其于晚清政局之影响概莫大焉。

第三节　洪杨事变与满汉势力消长

白莲教起义平息后的长时间内，民族或种族反抗再次归于沉寂，而从前积习的诸多根深蒂固的政治、经济等弊端仍在不断延续和发酵。鸦片战争的失败加剧了民穷财尽，巨额的战争赔款，清朝全以捐税形式转嫁到民众身上。加之鸦片和外国商品的大量输入，使中国农村出现大批游民饥民，引起人民多次起义。清至咸丰朝，"文恬武嬉，满洲绔绔用事，伏莽遍地。清室本以八旗武力自豪，为英吉利所尝试，而旗籍大员之奸佞庸劣无一不备，举国指目穆彰阿、琦善，谓之奸臣。文宗即位，虽斥退穆相，琦善以下偾事之旗员，仍以勋戚柄用"②。战后政府的威信大失，弱点暴露，以反清为职志的会党自不会放过时机。1840年到1850年，见于记载的农民起义达110多次。紧随其后的太平天国起义将之推向顶峰。不过太平军只保存了"反清"部分，却抛弃了恢复明朝的思想。天地会以复明为号召，洪秀全要建立自己的王朝；天地会所奉的是五祖，洪秀全只许拜天父上帝，视五祖为妖魔。

尽管太平军借用了部分基督教教义的语言及仪式，并有反对儒学经典的激烈行动，但是最具现实政治意义的仍然是以满汉矛盾为号召推翻清王朝的宗旨。最足以代表太平天国民族主义精神的是以杨秀清、萧朝贵的名义于1852年6月所发布的《奉天讨胡檄》，它痛斥满洲无道，以"夷夏之辩"伸张推翻清朝王朝的正义性，文字淋漓雄健，极富煽动性，系对"读书知古"之士而发。开篇即言：天下为上帝之天下，满洲为胡虏妖人。次及满洲之愚弄中国，欺侮中国者，发肤服饰，语言制度等无所不用其极。以中国五千余万之众，受制于满洲十万，可谓汉人奇耻大辱，因此必须起来革命。

---

① 何刚德：《客座偶谈》卷一，上海古籍书店1983年影印版，第6页。
② 孟森：《清史讲义》，第386页。

誓屠八旗，以安九有；特诏四方英俊，速拜上帝，以奖天衷。执守绪于蔡州，擒妥欢于应昌，与复久沦之境土，顶起上帝之纲常。其有能擒狗鞑子咸丰来献者，或有能斩其首级来投者，或又有能擒斩一切满洲胡人头目者，奏封大官，决不食言。

公等苦满洲之祸久矣，至今而犹不知变计，同心戮力，扫荡胡尘，其何以对上帝于高天乎！予兴义兵，上为上帝报瞒天之耻，下为中国解下首之苦，务期肃清胡氛，同享太平之乐。顺天有厚赏，逆天有显戮。①

《奉天讨胡檄》脍炙人口之余，一泻200多年汉人的沉郁悲怆之气。尽管清朝未因太平天国而覆亡，然而满汉力量的对比却因太平天国而发生了有利于汉族的倾斜。尽管反满只是太平军起义的手段之一，投身其中者心态各异，汉族知识分子精英少有参与，"所取乏通达之士，应者悉蝇营狗苟之徒"②，但其初期所向披靡的战斗力确令清朝统治遭受致命打击，元气大伤。太平军在全盛时期的兵力超过100万人，太平天国疆域最广阔之时曾占有中国半壁江山，其势力发展到18个省，实际控制的区域达23个府州，总面积150多万平方公里。

满洲家法，不轻以汉人专司兵柄。太平天国起义爆发后，清廷仍循旧例，命大学士赛尚阿（蒙古族）为钦差大臣，乌兰泰（满族人）、向荣两人为大将，调集八旗、绿营兵进剿。此时的满族亲贵多养尊处优，少有知兵善战者；昔日所向披靡的八旗劲旅，亦因承平日久而不堪一击。经过两年多的战争，太平军不但未被镇压，反而如燎原之势，迅速蔓延到长江南北。清廷一些头脑较为清醒的满族亲贵重臣认识到，完全依靠满蒙亲贵和八旗兵，是绝对不能将太平天国起义彻底镇压下去的，不用汉臣，无可收拾。大学士、军机大臣文庆曾向咸丰帝建议，当此多事之秋，"欲办天下事，当重用汉臣"，因为这些人大多来自乡野，"知晓民间疾苦，熟谙各地情况。岂若吾辈未出国门，憪然于大计者乎？"③肃顺虽为满族亲贵，却具有一定的政治见识，特别注意延揽各种优秀人才，对于汉族精英，更有礼贤下士的气度雅量。他曾对一些满人说："咱们旗人浑蛋多，懂得什么？汉人是得罪不得

---

① 《中国近代史资料丛刊·太平天国》，第1册，第161—163页。
② 《清代野史》（第三辑），巴蜀书社1987年版，第330页。
③ 同上书，第32页。

的"，"满人糊涂不通，不能为国家出力，唯知要钱耳"。① 肃顺深得咸丰倚重，其重用汉人的主张，对咸丰皇帝奕詝产生了较大影响。在此情势下，汉族势力获得了一个前所未有的大发展时机，满汉势力的消长亦由此发端。

试观晚清五大"中兴名臣"——湘乡曾国藩，湘阴左宗棠，衡阳彭玉麟，益阳胡林翼，合肥李鸿章，无一不以镇压太平天国起家。曾、左、彭、胡、李等饱读诗书，洪杨事变中有机会以书生典戎。如此众多之汉人能执掌兵权，调动千军万马，于清朝王朝已属空前。而其势力能不断发展壮大，形成攸关晚清政局的湘系和淮系集团，与当时督府权力不断膨胀上升紧密关联。

嘉道之际，地方勇营镇压起义初露锋芒，"事权不无下移"②。太平军从广西一路打到南京，占领了中国最富庶的长江中下游地区，使清廷陷于兵饷两难的困境，原来中央与督抚的权力分配关系以及因此所形成的一系列制度已难以适应。为了尽快镇压洪杨事变，清廷实施了政治、经济、文化等一系列措施，例如放权督抚、重用士绅和重用勇营。治军、筹饷非常人所能胜任，由此要求督府须有用人权，进而要求有惩恶扬善的司法权。兵为自募，将为自选，饷为自筹，自需打破成例，自成系统。统治者于万般无奈之中将紧握在手中的权力进一步下放，而且是实质性的。在此之前，人事权、财政权、军事权虽已逐次转交地方督抚，但三者并未统一，无法形成督抚权力系统。太平天国运动适时的"升级"促成了三者的结合，使得督抚权力进一步扩展，以致割据一方，此乃满汉势力消长之关键。

洪杨事变造成了督抚专权与满汉权力格局的再分配，旗人督抚比重承嘉道之势继续下降。同治朝汉人总督计28人，为旗人的3倍多，占总数的75.7%，而汉人任巡抚者则高达89.6%。③ 由表3可知，汉族督抚总计88人，逾满族近6倍，占总数之84.6%，为清季六朝之巅峰，从此汉人督抚比例居高不下。中枢机构中，同治时期，内阁、部院、总署与军机处中旗人比例皆有明显下落。内阁第二级的武英殿大学士咸同年间共6人，旗人仅1人，汉旗比例高达5∶1④，于清季罕见。部院与军机处大臣中的汉人比重皆升至清代顶点（分别为55.5%、63.6%，见表2、表4），总理衙门中的汉人比例亦迅猛增高（见表6）。至光绪年间，汉人督抚比重仍在72.7%，以

---

① 薛福成：《庸庵文续编》卷下，《书长白文端公相业》。
② 陈夔龙：《梦蕉亭杂记》，中华书局2007年版，第54页。
③ 统计数据源于钱实甫编《清季职官年表》，第1476—1483、1705—1715页。
④ 统计数据源于魏秀梅编《清季职官表附人物录》，第8页。

绝对的优势超过旗人（见表3）。湘军集团和淮军集团成员占据汉人督抚的绝对多数。仅在攻下天京的前四年（1860—1864）中，湘军集团便有计21人被任命为督抚，其中被委任两次者3人，三次者4人，另有曾国藩等3人还被任命为钦差大臣。同治年间，"全国之地方大吏，几尽为湘淮军人物所占据"①。满汉势力的消长必将深刻地影响以后的晚清政局。

对于汉人政治地位的提高，一向享有特权的满洲贵族不可能无动于衷。满洲权贵胜保说："现当我皇太后、皇上信任楚军之际，奴才既不必与之争功，亦不屑与之负气！……我朝自列圣以来，从不以重柄尽付汉臣，具有深意，不可不深思而远滤也。"② 其意不外提醒清廷不要提拔、重用汉人。湘乡曾氏昆弟数人，"握兵权，转战数省，削平发难，清廷虽阳为优礼，而隐微之间，不能无一缕之见。加以满人蠢暗者，媒孽其短，于是侦查之使，时有所闻，曾氏亦岌岌可危矣"③。民间的这些议论也绝非捕风捉影。就满洲权贵而言，其于湘军集团，先是利用其镇压洪杨事变，后则以之稳定统治，但猜忌和防范始终存在。

曾国藩一出师，"文宗以国藩一人兼统水陆军，心忧之，特诏贵州提督布克慎自黄州还，赴其水营，诏（湖广）总督台涌会其师"④。显见奕詝之猜忌。曾国藩被清廷驱使，不断地死战太平军；然却仅有团练大臣虚位，长期不获正式官衔，显然是不得满人信任。1854年秋，武昌克复，曾国藩终于被赏赐二品顶戴，并暂署鄂抚。然而刚过七天奕詝便食言，此乃有清一代稀见之怪象。同时清帝以官衔不书署抚之细故对曾严行申饬，并让与曾不协的原湖南按察使陶思培接任湖北巡抚。咸丰的出尔反尔，当然是疑忌。曾国藩受职之初，据说有重臣言："曾国藩以侍郎在籍，犹匹夫耳。匹夫居闾里一呼，蹶起从之者万余人，恐非国家之福。"清帝"默然变色者久之"⑤，遂收回成命。因此，其后数年曾国藩虽战绩不俗，却屡受掣肘。1855年3月，在江西为筹措粮饷接连碰壁，令曾氏失望到极点，最后他以父死丁忧回籍。假满后本想以退为进，伸手要权，却使本来心存戒备的清廷倍增疑虑。奕詝在上谕中大加斥责，且连他谦让的兵部侍郎也开缺了。其后湘军节节取胜，李续宾、杨载福、胡林翼等曾门将领分任浙江布政使、提督、湖北巡抚，但

---

① 萧一山：《清代通史》，中华书局1985年版，第1388页。
② 《胜保折》，第一历史档案馆。
③ 《清代野史》（第四辑），巴蜀书社1987年版，第312页。
④ 王闿运：《湘军志》，岳麓书社1983年版，第23页。
⑤ 薛福成：《庸庵全集·庸庵文续编》，下卷。

曾国藩仍被清廷晾在一边长达三年多，且在1855年后的四年中，未再任命湘军将帅为督抚。

1858年7月，浙江前线亟须知兵之统帅，李鸿章、胡林翼等数次吁请，清政府才令曾国藩回营。此后，曾氏的处境才逐步改善。因为清廷已经明白，没有湘军，太平天国起义是无法镇压的。1860年6月，浙江情势危殆，浙抚王有龄及杭州将军瑞昌亟待曾氏援助，这时清廷才下诏加赏曾国藩兵部尚书衔，署理两江总督。对此，曾氏幕僚赵烈文说："自咸丰二年奉命团练，以及用兵江右，七、八年间坎坷备尝，疑谤丛集；迨文宗末造，江左覆亡，始有督帅之援。受任危难之间，盖朝廷四顾无人，不得已而用之，非负扆真能简畀，当轴真能推举也。"① 同治更元，慈禧甫柄政，便给予曾国藩空前的权力——以钦差大臣统领江苏、浙江、安徽、江西四省，其巡抚、提督以下职官皆受管辖。曾国荃、左宗棠、李鸿章等湘军将帅在此前后也在政治权位上各有所获。然而，清廷对于拥军30万，控驭长江，辖制东南的曾国藩势力，疑忌和防范丝毫未减，尤其是湘军攻占金陵前后。其对策有二：一是外部包围监视。自咸丰五年（1855）始，清廷便派湖广总督官文虎踞武昌；富明阿、冯子材分守扬州、镇江；僧格林沁率骑兵精锐屯兵鄂、皖之交。对湘军形成四面包围之势，稍有异动，围剿便可展开。② 僧格林沁曾提醒满族当权者，不宜专用南勇，启轻视朝廷之渐。他一度是满洲权贵在政治、军事上平衡汉族势力的重大砝码。二是内部分化瓦解，"以湘制湘"。1863年5月，曾国荃升任浙抚，但直到天京克复后，既不准他上任，也不准他单折奏事。每当有湘军将领与曾国藩冲突时，清廷总会扶持曾氏的对立面，致双方不和而坐收渔翁之利，典型者如"扬沈（葆桢）抑曾"、"扬左（宗棠）抑曾"。同时，清政府大力笼络胡林翼、江忠源、李续宜，李鸿章、沈葆桢、左宗棠、刘长佑等湘军将领，以便其与曾氏兄弟抗衡，以收分而治之之功。

面对清廷长期的既利用、又限制的政策，曾国藩等湘军将领虽心中有怨却始终保持克制，此为咸同时期满汉合作得以维持的根本原因。首先，作为湘军统帅和灵魂的曾国藩为人师表，"国藩事功，本于学问，善以礼运"，"公诚之心，尤足格众"。③ 面对清廷的猜忌，曾国藩刻意延揽满人将领塔齐

---

① 赵烈文：《能静居士日记》，《太平天国史料丛编简辑》第3册，中华书局1962年版，第346页。
② 朱东安：《曾国藩集团与晚清政局》，华文出版社2003年版，第51页。
③ 《清史稿》卷四〇五列传192，《曾国藩传》，第11918页。

布入帐，并多加推重。对另一满将多隆阿也多方笼络。湖北巡抚胡林翼更是透过女人路线刻意结交阴为监督的湖广总督官文，自己任劳任怨，但庆功表一定把满人官文置于首位，以期合力进剿太平军。官、胡合作成为当时满汉协同的典范。金陵之克复，曾国藩亦特举官文为首功。1866年10月，曾国荃弹劾官文后，曾国藩即刻密折保荐官文，期以平息争端。从反面而言，早在安庆战役后，即传有曾国藩部将劝进之说。以曾氏当时的权力、地位和号召力，以及大批衷心辅佐的部将、政客，他完全有条件黄袍加身，是以"劝进说"很难排除。曾国藩势必也会用心思量此事，但无论如何，他始终没有听从"劝进"，更无背清自立的任何行动。其次，曾门湘军将领多书生，一边打仗，一边读书。他们以孔孟儒学、程朱理学修身立世，对满洲贵族的颟顸专权难免有腹诽，但始终保持了克制。正是曾国藩们这些各具特色的思想与行动，为暮气沉沉的清王朝注入了一剂强心针，使之得以苟延残喘数十年。要而言之，洪杨事变中不断壮大的以曾氏为首的汉族官僚势力，虽与清廷已有裂隙，但确无二心，特满洲贵族多虑为忧，始终不能释怀，隐伏了此后满汉冲突加剧的危机。

洪杨事变尚未平复，维新自强便成为满汉部分精英的共同体认。对于满洲贵族而言，因此运动并未直接触及其根本利益，所以他们的反对亦有限。此间，满汉双方互为依恃，相为利用，满汉矛盾矛盾趋于缓和。此间，汉族实力派在内政外交上之地位及作用日见其隆，清廷开明派领袖奕䜣对曾国藩集团、李鸿章集团都非常器重，精通权术的慈禧亦赐予更多的权力和荣誉。李鸿章从1870年开始担任直隶总督兼北洋通商事务大臣，成为洋务派首领。直隶畿辅京城，位列总督之首，位高权重，先前所选多为满人。而李鸿章先后三次出任，时间长达近25年，是历任直督中任期最长的一位。1874年，李更被授予内阁中品级最高之文华殿大学士，嘉庆以降的清季六朝中，李鸿章是汉臣中获此殊荣的第二位也是最后一位。而左宗棠于1881年2月被任命为军机大臣、总理衙门大臣并管理兵部事务，开非科班出身之汉官入值军机处的先例，对咸、同之交崛起的汉族大员可谓前所未有。1884年6月，左宗棠再次入京任军机大臣。这种荣宠曾国藩、李鸿章终其一生也未得到。

然而，自强运动期间满汉关系的缓和，并非意味着满汉之争的消除，"苟因自强工作之推进，而使淮军或某一系汉人势力因而独盛，则自当时满清统治集团之立场言，其威胁固不下于外患，甚且过之也"[①]。此间，清廷

[①] 石泉：《甲午战争前后之晚清政局》，上海三联书店1997年版，第33页。

的"旗人优先、满洲本位"意识非常突出。回顾总税务司署成立的背景，直令人扼腕。该署完全可由苏淞太道吴健彰等汉人管理，然在清廷看来，关税如此重要的财政来源，满洲内部既然无人可以胜任，则"宁赠友邦，不与家奴"，切不可使其落入非其族类的汉人官员手中，遂将关税大权拱手付与外国人。1861年1月24日，奕䜣第一次提出"自强"口号的奏折便是《奏请八旗禁军训练枪炮片》，首次接受西方教官训练的中国军队是京师旗营，清廷创建的中国人自有的第一支近代武装亦是满洲禁卫军。在外交上，清廷始终不放心臣民和外国人打交道，更不放心汉人和外国人打交道。故而，清廷首先启用、倚畀和培养的是旗人。与英法联军的交涉，由恭亲王与桂良、文祥主持，其后成立的专司外交的总理衙门亦长时间由以奕䜣为首的旗人为核心。中国为培养外交人才而成立的第一批外语学校是很明显的旗人学堂，同治元年（1862年）奕䜣在北京创立京师同文馆，初时所招仅限于八旗子弟。旗人崇厚乃"三韩贵胄，七叶名卿"，出身名门，累世贵显，是恭亲王重点举荐和培养的满洲人才。天津教案后使法谢罪的"成功"，令两宫太后刮目相看，"在满人中算是外交家了"。是故，光绪四年（1878）赴俄谈判，崇厚成为首选，清政府特给"全权大臣便宜行事"之特权，"希望他人去地回，折汉人尤其是李鸿章的锐气"。[1] 结果在俄国官员的威胁和欺骗之下，擅自签订了丧权辱国的《里瓦几亚条约》，最后还是由汉人曾纪泽收拾残局。崇厚回国后被定罪斩监候，不久便降职开释，即便如此，恭亲王还认为崇厚"受屈而已"。[2]

洪杨事变后，晚清政治格局虽然一变为内轻外重，"满轻汉重"，但清廷却能在势力削弱之中维持大体上的平衡，除了以曾国藩为首的湘军集团恪守臣道外，恐怕主要归功于慈禧政治手腕的高明。她适时地利用矛盾、制造矛盾，时而抑彼消此、时而抑此消彼，令曾、左、李等相互仇视，各不相能，稳握居中裁决之权，从而保住了虽然有限但较为稳定的中央权威。同、光两朝对两江总督和直隶总督的人选安排大致贯彻了湘、淮分治原则，江督多出湘系，直督则选淮系，且分别兼任南、北洋大臣，即赋予二者在国是上同等重要地位的发言权，由此构成清廷钳制术的重要一环。清廷于曾、左、李等褒贬有别亦为此故。当曾氏被授予节制四省钦差大臣的汉人最高大权时，当天下督抚湘系十九时，满洲权贵对湘军集团的忧惧亦达到顶点。是以

---

[1] 范文澜：《中国近代史》上册，人民出版社1962年版，第234页。
[2] 《鹤槎年谱》，第31叶，转引自汤仁泽《经世悲欢：崇厚传》，第329页。

公忠体国且小心翼翼的曾国藩在克复天京后即刻遣散湘军主力，如此表白似乎仍未打消清廷的疑虑，晚境忧讥畏谗，惴惴不可终日。虽欲忠诚，而清帝仍疑忌不受。剿捻、办教案未尝不是清廷对中兴老臣的折辱①，曾氏终在天津教案处理不利后郁郁而亡。时人对左宗棠1881年首次入京辅佐朝政一事有如此议论："持清议诸臣以外交事素不慊鸿章所为，知宗棠持议与鸿章左，益扬左以抑李。"② 左宗棠入值军机处和任总理衙门大臣，"明代沈相，暗倾恭邸，其势其焰，几于桓温"③。此外，利用清流言论来威慑、制约地方势力亦获得新的发展空间。由此，晚清政治呈现出十分奇怪的态势：一方面地方势力的崛起已使中央孱弱到了做不了什么大事，更无从应付西方势力入侵的挑战的程度；另一方面各地方势力却要靠向朝廷争宠以扩张自己。清政府只把精力用在驾驭与控制上，而只靠地方的"自强"变革，来应付变局，而地方势力的种种扩张行为在彼此力量消长的明争暗斗中达到了某种平衡。曾国藩死后，李鸿章曾坦率地承认自己"顾影自危"。权倾一时的两位汉族大佬尚且如此，其他官员不问可知。

其实汉人精英对清朝岌岌可危之势早已了然于胸，同治六年六月二十日（1867年7月21日）南国名士赵烈文即于曾国藩言："异日之祸，必先根本颠仆，而后方洲无主，人自为政，殆不出五十年矣。师蹙额良久，曰：然则当南迁乎？余云：恐遂陆沉，未必能效晋、宋也。师曰：本朝君德正，或不至此。余曰：君德正矣，而国势之隆，食报已不为不厚。国初创业太易，诛戮太重，所以有天下者太巧。天道难知，善恶不相掩，后君之德泽，未足恃也。"④ 赵氏从清王朝得天下的偶然性和残暴性这两点，否定其统治的合法性。曾国藩也预感到清王朝正面临灭顶之灾，然将信将疑。两年后，身任直隶总督之曾氏对赵烈文坦承自己对时局、朝政的失望，"两宫才地平常，见面无一要语；皇上冲默，亦无从测之。时局尽在军机"。然奕䜣、文祥、宝鋆、倭仁等皆非能荷重任者⑤，他不得不同意赵氏两年前的论断——清王朝

---

① 详见第二章第一节。
② 秦翰才：《左宗棠逸事汇编》，岳麓书社1986年版，第78页。
③ 同上书，第52页。
④ 赵烈文：《能静居士日记》，《太平天国史料丛编简辑》第3册，中华书局1962年版，第411页。
⑤ 《赵烈文能静居士日记摘钞》，江世荣编《曾国藩未刊信稿》附录二，中华书局1959年版，第393页。曾国藩对军机处诸人之评论曰："恭邸、文（祥）、宝（鋆）数人权过人主。恭邸聪明而晃荡不能立足。文柏川正派而规模狭隘，亦不知求人自辅。宝佩衡则不满人口。朝中有特立之操者尚推诿艮峰（倭仁），然才薄识短。余更碌碌，甚可忧耳。"

已经病入膏肓，难以救药。

　　盖满洲以八旗之雄武而兴，亦以八旗之崩溃而衰。当洪杨事变时，尚未招汉族之普遍不满，其士绅讲学问、研政治，互相策励，遂成中兴之功。金清既危而获安，"非清主德有污隆，实满汉势力之升降也"①。满洲衰则汉必昌，若清廷能顺应大势，除满汉畛域，全国一体，唯才是用，则国祚长延、国家进化大有可望。唯清朝既"寄命于汉族之手"②，偏不破满汉之限，乃益重以满驭汉、以汉制汉，纵旗人如故，持旗习如前，是"满族气数已尽之明验也"③。金清之"自域于种族之见，正自绝于华夏之邦"④，此则后来排满，亦自种之因。中兴之象，转瞬即逝，旋转之机，已知兴亡之关键焉。

---

① 孟森：《清史讲义》，第386页。
② 同上书，第21页。
③ 同上书，第417页。
④ 同上书，第416页。

第二章 甲申至戊戌间的满汉矛盾（1884—1898）

第一节 见微知著
——甲申易枢与满汉矛盾

"甲申朝局之变"是慈禧继辛酉政变以后发动的第二次宫廷政变，它以叔嫂斗法、手足参商为主，而满汉矛盾为其重要推手、关系深切，对晚清国局朝政影响深远。

光绪十年（1884）越南事起，奕䜣为首的军机处战和不定，军队又节节败退。清议激昂，主战的军机大臣李鸿藻、翁同龢实主之，慈禧、醇亲王隐为护持。于是枢臣奉职无状的弹章随之源源而上，三月初八（4月3日），国子监祭酒、宗室盛昱封奏弹劾：

> 唐炯、徐延旭自道员超擢藩司，不二年即抚滇粤，皆谓侍讲学士张佩纶荐之于前，而协办大学士李鸿藻保之于后。张佩纶资浅分疏，误采虚声，遽登荐牍，犹可言也；李鸿藻内参进退之权，外顾安危之局，义当博访，务极真知，乃以轻信滥保，使越事败坏至此，即非阿好徇事，律以失人偾事，何说之辞？恭亲王、宝鋆久直枢廷，更事不少，非无知人之明，与景廉、翁同龢之才识凡下者不同，乃亦俯仰徘徊，坐观成败，其咎实与李鸿藻同科。……唐炯、徐延旭既经拏问，即当另简贤员，乃就近于湖南用一潘鼎新，复就近于贵州用一张凯嵩，该二员一则粗庸、一则畏葸，该大臣等岂不深知？以奴才愚见揆之，恭亲王等鉴于李鸿藻而不敢言，李鸿藻亦自鉴于前而不敢言，以为就地取材，用之为当固不为功，用之而非亦不为过，滥誉之咎，犹可解免；如此存心，殆不可问，是诿卸之罪也！该大臣等参赞枢机，我皇太后皇上付之以用人行政之柄，言听计从，远者廿余年，近亦十数年，乃饷源何以日绌，兵

力何以日单，人才何以日乏，即无越南之事，且应重处，况已败坏于前，而更蒙蔽诿卸于后乎？有臣如此，皇太后皇上不加显责，何以对祖宗，何以答天下？惟有请明降谕旨，将军机大臣及滥保匪人之张佩纶，均交部严加议处，责令戴罪图功，认真改过，讳饰素习悉数湔除……①

盛昱之目标实在参张佩纶、李鸿藻②，而又不愿过于露骨，便依清流之文风漫漫指斥全体军机大臣，此于折中有明显体现，他想军机当然不会因之倒台。然而，慈禧等待这个机会已经很久了。见盛折当日，西后斥军机大臣边防不靖，疆臣因循，国用空虚，海防粉饰，不可对祖宗，盛折却留中不发。三月十三（4月8日），慈禧突发懿旨，免除奕䜣一切职务；恭亲王集团全班被免，宝鋆、李鸿藻、景廉、翁同龢被逐出军机处和总署；宝鋆休致；李鸿藻、景廉开缺，降二级调用；翁同龢仍留毓庆宫。同一天军机处新班底由礼亲王世铎、额勒和布、阎敬铭、张之万、孙毓汶等组建，次日又颁懿旨，军机处遇有紧要事件，着会同醇亲王商办，旋命贝勒奕劻管理总理各国事务衙门。

甲申易枢"诚百余年来未有之事"③，是慈禧发动的第二次宫廷政变，是清廷中枢长期以来钩心斗角、争权夺势的结果，与盛折及中法战事均无必然联系。去恭亲王的指使者是慈禧，而总其成者乃醇亲王，主谋者世人皆谓醇亲王心腹孙毓汶，而高阳先生疑心是荣禄。④ 孙毓汶与恭亲王曾有一段私怨，与翁同龢亦存心结。汉人南派自沈桂芬殁后，王文韶不足且无意以继承衣钵，翁同龢有志而资望未逮，故北派声势空前。李鸿藻为首的北派于恭亲王并无恶感，但为扫荡残余的南派势力，实现其强硬的外交主张，不能不默许倒恭行动，且要暂时牺牲李鸿藻。也有人怀疑翁同龢参与其事，因为翁历来与醇亲王走得极近⑤，且对盛折高度关注⑥，他的处分也是最轻的和象征

---

① 李宗侗、刘凤翰编：《李鸿藻先生年谱》下册，台湾中国学术著作奖著作委员会1969年版，第406—407页。
② 见黄濬《花随人圣庵摭忆》，中华书局2008年版，第519—520页；李宗侗《敬悼溥心畬大师兼述清末醇王对恭王政争的内幕》，《传记文学》第4卷第2期。李宗侗为李鸿藻之孙，二人可互证。
③ 陈夔龙：《梦蕉亭杂记》，中华书局2007年版，第55页。
④ 高阳（许晏骈）：《清朝的皇帝》，第807页。
⑤ 甲申易枢后翁、醇二人联系频繁，仅7月中下旬的二十几天里互函便至少14通（其中两天一日两函），见谢俊美编《翁同龢集·函稿》，中华书局2005年版，第295—300页。
⑥ 4月6日和7日日记中两次提及，见陈义杰整理《翁同龢日记》第4册，第1818页。

性的。

甲申易枢初起叔嫂斗法，继而汇入手足参商，而满汉矛盾为其重要推手，历时颇久。奕䜣所遭受的第一次严重打击即因满汉之争而起。慈禧与恭亲王多年来就有矛盾，核心是权力冲突。辛酉政变后，慈禧以太后身份"垂帘听政"，奕䜣集内外大权于一身，实为宰辅。随着地位高升和声名鹊起，恭亲王渐次得意忘形①，对女主的权力构成了严重威胁，其重用汉人亦久为满洲权贵所忌恨。善于投机钻营的汉人蔡寿祺抓住机会，引发了慈禧对奕䜣的第一次大发威。

同治四年二月二十四日（1865年3月21日），新任日讲起居注官蔡寿祺上"请振纪纲以尊朝廷"折，洋洋万言，痛陈时政。首言"自洪逆倡乱，将弁不能御贼，帅臣不为究参，牧令相率弃城，疆臣从而徇庇，而且捏报邀功，取巧避罪，张大贼势，恐吓中朝，朝廷以军务倥偬，故示宽大，不加究诘，而纪纲由此坏矣"。而后一一参劾劳崇光、骆秉章、曾国藩、曾国荃、刘蓉、李云麟、李元度、张学醇、薛焕等弃城不守、捏报战功、保举非人、取巧避罪等罪，以为纪纲之坏十大典型。再劾李续焘、袁怀忠、杨昌浚、江忠浚、曾国荃、李鸿章等16人丧师失律、聚敛浮诞等罪。②观蔡寿祺所参24人，除李云麟外皆汉人，除薛焕外皆湘军将领，曾氏兄弟是重点攻击目标。湘军将领既"劣迹斑斑"，则重用湘军之恭亲王难脱干系。蔡寿祺在全面参劾汉将的同时，又多次为满将多隆阿鸣冤请功，其满汉之别相当显明，这是由他的品性和阅历所决定的。

蔡寿祺，字梅庵，江西德化人，道光十九年（1839）进士，曾入翰林院当编修。因仕途不畅，咸丰九年夏天，窜至四川，私刻关防，招募乡勇，把持公事，大肆招摇，新任川督骆秉章命藩司刘蓉将其赶回江西。之后，蔡又投靠正在陕西围剿回民起义的胜保，自此与旗将颇多友好。同治元年底，胜保被慈禧杀掉。蔡寿祺又回到京城，混入宫中，担任起居注官，负责记录人君言行动止。蔡氏乃惯于投机取巧、到处钻营之人，而时势给他提供了机会。洪杨事变甫定，慈禧以为自此天下太平，渐恶恭亲王揽权主政。满员旗将又久忌湘军独擅军旅，鄙视旗兵。蔡寿祺以内廷当差及与旗将友好，得此讯息便迎其所好上疏痛诋，甘为满人鹰犬。此折之深意首在指责恭亲王重用

---

① 野史多有记述，典型者如恭亲王奏对时误拿慈禧茶杯事，见王闿运《祺祥故事》等。
② 蔡寿祺：《请振纪纲以尊朝廷》，军机处档折包原件，转引自吴相湘《晚清宫廷实纪》，中国大百科全书出版社2010年版，第127—130页。

汉人不当，图谋使汉人重掌军权。次则拟翻肃顺倚任楚贤公案，剪除以湘军为代表之汉族势力，且有为旗人握军权之企图，以快满员旗将之心。

疏上留中且无申斥，自然是鼓励，蔡寿祺遂有三月初五第二疏继之。该折洋洋洒洒三千言，不再遮掩，火力更猛，直指恭亲王"贪墨、骄盈、揽权、徇私"四大罪状，要求他"归政朝廷，退居藩邸，请别择懿亲议政"①，一下就撞到了慈禧的心坎上。除了恭亲王，疏中又一再谓"有聚敛殃民因善夤缘而外任封疆者，至各省监司出缺，往往用军营骤进之人"，"以一省城之肃清，附近疆臣咸膺懋赏，户兵诸部胥被褒荣，居功不疑，群相粉饰"②，其意显及曾国藩。蔡寿祺奏折反映了旗人一石两鸟，使恭亲王、曾国藩并去之阴谋，实隐伏满人亟欲夺回军权之企图。而慈禧宣布恭亲王罪过时，口谕中有"王植党擅政"③语，若与蔡疏并观，则"植党"之意殊为显明——奕䜣与湘军集团勾结为党，显然女主心中对内轻外重之现象已颇多怨气。

慈禧急命查办，但查无实据，急不可耐地她居然在第三天径自拿出一份自己拟好的错别字连篇、多处文理不通的懿旨，显示了她打压奕䜣的决心。整个朱谕文字之尖刻激烈，令人畏悚。后经王公大臣们苦求，女主才允许恭亲王重回总署，但"议政王"衔被免，即收回了相权。多次申请觐见被拒后终得面圣时，恭亲王在廷上对女主伏地痛哭良久。奕䜣遭受第一次严重打击后，事无巨细，愈加寅畏之心，可谓进一步退三步，举步维艰。这是叔嫂联合政权一步步走向破裂的开端，亦为清季满汉合作之危险征兆。

蔡寿祺词连曾国藩，引起湘军集团极大恐慌，疑为清廷卸磨杀驴的信号。曾氏"为之大诧，与幕中诸友叹讶良久……"④"读之寒心惴慄之至，竟日忡忡，如不自克，二更三点睡，不自成寐"⑤，几天后曾与水师将领彭玉麟在小船中"言及国事与渠家事，欷歔久之"⑥。他们应当对朝局一再推演，做好了最坏的打算。彭玉麟欲即刻上疏谏争，曾国藩令其少安毋躁，奕䜣不久复出。曾氏于此次政潮中虽侥幸过关，然伤兔死狐悲，忧惧惶恐，追昔抚今，与清廷之貌合神离日显。曾国藩是具有丰富的政治经验的儒臣，深

---

① 军机处档折包原件，转引自吴相湘《晚清宫廷实纪》，第77—79页。
② 同上。
③ 吴庆坻：《蕉廊脞录》，中华书局2007年版，第22页。
④ 《曾文正公手书日记》，上海中国图书公司1909年影印版，同治四年三月十七日。
⑤ 《曾文正公手书日记》，同治四年三月二八日。
⑥ 《曾文正公手书日记》，同治四年四月初三日。

第二章 甲申至戊戌间的满汉矛盾（1881—1898）

悉满洲权贵疑忌汉人之心。早在湘军克复天京之前，就已经预备割权自保。曾国藩于致亲友函中言："两接户部复奏之疏，皆疑弟之广揽利权，词意颇相煎迫。"① 而"近来体察物情，大氐以鄙人用事太久，兵权过重，利权过广，远者震惊，近者疑忌。……长江三千里几无一船不张鄙人旗帜，外间疑敝处兵权过重，利权过大。盖谓四省厘金络绎输送，各处兵将一呼百诺，其相疑良非无因"②。而清廷于曾国藩却一直高度警惕，据说，金陵克复后，清廷对曾国藩的爵赏也打了折扣。"曩闻粤寇之据金陵也，文宗显皇帝顾命，颇引为憾事，谓有能克复金陵者可封郡王。及曾文正公克金陵，廷议以文臣封王，似嫌太骤，且旧制所无。因析而为四，封侯、伯、子、男各一。曾文正公封一等毅勇侯，世袭罔替；曾沅甫官保封一等威毅伯，提督李臣典封一等子，提督萧孚泗封一等男。"③ 非但如此，清政府为幼天王下落及天京窖藏金银之事，还对曾氏兄弟步步进逼。左宗棠、沈葆桢在幼天王被俘后，更是落井下石，坚持押洪天贵入都，以彰曾国藩兄弟纵逃钦犯重罪。而此前左宗棠攻陷杭州时 10 万太平军突围而去，清廷却未出一辞。曾国藩怨气满腹而又有口难辩，其与左、沈之间的关系进一步恶化。已成惊弓之鸟的曾国藩惮于功高震主，主动遣散湘军主力；并令曾国荃辞去浙抚，回籍养病；彭玉麟宁可垂钓西湖，亦不肯进京任兵部尚书，慈禧这才逐步放松戒备，但剪除曾国藩湘军势力已在计划之中。曾国藩之大用始于肃顺，继之奕䜣，恭亲王且倚之慎重，故剪除曾国藩势力亦为叔嫂斗法中重要一环。

满洲权贵抑制湘军的大动作，主要是通过曾国荃弹劾官文案来实现的。在此之前，慈禧对奕䜣的处分，已经敲打了湘军将领们。曾国藩的几个保案均为吏部议驳，且责备甚苛，措辞甚厉。同治五年秋（1866 年 10 月），曾国荃弹劾官文一案，为清廷剪除湘军政治势力提供了机会。曾国荃为人急功近利，学识浅薄，不如乃兄沉稳。他率先攻入天京，自以为立下头功，却不知因烧杀抢掠，早已引起天下物议。他从乃兄之意在家"养病"一年多后，出任湖北巡抚，与湖广总督官文同署。官文乃清廷倚重的满人大吏，两人关系紧张。官文首先奏请调曾帮助军务借以排挤，曾国荃随即密折弹劾加以回击。早对曾国藩集团不满的满洲权贵，不仅为官文开脱，甚至要照例反坐，治曾国荃诬陷之罪。慈禧先是令官文开缺回京任职，旋即以大学士身份掌管

---

① 《曾文正公全集·书札》卷二三，传忠书局 1876 年刻本，第 43 页。
② 《曾文正公全集·书札》卷二三，第 42 页。
③ 薛福成：《庸盦笔记》卷二《曾左二相封侯》。

刑部，基本上没有处分。然而，对曾国藩集团却毫不手软。年底，清廷多次严旨诘责曾氏剿捻不力，御史也交章弹劾，后令他开去各缺，回京陛见，实际上是逼其交出军权。不久，湖北巡抚曾国荃、陕甘总督杨岳斌、广东巡抚郭嵩焘、陕西巡抚刘蓉、直隶总督刘长佑等一批湘军官员全部开缺回籍。除与曾国藩成见极深的左宗棠、沈葆桢之外，湘军势力已不足为患，曾盛极一时的湘军集团在慈禧的摧折下全面崩溃。其后清廷扬李抑曾、佑左抑曾，逐次以淮代湘。

曾国藩不仅能在功高震主之际功成身退，还能在身受冤抑之时缄默自守，严持武将干政之戒。故时人谓"曾文正公所以不可及处在不排满"，"当时粤匪既平，兵权在握，天下豪杰之士半属门下；部曲及昆弟辈又皆枭雄，恃功骄恣，朝廷褒赏未能满意，辄出怨言。当日情形，与东汉末季黄巾起事，何大将军领袖群雄，袁绍、董卓辈飞扬跋扈无少异。倘使文正公稍有猜忌，微萌不臣之心，则天下之决裂，必将有甚于三国者。"① 面对曾国藩之忠诚，权术极丰之慈禧似亦"投桃报李"，剿捻无功的曾氏在同治六年仍迁体仁阁大学士，次年又晋武英殿大学士，也算是给足了面子。然较之满人官文，慈禧之满汉之别立显。原湖广总督官文之才识与曾国藩不可并论，但官位却连连升迁。咸丰八年授协办大学士，十年径迁文渊阁大学士，同治元年晋文华殿大学士，同治三年封一等果威伯。而曾国藩同治元年始授协办大学士，同治六年方迁体仁阁大学士，至死也仅是武英殿大学士，较官文尚低一级。"两相对比之下，方显出清政府用心之深。"②

慈禧决定从政治上根除奕䜣，满汉矛盾亦为其中重要考量。光绪七年三月，东太后慈安猝死，奕䜣顿失奥援，而慈禧则肆无忌惮。女主已经开始酝酿铲除奕䜣的大动作了，目的很明确。首先，光绪帝不是自己的亲生儿子，如果撤帘归政，谙熟朝政运作的奕䜣势必如脱缰野马，届时将鞭长莫及，又如何暗操皇权。其次，组建一个由自己的嫡系组成的军机处，才能在军国大事的运作上贯彻自己的主意，由此就可以达到自己长久把持朝政，而根绝奕䜣东山再起的可能，即使光绪帝亲政以后也会保证自己操纵朝局目的的实现。再次，奕䜣执掌中枢，"阴行肃顺政策，亲用汉臣，李文忠尤其倚

---

① 辜鸿铭：《张文襄幕府纪闻》，山西古籍出版社1996年版，第12页。
② 朱东安：《曾国藩集团与晚清政局》，华文出版社2003年版，第51页。

赖"①，"天下十八省督抚，除官文一人外，尽用汉人"②。恭亲王是清廷贵族中的洋务集团领袖，而地方督抚热心洋务者多为汉族大吏，奕䜣本人更是与那些被提拔重用的汉族大员过往甚从，颇得人心，很多汉臣以为"贤王之立贤无方如此"③，这更让慈禧不能容忍。她曾责怪奕䜣曰："这天下，咱们不要了，送给汉人吧。"④ 除掉奕䜣，既可折汉人的锐气，亦可得到满洲贵族顽固派的欢心。

办大事先找替手，慈禧所瞩意的代恭之人乃自己的亲妹夫兼小叔子醇亲王奕譞，既有双重血亲又易驱驰，且"猜忌汉人尤甚"⑤。爱新觉罗·奕譞（1840年—1891年），字朴庵，道光帝旻宁第七子。道光二十年（1850）咸丰帝登基后封为醇郡王。此后十一年里，一直在上书房师从道光朝进士朱凤标读书。师傅严格教诲，加之体弱多病，形成他谨小慎微、循规蹈矩的秉性。同治十一年，奕譞晋封亲王。同治一朝，相较于乃兄长期主持军机处，内政外交，运筹帷幄，奕譞不免黯然失色。然醇亲王天潢贵胄，岂甘等闲而长为池中之物。恰兄嫂争斗，经同治八年安德海一案后，慈禧甚觉在宫廷中亦为孤立，而奕譞既是皇族至亲，又谨小慎微、才智平庸，素不喜重用汉人，易于驾驭，乃最佳人选。故女主一面韬光养晦，一面积极培植醇王，作为对抗恭亲王的工具。

奕譞柄政前，日攻洋务，仇视汉臣，对势力坐大的曾国藩等更为讨厌。醇亲王志大而才疏，亟谋有以自见，而政务既无从插手，洋务亦昧然无知；在此情势之下，想求发展，只有从两条途径去下手，一条是通过神机营练兵结纳八旗武将世家，如僧格林沁等；一条是支持倭仁等保守分子攻讦洋务派。醇亲王"之势渐张，趋附者益众，日伺恭王之短而攻之"⑥。奕譞同治初年便开始支持清流派、顽固派诋毁洋人、洋务，主张焚教堂、掳洋货、杀洋商、沉洋船。同治六年崇厚奏称天主教无异释道，他深恶痛绝，称没齿鄙之。同治九年的天津教案，"实为奕譞所主持，由直隶提督陈国瑞组织清帮

---

① 刘体智：《异辞录》，中华书局1998年版，第82页。
② 刘声木：《苌楚斋随笔续笔三笔四笔五笔》（下），中华书局1998年版，第755页。此处与事实不符，见表3。
③ 李岳瑞：《春冰室野乘》，第65页。京官何刚德亦有"清室诸王，以恭邸为最贤明"之言，见何刚德：《春明梦录·客座偶谈》，上海古籍书店1983年影印版，第16页。
④ 窦宗一：《李鸿章年（日）谱》，香港友联书报发行公司1968年版，第4821页。
⑤ 恽毓鼎著，史晓风整理：《恽毓鼎澄斋日记》，辛亥九月十八日，浙江古籍出版社2004年版，第557页。
⑥ 胡思敬：《国闻备乘》，第17页。

群众之有计划的排外运动"①。此说殊有见地，但亦不仅于此，还有打击曾国藩的作用在内。② 曾国藩为当年与倭仁一起讲理学的朋友，但首倡派幼童赴美留学，设制造局引进"西艺"；在保守分子看，便是离经叛道；如今以内阁首辅为疆臣领袖，"北洋"与总署结成一体，以恭亲王的身份，曾侯的勋业，合力提倡洋务，不啻尽驱中国之众咸归于夷，是故非设法跟曾国藩为难不可。而陈国瑞乃先后效力僧王、醇亲王麾下猛将之一，但与曾国藩私怨颇深，正可利用。陈国瑞出身长毛，后投奔湘军。同治元年，入僧格林沁部，极得信宠，情同父子。同治四年春，僧剿捻战死，陈又舍生忘死潜入敌营找回僧的尸体。后陈国瑞五百人的军队被原曾国藩嫡系部队"铭军"灭掉，且又被曾氏参劾革职，衔曾次骨。僧王同醇王乃莫逆之交，且都仇视汉人掌权，是以陈国瑞旋即靠上了醇王。同治七年春，经奕譞密荐，陈国瑞赴京入神机营，以头等侍卫身份训练旗兵，后升任直隶提督。天津教案既起，法国点名陈国瑞为首犯；军机为了醇王关系，极力设法庇陈，仅革职而已；醇王仍以惩道府、杀首祸、遣崇厚赴法道歉而不满，"在事诸臣，汲汲以曲徇夷心为务"，愤而请开一切差使。是年十月称病家居；历经西太后温谕，十年正月廿六日甫一销假，便手缮密折，攻击恭王，此为手足参商之始；亦为慈禧得以进一步压制恭王之开端。

疏中首言"苟非积弊太牢，争之数次，绝难挽回，欲尽君臣大义，每伤兄弟私情；欲拘兄弟私情，又昧君臣大义，亦何敢邃求拜退"③，则作此奏疏，显然已不惜"伤兄弟之情"。陈奏四款，中伤恭王，颇为有力。

其第一款，言"亲政"后夷务尚无起色，积弊已深。推原其故："办夷之臣即秉政之臣，诸事有可无否所致，此格不破，将来皇上之前，忠谏不闻，闻亦不行，甚可畏也。"所谓"此格不破"，意思非常明白，即"办夷之巨"，不应是"秉政之臣"；至少恭王不应领总署；跃跃欲试之情，隐然可见。

第二款中藏暗箭，最为险毒。他说："我朝制度，率无大小，皆禀命而行，立法尽善。今夷务内常有万不可行之事，诸臣先向夷人商妥，然后请旨集议，迫朝廷以不能不允之势，杜极谏力诤之口，如此要挟，可谓奇绝，去岁崇厚出使，以及惩处天津府县，其明证也。"

---

① 吴相湘：《晚清宫廷实纪》，第94页。
② 高阳（许晏骈）：《清朝的皇帝》，广西师范大学出版社2008年版，第736页。
③ 故宫藏醇王密折原件，转引自吴相湘《晚清宫廷实纪》，第95页。

这是隐指恭亲王、曾国藩等与洋人勾结，不无卖国之嫌。弱国外交，岂能免于委屈？奕谖独不思崇厚使法之由来，以及惩处天津府县是为交换免除陈国瑞责任所作的牺牲？如此责备，令人气结。

第三款攻击恭亲王等与洋人酬酢，犹不脱"天朝大国，唯我独尊"的陈旧观念。第四款先谈民心可用，"欲复深仇，全赖各省民心"，发泄对汉人办外交之极大愤慨。首责津案时民情义愤，诸臣"不趁势推之于以民遏夷，但杀民以谢夷"。次攻总署汉大臣董恂，谓其"一味媚夷，为之刻书作序"，"该员同乡之人，无将伊比于人数者"，建议将该员"立于罢斥"。[①]董恂为首人总署的汉臣，至光绪六年始罢值，前后历时 20 年，是总署的干将之一。董氏两榜出身，肯为"鬼使"，观念上自有其超脱之处；而在总署当家 20 年，与张荫桓先后相接，为恭亲王、文祥、沈桂芬所倚重，做官办事的最大长处是肯任劳任怨。当时外交决策权在满洲权贵手中，汉人多是出力而已。勉力任谤，为满人作挡箭牌，此种苦衷，局外人常不能体谅；而能有此种修养的人，实为办外交，尤其是弱国外交所不能少。然董恂在当时颇不容于清议。

醇亲王此折，自然留中，但所发生的影响极大。此疏关系晚清洋务之成败实极深切，守旧派迅即力请停办一切学习西方的自强新政，气焰高涨，虚骄言论日益嚣张。慈禧与朝市大夫惨毒攻击恭亲王与李鸿章等，使其不能顺利推行种种计划。锐意革新、主张"师夷"的恭亲王、文祥、沈桂芬等，都不敢放手了。总之，天津教案以后，守旧顽固派势力之复炽，可视之为爱新觉罗王朝自召覆亡的一个重要因素。其实醇亲王亦并非如何顽固的守旧派，只是在慈禧的支持之下，想在政治上发展，不能不与恭亲王壁垒分明。迨其柄政，对洋务的态度亦有大的转变。

甲申朝变不仅在发起时有满汉矛盾为重要推手，且在其后亦对满汉矛盾产生了重要影响，时人谓之"瞽瞍秉政，满人之焰复张"[②]。汉族南派与北派精英首度完全被排出权力核心——军机处，此一去便将近 10 年。阎敬铭清廉耿介，精于理财，自不容于醇、西，是为象征；张之万年过七旬，早已乞休，又与醇王往来密切，仅为伴食。实操权柄者，仅孙毓汶。恭亲王虽罢，醇亲王以太上之尊不便径入枢府，乃援孙毓汶为军机大臣。而毓汶甘为满洲权贵驱驰之"仗马"，其人"甚狡诈，曾充醇邸蒙师，既得志，倚势骄

---

① 故宫藏醇亲王密折原件，转引自吴相湘《晚清宫廷实纪》，第 95—97 页。
② 坐观老人：《清代野记》，巴蜀书社 1988 年版，第 2 页。

横,每入对,班在后而发言最先。孝钦尝目送之,见毓汶如见醇王也"①。昔日汉士之主体性,已渐见荡然。由统计数据分析,1884 年也出现了光绪朝排汉集权的首次高潮(见表 7),总署及部院皇族大臣首次增至 3 人和 5 人,较前分别上涨 1.5 倍、1.7 倍。1884 年起,部院皇族大臣高于三成的时间连续出现过 7 年(1884—1890),并在 1887 年便达到了 6 人高达 40% 之比重,为 1907 年前之最高纪录。② 汉族势力集体在清廷中央势力之衰退,自不待言。地方上,位高权重的全国八大总督中,1885 年首次出现了旗人(裕禄),打破了光绪朝前 10 年的零纪录。③

这一轮新人马,虽然平均年龄降低,然论能力、主见和原则性,奕劻、奕谟、世铎等远不如奕䜣,其共同点是对慈禧无不唯命是从。甲申易枢与中法战事并无根本关联,慈禧只是借朝廷内部的战、和分歧来扳倒恭亲王。至于易换中枢是否会带来不利的政治影响,也就只能让位于她对于权力的追逐和安排了。是以时人把这次中枢机构的大换班比喻为:"易中枢以驽马,代芦服以柴胡。"④ 甚至有"逐恭王出军机,以瞽瞍继任"⑤ 之恶评。汉人大佬李鸿章极震惊,其致张佩纶信中言:"一朝同罢,汲取乳臭陋儒,更合足惜此危局?兴献用意殊不可解。小臣一疏,岂遂动听?恐弄成明季世界,可为痛哭流弟者也。此后变态百出,知公无意久留,鄙人亦欲拂衣而去。枢、译两署究竟如何应付,念之心悸。"⑥ 可见李鸿章对奕谟意见极大,对清廷非常失望。论者咸目甲申为晚清政局之关键焉,"自恭王去,醇王执政,孙毓汶擅权,贿赂公行,风气日坏,朝政益不可谓。由是而有甲午朝局之变,由甲午而有戊戌政局之变,由戊戌而有庚子拳匪之变,由庚子而有辛亥革命之变,因果相乘,昭然明白,……以三数人两立之恩怨,眩千万人一时之是非,动机甚微,造祸甚大。……故谈朝局国变者,谓始于甲申也"⑦。这次政变实为晚清政治走向堕落最重要的转折点,自此开启慈禧擅权之时代,清

---

① 胡思敬:《国闻备乘》,第 17 页。
② 统计数据源于钱实甫编《清季职官年表》,第 303—318 页。
③ 统计数据源于钱实甫编《清季职官年表》,第 1484—1505 页。
④ 李慈铭:《越缦堂日记》,光绪十年三月十七日。驽马即笨马,柴胡是比芦苇价高的一味中药,以讽刺这些新进王公的庸懦。
⑤ 坐观老人:《清代野记》,第 14 页。
⑥ 李鸿章:《致张佩纶》(光绪十年三月十五日),《张佩纶与李鸿章往来信札》(未刊稿),转引自姜鸣:《龙旗飘扬的舰队——中国近代海军兴衰史》,生活·读书·新知三联书店 2002 年版,第 171 页。
⑦ 《张季直自订年谱》,《张謇全集》第 6 册,第 845 页。

廷高层决策机制完全得不到理性的保证，这也正是此后朝野对西洋议会体制日趋热衷的根源。

1884年底，两广总督张树声临终之际，竭力呼吁朝廷开设议院，实有深意——张试图以议院制度来取代现有的最高层决策制度，须众人"民主"论政于议院，而不是一二人"独裁"论政于深宫，方可避免福建水师全军覆没的惨剧重演。与张树声持同样意见的体制内知识分子非常之多。譬如：郑观应请开国会；汤寿潜建议搞"上院"和"下院"，前者由在京高级官僚组成，以军机处主之；后者由在京中下层官僚组成，以都察院主之，凡有政事，上、下两院各抒己见，作出决策，最后由宰相"上之天子，请如议行"；陈虬则主张在京师设置都察院，其中设议员36人，由中央各部推举，以此机构议论国事……诸如此类。当彼乱世危局，众多汉士不断建言呐喊。他们实际上只是试图借用西方议会的形式来弥补帝国独裁体制的弊病，挽救岌岌可危的清王朝。可悲的是，满洲当权者充耳不闻，抑或闻而无动于衷。

醇亲王"当国十余年，所设施者有三大政：增加旗饷以固本也；兴办园工以希宠也；大练海军以强国也"①，要之，首崇满洲也。固本、争宠为皇室贵族之本能，强国则是固本的需要，既可御外侮，又能固政权，显示了其政策重心。作为皇室近支亲王，必然首先关注本集团的切身利益。他在有关奏折中，对所固之"本"曾有多种解释，既有京师之本，亦有祖宗发祥地之本，尤有八旗之本。②如早年管理神机营时，他就极力主张用洋枪洋炮首先武装京师八旗；在参议海防时，他又曾疾呼加强东北防务。奕𫍯有关洋务的举措，无一不以之为核心。是以采用新式枪炮，购置铁甲巨舰，修建军港炮台，建立铁路，首重京畿；甚至电报、电灯也莫不先京津而外地。他提倡的"枝弱干强邦本固"③思想，既代表了满洲权贵利益，也为其推行洋务减少了阻力。但其局限也是显而易见的。不顾国家之全局，一切唯满洲权贵之需要来决定自强新政的内容和次序，必然出现畸形结果。他在财力极为困难的情况下，既要向各地筹集海军军费，又力主增加旗饷，提高旗人待遇。时任浙江巡抚刘秉璋曾上疏反对，主张先重海防，缓加旗饷，疏中谓：

---

① 刘体智：《异辞录》，第178—179页。
② 杨益茂：《奕𫍯与洋务》，《中国人民大学学报》1990年第2期。
③ 奕𫍯：《九思堂诗稿续编》卷九，转引自杨益茂《奕𫍯与洋务》。

臣非敢谓加饷之不重不急也，而以海军关系较之，则尤为至重至急。故为此万不得已之说，或亦一举两全之计。至国家亿万年丕基，当筹亿万年久长之策。八旗丁口众盛，数十百年后，蕃衍生息，其数更倍于今。即兵饷复额，万无给足之理，朝廷亦更无养育之法。其应如何安插疏通，拟请旨密饬亲信王大臣从长计议，徐图补救，是非臣之谫陋，所能拟议毫末者也。①

尽管刘秉璋用语委婉，然奕𫍯见疏大怒，斥曰："汉人太无良心，做旗人官而于区区之饷，犹吝之耶？"②光绪十二年三月二十二日，奉到朱批："创立海军自系当务之急；而旗兵日久困苦，何以资操练而固根本？至欲另筹安插疏通，轻议更张，尤属非是，原折着即掷还。"③可见在奕𫍯心中旗兵才是根本，远重于海军，内满外汉之祖制于其实念念不忘矣。醇亲王曾于光绪十一年七月二十八日的信函中写道："湘淮素不相能，朝廷驾驭人才正要在此。似宜留双峰插云之势，庶收两难竟爽之功。否则偏重之迹一著，居奇之弊丛生。"④表明他继续坚持对汉族势力集团的分而治之政策。

奕𫍯主张建立强大的海军，但同时对慈禧大建园囿亦颇为顺从，以致发展海军的宏愿半途而废。三海、颐和园两项工程用银总额约1600万两，两项工程总共挪用的海军经费约1200万两。而北洋海军自1875年兴办到1895年，20年所拨经费总额也不过2300万两。⑤海军衙门除了管部大臣外，还设有文案、章京、参领等30余人职位，这些官职在初期皆由旗人担任。直到1892年，才由李鸿章推荐，委任了一位汉人傅云龙担任文案。旗员不仅不懂海军，也不懂一般军事知识，只是把海军衙门当作仕途晋升的捷径。故时人胡思敬认为"海军初兴，亲贵渐出，领事群小，趋附权门"⑥。到了中日战争爆发，颐和园工程被迫停止，海军衙门没事可办，遂宣布"经费无着"，反而裁撤了，难怪有学者认为设立海军衙门根本就是一场

---

① 刘体智：《异辞录》，第114—115页。
② 同上书，第120页。
③ 同上书，第115页。
④ 《奕𫍯致□□□函》，《清醇亲王奕𫍯信函选》，《历史档案》1982年第4期。
⑤ 姜鸣：《北洋海军经费初探》，《报刊资料选汇——中国近代史》1986年第12期。
⑥ 胡思敬：《屠光禄奏疏·序》，转引自孔祥吉《康有为变法奏议研究》，辽宁教育出版社1988年版，第38页。

骗局。①

第二节　妥协中的猜疑
——甲午战争与满汉矛盾

甲午战争时期，满汉势力以妥协抗日为主，但相互猜疑仍相与始终。甲午战前的满汉矛盾使中国民族分裂，自强运动阻力重重，从而严重影响了中国综合国力的增强。中国在根本上无法实现"那种西方民族在民族主义感召下进行的相同程度的爱国动员，从而具有以一个民族行事的能力"来应对西方的挑战。②

中日两国在19世纪中叶几乎同时开始了近代化进程，但结局大相径庭。19世纪80年代，日本经过明治维新，建立起中央集权的近代天皇制国家，树立大和民族意识。明治政府大力推进现代化，兴办工业企业，80年代中期开始工业革命。在各种因素作用下，日本走上了军国主义道路。"征韩侵华"于日本乃蓄谋已久，为此，明治政府进行了至少10年的充分的总体战准备。早在1887年，日本政府便制定了非常具体的《清国征讨方略》，并决定在1892年前完成对华作战的准备，7年后，日本正是按照这个时间表和路线图发动侵略战争，并几乎达到了全部目的。它以中国为目标扩充军备，前后实施了8次《扩充军备案》。1887年天皇带头捐款，下令每年从皇室经费中挤出30万元作为海军补助费。1890年后，日本以国家财政收入的60%来发展海、陆军，1893年起，再从文武百官的薪金中抽出十分之一，补充造船费用。明治政府向日本国民进行了充分的战争思想动员，并于1894年8月先后两次发行共计8000万元的巨额军事公债，以强制的方式分配给各地。③日本派出大批间谍在中、朝活动，详细搜集各种情报，并在甲午战前绘成了包括朝鲜和我国辽东半岛、山东半岛和渤海沿线的每一座小丘，每一条道路的详图。要言之，日本合全国全民族之力，数十年之准备，亟欲征服中华帝国。

---

① 季平子：《近代海军建设史上的一场骗局——关于设立海军衙门和宣布北洋海军成军二事的实际意义》，《河北学刊》1994年第4期。
② [美]费正清、赖肖尔：《中国：传统与变革》，江苏人民出版社1992年版，第313页。
③ 于春梅：《论甲午战前日本的总体战准备》，戚俊杰、刘玉明主编《北洋海军研究》（第三辑），天津古籍出版社2006年版。

反观中国,由于清王朝长期施行"满汉分治、以满驭汉"的民族政策,中国境内的各民族四分五裂,"满汉不能一家"①,人心各异。满汉冲突"在清朝由来已久,即使在清朝最为鼎盛的康、雍、乾时代,汉族知识分子也没有完全放弃反对满清统治的企图,更没有与满族人形成民族认同"②。迨至甲午战前,民族意识仍无法萌生。由于清廷囿于部族私利,保守专制,闭关锁国、故步自封,女主慈禧乏长治久安之远图,故其为政,因应敷衍,无所兴革,所亲信亦多浅识小人。而所致力以求有成者,则扶此抑彼,以去异己,与夫大兴园苑,从事游乐而已。内部有此种族问题,"中国之自强,遂不可能如日本之维新。致甲午之战,终食其果,可慨!而亦无足怪也"③。中国的自强运动早于日本近10年,但近代化进程异常缓慢。近代工业零零散散,不成气候。中国军队虽然在兵器变革上取得了重大成果,引进了大量现代化装备,但不重视军队素质的提升,"换汤不换药",没有先进的军事理论作指导,没有实行相应的政治、经济变革与之配合。军事管理教育、战略作战指导、战术技术运用等大多停留于中世纪水平,新的武器并未产生新的作战能力。在王朝库帑空虚、战争将至的危殆时刻,光绪帝却不得不率领朝臣大张旗鼓地为慈禧六旬寿诞做着精心的准备,庞大的颐和园工程不断地吞噬着王朝的财政收入,尤其是大量挪用了海防经费。甲午战争前,当时中国社会从上到下,大多数人对明治维新后的日本懵然无知,普遍存在盲目虚骄、对日本心存轻视。在官员的章奏和人们的言论中,左一个岛夷,右一个倭寇,什么犯上作乱,主张踏平东京,一派胡言。虽然部分官绅认识到了日本侵华的危险,但没有积极备战,浑浑噩噩依然。

满汉之防也对战前的国防建设产生了很大的消极影响。清政府在地位上足以统筹全局,而在实力与人才上则远不足以相副。慈禧之才力足以控驭群下于一时,而学识则远不能相副。外廷领袖,由恭而醇,由醇而礼、庆,每况愈下,遂使太后日益随心所欲,而朝政则日趋腐败。盖满人已尽失早年之朝气,不足以担此变局矣。而甲午战前六七年间,中国之柱石过半逝世。如左宗棠、彭玉麟、奕譞、岑毓英、曾纪泽、杨岳斌、曾国荃、张曜、鲍超、周盛传等。硕果仅存的李鸿章、刘坤一等皆年过六旬,理应大用,而囿于满汉之别,李鸿章等又绝不可能进入满清统治集团之核心中,以相与统筹全

---

① 刘体智:《异辞录》,第165页。
② 马勇:《民族主义与戊戌维新》,《江汉论坛》1993年第6期。
③ 石泉:《甲午战争前后之晚清政局》,第33页。

第二章　甲申至戊戌间的满汉矛盾（1881—1898）

局，合作无间。早在1885年兵部侍郎黄体芳就上奏，谓北洋水师"并非中国沿海之水师，乃直隶天津之水师；非海军衙门之水师，乃李鸿章之水师……再阅数年，兵权益盛，恐用以御敌则不足，挟以自重则有余"①。黄体芳乃"前清流"翰林四谏之一，尽管因之获慈禧严谴，然满洲亲贵于李鸿章的猜忌是不可否认、无法消除的，黄体芳之言实际上代表了他们的心声。李鸿章本人于此其实早已洞悉，1865年他在致郭嵩焘函中言："僧邸屡溃于豫，而于南军枘凿过甚，数万败捻长驱河汝，谁敢攘臂以争之者。都中群议无能谋及远大，但以内轻外重为患，日鳃鳃然欲收将帅疆吏之权，又仅挑剔细故，专采谬悠无根之浮言。"②清廷所患显然在汉人地方势力坐大，故僧格林沁于湘淮等"南军枘凿过甚"，故朝廷"日鳃鳃然欲收将帅疆吏之权"。试观李氏于1874年便以文华殿大学士位列内阁首辅，此间无论资历才识堪与其比者有几人，然李鸿章至死也未入军机处，总署任职亦不足两年，岂不怪哉？在很多满洲贵族眼里，北洋舰队即李鸿章私产，削弱北洋海军就是打击李鸿章，这已经是他们的一个心照不宣的目标。醇亲王提出移拨海军经费修建颐和园的私意后，李鸿章不得不同意并积极配合。于是，北洋海军自1888年正式成军后，一直裹足不前，实力再未增长，1891年以后又停购枪炮弹药，以致舰龄老化，行动迟缓，火力也差，与日本舰队不断壮大相形见绌。

　　汉臣中的南北之争等内部矛盾由来已久，而清廷自然大加利用，"居京已久，渐染北俗，遂亲北而疏南。同一书房，常熟无论如何得君，终不若高阳之内外融洽。同一枢府，善化无论如何有权，终不能出庆邸范围之外。合肥入阁办事，几有适从何来，遽集于此之状"③。洪杨事变平定后，海防、边防亟须筹划，以备欧西强敌，乃益倚恃湘、淮精锐，以资捍御，而如何"驾驭此辈汉人，以使中枢得以长保威势地位，遂亦成为此后数十年满清统治者之一中心问题"④。以汉制汉，分化瓦解乃清廷对付汉人的主要政策。光绪亲政后，清廷高层大致形成帝后两党势力，以翁同龢为首的一班文臣拥戴德宗前台执政，但并无实权。阴主朝政的慈禧笼络了大批满汉权臣，实力雄厚。故甲午年帝后之争、南北之争与满汉之争盘根错节，交错纷杂。翁同龢1894年进入军机处后，被汉人南党奉为领袖，旗下干将为盛昱、志锐、

---

① 《中国近代史资料丛刊·洋务运动》第3册，第17—18页。
② 《李文忠公全书·朋僚函稿》卷6，第2页。
③ 刘体智：《异辞录》，第166页。
④ 石泉：《甲午战争前后之晚清政局》，第31页。

文廷式、黄绍箕、张謇等"后清流",多为词馆清显和台谏要角。"甲午之战由翁同龢一人主之"①,时人此论大体无缪。翁同龢相信海陆军尚堪一战,载湉对翁师信任有加且亟欲建功立业,他们师徒是甲午战争时的积极主战派,开战前十天,翁氏便已奉旨与李鸿藻一起参与军机大臣、总理衙门大臣会议朝鲜局势。而翁同龢与李鸿章不和由来已久,其总理度支,北洋"平时请款辄驳诘"②,甲午年政见更是大异。李鸿藻本"前清流"领袖,亦力挺战,在反对李鸿章这一面与翁同龢为同盟。李鸿章是一个现实派,他虽然对醇亲王等满洲权贵阻挠北洋海军发展不满,也赞许帝党改革内政的部分主张,但政治上倾向于后党,他主张通过国际调停解决朝鲜危机,不欲以军事力量与日本决短长,原因有三:一是西太后不愿六十大寿被对外战争所搅扰(后果有"今日令吾不欢者,吾亦将令彼终身不欢"③之语);二是北洋海陆军不过是纸老虎,实际上不足以战胜日本;三是他不愿在无决胜把握的大战中消耗自己的实力。治国无方、弄权有术之慈禧依违于战和之间,静观其变才可坐收渔利。国难当头,清朝最高统治集团内部却明争暗斗不停。一言以蔽之,甲午前国事窳败乃人谋不臧,"盲人骑瞎马,夜半临深池"。

对于中国的满汉矛盾、民心离叛,日本著名间谍宗方小太郎洞悉无遗,他在中法战争爆发后便来华从事谍报活动,又是一个学者型的人物,1893年他在《中国大势之趋向》报告中预测:

> 以今日之势占卜中国之前途,早则十年,迟则三十年,必将支离破碎呈现一大变化。此四五年来,民心离叛最甚,似已厌恶朝政,草泽之豪杰皆举足而望天下之变。……予明治十七年初冬游中国,以后举反旗者虽不少,但不如今日之盛。前之叛乱者殆无名义而叛,今之叛乱者无不以恢复明祀为名义。其故何在,曰:"恢复明朝"一语最易煽动民心,又为民心之所向也。方今中国之形势颇似元朝末运。彼因起于满洲异族,夺取明之天下,正如元之于宋,出自异族而统治中国则一也。故目今背叛朝廷者多为人民饱尝弊政之余而开始种族竞争者也。征之该国历史,自古以来凡由异族起而夺取天下者,常于人种之竞争中被夺回。④

---

① 胡思敬:《国闻备乘》,第36页。
② 同上书,第37页。
③ 转引自王芸生《六十年中国与日本》第二卷,第222页。
④ 《宗方小太郎日记》,戚其章编《中日战争》第6册,中华书局1993年版,第128—129页。

第二章　甲申至戊戌间的满汉矛盾（1881—1898）　/ 59

宗方很明确地指出"早则十年，迟则三十年"清朝将亡于汉人的反满起义，并建议日本趁机侵华，"至此时机，则为国内纷扰之时，愤惋不平之气一时爆发，风云卷地而起，挥戈逐鹿中原者所在蜂起。准此一时机最有可观，亦最为有利"。① 宗方小太郎的精细情报无疑增强了侵略者的信心和勇气，对日本侵华决策提供了重要参考。

甲午战争期间，满汉民族矛盾依然存在，并产生了很大的消极影响。1894 年战争爆发之后，清廷作战主要依恃李鸿章及其淮系集团。但清廷于李鸿章"必非深亲信者，不宁唯是，且常以猜疑憎忌之眼待之，不过因外部之压迫，排难解纷，非彼不能，故不得已而用之耳"②。京旗神机营之制已 30 年，甲午出兵，"疲癃残弱，无异往昔"③，即便如此，他们也绝不许汉臣染指，尤其是北洋首领李鸿章。满洲都统札拉丰阿给光绪帝的一道奏折颇有代表性，他写道：

> 近接神机营驻扎山海关防营人来云，神机营兵队方到关时，即接直隶总督文札，特委派候补道一人、提督一人专办总理防营营务处事务。奴才闻之，不胜骇异。查神机营行营，原派有行营全营翼长一员、行营营务翼长二员，本无须另派营务总理也。且驻防行营并归神机营节制，与北洋毫无干涉，纵有往来交手事件，亦概由神机营在京办理；乃该督臣突派此二员总理全营事物，名为镇压市面，其为特布耳目用以钳制该军出关而设，不问可知。否则，必该二员为倭奸细，专用以探防营虚实者。不然，岂有镇压市面，不委以地方之责，而反令其管辖全营事务？然则神机营旗兵若无北洋人员镇慑，岂遂成无纪之众，而原派全营营务各员均为庸碌无能者耶？倚势夺权，莫此为甚。④

很显然，札拉丰阿对李鸿章插手神机营事务异常愤慨，便凭空断言李鸿章所派等人是日本奸细，进而更谓北洋将领中日本汉奸很多，"应拣择在廷

---

① 《宗方小太郎日记》，戚其章编：《中日战争》第 6 册，第 131 页。
② 梁启超：《李文忠公事略》，《清代野史》（六），第 92—93 页。
③ 文廷式：《闻尘偶记》，《近代史资料》第 44 号，第 41 页。同文作者又记"有遇（神机营）于卢沟桥者，见其前两名皆已留髭，第三名则十一二龄之童子也，余多衣裙不周体，蹲踞道旁不愿前进"。
④ 《中国近代史资料丛刊·中日战争》第 3 册，上海人民出版社 2000 年版，第 228—229 页。

亲信大员特派钦差大臣以分李鸿章之权,庶足以资控制,而免祸变"。① 扎拉丰阿初名瑞林,出身满族八大姓之一钮祜禄氏。咸丰五年被指婚道光帝第八女寿禧和硕公主,后赐改扎拉丰阿,光绪十四年十一月累迁八旗汉军都统,任管理神机营事务大臣。扎拉丰阿乃满洲额驸,其言论无疑代表满洲亲贵。它充分地暴露了满洲皇族对汉人军事势力的防范和猜疑。

李鸿章曾自叹甲午一战乃以北洋一己抵日本全国,事实上,除了对付日军,他还得同时面对清廷的猜忌和同僚之攻讦。政府疑其"跋扈",台谏参其"贪婪"②,其处境之尴尬难以言表。战争初期翁同龢等便拟定了"攻守相济""以湘抑淮"的内、外方略,但除了高唱主战宏论,以及力主"宁赔款,不割地"以外,未见彼辈进行实质性的赞划和补救。攻讦李鸿章倒不遗余力,李鸿藻认为"海军船只一无所用,真可杀也"。③ 翁同龢与李鸿藻先后在七月二十五日(8月25日)和八月十八日(9月17日)的枢垣廷议中力主严惩李鸿章和丁汝昌。最终懿旨丁汝昌仅革职留任,李鸿章仅拔去花翎、褫黄马褂,翁同龢对门生张謇言:"将不易,帅不易,何论其它,此天也,意中之事已如此,即意外而意中之事亦如此。"④ 失望愤懑之情溢于言表。翁同龢、李鸿藻辈之言行至少在客观上对清廷打压李鸿章多有助益。顾满洲亲贵之本意,为了改变汉族大臣权势过大的现状,让日军把李鸿章作为政治资本的军队打垮,未尝不是一件好事。李鸿章战后的感怀,最为真实痛切:"我办了一辈子的事,练兵也好,海军也罢,都是纸糊的老虎,何尝能实在放手办理? 不过勉强涂饰,虚有其表。不揭破,犹可敷衍一时。如一间破屋,由裱糊匠东补西贴,居然成一净室。虽明知为纸片糊裱,然究竟决不定里面是何等材料。即有小小风雨,打成几个窟孔,随时补葺,亦可支吾对付。乃必欲爽手扯破,又未预备何种修葺材料、何种改造方式,自然不可收拾。但裱糊匠又何术能负其责?"⑤ 尽管有推脱责任之嫌,但李鸿章之譬喻非常精当,"何尝能实在放手办理",可知阻力颇多,怨气不少。其后李氏历聘欧洲,更直言俾斯麦:"为大臣者,欲为国家有所尽力。而满廷意见,与己不合,群掣其肘,于此而欲行厥志,其道何由?"⑥ 由此而知李鸿章胸

---

① 《中国近代史资料丛刊·中日战争》第3册,上海人民出版社2000年版,第229页。
② 胡思敬:《国闻备乘》,第36—37页。
③ 《李鸿藻致翁同龢函》,光绪二十年八月十四日,谢俊美编《翁同龢集·函稿》,第78页。
④ 《翁同龢致张謇函》,光绪二十年九月二十一日,谢俊美编《翁同龢集·函稿》,第463页。
⑤ 吴永、刘治襄:《庚子西狩丛谈》,广西师范大学出版社2008年版,第170页。
⑥ 梁启超:《李文忠公事略》,《清代野史》(六),第2页。

中块垒，牢骚抑郁，有非旁人所能喻者。

在参战的诸多清军内部，满汉矛盾也很突出。首先，旗兵对汉人乃至汉官骄横无比。据长期在东北施医传教，当时居住于奉天的英国传教士杜格尔德·克里斯蒂（Dugald Christie）在回忆录中记载，从黑龙江调去的满洲军队"轻蔑地看待汉族人，把他们当作理所当然的践踏对象"。他们沿途抢掠不断，数星期之内，人们从行军路旁的村庄里逃走，把妇女儿童以及没有被掠走的牲畜都藏了起来。"汉人士兵还没那么坏"，人们会压低声音说，"可怕的是满人"。当他们到达辽阳时，部分士兵捣毁了一座小教堂，"当地的行政长官听到有严重的暴乱发生，就带着警卫坐着官轿前去弹压。暴徒们根本不把这位职小位卑的汉官放在眼里，反而迁怒于他，砸碎他的轿子，殴打他的随从。为了活命，他趁着夜幕步行逃走了"。如此态度只能导致满汉军队之间的互不信任甚至相互敌视，以致"从北京来的瞧不起从满洲来的，而满人对汉人又没有好感，似乎每个人都在争夺自己的利益"。[①]

其次，旗兵统领对汉人将帅猜忌颇深，汉臣对部分旗兵颇有报怨。旗人长顺（满洲正白旗）在战争期间与会办军务的满人新宠荣禄频繁通函，满汉关系在其中多有涉及。比如他审思至再，"似不若将吉林之兵，专归依帅，彼尚可以有为也"，显然对汉人统帅不放心。宋庆赴援旅顺，"自是急则治标之意"，"是宋帅之意，将置沈城东北而不顾"，"各军更无主将，号令不一，贼果直犯沈城，如何可御。事势岌岌，焦愤无穷"。可见长顺于宋庆治军亦不以为然，对宋氏不顾满洲旧都奉天安危而驰援旅顺更加不满。京师当然是长顺最牵挂的，"畿辅重地，何可无心腹劲旅为之牵制"。而羽林兵虽在肘腋之间，未经战阵，缓急实未可恃，难为腹心之寄。国家每有征调，"必以吉江马队与汉队相辅而行，不但冲突包抄易为利用，亦因其风气朴厚，实少二心"。他毛遂自荐，"窃顺提一旅之师入关拱卫，以防患于未然"。[②]这表明在长顺心中，京师只有旗兵心腹劲旅才堪信任，汉队只有在旗兵监视下才能放心。无独有偶，汉人知州徐庆璋在《辽阳防守日记》中不断表露对旗人军队的怨言，如甲午十月初八日："西丹队兵过境滋事，营官不能约束。辽阳为前敌接济要地，当时人心惶恐，若再纵兵扰商，致商家闭歇，前敌食无所出，不待寇至，将自乱矣。探西丹营官口吻，似兵队怕赴

[①] [英]杜格尔德·克里斯蒂、伊泽·英格利斯著：《奉天三十年（1883—1913）》，张士尊、信丹娜译，湖北人民出版社2007年版，第75—78页。
[②]《长顺函稿》，《近代史资料》第28号，第83—86页。

防所，欲借滋事撤回。此等兵丁，无益于军，有害于民"，因而徐庆璋请求上级"切勿再添旗兵，庶辽阳可保"。① 甲午十一月十一日："奉天旗队佟协领茂荫带队。辽此等无益有害之兵，实难安置。电军宪，速饬赴四面城驻扎为要。"② 甲午十一月二十二日："驻辽旗队万不足恃。"③ 乙未二月二十日："璋与长、依两帅及各统领会议战守之策，各统领皆不肯言"，于是徐庆璋提出了一个分兵防守方案，"各统颁皆以为然，而长、依两帅，未能许可"。他们有自己的想法，徐庆璋"始以为各帅之意见不同，今乃知各帅之不仅在意见也。时势如此，曷胜浩难"④。乙未三月初八："此番贼来万余，三路分扑我军，东截西堵，调度掣肘，日夕惊惶。璋虽自无愧，而于心大不甘也。璋盖于半月前早论及之，屡向长、依两帅指明，东、西、南各要隘，商同分地扼守，及早赴防。迭次苦劝，几至舌敝唇焦。乃两帅意见不合，迟之又久，谴军宪奏准后六七日，拨队前往，而各要隘已被贼先三日拾占去矣。机宜坐失，转致著著落后，防不胜防，惜哉！"⑤ 显然，在徐庆璋看来，旗兵、旗将皆不可恃。

其三，满汉畛域使双方互不信任，最终贻误战局。9月29日，辽东战场形势吃紧，黑龙江将军依克唐阿（满洲镶黄旗）等兵力单薄，总署指令吉林将军长顺"选择精锐三四千人驰往奉省归依调遣"，而长顺拒不合作，认为"论机论势，此去无益于大局，转恐有误于军事"。⑥ 长顺的顾虑正是清军内部满汉将领矛盾重重，此于其致荣禄函中表露无遗。长顺言"弟之兵与依帅之兵等类齐观，在彼总视视为旗员旗兵，遇有战事往往观望不前，胜不相让，败不相救，此为通病。依帅之于蒲石河，可为前鉴。以弟杂人其间，则于各军之外，又树一帜。盖多一主将之人，增一牵缀之处，遇事仍不能融合一起"⑦。这种顾虑事后多次被印证。鸭绿江防守战即因满汉将领不协而深受影响。10月初，清廷命依克唐阿与宋庆共筹防守鸭绿江一线之策。两位主帅虽有坚决抗敌之心，却都拿不出切实可行的御敌措施，而且在分工问题上意见不一。二人系初次共事，在宋庆看来，依克唐阿为满将，分位较

---

① 徐庆璋：《辽阳防守日记》，《近代史资料》第28号，第2页。
② 同上书，第7页。
③ 同上书，第9页。
④ 同上书，第37页。
⑤ 同上书，第46页。
⑥ 《长顺函稿》，《近代史资料》第28号，第82页。
⑦ 同上书，第82页。

崇，谈话颇有顾虑。10 月 13 日，二人在沙河镇第一次会晤，依言宋，他是"奉旨驻扎九连城"。宋不以为然，遂未深谈下去。事后，宋庆致电李鸿章报告此事经过："初次觌面，筹商恐难见听。目今九连城、沙河兵集如云，而马队向不扎营，散出村庄，似太拥挤。一遇贼至，政令不一，亦颇棘手。似依将军移防北路为宜。纵兵力不逮，庆必亲督策应，义不容辞。"并恳请李代为"电奏饬遵"。次日晚，宋、依第二次会晤，谈得依然不很投机。事后，宋又致电李鸿章说："依将军前晚晤面，但云：'奉旨防九连城。'其分位较崇，庆未便商请移防"，并提出"若帮办、将军同驻于此，兵勇参杂，恐又蹈平壤之辙。其不能展布情形，务乞电奏，请饬依将军专顾北面长甸河口一带。否则，唯有庆率游兵北顾，以中、南各段请依策应，方免疏虞"。① 清廷最终采纳了宋庆的意见，命依克唐阿于长甸、蒲河一带移军驻扎。由于满汉之别，两位主帅心存芥蒂，最终只能分兵把守，此于鸭绿江防守战无疑不利。

1895 年 1 月 17 日至 2 月 21 日，清军先后四次组织优势兵力反攻海城，皆以失败而告终，原因之一亦满汉军队不协。例如，依克唐阿曾令"老湘营攻唐王山，约待午正，必以六营至山下接应"，结果"日已正午，依、长两军只有探马四匹渡河而已，老湘营乃不得不退矣"。② 同样，依、长两帅曾邀请宋庆参加围攻海城的战斗，而宋"没有响应"。③ 姚锡光也认为，"旗汉兵团心志不齐"④ 是清军反攻海城屡败的一个重要原因。据姚氏所载："辽阳南九十里之吉洞峪为岫岩倭袭踞，辽阳大震，庆璋请援于依克唐阿，依克唐阿乃托援辽东走，长顺随之。"⑤ 可见，满汉军队之间缺乏互信的确是当时的普遍现象，以致"旗绿两营情同水火"⑥，这无疑使本处弱势的清军的作战力又大打折扣。而"各省大吏，徒知画疆自守，视此事专为直隶、满州之私事者然，其有筹一饷、出一旅以相急难者乎"⑦，此于中国的抵抗更是雪上加霜。

日军在战争期间的一个重要舆论策略，即刻意夸大并激化满族与汉族之

---

① 《北洋大臣来电》，《清光绪朝中日交涉史料》第 22 卷，第 2—3 页。
② 《晏海澄先生年谱》，《中国近代史资料丛刊·中日战争》第 6 册，第 280 页。
③ 《日清战争实记选译》，戚其章编《中日战争》第 8 册，中华书局 1994 年版，第 382 页。
④ 姚锡光：《东方兵事纪略》，《中国近代史资料丛刊·中日战争》第 1 册，第 45 页。
⑤ 同上书，第 48 页。
⑥ 《清光绪朝中日交涉史料》，《中国近代史资料丛刊·中日战争》第 4 册，第 37 页。
⑦ 梁启超：《李文忠公事略》，《清代野史》（六），第 54—55 页。

间的矛盾。日本常以"神州""中华"自居，而视清朝为"胡虏"，这是他们塑造战时国家形象的基调。《开诚忠告十八省之豪杰》由著名日本间谍、中国通宗方小太郎撰写，以日军拯救中国人民尤其是汉人为主题，文采飞扬，极富感染力。告示谓"满清氏原塞外之一蛮族，既非受命之德，又无功于中国，乘朱明之衰运，暴力劫夺，伪定一时，机变百出，巧操天下。当时豪杰武力不敌，吞恨抱愤以至今日，盖所谓人众胜天者矣。今也天定胜人之时且至焉"①。随后全面攻击清廷的内政外交，"熟察满清氏之近状，人主暗弱，垂帘弄权，官吏鬻职，军国渎货，治道衰颓，纲纪不振，其接外国也，不本公道而循私论，不凭信义而事诡骗，为内外远迩所疾恶"。以致"上天厌其德，下民倦其治"，"盖满清氏之命运已尽，而天下与弃之因也"。告示挑动中国人民与清政府对立，说"日本之所惩伐在满清朝廷，不在贵国人民也"，"贵国民族之与我日本民族同种、同文、同伦理，有偕荣之谊，不有与仇之情也"，号召中国人"绝猜疑之念，察天人之向背，而循天下之大势，唱义中原，纠合壮徒、革命军，以逐满清氏于境外，起真豪杰于草莽而以托大业，然后革秕政，除民害，去虚文而从孔孟政教之旨，务核实而复三代帝王之治"。②甲午战争期间，日军大量发布诸如此类的檄文公告。

日本的战时宣传无疑大多是颠倒黑白、混淆是非，但其"反满"策略并非空穴来风，它们对中国人的斗志，起了很大的打击作用。日本间谍宗方小太郎在战争爆发后潜入烟台，探得北洋舰队的出发时间，日本联合舰队遂得以在 9 月 15 日部署于朝鲜黄海道大东沟附近，以逸待劳。不久，中国侦知其间谍行为，宗方乘怡和洋行商船乔装逃离。在船上有许多相熟之华人，但无一人揭发，清军军官蔡廷标并多方掩护，使宗方在多次盘查中侥幸过关。与蔡廷标等不分敌我的行为相类似，很多被占领土上的汉族百姓的言行亦令人深省。辽阳知州徐庆璋在日记中载"乙未三月初一，闻宽甸已克复。又闻贼亦穿号衣战裙，冒充官兵，有本地人作向导，在前敌游行。遇我国兵，措手不及，即行开枪"③。据《日清战争实记》，九连城"当地居民箪食壶浆迎我王师，携来鸡和猪献给我军"，日人慨叹："'东西且夕相望，庶民子来'，古人之言，不欺我也。"④山县有朋立刻下令豁免当地人民一年的

---

① ［澳大利亚］雪珥：《绝版甲午：从海外史料揭秘中日战争》，文汇出版社 2009 年版，第 81 页。
② 同上书，第 82 页。
③ 徐庆璋：《辽阳防守日记》，《近代史资料》第 28 号，第 43 页。
④ ［澳大利亚］雪珥：《绝版甲午：从海外史料揭秘中日战争》，第 175 页。

税款,"告示贴出以后,效果颇佳,逃避战乱的人陆续回家,其中甚至有人请求为日本军队效力"①。1895年春,马关谈判刚起,日军进攻台湾。宗方小太郎日记载渔翁岛民"前来哀求保护,因言语不通,故书'仁义之师'与之",第二天又"哀求宽大施恩,垂怜拯救穷民流离之苦,称我为大明国大元帅云"。② 此类记载在日本政府编洋洋50卷《日清战争实记》中颇多出现,足见满汉民族矛盾是何等地深入人心,及日本宣传攻势的成功。日本是侵略国,我们固然可以质疑其中的夸张成分,但其他国家的文献也不乏类似记载。

上海最有影响的英文报纸《字林西报》代表英国立场,1894年3月14日该报刊文言:"我们的注意力完全集中在海城和海城附近地区的战事,而没有注意到偶尔传到我们这里的报道说在海城以北的地方发生了骚乱,中国当局不得不派大批军队去恢复秩序。现在从吉林将军给皇上的一份奏折中得知事态严重,有可能爆发可怕的武装起事,形势令人十分恐慌,甚至一度想把所有的中国部队撤到山海关内,放弃满洲地区,任凭起事者和日本入侵者在那里肆虐。叛乱分布的地区很广,从长城的张家口到黑龙江都有。叛乱分子都是从直隶、山东和山西下关东的非法垦荒者。他们对蒙古人和满洲人表现出不共戴天的仇恨,只要一有机会就大开杀戒。"③ 在开埠之地,满人的抗日情绪远高于汉人,宝士德时为英国驻天津领事,他在信中曾言:"我在这里经常听到中国人使用敌视朝廷的语言。就在几天前,一个外国人告诉我,在北洋水师学堂里讨论取胜机会时,一个中国人说:'我希望我们战败,那么会有一件可喜的事——朝廷寿终正寝。'"④ 为防止天津汉人起事,宝士德甚至请求英国政府加派军舰。

满汉矛盾也极大动摇了清廷抗战的信心和决心,对清军的战略产生了重大影响。甲午战争中清朝的防御重点始终在京畿和奉天,这是贯彻慈禧和光绪旨意,显见其保护满洲根本之心。京师乃满洲之统治中心,奉天则为"兴京旧都,陵寝禁严,岂容倭奴逼视"⑤。如此战略,既忽视了争夺黄海的制海权,又使集结在京畿和奉天地区的大量清军游离于战场之外,而在渤海口、辽东半岛及山东半岛等战略要地的兵力部署却严重不足。满汉民族之裂

---

① [澳大利亚]雪珥:《绝版甲午:从海外史料揭秘中日战争》,第175页。
② 同上书,第176页。
③ 《欧格纳外交报告》,戚其章编《中日战争》第6册,第636—637页。
④ 《英国外交文件(上)》,戚其章编《中日战争》第11册,中华书局1996年版,第318页。
⑤ 《长顺函稿》,《近代史资料》第28号,第85页。

痕在战前便长期存在，战争进行期间，非但未因外敌当前而减缓，反而有扩大之趋势。清政府不但要艰难抵抗日本的海陆夹攻，还要随时防范内部叛乱。他们最担心的是，一旦北京失守，朝廷就会威信扫地，满洲政权就会在混乱的局势中灭亡。这一点英国外交官早已明了："现在的中国皇帝，本来就是外人入主。清廷还能维系其统治，并非因为它得到了人心"，他们"通过继续占据世代不变的帝都而牢牢地控制了无知的人民"。首都一旦沦陷，"会在人民中引起灾难性的影响，甚至于动摇现行国体的根基"。[①] 日本逼签《马关条约》，最大的威胁亦为攻占北京。有鉴于此，满洲贵族不敢坚持打持久战，唯恐外患会引发内乱，对日战争仅仅维持了八个多月即屈辱求和。清廷顾问、海关总税务司赫德认为，"中国只要能经得住失败，就可以慢慢利用其持久力量和人数上的优势转移局面，取得最后胜利"[②]。考当时情势，两国实力相差悬殊，持久战的确是中国的最佳策略，但清廷不敢施行，满汉民族矛盾于其中的影响是绝对不能忽视的。

甲午战争后，中国的民族主义开始发轫。大清帝国在其后开始走向衰败，汉人精英先前的中兴被证明不过令其苟延残喘，其后满洲贵族尽管十余年连续变革，力度空前，然而挽救的速度早已追不上衰败的速度。

第三节　保中国与保大清
——戊戌变法中的满汉之争

甲午战争后，代表汉人势力的维新派主张学习日本，开展"冲决网罗"的彻底变法。代表旗人势力的顽固派则对所有的"洋务"进行极端的抵制。由于旗人对汉人之猜忌已经非常严重，汉人主导的戊戌变法首次将旗人胸中排汉气焰熊熊点燃，一场声势浩大的改革运动因之流产，并付出血的代价。

面对"三千年未有之大变局"，清廷中枢内以旗人为核心的顽固派势力大增，他们对翁同龢为主的趋新势力大加摧折，致使变法维新迟迟不能展开。

甲午战争后，旗人守旧势力大增，清廷中枢革新与守旧两派的权力平衡

---

① 《英国外交文件（下）》，戚其章编《中日战争》第11册，第822页。
② 中国近代经济史资料丛刊编辑委员会：《中国海关与中日战争》，中华书局1983年版，第48页。

第二章 甲申至戊戌间的满汉矛盾（1881—1898） / 67

局面逐渐被打破。1894 年，先有启秀拜理藩院尚书，充总管内务府大臣；不久刚毅由广东巡抚内调为礼部侍郎，简充军机大臣；载漪封瑞郡王，命管理神机营事务，开始参与军事。1895 年，昆冈授协办大学士，吏部尚书麟书升补为大学士。载漪手中有了一支别于神机营的近万人的禁卫军，并负责管理满洲火器营、神机营事务，在统辖旗兵的诸王大臣中实力雄厚，可见清廷对其之推重。1896 年徐桐升体仁阁大学士，昆冈三迁为东阁大学士，荣禄晋协办大学士，怀塔布累迁礼部尚书。慈禧如此布局，固有深意。

以慈禧观之，顽固派们道德与操守各有所称，或长义理，如徐桐；或为清官与能吏，如刚毅、怀塔布等。他们极力效忠清廷，临危之际必会竭忠尽节，是故加以不次之拔擢。诚然，顽固派的思想传统久已有之，如按人数计，晚清顽固派中旗人亦是少数。但在清廷权力中枢中，旗人顽固派占主体，尤其是得到了见识浅陋的女主慈禧的支持，则于国于民害莫大焉。顽固派代表了清朝统治集团中最腐朽、最保守的势力，随着社会变迁，虽然其中一些人也主张练兵、筹饷，但其反对改革，仇洋排外的立场则始终未变。"事理不明，则旗人通病"①，尤其是刚毅，成为顽固派的中坚。以满洲笔帖式出身之刚毅，虽为能吏，但刚愎自用，他的汉学根基薄弱，缺乏与其权位相匹配的文化素养。② 此人又有很重的种族偏见，认为满汉之间有着不可调和的对立。他经常扬言："汉人皆不可用，欲满人乐，须汉人削"③，"变法利汉人，不利满人，宁赠天下于朋友，不送于家奴"④。洋务派人士认为："刚（毅）为人昏庸浅愎，一无所知，……近来一事不能办，实坐此人作梗耳。"⑤ 1897 年，刚毅请光绪帝降谕练满洲军，帝曰满洲兵不中用，不允。刚毅"即告诸王公贝勒等，言皇帝乃满人之敌，将以要职悉简汉人，满人之闻此言者，自然皆怀反对皇帝之意"⑥。铁杆反汉的刚毅赢得了慈禧在内的满洲亲贵的信赖。

清廷对荣禄的安排，尤能体现满汉之争。甲午战争后，授总理各国事务

---

① 刘体智：《异辞录》，第 168 页。
② 野史中有很多刚毅文化素养低的笑话，如将"民不聊生"读成"民不耶生"；"瘐死狱中"读成"瘦死狱中"；将"刚愎自用"说成是"刚复自用"；将"追奔逐北"改成"逐奔追比"。虽未必全真，但应亦非空穴来风。见李岳瑞《春冰室野乘》，第 104 页；刘体智《异辞录》，第 176 页。
③ 赵炳麟：《光绪大事汇鉴》卷九，第 33 页。
④ 《论归政之利》，《大公报》1902 年 6 月 21 日。
⑤ 汤志钧：《戊戌变法人物传稿》（增订本）下册，第 531 页。
⑥ 佚名：《戊戌政变始末》，《清代野史》（第四辑），巴蜀书社 1987 年版，第 65 页。

衙门大臣、兵部尚书、协办大学士、督练北洋新建陆军，荣禄自此久值内廷，得太后信仗，"眷顾之隆，一时无比。事无巨细，常待一言决焉"①，是为奕䜣、奕𫍽之后清廷倚畀之柱石。当时自慈禧以至亲贵，下及满洲大臣，皆有一个感觉，"德宗信任汉人太过，而兵权归于汉人，更是耿耿于怀"②。平壤大败后，湘军、淮军皆将解体，满洲正宜收回军权，此亦为八旗大致相同之想法；而在满洲大臣中，可掌军权者，以资格、家世、才具而论，则荣禄诚不作第二人选。慈禧亦欲刻意栽培，让荣禄成为"满人中的李鸿章"。

　　由于顽固派之阻挠，全国性、全面性的变革迟迟不能展开。维新思想早在19世纪70年代便已经产生，甲午战争后四夷交迫、亡国灭种的情势使政治维新实践成为可能，"京中言变法者甚多，自上上下下几乎金同"③，中国近代化的新陈代谢过程骤然加速。以康有为、梁启超等为代表的新型知识分子，希望对政治体制进行一场根本变革，而这相当困难。诚如李鸿章1895年所言："虽欲变法自强，无人、无财、无主持者，奈何！"④ 两年后的情势似乎更糟，刑部主事刘光第函中言："今日事势，以兄观之，比中日未战以前尤可怕，为人上者，愈纵酣嬉，而权要之途，愈贪愈鄙，天下大势已去，决不能复振矣。"⑤ 是故，尽管从1895年夏开始，全国上下维新变法的呐喊一浪高过一浪，但遗憾的是，变法活动始终停留在个别省份、个别督抚的有限范围内。载湉血气方刚，勇于变法，但首先须通过其伯父恭亲王这一关。对于有利于国家富强、有利于同外国竞争而又不涉及清廷中枢权力的事，奕䜣是持积极态度的。然而一旦涉及中枢权力，奕䜣则坚决反对。恭亲王柄政，对"一族专政"的原则持之甚坚。老于政坛的他明了，以载湉的政治阅历和经验，若脱离原有体系的支持，必将落入翁同龢、张荫桓、康有为等汉人的控制之中，这对满洲贵族极为不利。事不宜迟，他利用生命的最后时间，力阻光绪起用康有为，说"闻有广东举人主张变法，当慎重，不可轻任小人"⑥。奕䜣还对翁同龢大加挞伐，"除合肥相国积毁销骨外，京中唯荣协揆禄，京外唯张制军之洞，及裕军帅禄，可任艰危。皇上问户部尚书

---

① 《清史稿》卷四三七《荣禄传》，第12375页。
② 高阳（许晏骈）：《清朝的皇帝》，第891页。
③ 《汪大燮致汪康年》，光绪二十一年闰五月十二日，上海图书馆编《汪康年师友书札》第1册，上海古籍出版社1986年版，第701页。
④ 李鸿章：《复彼得堡许使》，光绪二十一年九月初一日，顾廷龙、叶亚廉主编《李鸿章全集》（电稿三），上海人民出版社1987年版，第625页。
⑤ 《刘光第集》，中华书局1986年版，第270页。
⑥ 《中国近代史资料丛刊·戊戌变法》第1册，第358页。

翁同龢知何？奏称'是所谓聚九州之铁，不能铸此错者……'"① 古今中外，只要变法涉及既得利益者或特权阶层的私利，他们就一定会激烈反抗。

与多数满洲权贵思想守旧不同，翁同龢与张荫桓引进康有为，并主张大行变法，此为翁氏见逐、张氏披罪至死的主要原因。翁氏为同治、光绪两朝帝师，历任刑、工、户部尚书和军机大臣，深得载湉倚重，同相而独对，一言九鼎。翁氏当政后，倚张荫桓为左右手，一手洋务，一手财政，得意非凡。张荫桓乃广东佛山人，主持洋务多年，累迁户部侍郎兼总理各国通商事务衙门大臣，每遇疑难事，应机立断，其才干众口一词。康有为自1888年便开始上书光绪帝，锲而不舍，其救国之决心及勇气当世无所及。康氏向以"圣人"自居，亟欲登高而"治国平天下"，此非重臣吸引无以达天听。他四处活动，遍拜权贵，多遭冷落。曾三次登门求见徐桐，均被拒。翁、张则对康有为皆颇为欣赏。翁同龢有名士癖，"凡稍具才华者，无不搜罗致诸门下"②。早在光绪二十一年闰五月初九日，翁、康便有会见，翁视其为"策士"，将康视作清流系一员。光绪二十三年十一月十八日，翁氏更是屈尊宣南之南海会馆专访康有为，劝其留在京师，倡导变法。孔祥吉先生认为，翁氏此举对中国近代史发展至为关键，否则，"戊戌维新的历史肯定会重新改写"。③ 不久，翁以"其才胜臣百倍"④ 在光绪面前力荐康。张荫桓思想开明，又乃康有为同乡，自为康氏重点联络的对象，二人过往甚从。他向光绪推荐了康有为以及大批维新人物，大力支持变法。

戊戌变法格外关涉满汉权力再分配，手握权力且江河日下的满人的情绪会更敏感，对抗会更激烈。德宗曾言："我无心腹，只有翁同龢一人，可为吾心腹耳。"⑤ 慈禧闻之不怿，盖未悟股肱心膂之说，认作植党营私，翁氏自然遭到满洲亲贵之忌恨。⑥ 实际上，他们排击翁同龢的行动早就开始了。1894年奕䜣甫入军机处，慈禧即欲撤去光绪之汉书房，显然已经发出警告。

---

① 《申报》1898年6月27日。
② 李元伯：《南亭笔记》，内蒙古人民出版社2003年版，第169页。
③ 孔祥吉：《清人日记研究》，广东人民出版社2008年版，第22—23页。
④ 刘体智：《异辞录》，第166页。
⑤ 王伯恭：《蜷庐随笔》，第93页。
⑥ 翁同龢本人对此早有体认，他在《自订年谱中》言："光绪二十年十一月，懿旨授恭亲王军机大臣并谕撤满汉书房，臣力争不可。越日，召臣赐对，谕'满功课、洋文均撤，汉书不传则不撤'，臣叩头称圣明洞鉴。又有'汝信实可靠'之谕：复州失守。上面谕书房照旧。最难处者，于枢臣见起之先，往往使中官笼烛宣召，及见则闲话数语而出。由是，同官侧目，臣亦无路可以释疑。"见谢俊美编《翁同龢集》，第1060页。

年底，荣禄致鹿传霖密函谈到李鸿章、翁同龢时曰"岂堂堂中国，其欲送之合肥、常熟二子手也！"① 满人愤恨之情溢于言表。1895年冬，素来亲帝的户部右侍郎长麟、吏部左侍郎汪鸣銮同遭罢黜。这应是慈禧对翁同龢的"第一波打击"。刚毅在1896年初接见李提摩太时，更是充分表达了对翁同龢及内阁中其他汉族官员的不满。据李提摩太记载："这次晤面，他很和蔼，态度高兴，像宰相一样。……他企图做个清官，他很着急地要我知道阻碍分子是汉人官吏，而不是满洲人，汉人是怙恶不悛地排斥外国。……他最后的话是他对于皇帝没有影响，翁同龢最有力量，在内阁里汉人按照自己的意思实行一切，甚至恭亲王、礼亲王都是无足轻重的人，他宣称翁同龢蒙蔽了皇帝的视听。"② 刚毅显然认为清廷中枢满汉矛盾尖锐，并攻击翁氏"专权"，排挤满人，他是满洲亲贵中排击翁同龢的核心人物。不久，因奕劻、荣禄、刚毅等满洲枢臣对翁氏在毓庆宫与德宗"造膝独对"非常不满，1896年2月，毓庆宫最终被慈禧裁撤，她且私言："咱们（们）天下自做乎，抑教姓翁的做？"③ 可见女主对翁同龢忌恨之深。不久，慈禧以杨崇伊奏劾把翁门主将文廷式永远驱逐出京。如此系列行动，致变法前的翁同龢惶惶如惊弓之鸟。1898年初，康有为入京上书，满洲贵族立即认为"康有为此来，闻是翁、张所引，将树朋党以诱皇上变法者，亟宜防备之"④。

1898年春，德国亨利亲王访华，张荫桓筹措一切礼仪，虽恭请懿旨允准，但满洲权贵仍衔之刺骨。亨利先在颐和园乐寿堂觐见慈禧，德方原亦要求赐座，庆亲王坚持不可，慈禧亦不允，始未强求。光绪帝在颐和园玉澜堂接见亨利并面赠宝星（勋章），后由奕劻陪同到承泽园用西餐。德宗见亨利站立迎接、设座位并握手迎送等，皆为有清一代所未有，骇人听闻。承泽园西餐有庆亲王、内务府大臣世续、总署大臣张荫桓、胡燏棻以及梁诚等中方13人在陪，"洋菜"系张荫桓家厨操办，"一切家伙皆梁诚经理"。⑤ 亨利觐见一事，"与德宗见忌，翁、张被祸，极有关系"⑥。由翁同龢日记中可以很明显地看出，德宗相当醉心于西化，慈禧所忌者，为德宗已可与洋人直接打交道，驯致有挟洋人以制己之祸；而顽固派及亲贵耿耿于怀者，乃大损天威

---

① 《中国近代史资料丛刊·中日战争》第4册，上海人民出版社1957年版，第576页。
② 清华大学历史系编：《戊戌变法文献资料系日》，上海书店出版社1998年版，第167页。
③ 《吴樵致汪康年》，光绪二十二年二月二十一日，《汪康年师友书札》第1册，第480页。
④ 《中国近代史资料丛刊·戊戌变法》第1册，第331页。
⑤ 陈义杰整理：《翁同龢日记》第6册，1898年5月15日，第3124页。
⑥ 高阳（许晏骈）：《清朝的皇帝》，第907页。

第二章　甲申至戊戌间的满汉矛盾（1881—1898）　／ 71

之恨。凡此皆翁、张有以导之，尤以张荫桓为甚。

至于内务府，则对张家厨子至禁苑办席，视作非常严重之事。宫中事务，向由内务府承办，获利甚巨。据时人记述，满员之任京秩者，"以内务府为至优厚，相传承平时，内府堂郎中，岁入可二百万金"。而宦寺集团历来与内务府为利益共同体，内务府经手，"到工者几才十分之一，而奉内监者十之六七"。① 譬如光绪好吃鸡蛋，一天4枚，据说御膳房开价整整34两银子②，而当时市价18文左右，获利约2000倍，但此事连翁同龢都不敢揭穿。作为慈禧最信任、最亲近的奴才，李莲英早在甲申易枢后便与内务府狼狈为奸。设若内务府宴亨利亲王，可大发利市，报销至数十万两之巨。张荫桓之阉人，坏两百余年之成法，由一饭之微，逐渐扩张，可以接管整个内务府的大小事务。犹如拆墙脚，必由抽第一块砖开始。因为有此种警惕与远虑，一向维护既得利益的内务府及太监，便非去张荫桓不可了，而去张必得先扳倒翁同龢。于是徐桐等率言路明攻，李莲英等宦寺暗中媒孽，翁同龢自然岌岌可危。

5月17日，旗人大学士徐桐亲自出马劾奏，文笔阴险老辣，明参张荫桓奸贪误国，实则暗攻翁同龢，离间翁、张与德宗的关系。徐桐攻击张荫桓"居心鄙险，唯利是图，……只知曲徇夷情，不顾有伤国体。……与洋人时相往还，行踪诡密。……臣窃料张荫桓屡蒙召对，其数陈时事，必有耸动圣听之处。……此诚国家之隐忧，及今不除，久之挟外夷以自固，朝廷更莫可如何！"请将张"立予严谴，禁锢终身"。③ 可见满洲权贵视翁、张为大汉奸、大贪官，认为汉族大吏同洋人勾结，将搞乱满洲人的江山，诚为甲午以来丧权辱国的罪魁祸首。折中暗含张荫桓怂恿德宗，引进康梁，主张维新变法。徐桐在此前后还不断指使门生和御史弹劾汉族要员，比如王鹏运参劾翁、张"奸庸误国，狼狈相依"，虽然光绪帝不为所动，但因翁同龢坚拒保荐张荫桓，翁、张关系逐步搞僵，翁与德宗也发生了多次激烈冲突。此距翁同龢被逐已不足一月。

戊戌维新正式展开后，遭到了旗人顽固派的坚决抵制。清廷趁机大力安排满人占据关键岗位，以掌控全国局势。清政府中枢的政治改革逐次成为满汉势力双方斗争的焦点，最终导致戊戌政变的发生。

1897年11月14日德国出兵侵占胶州湾后，帝国主义掀起了瓜分中国

---

① 李岳瑞：《春冰室野乘》，内蒙古人民出版社2003年版，第42—43页。
② 李元伯：《南亭笔记》，内蒙古人民出版社2003年版，第169页。
③ 转引自孔祥吉《戊戌维新运动新探》，湖南人民出版社1988年版，第251—252页。

的狂潮，在此情势下，救亡图存已经成为先知先觉的共识。康有为第五次上书，陈述列强瓜分中国，形势迫在眉睫。次年初又自呈《上清帝第六书》①，请求光绪帝正式确定维新变法政策。载湉本不愿意做亡国之君，尤其是观康氏所进《日本变政考》等书后，决心渐定。5 月底，恭亲王病逝，清廷中枢失去了一股对不同派系均有牵制和威慑作用的特殊力量。在亲贵满人中，则失其老成稳练之指导者。排汉排外之政策，唯其威权能阻遏压服。② 他的死，预示着一个大的政局变动即将出现。康有为立即上书翁同龢，请求抓住时机立即变法。康氏还多管齐下，连拟数折，分别请山东道监察御史杨深秀、翰林院侍读学士徐致靖、侍御宋伯鲁、御史李盛铎等以他们的名义上奏，促请光绪皇帝"明定国事"，速行维新。戊戌改革的大潮已经兴起，潮头所至，清廷不能不有某种形式的表态。载湉于 6 月 11 日发布"明定国是诏"，维新变政由此启动。

在百日维新正式开始前的三天里，光绪与慈禧同在颐和园③，双方应就治国路线、主要人事安排、变法方向等问题进行了沟通。慈禧不算开明，但也不算顽固，她是一个嗅觉灵敏的政治动物，永远知道自己权力的底线。在甲午战争后相当长的一段时间里，她对于国人的抱怨与指责给予理解，对众多的维新呼唤给予善意回应。当她第一次看到康有为的改革方案后，"留览十日"，审慎考虑后批转"各省督抚会议奏覆"。④ 可以确认，西太后并不是从一开始就反对变法，但她有自己的底线，"凡所施行之新政，但不违背祖宗大法，无损满洲权势，即不阻止"⑤。慈禧"戒帝毋操之过蹙"，还特地叮嘱："苟可致富强者，儿自为之，吾不内制也。"⑥ 可见，在维护满洲一族专制这一点上，慈禧与奕䜣等满洲亲贵完全一致。

平心而论，维新派及其他主张改革的汉族士绅之目的在于为国尽忠，救国救民，绝无二心，他们并未主动挑起满汉对立，连最激进的康有为也没有反满思想，尽量避免触动最高统治者的利益以便争取支持。在不得不涉及的"平满汉之界"问题上，维新派主张"君民合治，满汉不分，以定国是而一

---

① 康有为所谓"应诏统筹全局折"纯属子虚乌有，自我溢美，见茅海建《从甲午到戊戌——康有为〈我史〉鉴注》，生活·读书·新知三联书店 2009 年版，第 295—297 页。
② 佚名：《戊戌政变始末》，《清代野史》（第四辑），巴蜀书社 1987 年版，第 66 页。
③ 茅海建：《戊戌变法史事考》，生活·读书·新知三联书店 2005 年版，第 33 页。
④ 徐勤：《南海先生四上书杂记》。转引自汤志均《戊戌变法史》，人民出版社 1984 年版，第 122 页。
⑤ 濮兰德、白克浩司：《慈禧外记》，辽沈书社 1994 年版，第 101 页。
⑥ 《中国近代史资料丛刊·戊戌变法》第 1 册，第 464 页。

第二章　甲申至戊戌间的满汉矛盾（1881—1898）

人心，强中国"，其"为汉人计者，不过十之四，其所以为满人计者乃十之六也"。① 同时满族的爱国知识分子和中下级开明官员，如端方、阔普通武、志钧等也积极参加了维新运动。然而戊戌变法还是遭到了满洲守旧势力的强烈反对。刚毅极端仇视汉人，据说其私室坐铭"汉人亡，满人强，汉人疲，满人肥"，光绪"每欲有所改革，刚毅辄力阻之"，"每召见大臣言变法，刚毅独盛气言不可"。② 他认为"开学堂不过增长汉人之智识，以危我满洲之朝廷，凡读书能文者，皆当摧抑之，拔其根株，勿令留遗"③。心同刚毅者大有人在，载漪曾"下谕劝勉亲贵子弟出洋留学，即亲王、贝勒等亦鼓励其出洋游历，考察政治。满人见之，大为震动，谓为破坏中国之礼法，且使满洲之权势处于危险之域"。很多满人"仇视皇上也，谓皇上私爱于汉人，有偏憎于满人"，他们集体反对平满汉之界，故"康南海之奏对，其政策之大宗旨，曰满汉不分，君民同治，斯言也，满洲人全部所最不乐闻者也"。④

在满族上层中，刚毅等人的心态无疑具有代表性。职是之故，变法伊始，清廷便大力安排旗人占据关键岗位，以掌控全国局势。6月10日，荣禄晋升大学士，管理户部；刚毅调兵部尚书，晋协办大学士；崇礼调补刑部尚书。满人把财权、军权都紧抓在手，并为罢黜翁同龢做好了准备。6月15日，清廷宣布重要人事变动：第一，免去翁同龢协办大学士、军机大臣等一切职务，驱逐回籍，以作釜底抽薪之计。转调影响和实力远逊于翁的汉员王文韶进京填补翁之空缺。第二，凡授任新职的二品以上大臣，须到皇太后面前谢恩，实质上是向朝野宣布，大权仍在太后手中。第三，任命荣禄署直隶总督兼北洋大臣，不久实授，晋文渊阁大学士，管理刑部，统领北洋三军。16日到24日，又任命崇礼为步军统领，怀塔布掌管圆明园八旗、包衣三旗及鸟枪营，刚毅掌管健锐营。加上载漪于5月中旬再次扩张后逾万人的全洋枪的武胜新队（虎神营前身），满人将核心军事大权牢牢掌控。直隶总督位高权重，为疆臣之首。这样一个内控京畿，外与各国交涉之重要岗位，在洪杨事变以后却长期被汉族官员曾国藩、李鸿章等占据。满族亲贵早已有人表示不满，现在趁机收回，先是荣禄，后为裕禄。7月，清政府又命奎俊任四川总督、德寿任江苏巡抚、松寿任江西巡抚。以上重要的人事安排，皆是光

---

① 梁启超：《论变法必自平满汉之界始》，《饮冰室合集·文集》第1册，中华书局1989年版，第80页。
② 《中国近代史资料丛刊·义和团》第4册，第198页。
③ 佚名：《戊戌政变始末》，《清代野史》（第四辑），巴蜀书社1987年版，第63页。
④ 梁启超：《论变法必自平满汉之界始》，《饮冰室合集·文集》第1册，第79页。

绪在颐和园期间决定的，那是慈禧可以直接下令或施加影响的时段。①

在中央，翁同龢被革职后，内阁大学士六人中，旗人有昆冈、荣禄、刚毅、徐桐四位，而汉人仅李鸿章及孙家鼐。李鸿章虽班列第一，但谤满天下，已噤若寒蝉。协办大学士孙家鼐虽颇受光绪赏识，但并无多少实权，影响力有限。军机大臣中，旗人为世铎、刚毅、荣禄、启秀、裕禄五人，汉人则钱应溥、廖寿恒和王文韶共3人。其中唯一的正式汉军机钱应溥老弱多病（74岁）、聊为备员，廖寿恒和王文韶均为新进，只能"学习行走"，没有实权。汉员在权力和影响力方面均与满员无法相比。满人中世铎昏聩无能，则刚毅、荣禄总理一切，尤其是班列靠前的刚毅拥有决定权。总理衙门中真正了解外情的大臣只有李鸿章和张荫桓，李被剥夺了实权，而张"知常熟有开缺回籍之谕，骇甚"，总署同僚徐用仪劝他"格外韬晦"，张荫桓感慨万千②，又连续被人参劾，"但记贻谷、王廷相、徐桐、于荫霖、王鹏运并胡（指胡孚宸）摺而六，真谤书盈匦也"③，哪敢有所主张。宫中几度传言说慈禧要对他砍头、抄家，6月23日女主果然口谕英年捕张，因无明旨未遂，但当日慈禧"有不测之威怒"，虽经光绪次日温慰，张荫桓仍惴惴不安，四处倾诉，如惊弓之鸟。④

在戊戌变法的过程中，康有为的许多建策经过总理衙门等机构议复后推行，唯独制度局及其相应的机构，整个政治高层不顾光绪帝的旨意，决计阻挠，"成为戊戌变法中政治斗争的核心"⑤。个中缘由，最根本的还是满洲亲贵恪守"以满驭汉"祖制，害怕汉人掌权。

开制度局之设想逐次激化了清廷中枢之满汉矛盾。先变法律、官制，在皇帝的身边新设制度局，这是康梁主张维新变法的政治纲领，这种思路明显带有强烈的破坏性和理想性。尽管康有为进行了精心包装，但制度局实为立法机构，十二局则为行政机构。开制度局必"废军机"，建十二专局必架空六部，其于清廷委实为重磅炸弹，非同小可。新政新局须用新人，即康有为所谓"天下通才"，而从当时社会现实分析，能荷此任者绝大多数都是汉人。试观，北京强学会内依翁同龢、外拢张之洞，由杨锐、张权、康有为、

---

① 茅海建：《戊戌变法史事考》，第32—35页。
② 任青、马忠文整理：《张荫桓日记》1894年6月15—16日，上海书店出版社2004年版，第537—538页。
③ 同上书，第539页。
④ 同上书，第539—541页。
⑤ 茅海建：《从甲午到戊戌——康有为〈我史〉鉴注》，第299页。

沈曾桐、沈曾植、陈炽、袁世凯、陈允颐等人发起,参加上海强学分会的公卿名流有黄遵宪、张謇、陈宝箴子陈三立、左宗棠子左孝同、沈葆桢子沈瑜庆,开办费1500两白银由张之洞捐出,强学会酝酿和发起皆汉人。光绪召见的青年才俊康有为、梁启超、张元济、黄遵宪、严复、袁世凯等,破格提拔的"军机四卿"谭嗣同、杨锐、林旭、刘光第等亦皆汉士。赞画改革,德宗之股肱翁同龢、张荫桓等皆汉臣,翁氏罢退后,光绪对张氏几言听计从。据张荫桓日记记载,1894年1月22日至8月22日期间,他曾被光绪单独召见24次,七八月间病假时仍在家中办公。① 百日维新期间张氏居功甚伟,但久为论者所忽。②

　　北京是满清政治中心,当然也是"旗人的根据地",旗人特别集中,而当时的八旗旗下闲人政治已然堕落到单纯的"铁杆庄稼"的维护剂的地步。戊戌变法要改变"祖宗成法",一般旗人已极为反感。还要裁撤詹事府、通政司、光禄寺、鸿胪寺等很多旗人为主的中央官署,又令他们"自谋生计",原来月月可有的钱粮——"铁杆庄稼"已经被砍倒。旗人的禁脔被触动,当然怨声载道。这些改革中的任何一项都会引发旗人的一场风暴,何况在同一时间发生,结果旗籍"群众"几乎异口同声痛诋康梁,"人人欲得康有为而甘心之。……而诋诸比之洪水猛兽,必杀之而后快"。③ 不仅于此,一旦中枢被汉人控制,加上光绪"信任汉人太过",满人打下的江山无异于拱手让与汉族,所以满洲势力空前一致的反对。"汉人肥则满人疲,汉人强则满人亡",刚毅等满洲亲贵念兹在兹、无日或忘的根源即在于此,慈禧对制度局方案也是一口否决。④ 因此,开制度局的提议在第一个回合便遭到拒绝,奕劻秉承慈禧之意,在7月2日对康有为的主张逐条批驳,除光绪帝外,满人支持者甚少。

　　其后,关于是否开设懋勤殿的斗争使帝后矛盾一步步激化。康有为等在变法后迟迟未得到任何重要的任命,对此很不甘心。7月24日始,其四处奔波,反复上奏,又开始第二轮鼓动设立议院,以期进入权力中枢,只不过这次把"开制度局"改成了"开懋勤殿"。当时,京中人人咸知懋勤殿将

---

① 张荫桓:《戊戌日记》,任青、马忠文整理《张荫桓日记》,上海书店出版社2004年版。
② 参见马忠文《张荫桓与戊戌维新》,王晓秋、尚小明主编《戊戌维新与清末新政——晚清改革史研究》,北京大学出版社1998年版,第55—86页;李吉奎《张荫桓与戊戌变法》,王晓秋主编《戊戌维新与近代中国的改革》,社会科学文献出版社2000年版,第747—757页。
③ 《杨锐致张之洞函》,《大陆杂志》卷19,第5期。
④ 《中国近代史资料丛刊·戊戌变法》第1册,第337页。

开，以为御旨将下。① 康有为过于激进的政治主张深刻影响了光绪帝的一系列决策。德宗求治心切，而廷臣守旧，对新政推诿敷衍，他却奈何不得；自己所钟爱的康有为等"通达英勇"之才又迟迟难以登进，焦躁、烦闷、愤恨，恶性循环之下，德宗的情绪越来越不稳定，终于做出了连续的、非常的大动作。8月30日，在未作任何预备性部署的情况下，光绪帝陡然发布了大规模裁并冗署的上谕。9月4日，断然罢免礼部六堂官，并赏礼部主事王照三品顶戴以四品京堂候补。次日又决定礼部各堂官的署任，并授杨锐、刘光第、林旭、谭嗣同为四品卿衔，在军机章京上行走，参与新政。正是光绪在政治改革中的一系列非理性的行动，点燃了戊戌政变的导火线。

这些重大人事变动都未曾请示慈禧，且严重损害和威胁了满洲的利益。裁并冗署的上谕一下，京师惶恐，且印证了朝廷意欲裁九卿六部的传言。未经充分讨论，仅因对属员的奏折有不同看法而没有及时代递，六位堂官即被同时革职，于清代空前绝后。裁旧进新，都没有按照当时的政治游戏规则先请懿旨，嗜权如命的慈禧遭遇严重挑战，不可能无动于衷。但作为政治高手，她又引而不发，静观其变。在礼部六堂官事件后，利益受到侵害和威胁的官员很快集结起来，"守旧者初而震恐，继而切齿"，"怀塔布、立山等率内务府人员数十人环跪于慈禧前，痛哭而诉皇上之无道。又相率往天津就谋于荣禄。而废立之议即定于此时矣"。② 怀塔布之妻"常伺慈禧，其哭诉于太后，谓且尽除满人"③。京官陈夔龙载："戊戌变政，首在裁官，京师闲散衙门被裁者，不下十余处。连带关系因之失职失业者将及万人，朝野震骇，颇有民不聊生之戚。"④ 帝后矛盾陡然激化。9月14日，光绪去颐和园请安，并向慈禧请示开懋勤殿之事。尽管帝后之间的言谈没有任何档案记载，但争论的最终结果却一目了然。次日，皇帝就给军机四卿之一的杨锐发出了一道求救密诏，全文如下：

> 近来朕仰窥皇太后圣意，不愿将法尽变，并不愿将此辈老谬昏庸之大臣罢黜，而用通达英勇之人，令其议政，以为恐失人心。虽经朕累次降旨整饬，而并且随时有几谏之事，但圣意坚定，终恐无济于事。即如十九日之朱谕，皇太后已以为过重，故不得不徐图之，此近来之实为难

---

① 孔祥吉：《康有为变法奏议研究》，第324—326页。
② 《中国近代史资料丛刊·戊戌变法》第1册，第269—272页。
③ 恽毓鼎：《崇陵传信录》，《清代野史》（第四辑），巴蜀书社1988年版，第6页。
④ 《中国近代史资料丛刊·戊戌变法》第1册，第485页。

第二章　甲申至戊戌间的满汉矛盾（1881—1898）／77

之情形也。朕亦岂不知中国积弱不振，至于阽危，皆由此辈所误；但必欲朕一旦痛切降旨，将旧法尽变，而尽黜此辈昏庸之人，则朕之权力实有未足。果使如此，则朕位且不能保，何况其他？今朕问汝：可有良策，俾旧法可以全变，将老谬昏庸之大臣尽行罢黜，而登进通达英勇之人，令其议政，使中国转危为安，化弱为强，而又不致有拂圣意。尔其与林旭、刘光第、谭嗣同及诸同志等妥速筹商，密缮封奏，由军机大臣代递。候朕熟思，再行办理。朕实不胜十分焦急翘盼之至。特谕。①

诏书显示，光绪提出了建立议政机构，由康有为及其党人参加或主持，慈禧则指责罢免礼部六堂官过重，光绪的权力有限度。慈禧提出警告，可能将调整其与光绪的政治权力关系，甚至考虑走向前台。② 慈禧明白，如果懋勤殿得以制度化，康党上台，她和整个满洲将丧失手中的绝大部分权力。这既是对现行政治体制的挑战，更是一场生死攸关的权力再分配，所以给予德宗最严重的警告。光绪异常恐惧，六神无主，寄希望于杨锐等维新派拿出一个能够调和新政与慈禧矛盾的折中方案。但令光绪万万没有想到的是，正是这份密诏，导致了他终生囚徒的悲剧。因为康有为的对策，竟然是"围园劫后"的惊天大谋，此为多数学者所证③，管见亦以为其确。康有为乃狂热的政治天才，行事不择手段，且变法前后他一直对慈禧有很大成见，于极度失望愤懑中有非常之念亦非意外。

德宗推行新政，不仅将有颠覆满洲政权之虞，甚至连慈禧之安全亦受到严重威胁。以刚毅为首的反新政阵线，趁机全力促成慈禧复出。顽固派提醒她，德宗行新政的步伐越来越急，亦越来越大。内则有以翁同龢主内、张荫桓主外，组织新政府的计划。外则主用伊藤博文、李提摩太等客卿。④ 汉人和夷人一旦勾结，满洲专制的权力将完全丧失，前此徐桐参劾张荫桓已经提出类似警告，目下即将成为现实。慈禧再也无法容忍，9月19日突然回西苑，事起于御史杨崇伊的密折。此折将维新派的联日战略与孙中山的反清活

---

① 转引自孔祥吉：《康有为变法奏议研究》，第326—327页。
② 茅海建：《戊戌变法史事考》，第44—45页。
③ 参见杨天石《康有为谋围颐和园、捕杀西太后确证》，《光明日报》1985年9月4日；汤志钧《关于戊戌政变的一项重要史料——毕永年的〈诡谋直记〉》，《乘桴新获——从戊戌到辛亥》，江苏古籍出版社1990年版，第25—38页；房德邻《维新派"围园"密谋考》，《近代史研究》2001年第3期。当然，也有不少学者持反对意见。
④ 高阳：《慈禧太后与伊藤博文——戊戌政变真相之揭发》，高阳（许晏骈）：《大故事·高阳杂文》，黄山书社2008年版，第315页。

动联系起来，使西太后不能不十二分的警惕。而密折中最能打动慈禧之心的，是伊藤博文次日的觐见。当然，光绪召见伊藤，也很可能是康有为政敌之精心策划，其目的是要为正式公布慈禧再次训政制造一个可以镇服朝廷内外的借口。9月21日，政变终于发生，而后袁世凯的告密又加大了政变的剧烈程度，旗人顽固派的呱噪使新政几乎归零。刚毅"以为新法万不可用，必当扫除净尽，而新党之人亦必须屏斥一空"①。于是，除了京师大学堂有名无实地苟延残喘之外，其他新政几乎全部付诸东流。清廷扑杀了戊戌变法，同时扑杀了旧邦新造的种种主张，遂使自强运动以来的中西之争和新旧之争变成庙堂上守旧派的一边倒。由于守旧派独大，后来怪力乱神才能够源源进入庙堂而四布于朝野，驯致庚子国变。

戊戌之变，"利于支那四亿兆人民而不利于满洲皇室，尤不利于西太后"②。变法失败后，清政府对康梁等的公开指控中，最核心的罪状是"保中国不保大清"，大肆株连的受害者绝大部分也是汉人，蕴有明显的满汉冲突情结。康有为被清廷认定为"叛逆之首"，主要有两大罪状，一则"纠约乱党，围园劫后，陷害朕躬"，二则"又闻该乱党私立保国会，言保中国不保大清。其悖逆情形实堪发指"。③围园劫后乃由变法遭遇巨大阻力而引发，故其根本还在"保中国不保大清"。早在7月8日，监察御史文悌就参奏保国会"各便私利，卖国何难？……集聚匪徒，招诱党羽，因而犯上作乱，未知康有为又何以善其后？曾令其将忠君爱国合为一事，勿徒欲保中国而置我大清于度外"④。文悌乃满洲正黄旗人，他的言论绝不仅仅代表个人，而是与奕䜣力排翁同龢、康有为，慈禧坚拒制度局、懋勤殿，刚毅仇汉等相同的旨在维护"一族专政"的共同意识。职是之故，清廷于维新派之反攻倒算异常残忍，以戒"效尤"。六君子未审即斩血溅菜市口，后又大肆株连，总计55人披祸，其中52人为汉族⑤，轰轰烈烈的维新运动结局异常悲壮惨

---

① 《中国近代史资料丛刊·戊戌变法》第3册，第443页。
② [日]佐藤铁治郎著，孔祥吉、[日]村田雄二郎整理：《一个日本记者笔下的袁世凯》，天津古籍出版社2005年版，第177页。
③ 《光绪朝东华录》第4册，第4118页，或《清德宗实录》卷四二七。
④ 《清史稿》卷四四五《文悌四》，第12469页。
⑤ 其中谭嗣同、林旭、杨锐、杨深秀、刘光第、康广仁六君子被杀，康有为、梁启超、王照、文廷式等5人通缉潜逃，宋伯鲁、徐致靖、王鏊、王焯等4人革职监禁，陈鼎被判永远监禁，李端棻、张荫桓革职戍新疆，张百熙、江标、黄遵宪、蔡钧、廖平、志锜等7人革职，翁同龢、李岳瑞、张元济、陈宝箴等10人革职永不叙用，端方、阔普通武、徐建寅等4人谪戍。见汤志钧《戊戌变法人物传稿》(增订本)，中华书局1980年。

烈。列入满洲权贵死亡黑名单上之汉人至少还有康有为、梁启超、徐致靖、王照、文廷式、翁同龢、陈宝箴、张荫桓等8人，只因列强说项、大臣缓颊等原因逃过大劫，但陈宝箴、张荫桓终因戊戌旧案死于庚子年，故为百日维新捐躯之汉人烈士至少有8人。相较而言，参与维新的旗人只有端方、阔普通武及志锜3人受罚，且都是最轻的、象征性的。如端方是戊戌维新期间最热心参与变法的满人，他与翁同龢关系密切，参加了官书局（由强学会改组），列名保国会，督理农工商总局。但政变后不仅未受重惩，反而迅即超迁陕西按察使，于反攻倒算之恐怖中绝无仅有。是以连满人御史会章也抗疏谓："据称逆犯康有为，结党煽乱。外闲浮言，颇有以诛乱皆属汉人，遂疑朝廷有内满外汉之意等语。"①

"政治斗争的核心问题是政治权力。"② 戊戌变法失败"最根本的原因则是国家利益和王朝利益之间的冲突"，"清王朝是满洲人建立的，因此国家与王朝之间的利害冲突最终汇合于满汉之间的冲突。戊戌维新的一个最直接的后果便是满族统治集团忽然警觉到：无论变法会给中国带来多大的好处，都不能为此而付出满族丧失政权的巨大代价"。③ 戊戌维新运动中满汉之争的态势，其时之中外时彦皆有所感。叶昌炽曾言，戊戌变法实际上是英俄之争，满汉之争，也是帝后之争。④ 梁启超和王照上书日本外务大臣大隈重信，关于"政变总原因"中说道："敝国此次之变，其原约有四端：一曰帝与后之争，二曰新与旧之争，三曰满与汉之争，四曰英与露（俄）之争。然要而论之，实则只有两派而已。盖我皇上之主义在开新，用汉人，联英日以图自立；西后之主义在守旧，用满人，联露西以求保护。故综此四端，实为帝后两派而已。"⑤ 作为维新派的顾问，英国传教士李提摩太也曾在给香港友人的信中说："论现在救中国的问题，我是尽我所能，但满人仍喜黑暗，阻挡光的照亮。"⑥ 外交上英俄之争可归于帝后之争之内政，帝后之争的关键则在是否罢黜老谬昏庸之大臣与登用通达英勇之才。然老谬昏庸者多旗人，可登用者几尽汉人。故综此三端，戊戌变法之核心实为满汉之争。戊

---

① 《清德宗实录》卷四二八。
② 王浦劬主编：《政治学基础》，北京大学出版社1995年版，第129页。
③ 余英时：《戊戌政变今读》，香港中文大学《二十一世纪》1998年2月号。
④ 叶昌炽：《缘督庐日记》，《中国近代史资料丛刊·戊戌变法》第1册，第534页。
⑤ 梁启超、王照：《致大隈重信书》，转引自戚学民《〈戊戌政变记〉的主题及其与时事的关系》，《近代史研究》2001年第6期。
⑥ 《中国近代史资料丛刊·戊戌变法》第4册，第234页。

戊政变结束了维新变法，但满洲贵族的专制残暴激化了满汉矛盾，反而使更多的汉族士大夫因受到刺激而觉醒，渐次失去了对清廷的信任。他们的精神世界和生存环境发生了极大的改变。比如章太炎当日正在诂经精舍里读书做学问，因被动员招聚而入时务报社，就此卷入时潮并且越走越远。与之相类者还有翰林蔡元培、举人吴稚晖等。职是之故，戊戌变法促起满汉种族恶感复活，自此满汉矛盾非等到爱新觉罗氏弃去皇位不能解决了。

第三章　庚子事变前后的满汉对抗（1899—1905）

第一节　庚子事变
——满洲贵族疯狂排汉夺权

慈禧在戊戌政变中镇压了改革派，便身不由己地"荣升"顽固派首领，"给予反动派一种更坚的自信力"①，旗人守旧势力空前高涨，晚清政治车轮不由自主地向后转。慈禧等私欲屡屡受阻，新仇旧恨，步步累积，排汉加剧，仇洋至极，驯致庚子事变。

戊戌变法被镇压后，清廷"渐渐向用满人，摈抑汉人"②，顽固派势力进一步扩展，渐次取得了支配中央的权力。内阁大学士6人中，旗人有昆冈、荣禄、刚毅、徐桐4位，后3位皆那拉氏之亲信宠臣；而汉人仅李鸿章及孙家鼐。李鸿章虽班列第一，但已经没有实权，协办大学士孙家鼐影响力更有限。9月28日，荣禄以文渊阁大学士、现任直隶总督内召军机处，并一改传统兼管兵部，辖制北洋。年底，总管内务府大臣启秀也升任大军机。则军机大臣中，满人为世铎、刚毅、荣禄、启秀4人，汉人则有钱应溥、廖寿恒和王文韶3人。世铎昏聩无能，由刚毅、荣禄总理一切，尤其是班列靠前的刚毅拥有决定权。钱应溥老弱多病、聊为备员，廖寿恒和王文韶均为新进，没有实权。汉员在权力和个人影响力方面都无法与满员相比。总理衙门大臣中旗人为奕劻、荣禄、崇礼、桂春、裕庚、联元6人，汉人有王文韶、赵舒翘、徐用仪、许景澄、袁昶、廖寿恒6人，人数虽相同，但满人明显是实权派。徐桐极端顽固守旧，刚毅极端排汉，启秀为徐桐门生、亦排外健将，荣禄手握军权、首鼠两端，王文韶圆滑无比，赵舒翘素著清名，但由刚

---

① 李剑农：《近百年中国政治史》，复旦大学出版社2002年版，第170页。
② 孙宝瑄：《忘山庐日记》，辛丑六月十四，上海古籍出版社1983年版，第373页。

毅引进，事事附之。清廷中枢主要由满人极端守旧派把持，这种权力格局的形成是史无前例的，其恶劣影响亦前所未有。

但凡通过政变形式来解决政见与派系矛盾，"首当其冲的必然是将政敌尽可能地赶尽杀绝，以绝后患，坚决杜绝任何秋后算账的可能性"①。戊戌政变后，"旧党既胜，尚有余恐，乃举新党而殄灭之"②。对各地的汉族趋新人士，更欲大肆株连，一网打尽。清朝政局进入全面反动的黑暗时期，举国上下一片白色恐怖。"自戊戌八月初六政变以后，迄于庚子四月二十八日祸发以前，凡一年又八月有奇。观其政策，则所谋者不过以废立皇上、排斥外人、遏绝新学、冀遂其愿而后已。不特当时任事者之戮者戮、窜者窜、废者废，即曩日所主办铁路、电线、邮政等事诸人，如大学士合肥李公、湖广总督南皮张公，暨山西巡抚胡公聘之，亦并遭疏斥，愈益锢闭"。③ "谈新学者，指为逆党，习西书者，目之汉奸，天下之人，乃始侧目，重足钳口结舌，不敢复有所论列。"④ 光绪重用汉人且妄变祖制，俨然成为"汉人的皇帝"，其严重性远甚甫入关便"数典忘祖"之福临，自然所受惩罚亦远比顺治严厉，"张仲炘、黄桂鋆密疏，言皇上得罪祖宗，当废"⑤。对于慈禧而言，生性懦弱的载湉根本不足以对她构成威胁。可是，光绪是改革派的政治依靠与精神寄托，名义上仍是皇帝。只要他的身份不变，甚至只要他在世，一旦有中外势力支持，就很可能东山再起。何况，康梁一直在海外大肆活动，恶毒攻击慈禧，伺机而动。慈禧在世固然能够控制局面，却不能不为身后事忧心忡忡。旧党官僚尤其害怕光绪长命于慈禧的潜在威胁。日本《时事新报》据北京特派员报告：政变后"满洲人之意，以为西后既老，光绪方壮，若太后一旦死，恐光绪复政，不利于己，故不如及西后在时，绝其根也"⑥。即必须对"汉人皇帝"光绪的帝位加以彻底清除，慈禧才能安心，满洲顽固派才能放心。加上权力的巨大诱惑，顽固派乘时而起，各为其私，于是满洲上层统治阶级开始了以废立为核心的夺权斗争。为掩人耳目，9月25日慈禧公开宣布光绪"病重"，后又逐日公布脉案，诏求天下名医，然其废立之心路人皆知。

---

① 桑兵：《庚子勤王与晚清政局》，北京大学出版社2004年版，第23页。
② 《中国近代史资料丛刊·义和团》第4册，第180页。
③ 同上书，第185页。
④ 同上书，第227页。
⑤ 《中国近代史资料丛刊·义和团》第1册，第11页。
⑥ 《清代野史》（一），第351页。

第三章　庚子事变前后的满汉对抗（1899—1905）

废立阴谋公开后，清廷内部的旗人未见公开反应，但汉人尤其是东南督抚抵触强烈，刘坤一为甚。10月13日，两江总督刘坤一致电总署："国家不幸，遭此大变，经权之说须慎，中外之口宜防。现在谣诼纷腾，人情畏惧，强邻环视，难免借起兵端。伏愿我皇太后我皇上慈孝相孚，尊亲共戴，护持宗社，维系民心。"他还请总署代奏，查照9月间的两次谕旨，"曲赦康有为等余党，不复追求，以昭大信，俾反侧子自安，则时局之幸矣。坤一受恩深重，图报无由，当此事机危迫之际，不敢顾忌讳而甘缄默，谨披沥具陈，伏乞圣明俯赐采纳"。① 在当时恐怖环境下，如此表态，非大勇者无以任。据张謇《啬翁自订年谱》："为新宁拟《太后训政保护圣躬疏》，大意请曲赦康、梁，示官庭之本无疑贰，此南皮所不能言。刘于疏尾自加二语，曰：'伏愿皇太后皇上慈孝相孚，以慰天下臣民尊亲共戴之忱。'乃知沈文肃昔论刘为好幕才，章奏语到恰好，盖信。"② 则刘坤一致总署电当出于东南名士张謇之手。刘坤一复荣禄电态度亦同，胡思敬记：

> 戊戌训政之后，孝钦坚欲废立。贻毂闻其谋，邀合满洲二三大老联名具疏请速行大事，荣禄谏不听，而恐其同负恶名于天下也，因献策曰："朝廷不能独立，赖众力以维持之。疆臣服，斯天下莫敢议矣。臣请以私意先觇四方动静，然后行事未晚。"孝钦许之，遂以密电分询各省督臣，言太后将谒太庙，为穆宗立后。江督刘坤一得电，约张之洞合争。之洞始诺而中悔，折已发矣，中途追折弁回，削其名勿与。坤一曰："香涛见小事勇，见大事怯，姑留其身以俟后图。吾老朽，何惮？"遂一人挺身独任，电复荣禄曰："君臣之义至重，中外之口难防，坤一所以报国者在此，所以报公者亦在此。"道员陶森甲之词也。荣禄以坤一电入奏，孝钦惧而止，逾年乃建东宫。③

荣禄在戊戌庚子年间的的作用既微妙又关键，这大半是由其特殊的身份所决定。慈禧虽对荣禄宠爱有加，付以军政大权，荣氏对女主亦忠诚无比。而荣禄既非宗室，更不是近支，在光绪废立上也就无权发言。但若另立新帝，势必引入新的权力集团，显然于己之既得利益不利。由于不便公开表示

---

① 《中国近代史资料丛刊·戊戌变法》第2册，第631页。
② 张謇研究中心、南通市图书馆编：《张謇全集》第6卷，江苏古籍出版社1994年版，第858—859页。
③ 胡思敬：《国闻备乘》，中华书局2007年版，第92页。

反对，荣禄只得与同样反对废立的刘坤一等东南督抚内外配合，委婉劝说。与此同时，列强的反对也是清廷顾忌的原因。英国、日本通过外交渠道提出了"警告"，甚至伴以军事威胁。英国舰队开赴天津，英、俄、法三国派兵进驻北京使馆。清廷前倨后恭，破天荒地答应了驻京公使团提出的建议，于10月18让法国医生入宫为光绪诊病，结果是仅有"微恙"。刘坤一抓住机会，诘难政府："天下皆知圣躬康复，而医案照常通传外间，转滋疑义，上海各洋报馆持有护符，腾其笔舌，尤无忌惮，欲禁不能"，"停止此项医案，明降谕旨，声明病已痊愈，……以息众喙而释群疑"。①慈禧终于无从借口，废立计划暂时搁浅。稍早时，刘坤一致荣禄电曾言："仰见两宫慈孝相孚，始终无间，我公与礼邸、庆邸从中调护，永保安全。"②可见荣禄、奕劻和军机首辅礼亲王世铎为满洲上层反废立的核心。奕劻乃宗室王公的实力派，但非近支，其反对废立之心当与荣禄同。世铎则最有可能是被奕劻说服。

汉人督抚之强烈抵触废立，于慈禧等满洲亲贵守旧派观之，无疑进一步反证了光绪乃"汉人的皇帝"，他们对光绪及汉人督抚的猜忌更加严重。慈禧岂肯善罢甘休，1899年（己亥），她采取了一系列措施，重新开始废立之举。1月9日，清廷再发光绪生病的谕旨。1月底，慈禧接连召见10余人溥字辈男童，秘选储君。要近支，其父也能被操控，选来选去，慈禧最终属意于端王载漪14岁之次子溥儁。其实慈禧对载漪的关注早就开始了。载漪乃道光皇帝第五子惇亲王奕誴的次子，即光绪嫡堂兄弟。慈禧见他自幼好武，在神机营时显示出一定的才干，在当时的亲贵子弟中很少见，便想培养一个能领兵的亲贵成为自己的心腹。1894年，38岁的载漪罕见地破格晋封瑞郡王（因奏折笔误改称端郡王），不是慈禧的青睐绝无可能（但载漪并未娶过慈禧的侄女③）。旋委以重任，命管理神机营事务。次年，载漪不仅手中有了一支近万人的禁卫军，而且还负责管理满洲火器营、神机营事务，在统辖旗兵的诸王大臣中实力雄厚。1898年，载漪把手中的部队扩充为全部使用洋枪洋炮的"武胜新队"，"武胜"之名乃慈禧从进呈字样中亲自圈出，"曰新队者，别乎神机营各队也"。④载漪之兄弟皆仇恨新党，"戊戌之变，载漪

---

① 中国科学院历史研究所第三所编：《刘坤一遗集》，中华书局1959年版，第2236页。
② 同上书，第2237页。
③ 《清史稿》"诸王传"曰："载漪福晋，承恩公桂祥女，太后女侄也。"此说迄今流传不衰，但《爱新觉罗宗谱》不载，载漪之后代也曾否认，当为谬传。详见郭卫东《载漪与慈禧关系考》，《天津师大学报》1989年第6期。
④ 陈义杰整理：《翁同龢日记》第6册，1898年4月14日，第3113页。

与其兄载濂、其弟载澜告密于太后,故太后尤德之,使掌虎神营"①。清廷内部的亲贵少壮派已经开始崭露头角。

鉴于荣禄、奕劻等朝中重臣不支持废帝计划,慈禧着手扶植另派,载漪兄弟等少壮派无疑为最佳人选。3 月,清廷将载漪之"武胜新队"赐名"虎神营"。该营约 15000 人,除训练外,也帮同维持京师治安,及与神机营共担扈从任务,载漪几乎控制了京城的所有旗兵。载漪得势后,周围很快聚集了一伙仇恨新政、攀附权贵的人。以载漪为核心,包括载濂、载澜、刚毅、徐桐、崇绮、启秀等人,一个势力强大的废立派系于己亥年底在满洲统治阶级上层已经成形。慈禧还让趋附刚毅的赵舒翘入军机处,换下趋新的廖寿恒。崇绮、徐桐等守旧派也开始蠢蠢欲动,徐桐弟子启秀开始兼总署大臣,预示顽固派染指外交权。极端排汉的刚毅,自四月授命巡阅江南,一面搜刮钱财,一面对反废帝呼声最强劲的地区进行震慑,"凶戾遍于南洋"②。但凡经营洋务官员多被其参劾,如沈敦和、王存善均遭革职。刚毅之重点打击目标是兼办船局、电报局之盛宣怀。盛氏得李鸿章荫庇,起于自强运动,为近代著名的实业家。其与刚毅素不惬,五月中旬又遭徐桐参劾,显见已遭旗人围攻。幸赖枢垣王文韶居间调护,盛宣怀允诺嗣后两局每年合计加捐银 10 万两,始得过关。刚毅在江南全力搜刮厘金财税,虽有成绩,全部所得仅区区二百数十万两③,然清廷已大感喜悦。只有刘坤一早有预备,提前请辞,刚毅甫到江南,其《哀病难支恳恩开缺折》亦到京。慈禧亲自出面,懿旨赏假赐参,其两江总督位反而更加安稳。

另一方面,出逃外国的康、梁一直没有放弃拯救光绪的行动,不断地刺激老妇人的神经,令女主衔之刺骨,对汉人之恶感加剧。先是梁启超在日本创办《清议报》,不遗余力地誉帝诋后。后康有为又在海外成立了"保救大清光绪皇帝会",在英、美等国设立分部,甚至组建了"保皇军"。慈禧异常恼火,"憾康、梁,甚于粤中洪、杨,捻中任、张"④。是故慈禧等满洲亲贵心中积滞之戊戌心结,终清之世未解,每虑及此必愤恨不已,必有政治上之大反动,必有汉人遭殃。清廷数次悬赏,赏银最高达 10 万两,令各省缉拿康、梁,由此也更坚定了废黜光绪、根除后患的决心。光绪帝被迫就百日维新重用康梁再发自责诏,显然慈禧已经开始准备废立。清廷于 1899 年 11

---

① 《中国近代史资料丛刊·义和团》第 4 册,第 219 页。
② 《知新报》,第 95 期。
③ 王尔敏:《刚毅 1899 年南巡与轮电两局报效案》,《近代史研究》1997 年第 4 期。
④ 刘体智:《异辞录》,第 170 页。

月21日颁布上谕：

> 现在时势日艰，各国虎视眈眈，争先入我堂奥，以中国目下财力兵力而论，断无衅自我开之理。惟事变之来，实逼处此，万一强敌凭陵，胁我以万不能允之事，亦惟有理直气壮，敌忾同仇，胜败情形，非所逆料也。近来各省督抚，每遇中外交涉重大事件，往往预梗一和字于胸中……兹特严行申谕，嗣后倘遇万不得已之事，非战不能结局者，如业经宣战、万无即行议和之理。各省督抚必须同心协力，不分畛域，督饬将士，克敌至果。和之一字，不但不可出诸口，并且不可存诸心。①

观此谕旨显见，与列强交兵，"慈禧集团早已有所准备"②。所谓"万不得已之事"，当然直涉"废立"，那拉氏与载漪集团不惜与列强一战的决心暴露无遗。帝国主义不但前此力挺光绪戊戌变政，后又庇护慈禧最恨之康、梁、张荫桓、黄遵宪、王照、文廷式等一大批"逆党"，乃至公然反废立，那拉氏"且夕切齿，未尝一日忘报复"③。

经过筹备，尤其在南巡归来的刚毅的极力撺掇之下，慈禧开始行动。徐桐、崇绮等于己亥十一月底草拟了废立稿，去试探满人大佬荣禄的态度。荣大惊，翌日急见女主，才明其废立之心甚坚，端王集团持之甚力，只得委婉地提出以立阿哥代建储为中心的修正意见。慈禧为避免中枢内争，督抚异议，帝国主义插手，荣禄的建议被她部分接受。是年十二月二十四日（1900年1月24日），溥儁被清政府诏立承继穆宗毅皇帝之子，下一步"可进可退"④，既可给载湉立嗣，也可废其帝位。"己亥建储"表明百日维新以来旗人顽固派的废立阴谋已至顶峰。

对于己亥废立阴谋，满洲贵族无人再敢发异声，列强出人意料保持沉默，但汉族士绅代表反应激烈。清廷在立储前令刘坤一进京，实欲夺其兵权，刘以病恙婉拒。刘坤一又在立储后上"奏国事乞退疏"，给清政府难堪。另一个反废帝的要角为李鸿章，他怒言荣禄：

---

① 中国第一历史档案馆编：《光绪宣统两朝上谕档》，第25册，广西师范大学出版社1996年版，第312页。或《义和团档案史料》上册，中华书局1958年版，第37—38页。
② 孔祥吉：《义和团运动若干重要史实辨析》，《历史档案》1988年第1期。
③ 胡思敬：《审国病书》，1923年刊本，第5—6页。
④ 桑兵：《庚子勤王与晚清政局》，第43页。

此何等事，讵可行之今日。试问君有几许头颅，敢于尝试。此事若果举行，危险万状。各国使臣，首先抗议，各省疆臣更有仗义声讨者，无端动天下之兵，为害曷可胜言。东朝圣明，更事最久，母子天伦岂无转圜之望。是在君造膝之际，委曲密陈，成败利钝，言尽于此。①

慈禧怕出意外，外放李鸿章为两广总督。驻英公使立储后询之，"朝廷建储，应奏贺否？"回曰："为毅皇立阿哥，并无太子之名，似不宜贺"。慈禧让他铲平康有为祖宗坟茔，李复"激则生变，铲平康有为本籍坟墓，似宜稍缓"。②经元善走澳门后，李鸿章一再推诿清政府就近交涉引渡之命，经氏终得平安。

刘坤一和李鸿章之外，有更多的汉族士绅公开反对"己亥建储"，"群情汹汹，竞传废立之说，士大夫倡之于前，愚夫愚妇附之于后，万众哗然，四海鼎沸，狡而黠者遂跃然思起，岌岌焉，几有朝不保暮之忧"③。其时，关于慈禧欲废帝的消息早已纷纷扬扬，及至立储诏书一出，各省拥护维新立宪的人士由戊戌政变光绪遭幽禁而积发的不满，更如火上加油。上海电报局总办经元善联合1231名旅沪维新人士和绅商，于己亥十二月二十八日，由经元善领衔向总理各国事务衙门发出电文："王爷、中堂大人钧鉴：昨日卑局奉到二十四日电旨，沪上人心沸腾，探闻各国有调兵干预之说，务求王爷、中堂大人公忠体国，奏请皇上力疾临御，勿存退位之思，上以慰皇太后之忧勤，下以弭中外之反侧。宗社幸甚，天下幸甚。"④除经元善外，各报列出姓名者50人，其中不少人在戊戌庚子间的大事件中扮演重要角色，如马裕藻、叶瀚、章炳麟、蔡元培、吴眺、唐才常、丁惠康、黄炎培等，汪康年等江浙派维新人士在其中起了重要的组织作用。⑤文中之所以有"探闻各国有调兵干预之说"一句，乃是深知慈禧最忌外国人，尤怕他国出兵干预，特以吓阻她进一步的行动。该电不胫而走，如平地惊雷，"打破了戊戌政变以来局势的沉闷，令沪上乃至国内外维新人士的心绪为之一快"⑥，"一时在海内外掀起一场联名上奏风潮，杭州、武昌、天津等地均有士绅上奏谏阻，

---

① 陈夔龙：《梦蕉亭杂记》，第13—14页。
② 顾廷龙编：《李鸿章全集》，电稿三，第881页。
③ 《申报》1900年2月22日。
④ 《苏报》1900年1月27日。
⑤ 桑兵：《庚子勤王与晚清政局》，第44页。
⑥ 同上。

连偏僻的广西也有 386 人联名上书"①。海外各埠华商华侨的反应要强烈得多。自经元善电后,"谏阻废立之电,踵接于道,至有四十六次之多。某日政府接电,一日竟有十二道"②。新加坡、巴城、檀香山、金山、吉隆、海防、河内、南定、新金山、雪梨、菲律宾、仰光等地华侨再次发电总署,阻止立储。

　　思想开明的光绪帝是汉人改革派之希望所在,他们亟待清廷革新政治,富国强民,也为汉人争取更多权利。故汉人之保光绪,意在保中国而非保大清。而满洲亲贵最忌者亦在此,戊戌变法即因"保中国不保大清"被残酷镇压,是以反废立风潮,使慈禧等"戊戌之恨"再度爆发,与汉族趋新人士的矛盾再次激化。经元善避走澳门,仍穷追不舍,必欲置之死地而后快,对其他列出姓名的 50 位士绅也密电捉拿。清廷又欲诛杀戊戌被贬的维新重臣翁同龢、张荫桓、陈宝箴,以根除后患,幸赖荣禄、王文韶等苦求乃暂罢。恰在此时,义和团在各地蜂起,慈禧、载漪等守旧派徐图利用,大肆夺权、阴谋废立,"各为其私",然"患外人为梗,遂欲仇之"③,驯致庚子国变。

　　从 19 世纪 60 年代起,各地的反教会斗争此起彼伏,甲午战争后,北方社会经济秩序的剧烈变化,使民族矛盾迅速激化。帝国主义的经济侵略,严重破坏了中国的城乡手工业生产,使大批农民、手工业工人和运输工人破产失业。帝国主义的宗教侵略、清政府的"袒教抑民"政策,使外国传教士横行霸道,中国人民屡受欺侮。19 世纪末,割地狂潮直接导致了普遍性的仇洋情绪,反教会斗争达到顶点,"扶清灭洋"的义和团运动大规模兴起。

　　几乎与此同时,满洲顽固派势力在清廷高层也达到了顶点。自立大阿哥后,载漪父以子贵、渐预朝政。溥儁特殊的政治地位,也吸引了"一班薰心富贵之徒"④,以载漪、刚毅为中心的"大阿哥党"迅速形成。刚毅顽固守旧,极端仇恨汉人,"日言仇洋,见谈洋务者皆斥为汉奸"⑤,素与光绪帝政见不合。他迫不及待要废帝以绝后患。刚毅在朝中地位仅次于荣禄,但因争权夺利与荣禄久不谐。一旦大阿哥接位,依醇亲王成例,载漪以"皇帝本生父"退归藩邸,自己便可打倒荣禄,甚至取礼亲王而代之,领袖军机,

---

① 郭卫东:《戊戌政变后废帝与反废帝的斗争》,《史学月刊》1990 年第 6 期。
② 《知新报》1900 年 3 月 31 日。
③ 《清史稿》卷四六五,传论,第 12758 页。
④ 《中国近代史资料丛刊·戊戌变法》第 1 册,第 479 页。
⑤ 李希圣:《庚子国变记》,神州国光社 1951 年版,第 35 页。

独掌大权。故其与载漪臭味相投，狼狈为奸。时人评曰："刚毅非端邸不能成其志，而端邸亦非刚毅不能济其凶。"① 立溥儁为大阿哥，"将于庚子正月行废立，刚毅实主之，力引载漪居要职，宠眷在诸王上"②。徐桐、崇绮是名扬天下的理学大师，在旗人中有较高的威信。徐桐"以道德欺世，忠孝传家"，"平日颇自任排外，以取时名"③。他每见西人，以扇掩面，"凡西来货品，概屏绝勿用"④。立溥儁为大阿哥，桐主之甚力，为溥儁师傅。崇绮乃清朝唯一的旗人状元，亦为溥儁师傅，这是他生平第二次鸿运高升的得意之事。且大阿哥"为穆宗后"，崇绮乃同治岳丈，则为溥儁外祖父，故崇绮亦热心废立。此外，还有保守而仇洋的庄王载勋，载濂、载澜等人，"仇视西人，时时有杀尽之想"⑤。载漪和载勋控制了宗人府，载澜管理健锐营，载瀛管理御鸟枪处。其他团伙多被任命为八旗都统，如载瀛统领镶黄旗汉军，载勋领正蓝旗汉军，启秀领镶白旗满洲，崇绮领正红旗汉军。军机处也发生了趋向守旧派的重大变化，上年汉员廖寿恒罢职、钱应溥病免后，仅补赵舒翘一人，则军机大臣有世铎、刚毅、荣禄、启秀、赵舒翘、王文韶。不仅满四汉二，且顽固派势力占绝对优势。荣禄虽然比较开明，但为人狡诈阴险，时人评道："荣以首相，又将大兵，内主阴谋，外博时誉，盖其权远过于刚，其才又远胜于刚。"⑥ 他在庚子年又演红脸又演白脸，阴一套阳一套。

按照慈禧等人的如意算盘，只要列强承认了溥儁的储君名分，光绪退位、溥儁登基便易如反掌。可是洋人既不反对，也不支持，根本不买她的账。载漪"使人讽各国公使入贺，各公使不听，有违言"⑦。各国"不慊载漪等所为，漪恚甚，图报复"⑧。慈禧强颜欢笑召各国公使夫人宴饮，借以联络感情，亦未果。"后乃大恨，载漪自以为将为天子父，方大快意，闻各国阻之，乃极恨外人，思伺时报此仇。"⑨ "适义和拳起，诩其术谓枪炮不入，乃大喜，以为天助，欲倚之尽杀使侨，以促行废立。"⑩ "大阿哥党"欲

---

① 《中国近代史资料丛刊·义和团》第4册，第198页。
② 李希圣：《庚子国变记》，第35页。
③ 《中国近代史资料丛刊·义和团》第4册，第217页。
④ 《中国近代史资料丛刊·义和团》第2册，第484页。
⑤ 《中国近代史资料丛刊·义和团》第4册，第180页。
⑥ 同上书，第185页。
⑦ 李希圣：《庚子国变记》，第3页。
⑧ 《清史稿》卷四六五《载漪传》，第12750页。
⑨ 李希圣：《庚子国变记》，第41页。
⑩ 中国社会科学院近代史研究所《近代史资料》编辑组编：《义和团史料》上册，中国社会科学出版社1982年版，第30页。

利用义和团报复外国势力，迫害革新派。义和团在清廷纵容下，迅即燎原。洋人为大毛子，当然格杀勿论，"以至华人之与洋人往还，通洋学、谙洋语者，用洋货者，其间分别差等，共有十毛之目"。十毛之人，"必杀无赦"[①]。核心目标是要杀尽"一龙二虎三百羊"[②]，民间流传"李鸿章卖江山""光绪爷奉教""袁世凯造反""康有为封六国圣人"等谣言[③]，蕴含了明确的政治动机，显然代表"大阿哥党"利益。山东、山西等地成百上千的教民、传教士及外国人被杀。1900年春，大批义和团涌向直隶地区，改革派危如累卵。

满洲守旧派之鼓动和利诱，是义和团失控的根本原因。涿州事件的处理，是整个局势发展的枢纽。5月20日以前，"列强虽然叫嚣武装镇压义和团，但主要还是把镇压义和团的希望寄托在清政府身上，威逼清政府取缔义和团"[④]。5月20日以后，列强大量增兵，但也没有完全放弃对清政府的希望。5月27日，京南重镇涿州被万余义和团占领，京畿形势突变。为保护驻京使馆，5月31日到6月6日，帝国主义也仅增派了约450人的军队。但自刚毅6月7日赴涿州"安抚"以后，"极言团民义勇可恃，并带团首晋谒端邸，甘言诱话，端邸信尤深，日与团首计议，以为杀教民、毁教堂，洋人决不甘休，从此将洋人一网打尽，何难之有"[⑤]。北京开始大量涌入拳民，局势逐渐失控。外国驻京使团的安全已无法保障，列强决定向北京大量增派军队。10日，以西摩为首的八国联军开始向北京进发。当天，慈禧对总理衙门大臣作出重大调整。廖寿恒被免职，总署令载漪兼管，并新增礼部尚书启秀、工部尚书溥兴、礼部侍郎那桐3位旗人，旗员变成9人，而汉员仅6人。庆王奕劻本为总署首席，主张"剿拳和洋"。然自义和团入京，他便不寒而栗，载漪入署后更不敢有所主张，是以旗人顽固派完全掌握了清廷外交。此后，义和团大举进入北京，"终日任其街市往来，砍杀不绝。地面官兵，不敢阻止"[⑥]。徐桐见拳民大喜，"至且亲迓之"，谓："中国当自此强矣！"[⑦] 他大赞义和团："创千古未有奇闻，非左非邪，攻异端而正人心，忠

---

① 《中国近代史资料丛刊·义和团》第1册，第271页。
② "一龙"指光绪，"二虎"指庆亲王和李鸿章，"三百羊"泛指一切办理洋务的国人。载《中国近代史资料丛刊·义和团》第1册，第261页。
③ 《中国近代史资料丛刊·义和团》第1册，第409页。
④ 李德征等：《八国联军侵华史》，山东大学出版社1990年版，第43页。
⑤ 中国社会科学院近代史研究所编：《庚子记事》，中华书局1978年版，第80页。
⑥ 《中国近代史资料丛刊·义和团》第1册，第90页。
⑦ 《清史稿》卷四六五《徐桐传》，第12750页。

孝节义，只此精神未泯；为斯世少留佳话，一惊一喜，仗神威以寒夷胆，农工商贾，于今怨愤能消。"① 载漪也经常召团首"赴端王府议话"②。在满洲顽固派的大力支持下，"两宫诸邸左右，半系拳会中人，满汉各营亦皆大半，都中数万，来去如蝗"③。11日，董福祥甘军士兵刺杀日本使馆书记生杉山彬。19日，载漪部属恩海枪杀德国公使克林德。外国公使团最终对清政府完全失去信任。

载漪集团利用义和团促激中外关系全面紧张，清廷高官灭洋人、除汉奸杀声一片。6月17日的御前会议上，"诸王贝勒及崇绮等二十余人痛哭，合词面奏，云非战不可，皆主张端邸之说"④，已经呈现一边倒的态势。慈禧在19日第四次御前会议上，决策攻打外国使馆，21日向八国列强宣战。统治集团的内部矛盾演化成为大规模的对外战争。在四次御前会议上，和战分野相当分明，但战争未能避免。因为它们完全由慈禧主导，其安排别具深意。一方面是堵住主和派的嘴，另一方面是为日后推卸罪责预作准备。正如有当事人所论："方事之兴，庙谟盖已预定，特藉盈廷集议，一以为左证，一以备分谤。"⑤ 慈禧、载漪等不惜牺牲国家、民族利益，同时对八国宣战，并非有必胜之信心，而是用人民的生命为其火中取栗。即如当事者恽毓鼎所言："当宣战之日，固逆计异时之必归于和，使馆朝夷，皇位夕易矣。大事既成，盲风怪雨，不转瞬而月星复明，虽割地以赎前愆，亦所不恤。"⑥ 宣战上谕颁布次日，清廷命户部发放粳米二百石，交刚毅等分发义和团。第三天，慈禧命刚毅、载勋统一领导京畿义和团，英年、载澜协办。随后又把全国各地被拘禁的团民"一律释放"⑦，义和团"扶清灭洋"的热情空前高涨。

为了"摄使臣"，达到"使馆朝夷，皇位夕易"⑧ 之目的，载漪集团抛开外交惯例，竟然出动军队攻打列强使馆。对于以光绪为首的改革派，他们更不会放过彻底解决的最佳机会。6月25日，载漪、载澜拥兵闯入宁寿宫，"詈上以二毛子"，"大有弑君之意"，光绪帝"悚悚危惧"，到处躲避，最

---

① 《中国近代史资料丛刊·义和团》第1册，第314页。
② 《中国近代史资料丛刊·义和团》第2册，第188页。
③ 《荣禄集》，《近代史资料》1983年第4期。
④ 《中国近代史资料丛刊·义和团》第1册，第338页。
⑤ 恽毓鼎：《崇陵传信录》，《清代野史》（第四辑），第13页。
⑥ 同上。
⑦ 中国第一历史档案馆编辑部：《义和团档案史料续编》，中华书局1990年版，第215页。
⑧ 恽毓鼎：《崇陵传信录》，《清代野史》（第四辑），第13页。

后由慈禧出面才平息。① 急于废帝的载漪集团甚至不惜与慈禧抬杠,慈禧后来回忆说:"这时太监们连着护卫的兵士,却真正同他们[义和团]混在一起了,就是载澜等一班人,也都学了他们的装束……载漪有一次,居然同我抬杠,险些儿把御案都掀翻过来。……连皇帝都担着很大的危险。"② 戊戌维新的汉人旧账自然被再次清算,7月3日,清廷由六百里加紧谕令"已革户部侍郎张荫桓著即正法",杀害陈宝箴的密旨或亦同时发出,张氏为辅佐光绪戊戌政变之重臣,陈氏乃当年唯一支持戊戌变法的地方大员(原湖南巡抚),又抗旨援救文廷式,旧党早已衔之次骨,现在终于有了机会下毒手(陈于7月22日就义于江西③,张于8月20日被新疆巡抚饶应祺杀④)。清廷甚至连早已革职返乡的帝师翁同龢也不肯放过,因护理苏抚陆元鼎力保得免。7月14日,天津为联军攻破,短时间内五位主和派官僚被慈禧捕杀。7月28日,吏部左侍郎许景澄、太常寺卿袁昶以"莠言乱政""语多离间"等莫须有罪名被处死。袁、许皆鄂督张之洞门生,与东南督抚过往甚从,内外相连,力主"剿拳和洋",久遭大阿哥集团忌恨,载澜、载瀛等多次参劾,甚至类比为慈禧最痛恨的"康逆","即处以极刑,亦不为过",此为二人披难的重要原因之一。⑤ 8月11日北京沦陷在即,兵部尚书徐用仪、内阁学士联元及户尚立山等亦被慈禧处死。徐用仪"尤为无妄之灾者",他思想开明,旗人大学士徐桐"深恶其人,必欲杀之而后快"⑥。徐认为所谓义和团能避枪炮之说,尤不足信,"屡于召对时剀切陈说,大拂当事者之意"⑦。长期办理外交的总理衙门大臣廖寿恒、王文韶均几遭不测,幸荣禄力保始免。⑧ 盖载漪集团谓"译署各长官中,平时与外人交通者甚多,此辈皆为汉奸,必尽杀之而后快"⑨。旬日杀五大臣,旗人守旧派已疯狂至极,京师气氛恐怖异常,连荣禄、奕劻也噤若寒蝉,朝中何人再敢言和。

8月14日,联军攻入北京,慈禧携光绪等仓皇西逃,中国的首都在近

---

① 《中国近代史资料丛刊·义和团》第1册,第74页。
② 吴永、刘治襄:《庚子西狩丛谈》,第134—135页。
③ 刘梦溪:《陈宝箴死因之谜:慈禧太后秘密赐死》,《百年潮》2001年第2期。
④ 马中文:《张荫桓流放新疆前后事迹考述》,《新疆大学学报》(哲学社会科学版)1996年第4期。
⑤ 陆玉芹:《穿越历史的忠奸之辨:庚子事变中"五大臣"被杀研究》,中国社会科学出版社2010年版,第166—167、192—197页。
⑥ 李岳瑞:《春冰室野乘》,内蒙古人民出版社2003年版,第97页。
⑦ 朱彭寿:《安乐康平室随笔·旧典备征》,中华书局1982年版,第223页。
⑧ 刘体智:《异辞录》,第166页。
⑨ 朱彭寿:《安乐康平室随笔·旧典备徵》,中华书局1982年版,第223页。

第三章 庚子事变前后的满汉对抗（1899—1905） / 93

代史上第二次陷于外国军队，且同时飘扬着八个国家的国旗，这种屈辱在世界近代史上绝无仅有。庚子国变创巨痛深，"直令人睹之，且愤且愧，不知涕泪之何从也"①。侵略军所到之处，烧杀抢掠，无数生灵涂炭，无数村镇沦为废墟，天津被烧毁三分之一，北京一片残垣断壁。北京被占领后，八国联军对皇城、衙署、官府大肆掠夺，造成故宫、颐和园、西山、圆明园等文化遗产和大量文物损毁。其间，俄国又单独调集步骑兵十七万，分六路侵占中国东北。八国联军总司令瓦德西给德国皇帝的书面报告中承认："所有中国此次所受毁损及抢劫之损失，其详数将永远不能查出，但为数必极重大无疑。……又因抢劫时所发生之强奸妇女，残忍行为，随意杀人，无故放火等事，为数极属不少，亦为增加居民痛苦之原因。"② 八国联军军事行动，以清政府与十一国签订屈辱的"辛丑条约"为终。

庚子国变始于义和团入都，极于慈禧之宣战。宣战之举，丧心病狂，其根源在于权力之争——由排汉而仇洋而灭洋。汉人主导的戊戌维新危及满洲族权，慈禧勃然大怒，最恨者莫过于康有为、梁启超及其奥援翁同龢、张荫桓等，次及背叛满洲之"汉人皇帝"光绪，再延暗中支持变政的日本、英国等帝国主义。为绝后患，女主旋有废立之意，但风声走漏后，内有刘坤一等直谏，外有各国公使一致反对，甚至非要进宫验证光绪是否有病，逃亡海外的康、梁则大倡"保皇"。刘坤一等乃清廷重臣动不得，康、梁被外国人庇护抓不着，慈禧当然把新仇旧恨都记在列强头上。己亥建储后，列强虽表面中立，但又保护了"大逆不道"公然反对建储的汉人经元善，反废立的立场实与刘坤一等无二。迨义和拳事起，慈禧、载漪等各为其私，欲"抚拳灭洋"，期以"使馆朝夷，皇位夕易"。又屡遭京内袁昶、许景澄、徐用仪及京外东南督抚等强烈反对，光绪居然与袁昶、许景澄等汉人执手哭作一团，新仇旧恨交加，女主气急败坏、利令智昏，终至开战八国，首都沦陷，辇毂播迁。排汉灭洋不过一时之需，争权夺利则是不易之计。故久值内廷的当事者恽毓鼎谓："甲午之丧师，戊戌之变政，己亥之建储，庚子之义和团，名虽四事，实一贯相生，必知此而后可论十年之朝局。"③ 满人主导的庚子国变不可避免地激起了绝大部分汉人士绅的满汉恶感，抗清排满意识明于庚子年亦不可避免。

---

① 中国社会科学院近代史研究所近代史资料编辑组编：《义和团史料》下册，中国社会科学出版社1982年版，第667页。
② 《中国近代史资料丛刊·义和团》第3册，第123页。
③ 恽毓鼎：《崇陵传信录》，《清代野史》（第四辑），第10页。

第二节　东南互保与东南意识

——汉族士绅断然抗清排满

对于慈禧及载漪集团为一己私利而大行废立、"抚团灭洋"的政策，以东南督抚为主的汉族势力集团始终反对，但他们无法扭转乾坤。面临亡国灭种之危局，汉族集团空前团结，以保国为宗旨，与列强达成局部和平约款，是为"东南互保"。其间维新派、保皇派、革命派与东南督抚等趋新势力分合交错，动作不断，抗清排满意识凸显。庚子国变后，晚清政治的状貌已经大不相同，满汉矛盾亦进入新阶段。

义和团初起，与把持中央权力的满洲贵族顽固派集团不同，汉族开明官僚，如两广总督李鸿章、两江总督刘坤一、山东巡抚袁世凯等，都主张坚决镇压。1899年，义和团在山东兴起时，清廷先剿后抚，说明顽固派在中央已经逐渐占了上风，其后地方上拳民最盛的也多属旗人督抚。袁世凯是最早向清廷提出异议的地方大吏，他对山东境内的义和团严惩不贷，迅速控制了局势。1900年5月19日，他在《遵旨筹议官练私团事不可行据实复陈折》中说："义和拳……与白莲教同出一源……其充总办、统领者，皆险骛教师。充前敌、催阵者，皆凶横匪类……是宜严禁预防，未可权宜迁就。"[①] 5月31日，张之洞电奏请剿，但未被采纳。6月15日，江督刘坤一、鄂督张之洞合词历陈，"拟恳明降谕旨，定计主剿。先剿后抚，兵威既加，胁从乃散，或可转危为安。即此了结，将来商办善后，已属不易。若一方宣抚，一面拳匪仍痛杀教民，各国断难忍耐。……从来邪术不能御敌，乱民不能保国。外兵深入横行，各省会匪四起，大局溃乱，悔不可追"[②]。清廷从16日到19日连续召开四次御前会议，讨论战和问题，主战派与主和派进行了激烈辩论。虽然朝廷收到刘、张电奏，京中袁昶、许景澄等主和派官员也强烈反对，但最终无法改变慈禧的决心。6月19日，清廷正式决定"向各国开战"，给北京义和团发放粳米二万石、银十万两，并下令攻打使馆区。得此消息，刘坤一、张之洞认为大祸临头，但还想作最后努力。6月20日，张

---

① 天津图书馆、天津社会科学院历史研究所编：《袁世凯奏议》上，天津古籍出版社1987年版，第134页。

② 《刘坤一遗集》第3册，第1431—1432页。

之洞、李秉衡、刘坤一、鹿传霖、王之春等督抚联合上奏，指出义和拳是"邪教、乱民、土匪、劫盗"，"即不与各国开衅，亦应痛剿，况无故戕害洋人、洋房，杀日本参赞，今海口已被占夺，都城布满洋兵，增兵增舰日来日多，祸在眉睫，直不忍言。从古无国内乱民横行惨杀而可以治国者，亦未闻一国无故与六七强国一同开衅而可以自全者。……宗社安危所关，间不容发，再过数日，大局决裂，悔无及矣"。① 他们认为"剿内匪即所以阻洋兵"，希望避免与各国开战，要求朝廷停止"抚团灭洋"的政策。很显然，慈禧等为公报私仇不惜江山社稷，而以东南督抚为代表的汉人开明派重在保国保种，双方存在严重政见分歧，此亦后来东南互保之根源所在。

东南督抚的集体反对未能阻止直隶地区形势日趋恶化，但清廷也不可能视而不见。同日刘坤一、张之洞通过袁世凯收到了朝廷的一道密旨：

  近日京城内外，拳民仇教，与洋人为敌，教堂教民连日焚杀，蔓延太甚，剿抚两难。洋兵麇聚津沽，中外衅端已成，将来如何收拾，殊难逆料。各省督抚，受国厚恩，谊同休戚，事局至此，当无不竭力图报者。应各就本省情形，通盘筹画于选将，练兵，筹饷三大端。如何保守疆土，不使外人逞志，如何接济京师，不使朝廷坐困；事事均求实际。沿江沿海各省，彼族觊觎已久，尤关紧要。若再迟疑观望，坐误事机，必至国势日蹙，大局何堪设想？是在各督抚互相劝勉，联络一气，共挽危局。时势紧迫，企盼之至。②

该密旨不仅与历来上谕再告诫一切必须听命于朝廷大相径庭，而且似乎在鼓励地方大胆放手、自筹生计。见过密旨的英国代总领事霍必澜在6月29日的一封电报里讲："总督（刘坤一）通过山东巡抚收到了6月20日一道密旨……措辞非常奇怪，中国人认为它是一个垂死政府的遗命……上谕的词句实际上是给予各总督以绝对的权力。……李鸿章收到了荣禄6月21日的信，告诉他对北京的谕旨不必继续予以重视，李鸿章同长江各总督一起已同意不再承认北京政府"；电报最后讲："我认为端王在6月21日前后可能篡夺了朝廷的权力，据说荣禄正企图同汉族总督们合作并反对端王"。③ 许

---

① 苑书义等主编：《张之洞全集》第3册，河北人民出版社1998年版，第2149页。
② 《义和团档案史料》上，第156—157页。
③ 胡滨译：《英国蓝皮书有关义和团运动资料选译》，中华书局1980年版，第59页。

多人认为，这道措辞奇怪的密电，乃主和的朝中大佬荣禄、王文韶趁机合拟，字字推敲，暗藏玄机，以便为东南督抚共谋互保提供政策依据。京师拳匪蔓延，剿抚两难，而外省并无此种难处，所谓"应各就本省情形，通盘筹划"，即是暗示不必以朝廷的举措为准。而"保守疆土不使外人侵占"，刊在"接济京师，不使朝廷坐困"之前，亦明明指出重轻急缓所在。至于"事事均求实际"六字，更有深意，意思是只要于国家实际有益，不仅不为遥制，甚至不必重视上谕中的宣言。这是针对即将明发的宣战诏书，预先作一伏笔。①

实际上，在义和团高涨的相当长时期内，清廷对于义和团的态度也是摇摆不定、模棱两可。不同日期的上谕，甚至同一天发出的不同上谕，在逻辑上及实际行动上常有自相矛盾之处。譬如，对于拳民既剿又抚，对于列强时软时硬，对于外国使馆既攻打又保护等。这首先反映了慈禧本人首鼠两端、进退失据的心态，同时表明清廷中枢内部主战派和主和派的冲突，并与时局变化、东南督抚及列强反应等息息相关。对于这些变化不定的谕旨，执行者必然会根据自身的立场和利益加以选择，职是之故，以满人为主的守旧派和以汉人为主的改革派都可以自相选择、各行其是，于是出现了庚子年南北之间督抚行动的尖锐矛盾。

清廷战意已决，整个中国即将陷入疯狂和战乱之中。面临"千古未有之局，必为千古未有之法"②。戊戌政变以来，满洲亲贵顽固集团为泄私愤、谋私利，不惜将国家民族引向灭亡的边缘，在汉族士绅们看来，已经丧心病狂。在此情状下，东南士绅始相联络一谋对策，以"保境安民"为主旨，是为"东南互保"。它是特殊时期下的特殊产物，是开明派督抚、东南上层绅商和西方列强出于各自利益相互妥协的产物，具有明显的抗清意识。

最早提出东南自治思想的应为江浙名士汪康年。戊戌政变受挫后，汪逐渐发展出包括经济、文化改革及地方建设的比较系统的地方自治计划。庚子年，他开始向地方督抚势力和民间会党力量呼吁，撇开中央政府、推行地方改革、建立民间武装。③ 撇开清廷搞地方自治，显然是对现政府已经极度失望，而联络民间私党的行为本身便意味着否定现政府之合法性。迫在眉睫的亡国之祸，促使很多人采取非常手段，以救危亡。陈三立说："今危迫极

---

① 高阳：《慈禧全传·胭脂井》，中国友谊出版公司2001年版，第364页。
② 《东南不可分兵》，《新闻报》1900年7月4日。
③ 廖梅：《汪康年：从民权论到文化保守主义》，上海古籍出版社2001年版，第261页。

第三章 庚子事变前后的满汉对抗（1899—1905） / 97

矣，以一弱敌八强，纵而千古，横而万国，无此理势。若不投间抵隙，题外作文，度外举事，洞其症结，转其枢纽，但为按部就班，敷衍搪塞之计，形见势绌，必归沦胥，悔无及矣。"①汪有龄言："得死君国，不失为忠；委屈求济，不失为智；稍有建树，不失为勇；扶顺抑逆，不失为义。左之右之，惟其是而已。否则事不阅历，跬步荆棘，一腔热血，无处施展，岂不惜哉。"②孙宝瑄认为："国家不变法，则保皇者忠臣也，革命者义士也。"③无论原来的政见如何，他们都尽可能动员和利用各种社会关系，尝试各种途径，以解救燃眉之急。夏曾佑建议借师列强使光绪复辟时说："鄙人向不持此策，然今日除此别的都来不及，且行此策则尚有后文可做。若不行此，则别事既不及行，各国权力界一定将忍而终古矣。"④

最早谋划东南互保者似为英国人。以长江流域为势力范围，英国当时在中国拥有巨大的政治优势和经济利益，投资多，贸易量大。但当时英军大量兵力被牵制在南非对布尔人的旷日持久的战争中，它在中国兵单将寡，与东南督抚实现妥协，使长江流域中立化无疑是最佳选择。英国代总领事霍必澜早在6月14日便提出了类似建议，并得到英国外交部的同意和授权。同日，由盛宣怀居间联络，刘坤一、张之洞、袁世凯等也已经开始筹谋对策。6月16日，刘坤一对英国的初步建议给予了积极回应，双方开始了正式接触。之后美国、日本、法国等也参与其中，列强间发生了矛盾争执。6月20日，五疆臣反战电报是刘、张联合东南督抚的第一个共同行动。当时，八国联军攻占大沽炮台、天津租界开战以及进犯北京的西摩特遣军被围后下落不明的消息，接二连三地传来，引起莫大恐慌，东南绅商四出奔走，力图防止战火蔓延到南方。在这些人中间，长期主持电报局、招商局，正负责督修芦汉铁路的大买办盛宣怀尤其突出。由于清廷往来电报皆经其手，在东南各方信息最灵，又与帝国主义、地方督抚都有密切联系，"地位最宜"，被公推出来进行撮合活动。⑤在筹划"东南互保"的全过程中，张之洞、刘坤一、李鸿章始终是核心人物，张謇、陈三立、孙宝瑄、赵凤昌、何嗣焜、沈瑜庆、汤

---

① 周康燮：《陈三立的勤王运动及其与唐才常自立会的关系——跋陈三立与梁鼎芬密札》，《明报月刊》第9卷第10期，1974年10月。
② 上海图书馆编：《汪康年师友书札》（一），第1058—1059页。
③ 孙宝瑄：《忘山庐日记》，辛丑六月五日，第368页。
④ 上海图书馆编：《汪康年师友书札》（二），第1363—1364页。
⑤ 中国近代经济史资料丛刊编辑委员会编：《中国海关与义和团运动》，科学出版社1959年版，第80—81页。

寿潜等诸多东南名士为幕后智囊团。东南名士中大多是张、刘、李等大员的戚友僚属，他们之间有不同程度的政治共识，往往相互借重利用。

列强害怕义和团运动的发展可能摧毁他们在中国的殖民主义统治和既得利益，一方面组织联军在北方打击义和团，一方面希望保持东南的稳定。以英国为首的帝国主义列强经营东南沿海多年，他们深知确保东南局势平安的重要性。英国驻沪代总领事霍必澜主动与盛宣怀联系，请盛宣怀出面敦促东南各省督抚与驻沪各国领事达成谅解，以订立保障东南的条约。东南各省趋新人士，深虑义和团运动的蔓延，会破坏东南地区的稳定，危及自身利益和安全，因此对英方的建议采取积极支持的态度。湖广总督张之洞对此表示认同，而在此前，两广总督李鸿章已暗示盛宣怀加强与刘坤一、张之洞的联络。他们欲通过两广、两江、湖广三方的协调，妥善处理与外国的关系。

就在东南督抚开始与列强谈判的关键时刻，慈禧6月21日向各国"宣战"的消息传来，同时，朝廷还在20日、21日先后下达命令各省督抚"联络一气保疆土"和"招义民御侮"的谕旨。刘坤一、张之洞知道事关逆旨抗上，非常担忧，而盛宣怀也担心宣战上谕一旦公开，谈判将功败垂成，立即建议刘、张令各电报局不准公开宣扬此谕，只能"密呈督抚"。盛还电告刘、张，劝他们在未正式接到朝廷宣战上谕之前赶快与各国签约，核心是"上海租界归各国保护，长江内地均归督抚保护，两不相扰，以保全商民人命产业为主"①。为打消张、刘的担忧，盛宣怀还说："北事不久必大坏，留东南三大帅以救社稷苍生"，不能不有所变通，"若一拘泥，不仅东南同毁，挽回全局亦难"。②

6月22日，张謇、盛宣怀、赵凤昌、何嗣焜、沈瑜庆、汤寿潜、陈三立、施炳燮等东南绅商共聚上海，对"东南互保"作了全面仔细的研究。他们认为要保全长江流域，应由刘坤一、张之洞共同出面与上海领事团而不是单独同英国订立条约，实行"互保"。众人请张謇游说江督，因张、刘情谊深厚。刘坤一初碍于朝廷已对外宣战，及数幕僚劝阻，犹疑不决，问张謇："两宫将幸西北，西北与东南孰重？"张謇答道："虽西北不足以存东南，为其名不足以存也；虽东南不足以存西北，为其实不足以存也。"刘坤一终于决定接受建议，对其幕僚说："头是姓刘物，即定议电鄂约张。"③ 很

---

① 《中国近代史资料丛刊·义和团》第3册，第332页。
② 同上。
③ 张绪武：《我的祖父张謇·东南互保》，《江海晚报》2009年4月7日。

快，江、鄂、粤三总督在保卫东南的问题上取得实质上的一致。张之洞、刘坤一等多次与外国驻汉、驻沪领事馆和有关洋人联络，一再表示坚决保护洋人生命财产安全，但也反对外国派兵占领或控制长江流域。6月25日，李鸿章致电盛宣怀云："顷美兵官来商，愿以铁船护送赴沽，俟电旨即行。二十五诏（即宣战诏书）粤断不奉，所谓矫诏也。希特将此电密致岘帅、香帅。"① 次日，他们公开拒绝清廷招团御侮的谕令，曰："沿江一带，回匪、盐枭、安庆道友甚多，与拳会各自为党，平时专以掠劫为事，名号皆悖逆之语，并无拳会之党可招。"②

6月26日，中外双方举行谈判。中方代表是上海道台余联沅、盛宣怀及两江总督代表沈瑜庆、湖广总督代表陶森甲。外方是各国驻沪总领事，主要有英、美、日驻沪总领事霍必澜、古纳和小田切万寿之助，双方共同议定了《东南保护约款》九条、《保护上海城厢内外章程》十条。东南互保草案规定：一，上海道台余，现奉南洋大臣刘、两湖督宪张电示，与各国驻沪领事官会商办法，上海租界归各国公同保护，长江及苏、杭内地均归各省督抚保护，两不相扰，以保全中外商民人民产业为主。二，上海租界公同保护章程已另立条款。三，长江及苏、杭内地各国商民教士产业均归南洋大臣刘、两湖督宪张允认切实保护，现已出示禁止谣言，严拿匪徒。四，长江内地中国兵力已足使地方安静，各口岸已有各国兵轮者仍照常停泊，唯须将来水手等人等不可登岸。五，各国以后如不待中国督抚商允，竟至多派兵轮驶入长江等处，以致百姓怀疑，借端起衅，毁坏洋商教士生命产业，事后中国不认赔偿。六，吴淞及长江各炮台，各国兵轮切不可近台停泊，及紧对炮台之处。兵轮水手亦不可在炮台附近地方操练，彼此免致误犯。七，上海制造局火药局一带各国允兵轮勿往游弋停泊，及派洋兵巡捕前往，以期各不相扰。此局军火专为防剿长江内地土匪，保护中外商民之用，设有督抚提用，各国毋庸惊疑。八，内地如有各国洋教士及游历各洋人，遇偏僻未经设防地方，切勿冒险前往。九，凡租界内一切设法防护之事，均须安静办理，切勿张皇，以摇人心。③

"东南互保"商谈前后，汪康年其实还有更为激进的计划。他穿梭奔走于封疆大吏之间，向张之洞、刘坤一进言，后又与郑观应等联名上书李鸿

---

① 《中国近代史资料丛刊·义和团》第3册，第334页。
② 天津图书馆、天津社会科学院历史研究所编：《袁世凯奏议》上，第147页。
③ 王铁崖：《中外旧约章汇编》第1册，生活·读书·新知三联书店1982年，第969—970页。

章,请求他们"剿匪劾政府",或"率兵入都,以剿匪为议和之根本"。中国议会成立后,他又吁请刘坤一"举兵入都,护卫两宫,因以弹压西兵,主持议和"。① 不仅主张不与列强开战维持地方,还希望东南督抚们北上勤王,在东南自组政府,开创地方自治改革的新局,但存心自保的督抚尚不能接受汪康年的激进主张。东南独立,北上勤王,不啻于武装政变,尽管东南督抚们还没有与清廷彻底决裂的勇气和信心,但这种明显的反清独立趋势无疑表明满汉矛盾已经极度紧张。

由于列强之间的矛盾及对其中某些条款不满,帝国主义拒绝在《东南互保章程》上正式签字,但刘坤一、张之洞在以后的各种场合里,仍然把它看为已经正式签订的文件,继续大力加以贯彻执行。帝国主义亦心照不宣,"东南互保"的局面维持了下来。

从形式上看,"东南互保"直接违背了清廷对各国"宣战"的旨意,大有地方"独立"、分庭抗礼之嫌。张之洞、刘坤一等当然于此有所顾忌。在订约的同一天,他们会衔电奏慈禧,历陈苦衷,有理有据。

> 就目前计,北事已决裂至此,东南各省若再遭蹂躏,无一片干净土,饷源立绝,全局瓦解,不可收拾矣。惟有稳住各国,或可保存疆土。……盖长江商务,英国为重,各国觊觎已久,惧英而不敢先发,英亦虑各国干预而不敢强占,以启各国戎心。在我正可就其所忌而羁縻牵制之。若鼓动一国,势必群起而攻,大沽覆辙可深鉴也,此实委曲求全之策。……总之,能联络一日,长江以内尚可使外人无从逞志。倘各国必欲以干戈从事,派大队兵舰来江攻我营台,实逼处此,臣等受恩深重,有守土之责,自当尽力抵御,存亡与共。②

张之洞抓住谕旨中有"各督抚互相劝勉,联络一气,共挽危局"的字句,尽量将东南互保说成是符合圣旨的"联络一气,共挽危局"之举。当然,他们不能不表示:"倘各国必欲以干戈从事,……自当尽力抵御,存亡与共。"最后,他们特别强调朝廷不要将驻外使臣召回,"若使臣下旗回国,即是明言决裂,自认攻毁各国人命物产,以后更难转圜,似宜仍令暂驻各国为宜",尽量为朝廷日后议和留下后路。

---

① 《上江督刘岘庄制军书》,汪诒年编纂《汪穰卿遗著》,第4册,1920年铅印本。
② 《中国近代史资料丛刊·义和团》第3册,第336—337页。

6月28日,即东南互保的"章程"签订两天后,朝廷的"宣战"谕旨才在上海公布,张之洞、刘坤一向盛宣怀等保证,一切责任都由他们两人承担。但慈禧在"宣战"后给他们的上谕中不但没有责备,反而称赞"互保"是"老成谋国之道",并且朝廷"与该督等意见正复相同"。①"东南互保"的范围,原仅限于两江总督和湖广总督的辖境江苏、江西、安徽、湖北、湖南等五省。后浙江主动加入,福建几乎同时与列强签订了类似的《福建互保章程》,广东、广西、山东、四川、陕西、河南等省实际上也参加了"互保"。

8月15日,八国联军攻占北京,慈禧携光绪仓皇出逃,张之洞、刘坤一在8月17日忙致电各国驻上海总领事,为慈禧开脱,说各督抚东南互保均系奉旨办理,请求联军万万不可震惊两宫。此电用意殊深,慈禧此时最怕被列强作为"祸首"严惩,为其开脱正中下怀;将"东南互保"说成是按旨意办理,慈禧根本不敢也不愿否认,因此更具合法性。

故此,庚子年间,大清帝国出现了中央宣战、地方讲和,北方抗战、南方自保,两宫西逃、督抚逍遥的怪诞局面。以汉人为主的地方督抚们敢于明目张胆地集体与朝廷对抗,实为满清建朝以来所未见。如此"怪象",既表明当时的清廷实际已失去了对地方督抚的驾驭能力,亦显见南方汉族势力集团不惜对抗清廷也绝不愿再任疯狂满人驱驰之断然,此乃东南士绅之共识。东南互保无疑在客观上助长了帝国主义对华北的侵略,然使东南半壁河山免于战火,富甲天下的东南"财赋"得以保全,同时阻止列强势力在长江流域地深入,"不动声色措天下于磐石之安,其功尤伟"②,"北乱几于不可收拾,若非东南诸臣力持保护大局,觉罗氏江山破碎何如耶"③。东南互保也为"后日议和,以及索还东北,在外交上增强不少力量"④。明显功大于过。

东南互保达成时,北方义和团正在高潮,战事频仍,清廷政治走向尚未明朗,则互保亦非解决问题的最终方案。是以东南督抚在维持和局的同时,也在各自为未来盘算。如果说东南互保所反映的汉族地方督抚的政治离心力与满汉民族意识尚未显明,则张之洞与李鸿章等在东南互保之外的独立预案,以及与此紧密关联的中国议会、自立军起义等表达了强烈的抗清排满意识则毋庸置疑。

---

① 《义和团档案史料》上,第365页。
② 陈夔龙撰:《梦蕉亭杂记》,中华书局2007年版,第62页。
③ 《清除君侧危言》,《新闻报》1900年9月15日。
④ 王尔敏:《拳变时期的南省自保》(下),《大陆杂志》第25卷第6期,1962年9月30日。

庚子宣战极大地恶化了清廷同外国的关系，帝国主义反应强烈。他们在北方要惩戒顽固派，在南方多与督抚勾结，密谋分裂中国。英国野心最大，一则由孙文怂恿粤督李鸿章行两广独立，一则使唐才常鼓动湖广总督张之洞在两湖独立，一则由张謇、陈三立等游说两江总督刘坤一在两江独立，妄图重建一个中华帝国。日本早在 1897 年便派遣日本本部情报人员宇都宫太郎赴长江流域，赢得张之洞、刘坤一、闽浙总督许应骙等好感，借以抗衡德国、俄国。日本亦长时间保护孙中山及康、梁。庚子乱局中，日本企图趁机建立受日本控制的全国性新政府。有列强为奥援，中国各种趋新势力在庚子年极为活跃，统治集团的内部矛盾迅速放大，底层百姓、海外华侨、海内外士绅皆广泛参与，俨然十一年后辛亥革命之预演。

湖南浏阳人唐才常乃谭嗣同挚友，张之洞门生，戊戌年湖南维新运动的中坚人物。戊戌政变失败后逃往日本，与康有为、孙中山等人频繁接触。1899 年冬回国，得到兴中会和保皇会的共同支持，准备联络长江沿岸会党起事。1900 年，唐才常在上海组织正气会。7 月 26 日，经汪康年、唐才常等筹划，中国议会在上海张园宣告成立，江浙派人士占有主要优势。① 叶瀚任大会主席，以无记名投票选出议长容闳，副议长严复。章炳麟也参加会议，主张不准满人入会。中国议会公开的政治倾向是：一、尊光绪帝；二、不承认端王、刚毅等；三、力讲明新政法而谋实施之。他们要求督抚北上勤王或"自建帅府"②，"不奉贼臣之矫诏"，诛杀"捏造诏旨，力行阻挠""不顾国家，不明大局之贼臣"③。由于公开宗旨的温和性，"张之洞、刘坤一、李鸿章等地方大吏也对中国议会表示默许"，据说张之洞还派遣陶森甲加入议会。④ 其实中国议会还有为一般会员所不知道的十二条秘密宗旨，核心是"废除旧政府建立新政府，保全中外利益，使人民进化"⑤，并由容闳通电英、日、美等国，其与公开宗旨的最大差异是明确反对现政府，要求建立新政府。八国联军进入北京后，中国议会曾一度议论另立中央政府，推戴一名人任大总统，该人最有可能是汉人李鸿章。

与此同时，唐才常又另立自立会，采取了秘密结社中传统的建山堂、发票布的办法，联络各地会党和新军官兵。自立会人士奔走布置，以长江流域

---

① 桑兵：《庚子勤王与晚清政局》，第 109 页。
② 章炳麟：《来书》，《中国旬报》，第 19 期。
③ 《上海维新党重要人士上李鸿章意见书》，《东亚同文会第十回报告》，明治 33 年 9 月 1 日。
④ 廖梅：《汪康年：从民权论到文化保守主义》，上海古籍出版社 2001 年版，第 264 页。
⑤ 转引自廖梅《汪康年：从民权论到文化保守主义》，第 265 页。

第三章　庚子事变前后的满汉对抗（1899—1905）

各省哥老会为基础，组建了前、后、左、右、中及总会亲军和先锋军，共计10万余人。自立军以武装勤王为手段，以南方独立为根本。唐才常为诸军督办（总司令），总机关设于汉口。原定于1900年8月9日在安徽、江西、湖南、湖北同时发动起义。

自立军就在张之洞眼皮子底下大肆活动，张氏虽严密监视，但不严惩即为放纵，显见留有以待，其心底之秘辛即独立称王。庚子年春夏之交，张私下派长子张权、心腹钱恂等去日本活动，通过宇都宫太郎向日本政府征求对组织独立政府及提供军事帮助之可能。张之洞还希望日本协助训练新式军队，购买枪支弹药，以之为新政府的武力后盾。自立军中不乏由张之洞亲自培育的两湖书院之高才生，他们曾试图劝说鄂督、江督抛弃愚昧无知的满清政府。对此，刘坤一明确反对，而张之洞则不置可否。况唐才常亦计划，俟起义成功则拥戴张之洞宣布独立。故张氏对武汉地区的自立军活动，一直采虚与委蛇之态度。种种迹象显示，"张之洞内心深处确实存在着独立称王的思想"①。当然，张又是一个工于仕宦、老谋深算的官僚。他一面容忍自立军反清，一面却又大张旗鼓地宣扬拥护慈禧，维持两宫。直到八国联军攻占北京，慈禧政权尚存，政局明朗，他才放弃独立的念头，让张权归国，并下令对自立军残酷镇压。8月21—22日，在英国人同意后，张之洞捕杀唐才常、林圭、傅慈祥、黎科等自立军首领20人（湖南巡抚余廉三亦大捕党人，先后捕戮者有汪镕、唐才中、蔡钟浩等百余人）。中国议会遂自行解散。但张之洞内心实对满洲亲贵亦憎恨不已。1900年12月18日，时任英国驻汉口代理总领事的埃·霍·法磊斯在给莫里循（英国《泰晤士报》驻北京记者）的信中披露他和张之洞的会谈："他和我所见到的所有汉人官员一样，憎恨满人，因为他们把持中国、搜刮民脂民膏，他们不顾自己的能力和是否胜任，总能升官发财。中国要想改革只有一法：废除满人一切特权，不论是旗人的俸禄还是仕途特权。"②张氏对满洲的观点应该在汉族疆臣中

---

① 孔祥吉：《张之洞在庚子年的帝王梦——以宇都宫太郎的日记为线索》，《学术月刊》2005第8期。李细珠先生数年后撰《张之洞庚子年何曾有过帝王梦——与孔祥吉先生商榷》（《近代史研究》2010年第3期）对孔文全面反驳，孔先生旋做《再释张之洞帝王之梦——兼答李细珠先生》（《近代史研究》2010年第5期）逐一驳正。研读三文，笔者以为虽然孔先生首文极个别的资料有瑕疵，但其两文由张之洞最后十年之整体视野，结合当时国内外情势，利用中日双方诸多官私史料，形成了证据链，结论可信。另依本节笔者所论，庚子年东南地区汉人无论官绅市民，抗清排满意识凸显。李鸿章欲行两广独立人尽所知，则巧于仕宦的张之洞有两湖独立之心亦不过分，稳固权力为主，满汉矛盾为辅，只因时移势异皆未果。

② 骆惠敏编：《清末民初政情内幕》上册，知识出版社1986年版，第191页。

颇具代表性,尽管很多人像张一样不会轻易透露内心的真实想法。

以康梁之保皇党而言,为使光绪帝脱离困境,他们在庚子年曾有非常策划。由于康有为、梁启超等人长期有意掩饰,世人多以唐才常自立军为主,而实际上这仅是冰山一角。康有为之计划,乃以两广起兵,袭湘攻鄂,席卷长江,直捣京师。但由于书生造反,夸夸其谈,用人不当,经费不足,与唐才常、孙中山矛盾等故,收效甚微。①

保皇党与革命党皆起于广东,如何处理与二者的关系,"是李鸿章督粤期间所面临的一个重大问题"。② 庚子年春夏之交,两党皆欲以两广为大本营起事。李与康、孙皆早有交往,印象也不坏。康派当时实力强于孙派,但慈禧对康、梁仇怨极深,李氏虽然没有全力捉拿,也不能公开招抚。故"庚子孙、李关系颇为微妙,甚至富于戏剧性",这主要表现在"两广独立"问题上。③"两广独立"一直是孙中山踏上革命道路以后所坚持的战略思想,庚子年"两广独立"由香港华人上层、广东绅商和英国所策动。为防范孙文和康有为乘战乱之机联手进攻广州,稳定两广政局,李鸿章与刘学询合谋,对孙文施以怀柔。然此间李氏亦并非毫无私心杂念,独立称王的念头隐约可见。早在6月15日,清廷便电令李鸿章迅速赴京,两广总督着德寿兼署,但他拖了一个月才启程北上。李氏7月18日特意经停香港,其与港督卜力(Henry Arthur Blake)之谈话意味深远。卜力正是孙、李两人间"穿针引线"人之一,其时孙中山已经提前一天到达香港海面等待时机。卜力跟李鸿章谈孙中山时并不顺利,李氏回避得十分坚决,但卜力也另有所获。李鸿章特别问道:"英国希望谁当皇帝?"卜力回答:"如果光绪皇帝对以他的名义所做的事情没有责任的话,英国对他继续进行统治不会特别反对。"李鸿章说:"我听说洋人们有这样一个说法,就是如果义和团把北京的所有公使全杀了,那么列强就有权进行合法的干预,并宣布'我们要立一个皇帝'。如果是这样,你们将会选择谁?"李鸿章停顿了一下,然后继续问道:"也许是个汉人?"卜力当时的回答是:"西方大概会征求他们所能找到的中国最强有力的人的意见,看怎样做最好。"④ 李鸿章的言谈发出了明显的信号:他本人愿意当皇帝,如果列强愿意推举的话。李氏于清廷之二心显见。

---

① 桑兵:《庚子勤王与晚清政局》,第64—90页。
② 苑书义:《李鸿章传》,人民出版社1994年版,第369页。
③ 同上书,第371页。
④ 卜力致张伯伦,1900年7月19日,转引自[美]史扶邻《孙中山与中国革命的起源》,中国社会科学出版社1981年版,第178—179页。

回想中日战事之际，李鸿章以一身为万矢之的，几乎身无完肤，人皆欲杀。"日战以后旋即屏咸望大损，区区译署出"①，被赶出权力中枢，多年赋闲。当义和团正盛、慈禧最得意的时候，李鸿章正在广东，旗人们说他能勾结外国人，太监们说得更厉害，所以想着把他调进京来杀掉，"彼时宫中人、旗人多如此说法"。②无论于国于己，晚年李氏于满洲可谓连连失望、几多愤懑，加之固有之权力欲望，有此二心亦不足为奇。

庚子国变，"非国事之战争也，乃党祸之战争也"③，"扰乱吾国家者，不在汉人而在旗人"④。但最终与外国人讲和还是非旗人痛恨不已的汉人李鸿章不可。考虑到生命安全及政治形势，李鸿章7月21日抵沪后借口健康原因又停留了一个多月，直到9月15日才在俄国军舰护送下乘招商局轮船北上。李氏抵京那两天，"北京所有的人，可以说是狂欢，尤其旗人"。因自两宫西逃后，专靠钱粮吃饭的旗人跟没有娘的孩子一样，总以为李鸿章来了一定有办法。⑤经李氏一年多的折冲樽俎，一场世纪灾难终于渐次平息。为此，中国付出了惨痛的代价，李鸿章也献出了生命。1901年11月7日，李氏呕血而亡，生前仍在交涉中俄事宜，临终未尝口及家事，唯切齿曰："可恨毓贤误国至此。"既而又长吁曰："两宫不肯回銮"⑥，终年78岁。据说李鸿章临终曾吟诗一首：劳劳车马未离鞍，临事方知一死难。三百年来伤国乱，八千里外吊民残。秋风宝剑孤臣泪，落日旌旗大将坛。海外尘氛犹未息，诸君莫作等闲看。⑦悲凉凄惨，令人唏嘘不已！时人谓之"若非商务大臣之命移督两粤，拳匪之祸必不能免，其能以功名终者，天也"⑧。而清廷与西方列强议和成功后，慈禧得以重返京城，几乎毫发无损。这个唯恐天下不大乱的政治动物，她对中国的伤害，远甚于八国联军的抢掠，甚而远过于义和团的暴行，但无论中外势力似乎都无法追究她的责任。面对世纪劫难，慈禧把自己的责任推得一干二净，完全是"诸王大臣等昏谬无知，嚣张跋扈，深信邪术，挟制朝廷"⑨。

---

① 刘体智：《异辞录》，第166页。
② 齐如山：《齐如山回忆录》，中国戏剧出版社1998年版，第61页。
③ 《论义和拳与新旧两党之相关》，《中外日报》1900年7月15日。
④ 《愤言二》，《申报》1900年7月1日。
⑤ 齐如山：《齐如山回忆录》，中国戏剧出版社1998年版，第62页。
⑥ 梁启超：《李文忠公事略》，《清代野史》（六），第84页。
⑦ 高拜石：《南湖录忆》，转引自苑书义著《李鸿章传》，第404页。
⑧ 刘体智：《异辞录》，第166页。
⑨ 《中国近代史资料丛刊·义和团》第4册，第86页。

如果说戊戌政变让汉族士绅对清廷深感失望，则庚子国变已令彼辈几近绝望。"义和团是近代最后一次从中国传统思想里找资源，不过找的是比较异端的'怪力乱神'的部分，而这是为读书人所不齿的。义和团最后也失败了，但这次的失败不仅仅是一次打仗的失败，而是朝廷在进行文化选择的时候站到了整个价值体系的对立面上。……所以自义和团运动之后，大量读书人就不再相信政府能解决中国的问题了。"① 这个群体的绝大部分无疑都是汉人，尤以东南居多。大量抨击满清政府、鼓吹自治的新名词和新主题出现在以上海为典型的东南舆论中。例如"无知满员""北京贼政府""满党""满贼""觉罗氏江山破碎""推翻满政府之言""南北分疆而离立""帝党复用""新政再行""合诸省为一联邦""迁都南京""东南人心""东南半壁""东南变局"②……显然，这种从东南视角立论的东南意识，表现出南方众多汉族绅商"关心时局发展和国家命运的社会主体思想，以及从中国自身政治对所谓'内忧外患'进行反思的内省意识。……这种时论的出现是晚清史乃至中国近代史上极不寻常的现象，其影响是深远的"③。

清廷接连犯下严重错误，祸国殃民，丧权辱国，汉人皆受害最深最重，满洲权贵当然成为众矢之的。广大汉族士绅民众透过各种形式表达了明确的抗清排满意识——张之洞、李鸿章两位重臣意欲独立称王，容闳、严复等五十余趋新人士开中国议会谋建新政府，张謇、盛宣怀、赵凤昌、汪康年、张之洞、李鸿章、刘坤一等东南绅商"一约共传支半壁"④，唐才常、林圭等组建十万余自立军准备反清独立。庚子年东南趋新诸事的参与者大半皆属自强变法和戊戌维新的局中人与同路人，很多人身兼数事，诸事间亦交错相连，在三十年新旧嬗递之中他们同出一脉并前后相承。这些人因东南诸事而联类相聚，"其心同此理的识断正代表了中国社会里与开新结缘的人物、群体和思潮"⑤。

戊戌庚子之间的嬗蜕令人诧愕，庚子之际正在北京做官的名儒叶昌炽说："戊戌后所杀者，除杨侍御外，皆南人也，今皆北人。戊戌皆汉人，今

---

① 许纪霖、杨国强、陆建德、周武、罗志田、沈渭滨：《山雨欲来——辛亥革命前的中国》，《东方早报》2010年10月10日，第B02—B10版。
② 刘学照：《上海庚子时论中的东南意识述论》，《史林》2001年第1期。
③ 同上。
④ 出自严复给积极参与东南互保的沈渝庆的赠别诗，表明他也赞同东南互保，见王栻主编《严复集》第2册，中华书局1986年版，第363页。
⑤ 杨国强：《1900年：新旧消长和人心丕变》，《史林》2001年第1期。

除天水尚书外，皆旗人也。戊戌皆少年新进，今则皆老成旧辅，反手复手，顷刻间耳。"① 由守旧开始的庚子事变以守旧的崩溃和摧折为结局，庙堂内的守旧一派被全部捕杀②，在收拾时局的过程里，东南疆吏群体成了天下重心所归的一方。20世纪之初的中国无人敢以守旧自命，骛新成为强势，列强成为清廷的太上皇。朝廷欲行新政，倡君宪者主变制，求共和者谋革命，各逞一说的主张相交错相牴。维新、反满的种子不断播撒，被持续复制和演绎，致晚清久已平缓的满汉矛盾陡然紧张。故往皆满洲亲贵多虑致忧，对汉士猜忌、防范；而今汉族士绅已经有了明显的二心（虽然是被逼无奈），故满汉之争渐趋明朗，不可避免地进入了新阶段。

第三节　维新·集权·排满

——新政初期的满汉矛盾

庚子国变后，为中外情势所迫，慈禧竟亦宣布变法新政。新政前五年，平满汉畛域问题虽多有建言，但实际举措很少，皇族集权排汉的步伐却逐次加速。铁良南下使汉人为主的东南督抚势力遭到很大削弱，"东南互保"不复存在，中央集权大力加强。此间，革命党因应拒俄运动，排满风潮愈演愈烈，这些因素都促使满汉矛盾进一步恶化。

1901年1月29日，清廷正式颁布变法诏。4月，清政府添置督办政务处，作为办理新政的中枢机构。奕劻、李鸿章、荣禄、昆冈、王文韶、鹿传霖、瞿鸿禨等人担任督办政务大臣，刘坤一、张之洞、袁世凯等人遥为参与。1901—1903年，李鸿章、刘坤一、荣禄等满汉重臣相继过世。其后，奕劻渐次取代了荣禄，袁世凯则逐步取代了甲午前李鸿章的地位。

新政之首要大政莫过于满汉问题，盖满汉之间已经隔离250多年，双方在政治、经济、司法等诸多方面极不平等，此为晚清最大的政治软肋之一。

---

① 《中国近代史资料丛刊·义和团》第2册，第477页。
② 据不完全统计，庚子国变中自尽的清廷高官有徐桐、崇绮、山东巡抚李秉衡、直隶总督裕禄、黑龙江将军寿山、庶吉士寿富、国子监祭酒王懿荣、翰林院编修王廷相、礼部侍郎景善、奉天府尹福谷、国子监祭酒恩元等10余人。事后曾经支持义和团、主张开战的官员也遭严惩，载勋、赵舒翘、毓贤、启秀、徐承煜、英年等人均被处死，刚毅因病故得免斩立决，徐桐、李秉衡因已临难自尽故免其置议，载漪、载澜被发往新疆，各级官绅一百多人受到不同程度惩处，其中多为守旧派。而袁昶、联元等主和派5人开复原官，以示昭雪。

自顺治以降，亦有几位满汉臣工仗义执言，大胆提出一些融合满汉、解决旗民生计的建议，然俱遭严谴。

顺治十年三月，詹事府少詹事汉臣李呈祥奏请"部院衙门应裁去满官，专任汉人"①，理由是满官当时大多文化水准很低，不能胜任各部院的工作，致使政治低效。福临览奏大怒，立召大学士洪承畴、范文程、额思黑、宁完我等人，斥曰："李呈祥此疏大不合理。夙昔满臣赞理庶政，并畋猎行阵之劳，是用得邀天眷、大业克成，彼时可曾咨尔汉臣而为之乎。朕不分满汉一体眷遇，尔汉官奈何反生异意。若以理言，首崇满洲，固所宜也。想尔等多系明季之臣、故有此妄言尔。"②李呈祥之言并无夸张，出发点也是提高行政效率，但他忘了清朝是谁的天下。盛怒之下，顺治终于口吐"首崇满洲"之真言。李被刑部以"巧言乱政"判决论斩，后免死流徙盛京。顺治十六年七月，翰林院掌院学士满人折库讷上折："今后凡提镇等紧要员缺，请不论满洲、蒙古、汉军、汉人，但选其夙军旅，精明强干之员补授。"③福临的回答是："俱有定例……无庸另议。"④

乾隆八年，久旱无雨，弘历循例下诏求直言，兼选考御史，翰林院编修杭世骏上《时务策》言："意见不可先设，畛域不可太分。满洲才贤虽多，较之汉人，仅什之三四。天下巡抚，尚满汉参半，督则汉人无一焉，何内满而外汉也。三江两浙，天下人才渊薮，边隅之士，间出者无几。今则果于用边省之人，不计其才，不计其操履，不计其资俸，而十年不调者，皆江浙之人，岂非有意见畛域。"⑤杭世骏在京为官已八年，其论切中时弊，尽管已经违心地恭维"满洲才贤多"，但它不仅触及"满汉畛域"敏感问题，而且戳穿了"满汉一体"的谎言。弘历一见之下，勃然大怒："满汉远迩，皆朕臣工，朕从无歧视。国家教养百年，满洲人才辈出，何事不及汉人？"杭被斥"怀私妄奏"，刑部议处死刑。其浙江同乡，康雍乾三朝老臣时任刑部尚书徐本极力求情，并不停叩头，直至额头叩肿。最后，"十全老人"终于开恩让杭免死革职回乡。

嘉庆二十一年十一月，御史罗家彦奏请筹八旗生计，建议派京城中的八旗闲散人丁到口外、西北一带耕垦，颙琰怫然曰，"我八旗满洲首以清语骑

---

① 《清世祖实录》卷七二。
② 同上。
③ 《清世祖实录》卷一二七。
④ 《清世祖实录》卷一二九。
⑤ 《清高宗实录》卷一八四。

第三章　庚子事变前后的满汉对抗（1899—1905）／109

射为本务，其次则诵读经书以为明理治事之用，若文艺则非所重，不学亦可，是以皇子在内廷读书，从不令学作制艺，恐类于文士之所为，凡以端本务实示所趋向"，又言，"我朝列圣垂训，命后嗣无改衣冠，以清语骑射为重，圣谟深远，我子孙所当万世遵守。若如该御史所奏，八旗男妇皆以纺织为务，则骑射将置之不讲。且营谋小利，势必至渐以贸易为生，纷纷四出，于国家赡养八旗劲旅，屯住京师本计，岂不大相刺谬乎？近日旗人耳濡目渐，已不免稍染汉人习气，正应竭力挽回，以身率先，岂可导以外务，益远本计矣"。①其实早在乾隆晚期，旗人生计已经出现严重困难，罗家彦不过想替清廷分忧而已，但嘉庆援引祖制，大加批驳。

故此，长期以来，满汉畛域问题几为清朝政治禁区，官僚士绅多三缄其口。然到19世纪末，随着清朝统治日趋窳败及八旗制度结构性矛盾的日渐突出，慎言满汉的陈规渐次被打破。经过戊戌变法和庚子国变，满汉之间的相互恶感逐步加深。庚子年后，社会的不满迅速膨胀，官员的不满议论也大大增加，显示平满汉畛域问题亟待解决。在对清朝政治的全面检讨中，满汉双方皆有人认识到化解满汉畛域的重要性。

清廷变法谕旨公布后不久，陕西护理巡抚旗人端方于4月提出了改造中国的方案《筹议变通政治折》。关于旗民生计，端方建议实行"分旗移屯"。办法是分解旗城，由国家"酌给行装子种，建宅安屯"，将旗民分散移屯于各省"闲旷之地"，由其自行生产，自谋衣食，与齐民无异。端方坚信"分旗移屯"有四大利处：其"尤利之利"，即"民旗杂居，耕作与共，婚嫁相联，可融满汉畛域之见"。②7月，由张之洞、刘坤一联衔的《江楚会奏变法三折》也对八旗生计有认真筹议。张、刘认为："伏思中国涵濡圣化二百余年，九州四海，同为食毛践土之人，满蒙汉民，久已互通婚媾，情同一家……况方今中外大通，乃天子守在四裔之时，无论旗民，皆有同患难共安乐之谊。"他们主张鼓励旗人自谋生计，"凡京城及驻防旗人，有愿至各省随宦游幕、投亲访友以及农、工、商贾各业，悉听其便。侨寓地方，愿寄籍应小考乡试者，亦听其便，准附入所寄居地方之籍，一律取中，但注明寄居某旗人而已。有驻防省份，或即附入驻防之额，其自愿归人民卷者，必其自揣文艺，可与众人争衡，即不为之区别，寄籍者即归地方官与民人一体约束看待。"国家停发自谋生计者钱粮，多设八旗学堂，鼓励旗人学习士农工商

①《清仁宗实录》卷三二四。
② 端方：《筹议变通政治折》，《端忠敏公奏稿》卷一，台北文海出版社1971年版，第42页。

兵各业。① 较诸端方，张、刘有关旗人生计的方案更加具体和完善，他们第一次提出了彻底解决旗人生计问题的根本办法，即打破旗制限制，与各族人民一律平等对待。《江楚会奏变法三折》实由张之洞主稿，是张氏长期以来变法思想主张的一个总结，拟稿者主要是张氏的幕僚郑孝胥、梁鼎芬、黄绍箕。其间张之洞亦与刘坤一不断沟通讨论，而为刘氏草疏者主要是张謇、汤寿潜、沈曾植。故此，说《江楚会奏变法三折》代表了汉族士绅精英的集体意识应不为过。《江楚会奏变法三折》成为清末新政尤其是前五年改革的总纲，多数奏议得以施行，然而清政府对"筹八旗生计"却未见回应。鉴于此，张之洞11月致山西巡抚岑春煊电稿中言："更有上上最要之义，如能化满汉畛域，则天下大局立见转机，赔款易筹，乱党亦不作矣。但此事不易言，公天眷优渥，不知能相机婉陈否？"② 可见他认为满汉畛域问题非同小可，而凭自己与刘坤一的建言似乎很难耸动圣意，希望圣眷正隆的岑春煊从旁说项。1904初，张之洞入京觐见时，"力请两宫化去满汉畛域……如将军、都统等官，可兼用汉人。驻防旗人犯罪，用法与汉人同，不加区别"，慈禧首肯。③ 其实张氏"化满汉畛域"之思想远非止此，至少在1900年底他便认定，"中国要想改革只有一法，废除满人一切特权，不论是旗人的俸禄还是仕途特权"④。只因他巧于仕宦，行事稳重，故对慈禧之进言逐次深入。而维新派领袖梁启超早在1898年底提出，"平满汉之界，诚支那自强之第一阶梯也"⑤。他给出的散籍贯、通婚姻、并官阙、广生计四条对策，实际上也是要取消旗人特权。可以说，化除满汉畛域已经成为部分满汉士绅之共识，然清廷于此之态度却很微妙复杂。

由于关涉满洲部族根本利益，自身合法性的问题，对于平满汉畛域的处置，清廷显得异常敏感，呈现出复杂的矛盾心态。一方面它愿意取消普通旗人的特权，但为了保证满洲统治权，旗人尤其是皇族在清廷中枢的优势地位决不放弃。而欲保皇族之特权，对普通旗民则宜宽恤以收同族人心，如此平满汉畛域即使有所动作亦难有实效。

---

① 张之洞：《江楚会奏变法三折》，苑书义等主编《张之洞全集》第2册，河北人民出版社1998年版，第1421—1422页。
② 张之洞：《致太原岑抚台》，《张之洞全集》第10册，第8655页。
③ 张之洞：《抱冰堂弟子记》，《张之洞全集》第12册，第10628页。
④ 骆惠敏编：《清末民初政情内幕》上册，知识出版社1986年版，第191页。
⑤ 梁启超：《论变法必自平满汉之界始》，《饮冰室合集·文集》之一，中华书局1989年版，第77—81页。

第三章　庚子事变前后的满汉对抗（1899—1905）

实际上，早在同治四年六月，清廷便诏准了沈桂芬"恤旗民而实边防"之奏议，"如愿在外省落业，准其呈明该州县编为旗籍。……其愿入民籍者，即编入该地方民籍"①。可是有几个旗民愿意去外省、去边防。翁同龢1884年6月12日致谭钟麟函曾言："曩者行省之议，乾嘉通人固尝而言之，大抵欲以屯丁易屯兵，意在移八旗子弟稍稍耕牧于天山瀚海之间耳。今则强邻压境，非此辈柔胞所能当，且移居巨费，又安所出乎？"②可见是时朝廷大员于旗人生计有过议论，而帝师翁同龢对旗兵甚不看好。戊戌变法时，时任总理衙门章京张元济建言五条，其一便是融满汉之见，解除满汉通婚的禁令。时任总理衙门大臣袁昶也上书请谋旗民生计，得到光绪诏准，旋变法失败，亦成空文。

截至庚子年，满汉融合200余年最突出的表现当属语言，是时满人几乎全说汉语，尽管这并非满人所自愿；次则男人之发型，亦非汉人当初之所想。满人之于汉语，正如汉人之于辫发，皆习以为然，然言语、辫发等外部形式的划一并不能平复满汉之间内心的隔阂。光绪朝平满汉之界的第一个重大事件恐怕是汉人阎敬铭发起的户部北档房改革。故事，天下财赋总汇，皆户部北档房司之。"而定例北档房无汉司员行走者，以故二百余年，汉人士大夫，无能知全国财政盈绌之总数者"，这显然是提防汉人。但这些身居要职的满员竟"多不谙握算，事权半委胥吏，故吏权日张，而财政愈棼"。1882年阎敬铭升户部尚书，因曾在户部供职，深知其弊端，于是上奏"欲为根本清理之计，非参用汉员不可"。慈禧竟从其请，"邦计出入之赢缩，至是乃大暴于天下"，时人李岳瑞以为"此亦满汉权力消长之一大事也"。③仅仅是财政中枢的核心部门在200年专用满人后开始掺入汉员，汉人得以在200年后知晓天下出入之大数，彼辈便欣喜若狂，以为是满汉权力消长的大事件，可见是时满汉畛域何其严密。

面对数百年种界高筑之满汉畛域，新政之初，清廷只做了很小的松动，来掩饰满汉之间的差异。1902年2月1日，清政府颁旨："我朝深仁厚泽，沦浃寰区。满汉臣民朝廷从无歧视，惟旧例不通婚姻，原因入关之初，风俗语言，或多未喻，是以著为禁令。今则风同道一，已历二百余年。自应俯顺人情，开除此禁。所有满汉官民人等，著准其彼此结婚，毋庸拘泥。"④初

---

① 《清穆宗实录》卷一四四。
② 《翁同龢致谭钟麟函》，光绪十年五月十九日，谢俊美编《翁同龢集·函稿》，第295页。
③ 李岳瑞：《春冰室野乘》，第62页。
④ 《清德宗实录》卷四九二。

看似前所未有，然稽之于史，入关之初，似乎并无满汉通婚之禁令，准许满汉通婚的谕令倒是有两道。顺治五年八月清廷谕礼部，"方今天下一家，满汉官民皆朕臣子，欲其各相亲睦，莫若使之缔结婚姻，自后满汉官民有欲联姻好者，听之。"①稍后又谕户部，"朕欲满汉官民、共相辑睦，令其互结婚姻，前已有上谕。嗣后凡满洲官员之女，欲与汉人为婚者。先须呈明尔部，查其应具奏者即与具奏，应自理者，即行自理。其无职之等之女，部册有名者，令各牛录章京报部方嫁。无名者，听各牛录章京自行遣嫁。至汉官之女，欲与满洲为婚者，亦行报部。无职者，听其自便不必报部。其满洲官民，娶汉人之女，实系为妻者，方准其娶。"②虽然有所限制，但也没有禁止通婚。故满汉是否通婚不在有无禁令，而在是否有畛域之见。实际上，对于汉女嫁满洲，满人多无异议，然反之则大有芥蒂，此乃关键所在。既然顺治两道准许通婚之旨未见效，慈禧若亦仅空喊口号，不做制度性变革，结果亦同。况且慈谕又言"如遇选秀女年份，仍由八旗挑取，不得采及汉人"③，当年福临曾亲选汉家女入后宫，慈禧实际比顺治还要倒退。除了少许满汉官员带头联姻，如端方将女儿嫁于袁世凯五子袁克权，在清廷高官中首开满汉通婚之先例，庆亲王奕劻和山东巡抚孙宝琦亦结成亲家。然一般满汉民众，多仍墨守成规，甚且旗人宁愿鬻女于西人，而不愿婚汉人，时人叹曰"其明划种界，严筑壁垒，抑何毅力之坚强耶"。④

新政之初清廷中枢平满汉之界的大动作是废除满汉复职制。自1901年至1905年，外务部、商部、巡警部、学部陆续新设，各部只设一尚书、二侍郎，职官不再分满汉，即开始了小范围的废除满汉复职制。同时，在八旗系统也任命了几名汉官，如程德全领齐齐哈尔副都统，后再任黑龙江将军，这些职务在以往非旗人不可。然而，其时之都统官重权轻，汉人对此并不满足。《申报》后来曾辛辣地指出："自不分满汉以来，任汉人为将军、都统者，固属创例，然任满人为尚书、督抚者，亦自此加多。以官重权轻之将军都统畀于汉人，而满人多居权要之地位，朝廷权衡之妙，亦别有深心，而怀疑者实不能无议于其后。"⑤

是故，新政之初，慈禧并没有全面实施张之洞等汉族精英平满汉畛域的

---

① 《清世祖实录》卷四〇。
② 《清世祖实录》卷四九二。
③ 同上。
④ 《旗丁鬻女于西人》，《东方杂志》，第2年第1期。
⑤ 《申报》1907年8月12日。

建议，没有消除旗人和平民在官职和法律上的阻隔，没有废除旗人的职业禁令，更没有废除八旗制度本身。而与此同时，满洲亲王干政倾向愈复明显，集权排汉的步伐逐次加速，朝廷权衡之妙，自别有深心。

1902年2月1日，慈禧在准满汉通婚的同日又谕："交涉事宜，最为重要，现在振兴庶政，尤应博采所长。出洋游历人员，若能于各国政治工艺，潜心考究切实讲求，庶几蔚为通才，足备国家任使。近来各省士子，留心时务，多赴各国学堂肄业。惟宗室八旗，风气未开，亟宜广为造就，著宗人府八旗都统遴选各旗子弟，年在十五岁以上，二十五岁以下，志趣正大资质聪明，体气强壮者，造册开送军机处进呈，听候派员覆核挑选，给资遣赴各国游学，藉资练习而广见闻，用副朝廷图治育才至意。"① 此诏着眼未来，欲加强宗室的留学教育，以培养后备人才，为巩固皇权服务，颇有深意。当然，清廷最注重现实政治。在中央，庚子国变后，皇族政治在更广的范围蔓延。1901年，奕劻任外务部总理大臣，开启亲王掌管法定中央机构之先例。1903年4月荣禄去世后，庆亲王继任军机处首辅，直至辛亥年军机处撤销。1903年9月，清政府设立商部，庆亲王奕劻长子载振被任命为第一任商部尚书。1905年前新设的外务部、商部、巡警部、学部四部中，由满洲皇室掌管者竟占一半。新政前6年（1901—1906），由表8可知，部院大臣中满人、旗人由8—9人随新部院的出现而不断增至10—12人，满人比重由44.4%升至52.4%。汉人大臣非但未增多，中间两年还曾减少至8人，除前两年外，皆不足五成，最低至42.1%。满汉比例及旗汉比例皆大幅上涨了逾三成。地方上，督抚中旗人比值自嘉庆开始跌落后至光绪朝出现了唯一一次反弹，由表3可见，较之同治年间，督抚旗汉比例增长逾两倍，满汉比例增长逾1.5倍，满人比例增加了近5个百分点，汉人比例减少了近12个百分点。位高权重的全国八大总督中，光绪朝前20年里仅4年有一位旗人，甲午之后14年不仅旗人年年有，且由一位渐增至最高时4位。② 显而易见，旗人尤其是皇族在中央的权力逐次扩大，在地方也收复了很多失地，这显然还是着眼于以满驭汉之祖制。

较之于平满汉畛域的动作迟缓、成效有限，清廷对以汉人为主的东南督抚势力的摧折打击迅速而有效。庚子国变中，清政府与地方督抚之间的关系

---

① 《清德宗实录》卷四九二。
② 统计数据源于钱实甫编《清季职官年表》，第1484—1505页。

出现了严重的危机,尤其是东南督抚表现出一种明显的割据倾向。事后,清廷尽管表面赞同,心底却不可能"不无芥蒂","一举一动,辄疑各督抚有心,而不能相谅"。① 东南督抚以汉人为主,故于中央集权之外,清廷亦有明显的满汉之防。满洲权贵决心从根本上击破地方督抚赖以自重的勇营制度,代之以中央控制的新军,既收地方督抚财权、军权,兼以摧折汉族官僚势力。

1903年,清廷在京师组建专管新军的中央机关——练兵处。奕劻任练兵处总理,袁世凯为会办,铁良为襄办,徐世昌任提调,刘永庆、段祺瑞、王世珍掌军政、军令、军学三司。1904年,清廷决定改建兵制,并建成三十六镇新军,归练兵处控制。同年北洋三镇成军,其中一镇为京旗。1905年,清政府建立了从初级军事学堂到武备学堂的军事学堂制度,并派员赴日本军校留学,以培养新式军官。

清廷把重建中央军的希望寄托在了袁世凯身上。练兵处三位大员中,奕劻虽位高权重,但老迈多病,实权掌握在袁世凯及铁良手中。因治兵卓有成就,得荣禄赏识举荐以及慈禧青睐,袁世凯在清政府大行中央集权的过程中扮演了一个特殊的角色。其职位由按察使而侍郎、巡抚,再擢北洋大臣、直隶总督,他督练的新军也迅速成为清末实力最强的现代化军队。奕劻接替荣禄入主军机处后,袁世凯不惜重金交欢,素有贪名的庆亲王成了袁世凯的最大保护伞。当然,慈禧对袁世凯也保持高度警惕,并有所防范。

新政展开后,满洲才子铁良的仕途扶摇直上,成为清廷遏制袁世凯的重要力量。铁良(1863—1939)字宝臣,满洲镶白旗人,穆尔察氏,为晚清旗人中少有的能吏。其以笔帖式出身,初在荣禄幕内,自学成才。荣禄任兵部尚书时,于汉人中最器重袁世凯,满员则铁良,说明他确有一定的军事才能。铁良能不断升迁至练兵处,最主要的身份还是作为满洲亲贵军事利益的代表,以与袁世凯势力抗衡。面对汉族官僚势力逐次坐大的局面,以铁良为首的一批亲贵"比朝眷日隆,乃思夺世凯之权,谓海外党人排满之说甚炽,以汉人久握军事大权,甚非慎固根本计也"②,于是主张削弱督抚权力,加强中央权力,尤其是紧紧抓住军权。而铁良才识俱佳,对满汉之分维护最力,无疑是最佳人选,满族亲贵寄希望于其身,欲在练兵处培养一个荣禄式的人物。当时,为扩大自己的权势,袁世凯也支持中央集权。袁、铁二人从

---

① 《时报》1904年11月18日。
② 《凌霄·一士随笔》,《近代中国史料丛刊续辑》第64辑,文海出版社影印版,第462页。

此成为莫逆之交，并结金兰之好。1905年铁良诏授军机大臣、兵部尚书、政务大臣等要职。铁良对付袁世凯主要用上下两手。下则注意提拔满族青年将领，良弼为典型。良弼乃宗室中知兵之翘楚，日本陆军士官学校毕业，1904年升练兵处军学司监督，"改军制，练新军，立军学，良弼皆主其谋"。良弼"尤留意人才，自将帅以至军士，莫不延纳，思有所建树"①，他刻意笼络一批日本军校毕业生掌管军事，力图抵消袁世凯对北洋势力的垄断，其后之吴禄贞为典型。上则极力鼓动清廷设立陆军贵胄学堂，以便让王公亲贵都能接受正规的军事教育，便于掌控军队。1905年初，出使美日秘大臣梁诚奏请"设陆军大学、省学堂，并请选王公大员子弟入陆军学堂，下练兵处、兵部议"②。铁良抓住机会回奏，"陆军大学堂、省学堂，办法均有奏定新章可循，毋庸置疑。至所称选王公宗室子弟入学肄习一节，拟设立贵胄学堂所，专为王公大臣子弟肄武之区"。③ 3月底，练兵处、兵部议复，提出参仿日本学制，凡王公子弟入陆军学校肄业，另建室舍以居，设立贵胄学堂，以示优隆而存体制，清廷很快允准照办。

　　将权力收归中央于清政府也不容易，地方上自咸、同以降形成的分权系统不断强化，督抚们强烈抵制中央集权。经费困难是练兵处成立后首先面临的大问题。清廷中央财政入不敷出，便向地方摊派，但遭到了张之洞、刘坤一等多方拒绝，江、鄂为东南领袖，其他地方自然也不愿与中央分羹，慈禧"因筹款事几至寝食皆废"。④ 为打破督抚对军事力量的垄断，练兵处以统一训练、统一调遣为名，欲对全国军队"划一营制"。清廷令各地议复此事，结果除直督袁世凯外，皆默不一言，抵拒最力者为鄂督张之洞与江督魏光焘。张氏素来巧于仕宦，手段委婉，江督魏氏则直接对抗。况湘系已盘踞两江40余年，清廷早欲拔除。江南制造局内迁问题恰好给清廷提供了借口。因该局滨海，军火生产运输容易受阻，故内迁计划前此李鸿章、荣禄等都已虑及。1904年春，鄂督张之洞与江督魏光焘会商后，选定江西萍乡湘东为新厂址，建厂经费由江苏、安徽、江西3省岁筹共担。江南制造局隶属于地方而非中央，清政府必须直接控制它才能打破东南地方对军队的独占。因而当张、魏具情上奏后，练兵处立即干预，欲趁此机会一举解决军费、军制、

---

① 《清史稿》卷四七〇《良弼传》第2799页。
② 《清德宗实录》卷五四〇。
③ 同上。
④ 陈旭麓等编：《辛亥革命前后——盛宣怀档案资料选辑之一》，上海人民出版社1979年版，第12页。

军械问题。

　　1904 年 7 月 17 日，清廷颁布谕旨："制造局厂关系紧要。究竟应否移建，地方是否合宜，枪石滟驳诸制若尽利，著派铁良前往各该处详细考求，通盘筹划，据实覆奏。并著顺道将各该省进出款项，及各司库局所利弊，逐一查明，并行具奏。"① 稍后又令铁良"于经过省分，不动声色，将营队酌量抽查，兵额是否核实，操法能否合宜，一切情形，据实具奏"②。铁良南下，大出张、魏意料之外，地方对其用意也心知肚明。《东方杂志》论道："窥其意，无非欲吸聚各省之财权归于政府而已，无非欲收集各省之兵权属诸政府而已。"③ 8 月 20 日，铁良离京，先后前往上海、苏州、南京、芜湖、武昌等地，在第一站上海，革命党之《警钟日报》便直言不讳地抨击铁良此行的真实动机在于"收括东南之财富以供北京政府之挥霍"，与庚子前刚毅南下并无二致。④ 清廷还密遣良弼微服南下，以配合铁良行动，志在必得巨款。9 月 1 日，铁良抵沪后第三天，具体负责江南制造局迁厂事宜的江督魏光焘突然被清廷与署闽浙总督李兴锐对调。魏氏去职，标志湘系盘踞江南 40 余年历史的正式结束。李兴锐自然不敢再与练兵处抗衡，湘军旧部，或被解散，或被改编，两江的军队按照铁良的计划被整编。此后张之洞也被迫妥协，湖北军队营制，也基本按练兵处章程改订。铁良覆奏中，对江南制造局之管理大加挞伐，曰"以如此钜厂，岁糜经费一百四十万金，而各械无一完善者，殊为可惜。至于员司之冗滥，工作之宕延，各物购价之浮开，各厂用料之虚耗，种种积弊，又复不一而足"⑤。不久，江南制造局的大笔经费及用人权被铁良夺走，该局管理权实归中央。铁良以"查库"为名的筹款也取得可观成绩，仅两江、两湖便得现银 475 万两。⑥ 财政方面最大的成绩，莫过于将鄂、湘、皖、赣、滇、苏、粤、桂八省"土膏捐税"⑦ 管理权收归中央。户部设立八省"土膏捐税"总局，下设分局，由总局派员经理，地方督抚丧失了重要财源，练兵处则有了稳定的经济支持。

　　"划一营制"、控制江南制造局以及打破地方财政垄断三大任务皆由铁

---

① 《清德宗实录》卷五三二。
② 《清德宗实录》卷五三三。
③ 《政府派铁侍郎南下》，《东方杂志》第 1 年第 7 号。
④ 《民穷财尽何以堪此》、《第二刚毅已到沪》，《警钟日报》1904 年 8 月 30 日。
⑤ 朱彭寿：《安乐康平室随笔·旧典备徵》，中华书局 1982 年版，第 190 页。
⑥ 宫玉振：《铁良南下与清末中央集权》，《江海学刊》1994 年第 1 期。
⑦ "土膏捐税"是对土药（鸦片）和烟膏进行一次性合并征收的税捐。

良南下一举三得，铁良也极大地削弱了东南地方势力，调离两江的魏光焘旋被解职，巧于仕宦的张之洞亦惴惴不安，"东南互保"不复存在，中央实力一时猛增。1905 年 2 月铁良回京后，那拉氏大加赞赏。但出乎意料的是，直隶总督袁世凯是铁良南下的最大受惠者，而非清政府。北洋实际控制了江南制造局，也拿走了大半练兵经费，江督旋被袁之姻亲周馥所得，袁世凯势力扩及江南。按下葫芦又起瓢，才收拾了东南督抚，结果汉人中又崛起一个更危险的人物，满洲权贵自然高度紧张，于是袁、铁交恶，水火不容，形成了袁、铁之争，于清末政局影响莫大，驯致袁世凯与清政府彻底决裂，这其中满汉矛盾起了重要的发酵作用。铁良返京前，在河南彰德火车站曾遭革命党人王汉刺杀，而此于铁良并非首次，革命党人对清廷高官的暗杀行动亦非起于此。1904 年底，曾经暗杀过铁良的革命党万福华又在上海刺杀原广西巡抚王之春，虽然失败，但革命党此后掀起了暗杀风潮。这些现象表明，革命党的排满运动已经进入一个新阶段。

排满思潮的高涨与拒俄运动密切关联，与清末新政同时发端于 1901 年的拒俄运动延续四年之久，最终由爱国运动演化成革命排满运动。《辛丑条约》签订后，沙俄十几万军队依然盘踞中国东北。1901 年 3 月爆发了反对沙俄逼签出卖东北的条约斗争，上海爱国人士集会张园，严正谴责沙俄的侵略野心，要求政府"力拒俄约，以保危局"。接着苏、浙、粤、鲁等地群众也举行了类似的抗议集会；香港、澳门同胞和新加坡、檀香山等地华侨，纷纷致电清政府，强烈要求拒绝签约。在群众斗争的压力下，清政府拒绝画押，沙俄逼签条约失败。1903 年 4 月 8 日是俄军第二阶段撤兵的最后期限，但沙俄不仅不撤一卒，反而制造借口增兵南满，并向清政府提出 7 项无理要求，妄图从法律上确认其对东三省和外蒙古的占领。消息传出，激起中国人民的极大愤慨。4 月 27 日，寓沪 18 省各界爱国人士 1000 余人集会张园，向全世界严正宣告："即使政府承允，我全国国民万不承认。"[①] 4 月 29 日，留日学生大会在东京锦辉馆举行，参加者 500 余人，大家情绪激动，声泪俱下。不久，留日学生黄兴、钮永建等发起组织抗俄义勇队（后易名学生军），公推陆军士官生蓝天蔚为总队长，一百多名队员，天天训练，准备开赴前线，与沙俄决一死战。兴中会在此时也加强了组织活动，1903 年秋，孙中山以拒俄义勇队为基础，在日本秘密组织军事学校，入学誓词为"驱

---

① 杨天石、王学庄：《中华民国史资料丛稿——拒俄运动》，中国社会科学出版社 1979 年版，第 64 页。

除鞑虏,恢复中华,建立民国,平均地权"十六字。在上海与东京拒俄浪潮的推动下,拒俄运动迅速发展到全国。北京、武汉、安庆、长沙、南昌、杭州、福州、开封等地的青年学生和其他群众都进行了拒俄斗争,拒俄运动形成席卷全国的大规模群众运动。

面对拒俄运动,清廷深为忧惧,譬如两广总督张之洞"深以学界风潮为忧,谓庚子时此风尚不过汉沪一隅,乃不过三年,已遍大陆,可畏实甚!"① 政府采取一贯的压制政策,荣禄、端方、李鸿章、张之洞、袁世凯等满汉疆臣立场一致,他们让学生"宜壹意科学"②,勿预国政,多次拒见群众代表,严禁学生集会演讲,严禁留学生擅自回国,甚而污蔑拒俄运动为"自立会党借端煽众"③,"倡演革命诸邪说……猖狂悖谬,形同叛逆"④。革命思想起初在留学生中影响并不大,一则与日本国情相关,"法国革命之惨……日本人忌之恶之尤甚。……日本书中无一不谈法国革命而色变者,其政治书中无不痛诋路梭者"⑤。日本人对于革命的抵触,以及日本以立宪战胜俄国,使留日学生更易接受立宪思想。驻日公使杨枢言:"一则民心固结(指日),一则民心乖离(指俄),未尝不叹立宪专制之不同,其收获大为异也。……专制政体不改,立宪政体不成,则富强之效永无所谓。"⑥ 二则与当时革命思想尚较幼稚有关,胡汉民谓:"邹、章只言破坏不言建设,只为单纯的排满主张,而政治思想殊形薄弱,犹未能征服留学界。"⑦ 革命党的力量起初很微弱,恰恰是清政府帮了革命党的大忙。5月初,清政府以"名为拒俄,实则革命"为由,勾结日本警方,勒令解散学生军,并禁止留学生练兵操。清廷并要地方督抚严防学生回国,访闻有革命本心者,"务必正法,决不宽贷"⑧。清廷的高压政策使部分留学生的态度发生了转变,在"报国无路"的情况下,5月11日,原学生军成员多人再次集会锦辉馆,以谢晓石为主席,决定将学生军改名为军国民教育会,会员208人。该会宗旨是:"养成尚武精神,实行民族主义。"⑨ 其进行方法:一曰鼓吹,二曰起

---

① 《筹论停科》,《新民丛报》,第34号。
② 杨天石、王学庄:《中华民国史资料丛稿——拒俄运动》,第110页。
③ 同上书,第264页。
④ 同上书,第267页。
⑤ 丁文江、赵丰田编:《梁启超年谱长编》,第235页。
⑥ 中国第一历史档案馆:《日俄战争期间杨枢致端方函》,《历史档案》1996年第1期。
⑦ 胡汉民:《胡汉民自传》,传记文学出版社1970年版,第12页。
⑧ 杨天石、王学庄:《中华民国史资料丛稿——拒俄运动》,第276页。
⑨ 同上书,第311页。

义，三曰暗杀。随后这个组织就分派会员回国开展革命活动，建立组织，筹划反清起义。清政府的严厉镇压，使民众对政府从依仗到失望，直接促动知识界背离政府从而催化革命[1]，拒俄运动由爱国运动发展到了"反清革命"阶段。

拒俄运动促使相当一部分知识分子从爱国走向革命，有力地促进了晚清革命运动的发展。1903—1905 年，革命风潮突起。其间新增革命团体 49 个，为 1894 年兴中会成立至 1905 年同盟会组建期间革命团体总数的 74%。[2] 1903 年 5 月，自日本归国的四川青年邹容于上海刊行《革命军》，用白话文深入浅出地宣传革命思想，大声吹响了排满的号角，一时洛阳纸贵，辗转翻印逾百万册。章太炎为《革命军》撰序，并发表《驳康有为论革命书》，与改良派展开针锋相对的斗争，成为反清革命檄文。同年秋、冬，湘籍学生陈天华著《猛回头》和《警世钟》风行于世，列强侵华和清廷卖国的桩桩罪恶被深刻揭露，该书明言唯有革命独立才能救中国，成为革命派发动群众的有力武器。这些在当时最有影响的革命篇章，在中国知识界、思想界乃至整个社会都起了振聋发聩的作用。1903 年夏天发生的苏报案和沈荩案使反清情绪迅速高涨。因章士钊、张继、章太炎等相继在《苏报》发表激进的反清舆论，不久章太炎又在该报发布《康有为与觉罗君之关系》文，洋洋万言，直呼光绪皇帝为"载湉小丑"，讥讽康有为和慈禧太后都是"汉族公仇"，论述了革命的必要性和重要性，批驳了康有为的"只可行立宪，不可行革命"的谬论。清廷怒不可遏，封禁《苏报》，并通过租界先后逮捕了章太炎、邹容等人。《苏报》案一时沸沸扬扬，显于清政府不利，正如时人孙宝瑄所论，无论胜负如何，"本朝数百年幽隐不可告人事，必被章宣播无遗。盖讼词一出，俄顷腾走五洲，满人之丑无可掩矣。……今章炳麟亦以一人与一政府为敌，且能任意侮辱之，使不复得伸眉吐气，炳麟虽败亦豪哉！"[3] 沈荩曾以骨干参与自立军起事，事后潜逃北方。1903 年春，沙俄对东北的七项无理要求被他披露后，触发国内外声势浩大的拒俄运动。7 月 10 日沈荩被清廷捕获，旧恨新仇之下，31 日即被慈禧下令杖毙于狱中。各国公使为之震动，中西报纸为之传扬。《苏报》案和沈荩案，全盘暴露了

---

[1] 详见王振科《论 1901—1903 年的拒俄运动与资产阶级民主革命》，《东北师大学报》1982 年第 4 期；桑兵《拒俄运动与中等社会的自觉》，《近代史研究》2004 年第 4 期。

[2] 该时期海内外共创建革命团体 66 个，1903—1905 年各年新增革命团体数目分别为 20、20、9。见张玉法《清季的革命团体》，《"中央研究院"近代史研究所专刊》第 32 辑，第 663 页。

[3] 孙宝瑄：《忘山庐日记》，癸卯六月初八，上海古籍出版社 1983 年版，第 714 页。

清政府的凶残愚钝，也使更多的人开始走上反清道路。对于东南地区的革命形势，清廷非常惊恐，严令弹压，上谕"沿海沿江各省督抚，据魏光焘电称，查有上海创立爱国会社，召集群不逞之徒，倡演革命诸邪说，已饬查禁密拏等语。朝廷锐意兴学，方期造就通才，储为国用，乃近来各省学生，潜心肄业者，固不乏人。而沾染习气，肆行无忌者，正复不免。似此猖狂悖谬，形同叛逆，实为风俗人心之害。着沿海沿江各省督抚务将此等败类，严密查拏，随时惩办。所有学堂条规，并著督饬认真整顿，力挽浇风，以期经正民兴，勿误歧趋，是为至要"①。

排满思潮的高涨无疑是对孙文等革命党人的高度肯定，也促使多数在日中国留学生投向革命阵营。1904年2月15日，黄兴、刘揆一、章士钊、宋教仁、周震麟等在长沙正式成立革命团体华兴会，宗旨为"驱除鞑虏，复兴中华"。华兴会计划在湖南举事，湖北、浙江学生五百余人，哥老会数万人，准备响应，以事泄失败。7月3日，吕大森、刘静庵、张难先、曹亚伯、宋教仁等在武昌成立革命团体"科学补习所"，以"革命排满"为主旨，与华兴会相通。10月，蔡元培、龚宝铨、陶成章等会同尚羁留狱中的章炳麟，在上海正式成立革命团体光复会，以"光复汉族，还我山河，以身许国，功成身退"为宗旨，举蔡元培为会长。革命团体创办了许多报刊以进行宣传鼓动，众多报刊中尤以《浙江潮》《国民日日报》《俄事警闻》（后易名《警钟日报》）、《中外日报》《苏报》等声名卓著，为拒俄运动推波助澜，造成了广泛的社会影响。为配合武装起义、唤醒民众，革命党针对清廷高官的暗杀行动此起彼伏，很多人视死如归，慷慨就义。这种为国家前途而舍生忘死的壮举激励了一批批的人们投身革命，无疑也进一步加剧了满汉矛盾的紧张程度。连日后大力鼓吹改良的《新民丛报》当时亦猛烈批判政府，号召国民自发进行救国运动，他们宣称"政府不能定难"，"在上者不可常恃……若徒知相望政府、崇拜政府、责备政府、怨詈政府，是何异救兵不至而惟待援以自弊"②，"故我国民务当储其政治之才能，扩其权利之思想，勿涣其心、勿馁其气，汲汲焉靳至先进国民之所至"③。"不必藉政府之力，人人自认之而自行之。"④ 梁启超当时的思想实趋于革命。

孙文在东京被中国青年渐次了解和认同，正是在1901—1905年拒俄运

---

① 《清德宗实录》卷五一六。
② 中国之新民：《敬告我国民》，《新民丛报》第25号。
③ 弦佩生：《欧美各国立宪史论》，《新民丛报》第23号。
④ 中国之新民：《新民议》，《新民丛报》第23号。

动中；排满思潮于1903—1905年的高涨，使他在革命党中独一无二的领袖身份最终确立。在排满爱国情绪高涨而普遍、青年不惜牺牲性命的情况下，革命的总领导机构乃应运而生。1905年8月20日，中国同盟会在东京举行成立大会，推孙文为总理、黄兴为副总理，加盟者三百余人，包括兴中会、华兴会、光复会及稍后的日知会的会员。同盟会以孙文提出的"驱除鞑虏，恢复中华，创立民国，平均地权"十六字为政治纲领，各不相属的革命团体由此统一，青年的力量意志由此集中。同盟会的成立是革命的新纪元，在其领导下，一批又一批的留日学生先后归国，组织了一次又一次的反清斗争。

　　排满作为清末政治革命的手段，尽管有其偏颇和激进之处，然亦非无根之木、空穴来风，它既有历史的积淀，又有现实的丰满。清代的民族压迫和民族歧视政策是"排满"思潮的历史根源，中国固有的华夷观念和近代民族主义的传播是"排满"思潮的理论来源。素主改良之梁启超亦认同："满汉两族并栖于一族之下，其互相猜忌者二百余年如一日，一旦有人焉刺激其脑蒂，其排满性之伏于其中者，遂不期而自发，此革命党之势力，所以如决江河，沛然而莫之能御。"[①] 排满思潮是革命民主主义与反满民族主义的二元思潮，由甲午惨败而戊戌血变再庚子国乱，中外民族矛盾和国内满汉矛盾渐次契合，然满汉畛域显明如旧，满洲权贵集权更甚，政治愈加窳败，"排满"自然而然地成了革命的孪生兄弟，涓涓细流汇成江河，磅礴之势不可阻遏。

[①] 梁启超：《论中国现在之党派及将来之政党》，《新民丛报》第92号。

第四章 预备立宪前期的满汉博弈（1905—1908）

在宪政改革期，中央与地方关系的调整令人瞩目。就清廷而言，它调整中央与地方关系的原则是"大权统一朝廷"，借"预备立宪"之名推行中央集权。然而，满汉关系始终是极为敏感、至为关键的问题，满汉关系成为革命党人鼓动人民反清的宣传口号，调整满汉关系乃事关宪政全局的根本性问题。满洲亲贵囿于狭隘的部族利益，唯恐在实行君主立宪的政治改革中失去统治特权，故不断利用改革加强对最高统治权的控制，不断在中枢核心排挤汉人，满汉畛域未能根本消除，"满汉之见深入人心"。革命思潮日益高涨，以及汉族大吏在权力不断受到威胁和损失后对满洲贵族的不满与日俱增，则满人对汉人愈不放心，如此互动连环、恶性循环，最终导致满洲的统治资格被汉人完全否定。

第一节 畛域难平
——"满汉之见亘于中"

光绪季年，"朝政杌隍，满汉之见亘于中，革命之声腾于外"[1]，"汉人唱排满，满人讲排汉"[2]。汉族于满人特权日益不满，社会舆论关注的焦点聚集在满汉矛盾，连当时的满人开明者也承认"国民无贵贱、无老幼、无男女，心中脑中无不萦结于满汉问题中，舍满汉交讧，两方破裂，无所谓思想，无所谓事业"[3]。清廷虽迫于形势，在消除满汉畛域方面有所兴革，然口惠而实不至，内满外汉、以满驭汉之祖制并未根除，满汉之见自然愈益加深。

---

[1] 张一麐：《古红梅阁笔记》，《心太平室集》卷八，文海出版社1966年影印版，第40页。
[2] 乌泽声：《满汉问题》，《大同报》第1号，1907年6月25日。
[3] 同上。

第四章 预备立宪前期的满汉博弈（1905—1908）

1906年9月1日，仿行立宪的诏旨颁布，预备立宪被清政府确定为国策，这是一个震动中外的大举措。在此前后，言禁松动，越来越多的大臣对调整满汉关系纷纷上书建言，他们普遍将化除满汉畛域视作消弭革命、稳固统治的重要措施。

宪政考察五大臣之一的镇国公载泽在《奏请宣布立宪密折》中痛陈："方今列强逼迫，合中国全体之力，尚不足以御之，岂有四海一家，自分畛域之理？"① 宪政考察五大臣之一的旗人端方，强烈要求朝廷在预备期内须以诏令形式郑重宣告做好几项大事，首要任务即切实化除畛域，将举国臣民置于同等法制之下，以为立宪国宪法载入"人民同等之文"做好精神和物质准备。"所谓法者，凡一切刑法、民法、商法等之法律皆是也；所谓制者，凡一切官制、兵制等之制度皆是也。"②

9月1日，端方又独上《请平满汉畛域密折》，在比较了世界上因种族关系不同导致强弱不同的多个国家后，他认为：

> 苟合两民族以上而成一国者，非先靖内讧，其国万不足以图强；而欲绝内讧之根株，惟有使诸族相忘，混成一体……国初以来，满汉通婚之禁未开，故此两族者……言语宗教习尚固不大同，而种族一线之界，犹未尽泯。近以列强交通，国威稍挫，人民何知，惟有责难政府……而一二不逞之徒，竟敢乘此时机，造为满汉异族权利不均之说，恣其鼓簧，思以渎皇室之尊严，偿叛逆之异志。加以多数少年，识短气盛，既刺激于时局，忧愤失度。复偶涉西史，见百年来欧洲二三国之革命事业，误认今世文明，谓皆由革命而来，不审利害，惟尚感情。故一闻逆党煽动之言，忽中其毒而不觉，一唱百和，如饮狂泉。③

端方虽然为清政府之内满外汉政策百般辩解，但也不得不承认满汉畛域长久存在的事实，不得不承认平满汉畛域为消弭革命之首要举措，"今日欲杜绝乱源，惟有解散乱党；欲解散乱党，则惟有于政治上导以新希望，而于种族上杜其所藉口……夫所谓于政治上导以新希望者，则奴才等前此所谓宣布国是定十五年实行立宪是已。若所谓于种族上杜其所藉口者，则奴才私计

---

① 见龚书铎主编《中国通史参考资料·近代部分》，中华书局1980年版，第303页。
② 端方：《请定国是以安大计折》，《端忠敏公奏稿》卷六，第38页。
③ 《中国近代史资料丛刊·辛亥革命》第4册，第40—42页。

有二事焉。""一曰改定官制,除满汉缺分名目。……二曰撤各省驻防。"他指出驻防徒增革命党口实,且骑射火器,今已一无所用;对于国家,徒增财政负担,最好的办法就是将全国各地的八旗驻防永远裁撤,由国家给一定经济补偿,让旗人原地落籍变成普通的民人。①

端方极为准确地点出了清王朝 200 多年以来的一大政治"软肋",提出的解决办法也切中要害,多切实可行,加之端氏深受慈禧信任,他的呼吁对清政府的决策有一定的影响。仿行立宪的上谕于同日颁布,或与彼折有关。

1907 年夏,赴日留学的满族人乌泽声、穆都哩及宗室恒钧等在东京创办了著名的《大同报》,为了实现其心目中的"大同中国",他们痛切反省八旗制度,认为"最不可思议,轶出累代专制范围外者,则莫若我中国之满汉不平等也。考其不平等之原因,则以本朝入关之始,种族思想未能尽灭,种族阶级因此而生,遂产生一种特别制度,为我国民蠹焉"②。

平满汉畛域的讨论在清廷中枢渐趋热烈时,立宪派日益不满,革命党起义暗杀不断,清廷面临的社会压力大大增加。1907 年 7 月 6 日,革命党在安庆起义,尽管起义失败,但是安徽巡抚恩铭被刺身亡,引起朝野震惊。"满、汉的感情,从此益趋恶化"③。此案牵及女侠秋瑾等众多无辜,激起公愤,汉人仇恨清政府之念愈复强烈。7 月底,直隶总督袁世凯奏请加紧立宪,融和满汉;端方"代奏安徽廪贡生李鸿才浑融满汉畛域条陈"④。8 月 2 日,湖北按察使梁鼎芬上书请平满汉畛域。梁氏和张之洞关系亲密,且其主旨同与稍后张氏致军机电文,故梁氏上书应为始终致力于敦请清廷化除满汉畛域的张之洞代言。8 月 7 日,在致军机处有关"整理内政"的电文中,张之洞指出:

> 欲固边防,先定内乱。方今革命党各处横行,人心惶扰。前奉明诏,令内外臣工条陈时政。窃思要政多端,岂能数日间全行举办?必须探源扼要,方能靖人心而伐逆谋。惟有仰恳圣明,特颁谕旨,布告天下,化除满汉畛域,令内外各衙门详议切实办法,迅速奏请核定施行。此旨一颁,人心自定,乱党莠民无可藉口。所有立宪、议会等事,俱以此为基址,自然推行无滞。其他各要政,尽可详审斟酌,次第举行。切

---

① 《中国近代史资料丛刊·辛亥革命》第 4 册,第 43—47 页。
② 乌泽声:《论开国会之利》,《大同报》,第 4 号。
③ 李剑农:《近百年中国政治史》,第 245 页。
④ 《清德宗实录》卷五七六。

第四章　预备立宪前期的满汉博弈（1905—1908）／125

恳朝廷，处以镇静，固不宜为因循旧习所误，尤望勿为浮言张皇所摇。宗社幸甚，天下幸甚。不胜惶悚迫切之至。请代奏。①

张之洞是新政时期平满汉畛域最积极的汉人高官之一，自1902年《江楚会奏变法三折》始，他便透过不同渠道、不同方式，不断吁请清政府废除旗人的职业禁令、消除旗人和平民在官职和法律上的阻隔，可谓忧心忡忡、孜孜不倦。当革命风潮高涨，张"探源扼要"，意识到满汉关系已成为革命党人动员人民起来推翻清王朝的宣传口号，调整满汉关系是事关宪政全局的根本性问题。只有化除满汉畛域，才能收拾人心、取信于民，所有预备立宪等事，"俱以此为基址，自然推行无滞"。鉴于此前多次上奏收效甚微，张氏提醒清廷"不宜为因循旧习所误"，实为对政府的委婉批评。当时满洲人流行"宪政既行，于满人利益有损"②之说，故张之洞特别提醒清廷"勿为浮言张皇所摇"。

形势的日益严峻迫使清廷不得不加快立宪进程，加快平满汉畛域的步伐。8月10日，清廷颁旨，谓"我朝以仁厚开基，迄今二百余年，满汉臣民从无歧视。近来任用大小臣工，即将军、都统亦不分满汉，均已量才器使，朝廷一秉大公，当为天下所共信。际兹时事多艰，凡我臣工方宜各切忧危，同心挽救，岂可犹存成见，自相分扰，不思联为一气，共保安全。现在满汉畛域应如何全行化除，著内外各衙门各抒己见，将切实办法妥议具奏"③。清政府虽然一再自称对"满汉臣民从无歧视"，但最终也不得不承认事实，并对消除满汉畛域正式征求意见。其后不少人上书参加讨论，他们多数持赞成态度。两江总督端方奏遵拟化除满汉畛域办法四条："一、旗人悉令就原住地方，如军籍例编为旗籍，与汉人一律归地方官管理。一、旗丁分年裁撤，发给十年钱粮，使自谋生理。一、移驻京旗屯垦东三省旷地。一、旗籍臣僚，宜一律报效廉俸，以补助移屯经费。"④这实际是端方《请平满汉畛域密折》思想的发展和完善。不久，张之洞被内调大军机，9月14日，他在接受召见回答那拉氏提问时说："自古以来，大臣不和，最为大害。近日互相攻击，多是自私自利，臣此次到京，愿极力调和；总使内外臣工，消

---

① 《致军机处》，《张之洞全集》第3册，电奏3，第2296页。
② 《中国近代史资料丛刊·辛亥革命》第4册，第28页。
③ 故宫博物院明清档案部编：《清末筹备立宪档案史料》下册，中华书局1979年版，第918页。
④ 《清德宗实录》卷五七六。

除意见"①，此中大臣不和主要指满汉大臣之间的矛盾。此后他仍然认定"先定浑化满汉之法，若此则国内人心合一，宪法自易施行"②，即化除满汉畛域为推行宪政的首要前提。

尽管以汉族疆吏为主的精英群体多年来不断吁请朝廷化除满汉畛域，尽管清廷亦显示出前所未有的高姿态，然对于平满汉畛域问题，满洲权贵呈现出复杂的矛盾心态。他们愿意取消普通旗人的特权，但囿于狭隘的部族利益，皇族在政府高层的优势地位不肯放弃，皇族的诸多特权不肯放弃，拱卫皇室之八旗制度亦始终保留。

1906 年官制改革之后，旗人和平民在官职方面的阻隔在形式上基本消除，满汉分缺制度在各个新部中被彻底废除。而且，以往只能由旗人担任的官职——譬如专门管理八旗事务的都统，属从一品，以前政治地位很高，任职者若非王公亦必旗人——开始出现更多的汉人。作为龙兴之地的东三省，堪称地方上旗民官职同一的典范。1907 年东三省改制后，徐世昌、唐绍仪、朱家宝、段芝贵分别为首任东三省总督、奉天、吉林、黑龙江巡抚，4 人皆汉族。1911 年武昌起义前，东三省督抚等 36 个主要官职中，汉人占 33 个，旗人仅 3 席。③ 不过，局部的、象征性的官制改革对全国平满汉之界作用甚微，譬如"将军、都统之名，本赘疣也"④，早已位高而权轻。《申报》一针见血地指出："自不分满汉以来，任汉人为将军、都统者，固属创例，然任满人为尚书、督抚者，亦自此加多。以官重权轻之将军都统界于汉人，而满人多居权要之地位，朝廷权衡之妙，亦别有深心，而怀疑者实不能无议于其后。"⑤ 更何况满人在中央的权力一直在加强，故汉人的怨愤有增无减。

相较而言，消除旗人和平民在法律方面的不平等，动作缓慢且很不彻底。到 1908 年，普通旗人与民人在法律适用、审判机构上基本平等。但是，人数众多、最受关注的满洲皇室被清廷划入继续保留的特区。⑥ 只有"旗民交产"问题在光绪末年得以彻底解决。顺治以降，旗人的住宅和田地由清政府统一调拨，无偿分配，旗人只有使用权，不能随意处置。为了防止旗产

---

① 《八月初七日张之洞入京奏对大略》，转引自孔祥吉《张之洞与清末立宪别论》，《历史研究》1993 年第 1 期。
② 《述张中堂之论时政》，《盛京时报》1907 年 09 月 24 日。
③ 《东方杂志》第 8 卷第 7 号。
④ 孙宝瑄：《忘山庐日记》，丁未七月初五，上海古籍出版社 1983 年版，第 1060 页。
⑤ 《申报》1907 年 8 月 12 日。
⑥ 详见迟云飞《清末最后十年的平满汉畛域问题》，《近代史研究》2001 年第 5 期。

散失，清廷多次申令禁止汉人典买旗产，严禁旗民典售旗地、旗房，这就是所谓"旗民不交产"的例禁。然因旗人生计日蹙，典卖旗产屡禁不止，该例禁殊属有名无实。咸丰二年（1852）五月，清廷发布上谕，"除奉天一省旗地，盗典盗卖，仍照旧例严行查禁外。嗣后坐落顺天、直隶等处旗地，无论老圈自置，亦无论京旗屯居及何项民人，俱准互相买卖，照例税契升科。其从前已卖之田，业主售主，均免治罪"。① 清廷首次准许"旗民交产"。不过该政策在同光年间曾多次反复，时禁时允，反映出清廷相当矛盾的心态，直到光绪三十三年（1907）底经修订法律大臣沈家本等奏请，清廷诏准"嗣后旗民房地，准与民人互相买卖，其外出居住营生者，准其在各省置买产业。户部则例旗民交产各条，仍一律遵用，将旧时刑部例文二条删除"②。"旗民交产"政策最终得以稳定，此于旗民双方皆有裨益，旗人可以合法的变卖房地以救急，汉人购买的旗产则可以得到合法保护，可谓经济、法律领域破除满汉畛域的一个重大成就。

满汉通婚虽然早在1902年初便有清廷诏旨允准，然仅凭一纸空文难有实效。旗人娶汉女在清代一直通行，然旗女嫁汉人则长期被禁止，这是满汉通婚的最大阻碍，此于前文已论。③ 据1905年《东方杂志》报道，镇江驻防某旗丁鬻女于西人，仅得价银40元，评曰"满汉通婚虽见明诏，而各处驻防竟锢习皆未化，等若弁髦。其明划种界，严筑壁垒，抑何毅力之坚强耶"。④ 显然旗丁宁鬻女于西人而不愿婚汉人，盖旗女不嫁汉人之"锢习"已经流传200多年，满汉畛域不消除则不会有根本改观。故由整体而言，直至清亡，满汉不通婚仍是社会常态。⑤ 汉族趋新士人孙宝瑄的看法颇具代表性。孙氏生于仕宦之家、书香门第⑥，思想开明，涉猎中西，交友多时彦，长期关注满汉问题，且无满汉之成见。⑦ 1897年，孙宝瑄认为欧洲衣冠之制差别很小，此其大同之机。由此想到"中国所以与泰西人扞格者，以服制

---

① 《清文宗实录》卷六二。
② 《清德宗实录》卷五八四。
③ 见第三章第三节。
④ 《旗丁鬻女于西人》，《东方杂志》第2年第1期。
⑤ 迟云飞先生亦认同"不准旗女嫁汉人"乃满汉不通婚之症结所在，然其后又在无"旗女嫁汉人"之充分资料下，谓慈禧颁布通婚诏书后，满汉通婚"实行较彻底"，笔者管见不敢苟同。详见迟云飞：《清末最后十年的平满汉畛域问题》，《近代史研究》2001年第5期。
⑥ 其父孙诒经曾任光绪朝户部左侍郎，兄孙宝琦曾任驻法、德公使，岳父乃粤督李瀚章。
⑦ 《忘山庐日记》日记显示，孙宝瑄与荣禄、溥伦等不少满洲亲贵交好，而于孙文等革命党并无好感。

之歧也。服制苟同，则相亲狎，而有情谊，相忘也。满、汉所以未化者，男制同而女异，不通婚姻故。反是，则未见有数百年以同种之人而截然两之者也。盖衣冠异，则同种为异类，衣冠同，则异种为同类，有以夫！"① 孙氏显然把衣冠异与不通婚视为满汉未化的同等重要原因，且衣冠同为通婚姻之重要前提。次年，孙宝瑄谓："国朝入中国数百年，而满、汉人尚不能通婚姻，此亦自亡之道也。"② 他已经视满汉不通婚为清朝一大弊政，足以自取灭亡。1901年，孙氏疑惑顺治五年曾有许满汉缔结婚姻之谕，不知何故迄未遵行。而"满汉之界，所以犹厘然者，以不通婚姻之故"③。1907年，复任京官五年，对新政有切身体认的孙宝瑄曾与友人戏言："学化满汉之见，须汉女放足，满男加冠，盖满人名刺多不加姓，一望而知，何如尽取满姓之首字，加于名上，使人忘其满籍乎？又汉女放足后，犹须满人闺中改其严苛之礼法，使为妇者不苦，如是则满汉可通婚姻，而形迹胥化矣。"④ 可见是时满汉通婚仍绝非易事。综孙宝瑄十年所议，满汉不通婚姻乃满汉畛域存在的重要原因，亦为清朝自取灭亡之道，而满洲统治者无疑为罪魁祸首，殊为高论。

筹旗人生计、彻底取消驻防，无疑为平满汉畛域的首要及核心，然而终清之世，除东北地区外，始终未能大规模施行。驻防八旗糜耗惊人，大体可以分为四部分：一是兵饷马乾银，二是节赏、红白赏，三是岁米月粮，四是军官养廉银。仅兵饷马乾银一项，不到30万的旗兵，嘉庆朝每年约1400余万两，光绪朝每年约1200余万两，比60万绿营官兵所费还多。⑤ 杨度估算，合中央与地方所支出者计之，每岁总数约1000万。则清军入关260余年，其所用于八旗之总数，"已在二十万万以外、三十万万以内，较之庚子赔款多至五、六倍，亦诚可骇之巨数矣"。⑥ 这些巨额经费，皆出于汉人之赋税。而乾嘉以降，八旗军逐次失去了起码的战斗能力，"八旗将佐，居家弹筝击筑，衣文绣，策肥马，日从子弟宾客饮"⑦，骄奢淫逸，不士、不农、不工、不兵、不民，演变成专靠国家供养的社会救济组织。

---

① 孙宝瑄：《忘山庐日记》，丁酉五月初八，第103页。
② 孙宝瑄：《忘山庐日记》，戊戌二月十二，第180页。
③ 孙宝瑄：《忘山庐日记》，辛丑六月二十二，第376页。
④ 孙宝瑄：《忘山庐日记》，丁未七月初五，第1060页。
⑤ 《中国近代史资料丛刊·洋务运动》第3册，第541页。
⑥ 杨度：《国会与旗人》，《中国新报》第7—8号，1907年10月15日—1908年1月12日。
⑦ 《旗军志》，第23页。

第四章　预备立宪前期的满汉博弈（1905—1908）

康熙以降，八旗生计越来越成为满洲统治者的棘手问题。玄烨为解决旗兵债负，曾先后两次发帑金"五百四十一万五千余两、六百五十五万四千余两"，赏赐兵丁人等，一家获赏，俱至数百。但如此厚赉，未闻兵丁等置有产业，生计滋益者。一二年间，"荡然无余，心愈奢侈，而生计较前反加窘乏"。① 雍正继位后，除特行赏赐外，赏给兵丁一月钱粮者数次，每次所赏，需银三十五六万两。此银一入兵丁之手，不及十日，悉为乌有。胤禛为此大伤脑筋，雍正五年四月再次下诏："近来满洲等不善谋生，惟恃钱粮度日，不知节俭，妄事奢靡。朕屡曾降旨，谆谆训谕，但兵丁等相染成风，仍未改其糜费之习，多有以口腹之故、而鬻卖房产者。即如每饭必欲食肉，将一月所得钱粮，不过多食肉数次，即罄尽矣。又将每季米石，不思存贮备用，违背禁令，以贱价尽行粜卖，沽酒市肉，恣用无余，以致阖家匮乏，冻馁交迫。"不过除了谆谆告诫，要求"实心遵行，痛改妄行糜费之习"外，他也很无奈，雍正明了，"即将仓粮国帑，尽行颁赐，朕固不惜，但使随得随尽，曾不浃旬，遽即荡然，亦何济之有"。②

对于被典卖的旗地、旗产，清帝多以国库帑金回赎。雍正即位后拨出专款强制回赎旗地，使许多汉民损失惨重。因旗人典卖土地、房产多与汉人私下交易，白契居多，而清廷规定凡红契（公开交易）典卖者给全价，白契者给半价或不给价，不少汉人因此损失惨重。这种回赎政策一直延续，数量十分惊人，乾隆二十七年一次就赎回旗地200多万亩，嘉、道、咸诸帝亦无数次重审、回赎。

除了动辄数百万两白银的赏赐、回赎，康熙、雍正、乾隆、嘉庆四帝也都曾考虑从长远的角度解决八旗生计问题，实行过沿边驻防、出旗为民、井田、屯庄、垦殖等办法，然而却丝毫不见起色，最终都以失败告终。使汉人出资以养旗兵，而因以防汉，驻防自然久令汉族士绅不满，如时任京官孙宝瑄所言，"各省驻防，本为防汉人设，现既欲化除畛域，何如悉撤之，以坦怀示天下。将军、都统之名，本赘疣也，不撤驻防，而以是等缺授之汉人，则防于何有？"③ 不过，长远来看，旗人本身亦是八旗制度的受害者。光绪末年，多数旗人生计之艰难，室家之苦累，有不可以言喻者。屯居之旗人，"京东、京北一带大半衣食不完，女子至年十三四犹不能有袴，困苦万状"。

---

① 《清世宗实录》卷五六。
② 《清世宗实录》卷四一。
③ 孙宝瑄：《忘山庐日记》，丁未七月初五，第1060页。

是故"横暴者则流为盗贼,无赖者则堕为娼优,比比有之"。①

1907年9月27日,清政府颁旨:

> 我朝以武功定天下,从前各省分设驻防,原为绥靖疆域起见。迨承平既久,习为游惰,坐耗口粮,而生齿滋繁,衣食艰窘,徒恃累代豢养之恩,不习四民谋生之业。亟应另筹生计,俾各自食其力。著各省督抚会同各将军都统等查明驻防旗丁数目,先尽该驻防原有马厂、庄田各产业,妥拟章程,分划区域,计口授地,责令耕种。其本无马厂、庄田,暨有厂、田而不敷安插者,饬令各地方官于驻防附近州县,俟农隙时,各以时价分购地亩,每年约按旗丁十分之一,或十数分之一,授给领种,逐渐推广,世世执业,严禁典售。即以所授田亩之数,为裁撤口粮之准……该旗丁归农以后,所有丁粮词讼,统归有司治理,一切与齐民无异……一面仍将各项实业教育事宜,勒限认真分别筹办,以广旗丁谋生之计……期于化除畛域,共作国民,用副朝廷一视同仁之至意。②

清廷似乎痛下决心,要解决旗人生计,但全国计口授田之策根本不切实际。东北三省地广人稀,且旗人此前就比较多的从事生产活动,故施行较易。但其他驻防城市旗人之地多年来早已倒卖殆尽。即使"专指外省驻防,每人授田十亩,每亩只作十五两价值计之,要三千万金"③。此处京旗以外的各地驻防只算了20万人,远低于实数。而据熟于财政的熊希龄估计,若按以往裁防营、绿营兵勇之例,即照所得饷额10倍发饷,则仅京旗即需银1亿两。④ 如此巨数,清末财政根本无法承受,且汉人也不答应。

《申报》对于购田授旗的时评无疑代表汉族利益,它说:"购田授旗者,购田之费出之于何人?授旗之田,购之于何人?无论当此司农仰屋之时,万无再能集此巨款以购田亩,亦无如许之田亩以购给予旗丁。而旗丁多得一田亩,即汉人多失一田亩;多筹一旗丁田亩经费,即汉人多失一田亩之经费。如是而曰消融满汉,吾恐民心日猜疑,满汉之见且转而益深,满汉之见益深,立宪愈不能成立,大局益溃败而莫能收拾。"⑤ 而对众多旗人而言,数

---

① 文廷式:《闻尘偶记》,《近代史资料》第44号,第45—46页。
② 《清德宗实录》卷五七八。
③ 《汪大燮致汪康年函》,《汪康年师友书札》第1册,第1009页。
④ 周秋光编:《熊希龄集》上册,湖南出版社1996年版,第178页。
⑤ 《说欺》,《申报》1907年10月18日。

第四章　预备立宪前期的满汉博弈（1905—1908）／131

百年不事生产已成习惯，现在要砍掉铁杆钱粮，即使补偿丰厚，他们也难以接受。事实上在四川、浙江、广东、陕西等多处发生过旗民抗议事件，甚至小规模的冲突。鉴于阻力太大，清政府只好命一些预备计口授田的地方暂缓施行。①

1908年10月，清政府公布《逐年筹备事宜清单》，将"平满汉畛域"列为实行预备立宪的重要内容之一，并制定了八年规划。12月，成立变通旗制处。然不久后，由于旗民怨声不断，清政府为防同族内乱，只得"所有钱粮兵饷，仍均照常"②，基本上又回到了原点。

在清政府高级官员中，对平满汉畛域最积极的有三人：汉族的张之洞、袁世凯及旗人端方。张之洞巧于仕宦，表现最突出的是袁、端，据说1907年9月27日筹旗人生计谕旨便是在新任军机大臣袁世凯的极力主张下颁布的。③ 1907年底，时任两江总督端方曾再次奏请将各省都统、副都统一律裁撤，袁世凯对此大力支持，但政府并未采纳。慈禧和光绪殡天后，摄政王载沣迅即罢黜袁世凯，革职端方，不久张之洞离世。宣统年间，满洲少年亲贵用事，排汉加剧，平满汉之界的维新逐渐停滞，殊不知革命之祸机已迫。

清朝历代统治者坐视大批旗人穷困潦倒，却不肯对八旗制度进行根本性变革，其中最根本的原因还是对汉人的猜忌、防范。诚如杨度所论："八旗生计问题，为二百年来之大问题，而解决之者，皆为枝叶的解决，而非根本的解决，故愈解决，而八旗之生计愈困。此无何，其方法大抵为依人的方法，而无一自立的方法；大抵为保留八旗之方法，而无一为裁撤八旗之方法。夫既专以依人，而不自立为方法矣，而又欲望依人而不自立之人，其经济能力长存，而生计不困，此真缘木求鱼之道耳。"④ 清廷始终视旗兵为"国家根本"，即便他们早已腐化堕落、武力大失，有众多同族士兵在全国各地监视汉人，至少可以获得心理上的安全感。是以清朝统治者绝不会让旗兵还民，更不愿撤销各地驻防。

盖旗人以满洲长城自居，误认危险而为安全，一言旗制，则如护持婴儿，唯恐偶坠。清廷于八旗制度的根本变革不肯施行，而局部维新或有名无实，如满汉通婚、官制改革；或保留皇室特权，如划一法律、同一审判，于满汉大局自然无济于事。化除满汉畛域未有重大突破，则"汉人唱排满，

---

① 《汪大燮致汪康年函》，《汪康年师友书札》第1册，第1009页。
② 《宣统政纪》卷四。
③ 《汪大燮致汪康年函》，《汪康年师友书札》第1册，第1009页。
④ 杨度：《国会与旗人》，《中国新报》第7—8号，1907年10月15日—1908年1月12日。

满人讲排汉"①,"满汉之见深入人心"②。

第二节　立宪·集权·排汉
——满汉之争盛于时

　　宪政思潮由来已久,至少在甲申以后便已发轫,由汉人揭橥,始终以汉人为主体,公开的目标是立宪救国,但也显然蕴含化除满汉畛域,打破满族政治优势,免除满人凌压之意。清廷对立宪运动长期漠然置之,却暗度陈仓,明显地加强了中央集权,"益重满族之军权以制汉族"③。

　　立宪运动之领袖,非梁启超莫属,尤其在言论上,梁氏堪执知识界立宪之牛耳。立宪运动始于 1901 年 6 月,由汉人梁启超、李盛铎等揭橥,梁启超、张謇、汤寿潜等汉人精英为主体。日俄战争加深了中国的民族危机,也极大地刺激了立宪运动的发展。张謇、郑孝胥、汤寿潜、雷奋、叶瀚、夏瑞芳、张元济、孟森、孟昭常等江浙精英为立宪活动主角,他们走的是上层路线,活动重点是策动地方和中央权要赞成立宪。1904 年初,日俄战争刚一爆发,江浙的立宪派人士紧急磋商后,便开始了各方奔走。初时收效甚微,颇干天怒,他们认为原因在于"不联合旗帅之故,遂致疑立宪为革命"④。因此又鼓动两广督署的幕僚敦请岑春煊牵头,联合锡良、端方、赵尔巽、魏光焘、袁世凯、张之洞、丁振铎、吕海寰、盛宣怀等满汉大员合词再请,以期朝廷允准。5 月,张謇致函湖广总督张之洞,劝他以立宪奏闻朝廷,还事先代拟了一篇《拟请立宪奏稿》。6 月,张謇、汤寿潜、张元济等连日会谈,决定游说瞿鸿禨等达官显贵。张美翊写了一份说帖让人转呈其师军机大臣兼外务部尚书瞿鸿禨。该帖着重指出:"当此列强注目东方,改定宪政,亦足震动耳目,气象一新,必为环球所许,从此满汉界、新旧界可一扫刮绝。夫人心既定,凡事可为,我大清且亿万年。……然此事必须联络满人,而以汉

---

① 乌泽声:《满汉问题》,《大同报》第 1 号,1907 年 6 月 25 日。
② 张一麐:《古红梅阁笔记》,《心太平室集》卷八,第 41 页。
③ 孟森:《清史讲义》,第 21 页。
④ 《南洋公学张美翊致两广督署幕府书》,光绪三十年二月五月。转引自侯宜杰《清末立宪运动史》,第 48 页。

第四章 预备立宪前期的满汉博弈（1905—1908）

人辅之，中外合力陈请，必邀俞允。"① 因为清廷之决策权在满人尤其是慈禧手中，故请瞿鸿禨认清形势，以其特殊身份，说服慈禧实行立宪。鉴于魏光焘、张之洞已呈暮气，张謇又与业已绝交20年的学生、直隶总督袁世凯恢复联络，极力争取这个清末最大实力派主持立宪。同时，立宪派组织编译刊印《宪法义解》《日本宪法》《日本议会史》等书，分送各方面重要人士，甚至秘密送入宫中12本，希望能够对两宫有所影响。9月，立宪派的活动终于获得瞿鸿禨的支持。瞿氏圣眷正隆，诏旨多其秉笔，他对立宪的积极态度，会促进慈禧的决策。

日俄战争前后，各地督抚纷纷上书清廷要求立宪、变法。先后上书或面陈的有驻法公使孙宝琦、云贵总督丁振铎、云南巡抚林绍年、两江总督周馥、两广总督岑春煊、湖南巡抚端方、直隶总督袁世凯等。1905年7月，清廷赞同了袁世凯、周馥与张之洞联衔奏请定12年后实行立宪政体，并拣选亲贵大臣出洋考察政治。9月，日俄战争以"立宪"的日本战胜、专制的俄国战败，人们得出结论：专制必败，立宪必胜，立宪运动走向高涨。载泽、端方、戴鸿慈、李盛铎、尚其亨等5大臣于10月代表清政府"出洋考察政治"，"考察政治馆"亦由政务处设立。立宪派大受鼓舞，活动更为积极。端、戴经停上海时，张謇便与之晤谈近10次，"竭力劝其速奏立宪，不可再推宕"。② 端方、善耆也与域外的梁启超多次联系，被鼓动奏请清廷立宪。经由随同出洋的熊希龄暗中牵线，五大臣回国后的宪政考察报告，亦多由梁启超主笔。戴鸿慈、端方回京路经天津时，8万余名学生上书请求奏颁宪法，更改官制，重定法律。

于立宪运动发轫之同时，满洲亲王干政倾向愈复明显。旗人尤其是满洲皇族在中央的权力逐次扩大，在地方也收复了很多失地。清廷积极推进中央集权，试图收回政治、经济、军事、财政等大权。③ 满洲以八旗武功定天下，固知军队之重要。八旗军早已糜烂不堪，则当下掌握军权乃为政关键。面对袁世凯逐次坐大的局面，满洲亲贵"比朝眷日隆，乃思夺世凯之权，谓海外党人排满之说甚炽，以汉人久握军事大权，甚非慎固根本计也"④。铁良手握练兵处大权后，开始有计划地普及旗人军事教育，先后在京师及驻

---

① 《张美翊致张劭熙、朱桂莘函》，光绪三十年四月二十日。转引自侯宜杰《清末立宪运动史》，第50页。
② 张孝若：《南通张季直先生传》，上海书店1991年版，第141页。
③ 详见第四章第三节。
④ 《凌霄·一士随笔》，《近代中国史料丛刊续辑》第64辑，文海出版社影印版，第462页。

防各地开办了陆军小学堂、陆军中学堂。1905 年，铁良任户部尚书后，随即对北洋军"钩稽精核"，使得北洋粮饷捉襟见肘。同时，铁良依靠留日归来的强烈排汉的多尔衮后裔良弼①联络士官生，开始在军中培养自己的势力，与袁世凯嫡系倾轧。1906 年 5 月 27 日，陆军贵胄学堂在北京创办，该校隶于练兵处，"专考收王公世爵暨四品以上宗室、现任二品以上京外满汉文武大员之聪颖子弟"②。第一期定额 120 名，"计王公子弟四十名，蒙古子弟及闲散宗室四十名，汉籍二品以上大员子弟共四十名"③，全由陆军部保送，旗人子弟占了入学名额的 2/3，恭亲王溥伟、醇亲王载沣、多罗贝勒载洵、多罗贝勒载涛、镇国将军毓朗等数十名满洲王公子弟皆在其列，显见其为满洲培养高级军官之深意，汉人仅为陪衬掩人耳目而已。清廷之最终目的是要驱离袁世凯，尽收中央军权。宗室宝熙后又奏开贵胄法政学堂，明言"政要之地位，非无阶级者可以骤跻，机密之大计，非至亲贵者不足与议"④，满洲亲贵排汉集权之心暴露无遗。

关于是否立宪，清廷高层矛盾非常尖锐，满汉之争十分激烈，以袁世凯为首的汉族枢臣极力鼓吹责任内阁，多数满族权贵担心丧失既得利益反对立宪，袁世凯与铁良之间的争斗尤为突出。

1906 年前后，袁世凯不但控制着近 10 万人的近代化武装力量，而且还身兼八大臣职位，分别是：参与政务大臣、督办山海关内外铁路大臣、督办政务大臣、直隶总督兼北洋大臣、督办天津至镇江铁路大臣、督办商务大臣、督办邮政大臣、会办练兵大臣，大有超越当年李鸿章之势。虽然袁世凯对清廷很是忠顺，但仍然不可避免地受到满洲权贵的猜忌。袁氏以善于政治投机为世人所知，他曾一度反对立宪，后又极力主张，甚而表示"官可不做，宪法不能不立"，为立宪"当以死力相争"⑤，并叫嚷"有谁敢阻立宪者，即是吴越（革命党）"⑥。他极力鼓动设立责任内阁，目的是推奕劻任傀

---

① "良弼，宗室也，远祖以获罪削籍及良弼身，留学东瀛，值排满之风日盛，良君弼独以排汉抵之，其人慷慨有大志，同学渐多服之。"见毓盈《述德笔记》，《近代史资料》第 79 号，第 126—127 页。

② 《庆王拟定贵胄学堂章程》，《申报》1905 年 10 月 30 日。

③ 《奏定贵胄学堂学额》，《申报》1906 年 2 月 25 日。

④ 《内阁学士兼礼部侍郎衔宗室宝熙奏开贵胄法政学堂折附片》，《政治官报》，光绪三十三年十一月初二日，第 42 号。

⑤ 陶湘：《齐东野语》，陈旭麓主编《辛亥革命前后——盛宣怀档案资料选辑之一》，上海人民出版社 1979 年版，第 26 页。

⑥ 孙宝瑄：《忘山庐日记》，丙午七月十五，第 914 页。

偎总理，而自己以副总理操行政用人大权，并借内阁代皇帝负责，防止将来光绪执政后对己不利。然平心而论，立宪之议，袁世凯固欲谋一己私利，但亦非毫无公心。袁、铁之争除开个人利益，亦有明显的满汉之争。

立宪党人视地位显赫且积极支持立宪的袁世凯为立宪中坚，杨度甚至推重袁为清廷立宪的首领。考察政治大臣回国时，一时舆论靡不希望立宪。张謇致书项城"以大久保相期，而自居小室信夫"①。张一麐、金邦平等袁氏幕僚"力言各国潮流均趋重宪政，吾国若不改革，恐无以自列于国际地位"②，对袁世凯亦有相当影响。个人选择无法摆脱历史趋势的影响，故此，袁世凯与时俱进，积极推进预备立宪，非全出私心，亦代表了广大汉族精英的集体意识。

军机大臣兼户尚铁良及军机大臣兼学部大臣荣庆为反对势力的中坚，揽权是他们的首要考虑。责任内阁一旦成立，官员即不得兼职，只能专任学部的荣庆，政治地位自然下降；如铁良荣膺内阁副总理，须辞去户部尚书与练兵处会办等要职，则同时失去财政权和兵权，亦非甘心。是以荣庆、铁良对责任内阁反对最力，时人谓之"荣、铁守旧，铁则铮铮"③。另一方面，荣庆、铁良与醇亲王载沣、陕甘总督升允、宗室毓朗、宗室良弼等皆排汉思想甚烈。彼辈以"立宪政体利于汉人，而满人历朝所得之权利皆将因此尽失，故竭力反对之"④。迫于时势，他们并未直接反对立宪，但涉及具体改革步骤时，则直接造成了立宪的延宕。其攻击矛头直接对准了袁世凯、张之洞等地方督抚要员。清廷借鉴德国皇室经验，认为"皇室应以揽握兵权、革新武备为第一要着"⑤。满洲贵族决心培养一批皇族军官，建立一支由皇族掌握的近代化部队，夺回汉族权贵手中的兵权。而清廷王公贵族中，大多是酒囊饭袋。铁良颇有军事才能，乃晚清满洲稀见之英才，又步刚毅之后尘，不遗余力地维护其部族利益，被清廷视为满洲复兴之重臣，其与袁世凯的争斗中自然包涵满汉矛盾。

当然，清廷高层关于是否立宪的斗争，错综复杂，并非单纯以满汉民族分野，满族亲贵奕劻、载泽、端方等亦支持立宪。庆亲王乃袁氏在中央的最大靠山，政治同盟，两人关系非同寻常。载泽、端方则为满人权贵中少有的

---

① 张一麐：《古红梅阁笔记》，《心太平室集》卷八，第37页。
② 同上。
③ 陶湘：《齐东野语》，第26页。
④ 丁文江、赵丰田编：《梁启超年谱长编》第5册，上海人民出版社1983年版，第473页。
⑤ 文史资料编委会：《文史资料选辑》(3)，中华书局1960年版，第111页。

思想开明者，他们希望通过宪政改革的机会扩充自己的权势，且端方乃袁氏姻亲，为袁氏"平生盟好中交最厚而最相推服者"①。瞿鸿机、张之洞虽赞成立宪，但皆不赞成责任内阁，同为袁世凯的政治对手。而大学士王文韶、孙家鼐，吏部尚书鹿传霖，都御史陆宝忠等汉族大臣，担心"立宪利新进不利耆旧"②，自身权势将为袁世凯所取代，故于立宪很是消极。"蛊惑圣听者，岂遂无人"③，另有大批思想守旧的清流御史及顽固官吏，如胡思敬、赵炳麟、刘如冀、刘廷琛等，强烈反对立宪。

反对派有身居高位，深得慈禧宠信者；有天潢贵胄，王公亲贵；有善于摇唇鼓舌者，人数众多，他们的结合形成一股强大的反立宪势力，"百端阻挠，设为疑似之词，故作异同之论，或以立宪有妨君主大权为说，或以立宪利汉不利满为言，肆其簧鼓，淆乱群听"④。其又与清政府内部纷争交织错杂，政潮汹涌不断，新与旧、新与新、旧与旧、汉与汉、满与满、满与汉之间的倾轧十分激烈。载泽目睹此情，异常愤怒，毅然单衔上奏，敷陈大计，力言今日国势民情，均非立宪不可，"且请破除满汉意见，于向分满汉界之事，一并除去"，又谓近来反对此事者，未免只顾目前，不睹久远。又谓"满人之言立宪不利者，实专为其一身利禄起见，决非忠于谋国，使行其排汉之政策，必至自取覆亡等语"⑤，而施行预备立宪有"皇位永固""外患渐轻""内乱可弭"⑥ 三大好处。端方亦三次上奏，第一折敷陈各国宪法，第二折言必须立宪，第三折则请详定官制。两宫览奏，大为感动，令群臣讨论。1906年8月27、28日，在清政府商议立宪的会议上，两派势力激烈争吵，几至剑拔弩张，"竟有人言戊戌将见者"⑦。由于载泽、端方、袁世凯等据理力争，加上庆亲王奕劻的支持，9月1日，清政府颁发"上谕"，宣布"仿行宪政"，五天后又颁布了改革官制上谕。时评谓："苟非考政大臣不惜以身府怨，排击俗论，则吾国之得由专制而进入立宪与否未有知也。故说者谓此次宣布立宪，当以泽公等为首功，而庆王、袁制军等实左右之。"⑧

立宪运动与革命运动风生水起，渐成大潮，清朝统治者也感到不能照旧

---

① 袁克文：《洹上私乘·辛丙秘苑》，上海书店出版社2000年版，第46页。
② 《时报》1906年4月12日。
③ 《宪政初纲·立宪纪闻》，《东方杂志》1906年临时增刊，第2页。
④ 同上。
⑤ 同上书，第3页。
⑥ 同上。
⑦ 陶湘：《齐东野语》，第26页。
⑧ 《宪政初纲·立宪纪闻》，第5页。

统治下去，被迫宣布预备立宪。"皇位永固""外患渐轻""内乱可弭"① 是旗人心目中的立宪三大重点目标。清廷宣布"预备立宪"后，实际主持官制编制的袁世凯几成众矢之的，官制改革最终雷声大雨点小，清廷最终核定之内阁不但旗人总数远多于汉人，且重要职位悉数归于满族，号称"满族内阁"，充分印证了满洲权贵立宪——集权——排汉之逻辑。

慈禧已经年过七旬，只求保住大权，安度晚年，只要君权不侵损，服制不更改，辫发不薙，典礼不废②，是否立宪不是她关注的重点。满洲统治者上层多欲以立宪巩固政治特权，并削弱地方督抚势力（多汉族），即"假立宪之名，行中央集权之实，又假中央集权之名以行排汉之实"③。汉族政治势力则企图通过立宪民主击破满洲皇室的专制特权，给本族争取发展空间。事关政治权力再分配，双方的争斗自然十分激烈。

9月2日，载泽、世续、那桐、荣庆、载振、奎俊（吏尚）、铁良、张百熙、戴鸿慈、葛宝华（刑尚）、徐世昌、陆润痒（工尚）、寿耆（都察院都御史）、袁世凯等被清政府委派编纂官制。9月6日，设立编制馆，以孙宝琦、杨士琦为提调，金邦平、张一麐、曹汝霖、汪荣宝、陆宗舆、邓邦述、熙彦、吴廷燮、郭曾忻、黄瑞祖、周树模、钱能训为各课委员。按谕旨本意，制定官制应由载泽主持，清廷欲取法日本，大力加强中央集权，削弱督抚权力。商议过程中，袁世凯等督抚势力强硬反对。主持人奕劻决定先讨论中央政府官制，日后再议地方官制。官制编制馆中办事人员多为袁世凯亲信，一切说帖都要经袁阅定，袁世凯实际控制了编制馆。草案制定时期，矛盾尚未公开表露。迨裁内阁、撤军机、归并机构组建责任内阁的草案流出，矛盾迅速趋于激烈。

铁良、荣庆不能公开反对立宪，便顾左右而言他，声称"如乃公所谓立宪，实与立宪本旨不合"，"立宪非中央集权不可，实行中央集权非剥夺督抚兵权财权、收揽于中央政府则又不可"④，阳为政见分歧，实乃权势之争。被官制改革影响切身利益的都察院、礼部、吏部等，群情激昂，"指斥倡议立宪之人，甚至谓编纂馆各员谋为不轨"⑤。袁世凯简直恨透了铁良，

---

① 《宪政初纲·立宪纪闻》，第3页。
② 《余肇康致止公相国函》，光绪三十二年八月五日，转引自侯宜杰《清末立宪运动史》，第71页。
③ 李剑农：《近百年中国政治史》，第225页。
④ 《时报》1906年9月30日。
⑤ 张一麐：《古红梅阁笔记》，《心太平室集》卷八，第38页。

随后觐见慈禧，参了铁良一本："若不去铁，新政必有阻挠。"且谓铁揽权欺君，慈禧未加可否。奕劻也附和袁氏，力言铁之不是，并称铁良为"聚敛之臣"。① 慈禧本欲不让铁良等反对派再参加御前会议，但奕、袁的表现，让她马上改变了主意。铁良转危为安，而袁世凯却成了众臣攻击的对象。项城本想设立责任内阁后，闲置一般王公亲贵，"别设一勋贵院以置之，非奉旨派有差缺，不得干预行政事件"②。这个计划当然极大地触怒了满洲王公亲贵，其中载沣与袁世凯的冲突最为激烈。据说，某次会议时，醇亲王载沣甚至拔枪抵袁："尔如此跋扈，我为主子除尔奸臣！"③ 幸经奕劻劝解，方才作罢。反对派的目的非常明显，就是要对付袁世凯势力。正如亲历其事的曹汝霖所言："亲王大臣等，对责任内阁多持反对……其实目的，只恐项城为总理而已。"④

因官制改革，满洲王公亲贵不停地哄闹，众多太监也被人煽动到慈禧面前哭诉，枢臣、言官亦交章弹劾，慈禧被干扰得寝食俱废，对人说："我如此为难，真不如跳湖而死。"⑤ 中央官制改革遭遇巨大阻力，慈禧不得已定下军机处、内务府、八旗、翰林院、太监之事"五不议"。瞿鸿机在讨论时不动声色，暗中却多次短袁于太后，谓其专权跋扈，对改革方案隐沮之，并慈禧后进言，袁世凯热衷于设立责任内阁，祸心弥天，万不可准。慈禧害怕责任内阁成立后君权潜移，又疑忌袁权势过重，最终采瞿之议，仍用军机处制，对奕劻等人的方案也大打折扣。

11月6日，中央官制改革最终方案发布，保留内阁、军机处、外务部、吏部、学部，其他部或归并、或改名，各部尚书皆为参与政务大臣，并准备增设资政院、审计院、海军部和相当于总参谋部的军咨府，陆军和海军、军政和军令分开。各部堂官不分满汉，设尚书1人、侍郎2人，但外务部堂官照旧。同日，命奕劻、瞿鸿机仍留军机处，世续补为军机大臣，林绍年在军机大臣上学习行走。鹿传霖、荣庆、徐世昌、铁良均开去军机大臣，专管部务。次日，清廷任命各部尚书。外务部仍存旧制，奕劻为管部总理大臣，那桐为会办大臣，瞿鸿机为会办大臣兼尚书；鹿传霖为吏部尚书；徐世昌为民政部尚书；溥颋为度支部尚书；溥良为礼部尚书；荣庆为学部尚书；铁良为

---

① 陶湘：《齐东野语》，第26—27页。
② 《时报》1906年10月7日。
③ 同上。
④ 曹汝霖：《一生之回忆》，中国大百科全书出版社2009年版，第57页。
⑤ 陶湘：《齐东野语》，第29页。

陆军部尚书；戴鸿慈为法部尚书；载振为农工商部尚书；张百熙为邮传部尚书；寿耆为理藩部尚书。在12部计14名首长中，满族7人，汉族6人，蒙古族1人。内阁中皇族5人，总数未变，但比重较上年提高了12个百分点。过去各部堂官人数满汉平列，尚有形式上之平等。现在"不分满汉"，却成为旗八汉六，汉族不足1/2，且外交、财政、军事、经济、教育等要害部门悉数为旗人所控制，故被称为"满族内阁"。陆军部堂官更是全为满人，铁良和寿勋、廕昌分任尚书侍郎。掌控陆军部是慈禧晚年将权力集中于满族，尤其是皇族的大计划的一部分。与此同时，"汉大臣同时失职者十一人"：工部尚书陆润庠、兵部尚书吕海寰、吏部左侍郎李殿林、右侍郎张英麟、户部右侍郎柯逢时、礼部左侍郎李绂藻、兵部左侍郎秦绶章、工部右侍郎刘永亨、都察院左副都御史陈兆文、大理寺卿管廷鹗。① 编制局所议定之草案，"人人知之，及诏旨又似全然改易，则朝廷收权之微意也"②。清廷"内满外汉、以满驭汉"之用意昭然若揭。

清末官制改革仿效西方三权分立原则，欲使国家体制趋于完善，其初衷不失进步性。改革后的中央各部门更为精简，行政效率有所提高，部分目标不同程度地实现，符合时代需要，亦不能说全是骗局。然满族内阁之事实无可置辩地表明，满清统治者在推行新政的过程中对满汉之防始终念念不忘，为了维护满洲之既得利益，竟不惜在满汉恶感剧增、革命风潮汹涌之际，不断削弱汉人在中央的权力与地位，"假立宪之名，行中央集权之实，又假中央集权之名以行排汉之实"③，名为打破满汉差别，实为扬满抑汉、巩固皇权，从而进一步激化了本已严重的满汉矛盾。

中央官制改革之后，改革派的势力被大力削减，尤其是袁世凯的势力。袁之北洋系官员遍及朝廷内外，位高权重，在官制改革中又与多种势力矛盾尖锐。张一麐乃袁世凯亲信，曾参与官制编纂，他说："自都察院以至各部，或上奏，或驳议，指斥倡议立宪之人，甚至谓编纂馆各员谋为不轨。其时某君自京来淀，告余曰：外间汹汹，恐酿成大政变，至有身赍川资，预备届时出险者，其严重可知。"④ 时任天津道之毛庆藩曾上书袁世凯，"劝其学湘乡之谦退"。袁虽雅重之，"然军人性质颇与胡文忠所言包揽把持为近"⑤，

---

① 胡思敬：《国闻备乘》，第33页。
② 孙宝瑄：《忘山庐日记》，丙午十月初二，第942页。
③ 李剑农：《近百年中国政治史》，第225页。
④ 张一麐：《古红梅阁笔记》，《心太平室集》卷八，第39页。
⑤ 同上书，第36—37页。

并不肯就此罢手。改组后的军机处，世续为慈禧信得过的人，林绍年乃瞿鸿机所援引，袁世凯可依靠的盟友仅余庆王奕劻。项城忧谗畏讥，益有协以谋我之惧，被迫在1906年底辞去八项兼差。不仅于此，铁良还以陆军部统率全国陆军权之由，逼迫袁将北洋六镇新军交出四镇。项城自督北洋军队，所创之学校无数，如将弁学堂、武备学堂等，皆归入陆军部管辖。袁、铁之争，铁良显占上风，其身后之奥援，无疑是满洲权贵。故时任京官孙宝瑄与大学士孙家鼐讨论袁、铁交争时谓："朝局两党对峙……为西国所常有，不足异，所患者满汉之界，恐自此益不能融。"① 显然孙宝瑄以袁、铁之争为满汉之争。袁项城积年为朝廷所倚重，权势熏炙。孙氏认其自解兵权，"固自君子也"，但袁失兵柄，"为袁计则安一矣，吾为天下危之"。② 显见其持同情乃至崇敬袁世凯之立场，以袁失兵柄恐危及天下，当指此汉人大佬一去，会恶化满汉矛盾以至国家危亡。孙宝瑄乃汉族开明派精英之一，其认识无疑颇具代表性。

北洋系奕劻、袁世凯与瞿鸿机等清廉派势力，早在1904—1905年便数次互相攻讦，渐成水火。历经官制改革争斗，已势不两立，必欲除之而后快，是旋有丁未政潮之发生。在这次斗争中，慈禧的决策明显出于满汉之防，汉人在清廷中央的势力进一步衰落。

瞿鸿禨入值军机，颇有清望。岑春煊因庚子护驾有功、深得慈禧宠信，又敢于劾官，号称"官屠"，堪与袁世凯角力，时论有"南岑北袁"之誉。他们都主张对袁世凯应加以裁抑，对贪渎庸劣的奕劻应予罢黜，奕、袁主导的官制改革又直接触及了二人的利益，故二人正式结成了紧密的政治联盟。奕劻、袁世凯一方则联合了考察政治五大臣之一、时任两江总督端方。

中央官制改革中，清廉派暂胜北洋。但北洋集团却在稍后的地方官制改革中大获全胜。1906年9月，北洋派把力图在立宪中有所发展的粤督岑春煊远调云贵任总督，两广总督落入袁世凯的亲家周馥之手。但岑氏百般推脱，拒不赴任，清廷无奈，于1907年3月，改调其为四川总督，岑依然安坐不动。4月，东三省改制，首任东三省总督、奉天、吉林、黑龙江巡抚皆出于北洋，分别为徐世昌、唐绍仪、朱家宝、段芝贵。任命一宣布，引起朝野强烈反响。清廉派认为时机成熟，岑春煊在瞿鸿机授意下秘密入京，丁未政潮由此掀起。

---

① 孙宝瑄：《忘山庐日记》，丙午十月三十，第949页。
② 孙宝瑄：《忘山庐日记》，丙午十二月初七，第951页。

岑氏于5月初被慈禧连续召见四次，他直接攻击奕劻搞假改良，直陈："近年亲贵弄权，贿赂公行，以致中外效尤，纪纲扫地，皆由庆亲王贪庸误国，引用非人。若不力图刷新政治，重整纪纲，臣恐人心离散之日，虽欲勉强维持，亦将回天无术矣。"① 慈禧将信将疑，旋授岑邮传部尚书。就任当日，他便口头参劾北洋系之左侍郎朱宝奎，朱被立即革职。另一战线上，以瞿氏同乡赵启霖为首的御史"三霖公司"赵启霖、赵炳麟、江春霖，借段芝贵重金买妓杨翠喜献载振，又贿奕劻十万金寿礼而得官，纷纷上书弹劾奕劻、载振父子"置时艰于不问，置大计于不顾，尤可谓无心肝"②。慈禧大怒，奕劻等狼狈不堪，段芝贵立即被革职，奕劻被怒斥。不久之后，载振被迫辞去农工商部尚书及一切职务。岑氏以霹雳手段为政府当头棒喝，一时"政界为之变动，百僚为之荡恐，过吴樾怀中所藏者远矣！"③ 某次慈禧对瞿鸿机言及奕劻，更是透露了让这位操守不佳的老亲王退休之意。

北洋派连遭挫折岂能善罢甘休，暗中一直在策划反击。他们抓住慈禧之戊戌心结，利用"瞿、岑戊戌前，皆尝与康有为、梁启超款曲"④ 之旧账，奕劻在5月28日上朝独对时指出，瞿、岑联合掀起政潮之目的在于"推翻大老（奕劻），排斥北洋（袁世凯），为归政计"⑤。庆亲王并将瞿鸿机、汪康年与康、梁间的紧密关系摆明，慈禧忍无可忍，终于将任邮传部尚书仅25天的岑春煊逐出京师，重新出任两广总督。之后端方又命人在上海用高科技合成了岑与康、梁的合影⑥，6月16日御史恽毓鼎以瞿鸿机泄露"庆王失宠，将出军机"之天机大加弹劾，谓其暗通报馆，授意言官，阴结外援，分布党羽。瞿鸿机次日即被开缺，岑春煊在8月12日亦遭罢职，林绍年不久被迫退出军机处，清廉派大遭败绩，丁未政潮由此结束。

丁未政潮，实为晚清统治集团内部两大对立派别争权夺利的激烈斗争。但两相比较，仍有优劣高下之别，"京官以瞿鸿机、张之洞等，外官以陶模、岑春煊等为清流；京官以庆亲王奕劻、袁世凯、徐世昌等，外官以周馥、杨士骧等为浊流"⑦。瞿、岑皆为清廉派要角，慈禧多年宠臣，何故一

---

① 岑春煊：《乐斋漫笔》，中华书局2008年版，第29页。
② 《光绪朝东华录》，第5660页。
③ 孙宝瑄：《忘山庐日记》，丁未三月二十六，第1020页。
④ 《北洋军阀史料选辑》，中国社会科学出版社1981年版，第56页。
⑤ 同上书，第55页。
⑥ 刘垣：《张謇传记》，台北文海出版社1973年版，第151页。
⑦ 陈寅恪：《寒柳堂集》，台北文海出版社1984年版，第171页。

朝见黜,根源在于慈禧之满汉之防心理。乾隆以降,满洲统治者皆大力褒扬忠臣,严惩朝廷大员结党营私,于汉臣防范尤甚。故以慈禧视之,"不忠"之汉臣其危险程度,远甚于贪渎庸劣者。戊戌维新后,慈禧最恨者当属康有为、梁启超,最惧者列强干涉内政,他们都严重威胁大清的统治尤其是慈禧的权力。而瞿鸿禨泄露政治机密,即属不忠;又与外国人和康、梁过往甚从,"阴结外援,分布党羽",更是居心叵测,是故慈禧一览奏,瞿氏即开缺。岑春煊于庚子年有大恩于慈禧,女主知恩图报,帘眷不衰,故丁未政潮中,虽经北洋系一再构陷,仍未撼动。然经恽毓鼎之劾奏,岑春煊不奉朝令,退留上海,"都人士又从上海来者,咸谓康有为、梁启超现已到沪,与岑春煊时相过往。岑春煊留之寓中,又证以所见各处函电,均确凿可凭"①。康、梁自日本来,排满革命之说在中国赴日留学生甚嚣尘上,彼时日本恰又曾迫朝鲜皇帝内禅。恽毓鼎言外之意是,岑春煊有借日本以倾朝局之重大危险,必须立即罢黜。加之岑春煊戊戌年曾入保国会,端方等伪造的岑与康、梁的合影,慈禧再也无法容忍,甘当两宫"看家恶犬"之岑氏去职便无可挽回。

反观奕劻,枢臣无状,贪渎成性,连慈禧都曾动过罢黜之念,何故久经政潮,安如泰山,根源亦在于慈禧之满汉之防心理。有清一代,清廷完全信任、倚畀之枢臣必为旗人,尤其是爱新觉罗皇族亲贵。庚子以降,满洲亲贵非死黜即少不更事,庆亲王奕劻为唯一老成历练之懿亲。故奕劻任是贪渎庸鄙,慈禧还是视为心腹,始终信任有加,毕竟其忠心无可怀疑。这种心理在丁未政潮之初岑春煊面劾奕劻时,慈禧表露得非常显明。她先是百般维护,云:"汝说奕劻贪,有何凭证?"待有证据后,又言:"奕劻太老实,是上人的当。"岑氏对:"当国之人何等重要,岂可以上人之当自解。此人不去,纪纲何由整饬?"慈禧最后才吐真言:"懿亲中,多系少不更事,尚有何人能胜此任?汝可保奏。"②慈禧亦尝语人曰:"奕劻藉朝廷势,网取金钱,是诚负我。今我夺奕劻位以畀他人,他人遂足信哉?"③可见在慈禧心中,只有满洲亲贵才能担当柄国之重任,故自辛酉政变后,军机处首揆始终是王公亲贵。清廷内满外汉、以满驭汉之心理其来由自朝中人人尽知。满洲亲贵为奕劻百计维护开脱自不待言,是以都中舆情,"以为袁绌而岑用,一也,徒

---

① 中国第一历史档案馆藏:光绪三十三年录副奏折档,吏治类,留中原折。转引自孔祥吉《清人日记研究》,广东人民出版社 2008 年版,第 196 页。
② 岑春煊:《乐斋漫笔》,第 30—31 页。
③ 胡思敬:《国闻备乘》,第 134 页。

第四章 预备立宪前期的满汉博弈（1905—1908） / 143

苦老庆，于满人无利"①。大学士、军机大臣满人世续，素与庆近，借独对之时，"微露庆、岑夙有嫌怨，慈意稍为之解"②。奕劻之女四格格为慈禧宠信，更朝夕为其父兄泣陈冤屈。即便非奕劻集团之重臣，鉴于其懿亲尊贵之身份，亦万万不敢开罪。是故杨翠喜一案本是铁证如山，最终却不了了之。负责查案的为醇亲王载沣及汉人大学士孙家鼐，载沣年幼，便向世续讨教，世续曰："此何事也，而可轻发语耶！王年幼，诸事宜诿诸寿州，庶慎已免咎。"③ 孙寿州久值内廷，本不满北洋，他认为惩治庆邸，圈禁其子，博舆论之欢欣鼓舞，固自易事。但他于庆党势力，洞若观火，谓"庆邸，亲臣也，非常熟比，无辞可令出京。遇年节、吉日，递如意、蒙召见，与在位者同，甚或仍准内廷行走。而四格格朝夕在太后侧如故，项城在北洋如故，时时能为庆邸作卷土重来之计。且乘间媒孽吾辈，以去其毒，何以御之？"④ 况且他自身在戊戌年还有"案底"，则庆党万万不可得罪，二人终以赵启霖所奏之事"查无实据"覆奏，赵御史旋被革职，奕劻有惊无险，轻松过关。据说慈禧曾面责之曰："汝为财耳，国亡，财于何有！"⑤ 当然，奕劻也绝不会忘记孝敬老佛爷，上下打点，故"宫闱受其贿赂数亦不赀"，言路不知内情，"往往摭其贪黩各款弹之，固太后所厌闻也"⑥。

慈禧抛弃信任多年且清正廉洁的瞿鸿禨、岑春煊，保住贪墨成性的奕劻，其着眼点当然在于巩固满洲部族政权。袁世凯紧紧依附于奕劻，得以保存实力。奕劻和袁世凯里应外合，干预朝政，能量惊人。以丁未为终点，清廉之士在清廷中枢再也不能集聚势力，各政治集团无不贪腐，慈禧对此难辞其咎。不仅如此，她公开地重用亲贵掌国，加强皇室集权，扬满抑汉，加速了清朝的崩溃，为晚清政局的走向奠立了基本格局。日后载沣等大力集权排汉，不过是慈禧晚年政策的继续。考其缘由，以满驭汉乃内化于满洲统治者心中之祖制，承平时尚有信心饰以"满汉平等"之门面。晚清内忧外患，连遭变局，迨庚子国变，满洲治国乏人，慈禧焦头烂额，而汉人势力渐次坐大，晚年慈禧对满洲政权之安危忧心忡忡。此种情势下，风烛残年的慈禧猜忌之心日重，她自然认为，不是所有的满人都可靠，只有集权于皇族亲贵，

---

① 刘体智：《异辞录》，第 201 页。
② 同上。
③ 刘体智：《异辞录》，第 202 页。
④ 同上书，第 203 页。
⑤ 同上。
⑥ 胡思敬：《国闻备乘》，第 134 页。

才能保证爱新觉罗部族统治的延续。故光绪之末,京师谚云:"近支排宗室,宗室排满,满排汉。"①

1907年7月,袁世凯弹劾铁良所管陆军部无振作之气象、兴革之举动,特别是袁所交出的北洋四镇,因付诸谬妄而每况愈下,若长此以往不图改变,必将使中外腾笑、将士解体。铁良闻讯立即反击,面奏慈禧,反击袁世凯"心存叵测,若不早为抑制,满人势力必不能保全"②。慈禧不能容忍奕劻独霸枢府及袁世凯威胁满洲,又开始玩弄派系平衡术。在瞿鸿机罢职两天后,懿命醇亲王载沣到军机处学习行走,以便牵制。不久授张之洞协办大学士,旋升体仁阁大学士。1907年9月,湖广总督张之洞与直隶总督袁世凯同时内调军机处。二人此前不但握有一方军、政、财权,且能办理相当部分的对外交涉,虽在朝外却可影响中央决策。军机大臣的职位固然高于总督,但是不能再直接统兵。两个实力最强的汉族总督,明升暗降,阳为尊崇,阴实裁抑。既削弱了汉族地方实力派,又使二人相互制衡。既抑制袁世凯势力的进一步膨胀,又防止奕、袁联合难以驾驭,同时也是为了避免人们对重满抑汉政策的攻击。慈禧曾对奕劻说:"国事如此,人皆曰我满人为之,今且听彼汉人了当一切,看如何。是故袁、张二大臣所议办事,我曹自今勿阻挠也。"③ 军机处形成新的组合,有奕劻、世续、载沣、袁世凯,张之洞、鹿传霖六人,北洋派的优势不再。

1906年至1907年,经由官制改革及丁未政潮,汉族官员大受排斥。军机大臣、外务部尚书瞿鸿机和历任两广总督、邮传部尚书岑春煊被罢职,军机大臣林绍年被逐出中枢,袁世凯辞去八项兼职并被迫交出北洋四镇兵权,湖广总督张之洞也是明升暗降。而另一方面,仅在丁未年,借丞、参不分满汉之机,清廷便同时擢用满员11人,皆以门望起,民政部左参议裕厚为学部尚书荣庆胞叔,礼部左丞英绵为大学士麟书子,右参议良揆为大学士荣禄子,商部左丞耆龄为江宁将军诚勋子,邮传部左参议那晋为大学士那桐弟,吏部右丞宝铭为署度支部侍郎宝熙弟,右参议毓善为大学士福润子,陆军部右参议庆蕃为礼部尚书贵恒子。④ 其初俱由各部堂官指名请简,嗣经廷臣弹奏,乃先保荐后请旨,列名在前者恒得之,走走形式而已,足见满人之志在必得。是以一向保守的京官胡思敬亦斥之"保荐开而世族盛","其弊视魏

---

① 刘体智:《异辞录》,第197页。
② 《神州日报》1907年8月29日。
③ 张一麐:《古红梅阁笔记》,《心太平室集》卷八,第40页。
④ 胡思敬:《国闻备乘》,第34页。

第四章　预备立宪前期的满汉博弈（1905—1908）／145

晋九品中正殆有甚焉"。① 清廷中枢满汉差别进一步扩大，王公亲贵干政趋势愈复明显。1906 年底官制改革后至 1911 年 5 月奕劻内阁成立前，外务部、民政部（原巡警部）、陆军部、度支部、农工商部（原商部）、理藩部等六部全被满人把持，且多数首长长期固定，如外务部之奕劻（总理大臣）、那桐（会办大臣），民政部之善耆，陆军部之铁良，度支部之载泽，理藩部之寿耆。此外蒙族荣庆长期霸占学部，宗室溥良长期掌控礼部，陆军部在 1912 年 2 月前更是连左右侍郎皆满人。12—13 部中仅余吏部、法部、邮传部等供汉人点缀。以各部首长之族籍比例观之，该时期满人仍占绝对优势。据表 9，12—13 部首长共计 14—15 人（外务部总理大臣、会办大臣各一人、会办大臣兼尚书一人，其余各部皆尚书一人），其满、蒙、汉人数比例，1906 年底为 7∶1∶6，1907—1909 年为 8∶1∶5，满增汉减的趋势非常明显，即使不计恒党于满族之蒙族，满汉比例最高达 1.6∶1。汉人最多时仅占42.9%，最低时至 35.7%。在排汉的同时，皇族排满愈复显见。1906 年底各部首长中有皇族 5 人，俱为宗室，即庆王奕劻、镇国公载泽（度支部尚书）、贝子载振（农工商部尚书）、宗室溥良（礼部尚书）、宗室寿耆（理藩部尚书），1907 年皇族增至 6 人，比值达 42.86%，再创新高。1906 年军机处只有庆亲王奕劻一人，1907 年增为庆亲王奕劻和醇王载沣两人。不宁惟是，奕劻以军机处首辅，坚决反对张之洞、袁世凯等汉臣预定开国会年限主张，坚定地维护满人利益。他在给慈禧的密折中言："近日各省绅民，复有要求开国会年限之事，其中有乱党勾结，无非使权柄下移。……今张之洞、袁世凯拟以预定年限，即开议院。据奴才愚见，不可预定年限。在军机处详细妥商，张之洞等总以定准年限为是。……不可先定准期，庶权操于上，于大局有益。"② 时人恽毓鼎谓之 "天潢贵胄，丰沛故家，联翩而长部务，汉人之势大绌，乃不得一席地以自暖"③，绝非妄言。满族统治者害怕丧失统治地位，一边推行预备立宪，一边却排汉集权于亲贵，"故政界变动一次，则满汉问题固结一次，相随俱进，有加无已"④。

　　慈禧晚年的排汉政策带来严重后果，它使权力阶层中的满汉冲突愈加深

---

　① 胡思敬：《国闻备乘》，第 34 页。
　② 中国第一历史档案馆藏：光绪朝留中奏折，转引自孔祥吉《对佐藤铁治郎〈袁世凯〉一书的补充与纠正》，[日] 佐藤铁治郎著，孔祥吉、[日] 村田雄二郎整理《一个日本记者笔下的袁世凯》，天津古籍出版社 2005 年版，第 384 页。
　③ 恽毓鼎：《崇陵传信录》，《清代野史》（第四辑），巴蜀书社 1988 年版，第 21 页。
　④ 谷钟秀：《国会与二大问题》，《中国新报》第七号，1907 年 10 月。

刻激烈。李鸿章及袁世凯无疑为汉人所推重的清末两位大佬。然李早死，袁虽权势熏炙，一度海内莫不侧目而视，政府亦几惮之，但现已大受压制，其下之汉臣更不必言。汉族势力明显地集体衰落，汉族士绅对此结局耿耿于怀，效忠清廷之心大打折扣。譬如是时"国家之危如累卵，天下人莫不战兢悚惧"，而京官孙宝瑄及挚友邵季英视之，皆以为"正绝好一生机萌动社会，当视为可喜，不必忧也"①。一边是危如累卵，一边却幸灾乐祸，孙、邵等显然已对清廷毫无感情且有以所待。以汉人为主体的立宪派由对清廷期望与称赞，一变为失望与愤懑，批评清廷"汲汲以中央集权为秘计"②，大骂"政界反动复反动，竭数月之改革，迄今仍是本来面目"，甚至"公决密谋革命"③，立宪派与清廷的政治裂痕发展到了前所未有的地步。汉人在清朝官吏队伍中占了绝大多数，他们的离心从根底上动摇了清王朝的基础。他们通过不断地请愿活动，发动声势猛烈的和平抗议，要求清廷尽快实现立宪民主。与此同时，革命派的排满宣传、起义暗杀等革命活动如火如荼。清末政局江河日下，愈发不可收拾，辛亥惊雷隐约可闻。

第三节　排满反清

—— "革命之声腾于外"

革命党力量尽管屡弱，然其政治影响力却不容小觑，他们采用各种有效的社会动员方式与手段，制造了动荡不安的社会形势，于清廷以莫大压力，加速了清朝的灭亡进程。

同盟会的成立，有力地促进了全国革命运动的发展。孙中山、黄兴是同盟会的主要领导人，章炳麟、汪精卫、宋教仁等负责本部分支机构。该会以东京为本部，国内成立了5个支部，海外设有4个支部，以《民报》（前身为《二十一世纪之支那》）为机关报。同盟会成立后，革命党的活动更为积极，主要开展了革命思想宣传，以及暗杀、起义等一系列的反清革命实践，革命风潮愈演愈烈。

革命党十分重视舆论准备，孙中山认为，"抑非常革新之学说，其理想

---

① 孙宝瑄：《忘山庐日记》，丁未六月三十，第1058页。
② 《时报》1907年1月26日。
③ 丁文江、赵丰田编：《梁启超年谱长编》，第368、514页。

输灌于人心而化为常识，则其去实行也近"①。除了口头宣传外，他们主要充分利用新兴的大众传媒，同盟会在国内外遍设宣传机构，出版书报杂志，宣传同盟会的主张，而《民报》则比较系统地阐述了孙中山的三民主义思想。除在日本发行外，《民报》大部分秘密运销中国大陆。东京之外，革命党人最重视利用的传播基地是上海，"上海者，中国最开通之第一埠也。全国之风气，由其转移；全国之思想，由其灌输。上海发一议，举国之人即随之风靡，曰上海得风气之先者也。吾侪僻居内地，孤陋寡闻，步趋其后，必不失于正轨。以故年来风潮率由上海开其端，是可见上海为举国之导师，关系全国之人心，即关系全国之存亡者也"。② 通过东京—上海轴心，革命派利用大众传媒，把革命思想传向全国各地。

革命党非常重视舆论宣传的策略和手段，他们"亦口亦笔，双管齐下；亦正亦奇，不拘一格；亦雅亦俗"③。孙中山、章太炎、陈天华、秋瑾等人的演说可谓滔滔不绝，荡人心魄。《苏报》《国民日日报》《警钟报》等革命党在上海之报刊皆大胆、直接地鼓吹革命，因此相继遭清廷封禁，其后"为之缄口结舌者将及二年"。《神州日报》于1907年春创办后，鉴于"自苏报案以后，清吏对富有革命色彩之书报，文网周密"的情势，"不得不用旁敲侧击之文字，以作迂回之宣传也"。④ 此外，制造谣言等"奇招异术"亦为革命党常用。譬如宣统年间，景梅久随口编造了"彗星东西现，宣统两年半"的谶语，并故意引出"大清家快亡了"的解释，结果流布极广，"人心大摇动起"。景氏又趁机改作"不用掐，不用算，宣统不过两年半"，自然"这话更为传得远"。⑤ 在语言使用上，革命党文白并用，根据实际形势择其所宜。陈天华之《猛回头》《警世钟》，因通俗生动而持续畅销。《直隶白话报》《安徽白话报》等报刊则用浅易通俗的文字，以打动"种田的、做手艺的、做买卖的、当兵的以及那十几岁的小孩子阿哥、姑娘们"。⑥ 革命派的宣传鼓吹呈现出较高水平，亦使革命思想深入人心。

在鼓吹排满方面，革命派注重"塑造黄帝形象，寻求汉族族源，集中

---

① 孙文：《发刊词》，《民报》第1号，1905年10月。
② 唐文权编：《雷铁崖集》，华中师范大学出版社1986年版，第277页。
③ 董丛林：《辛亥革命党人舆论宣传的策略手段简论》，《历史教学》2003年第12期。
④ 冯自由：《革命逸史》第2集，中华书局1981年版，第242—243页。
⑤ 景梅久：《罪案》，《辛亥革命资料类编》，中国社会科学出版社1981年版，第75页。
⑥ 丁守和主编：《辛亥革命时期期刊介绍》第1集，人民出版社1982年版，第443页。

斗争目标"①。为了论证"亡清"之必然，在剖明族源、排满出华外，革命报刊还详尽揭露了清政府祸国殃民的累累罪恶，其中《天讨》（《民报》临时增刊）的火力最猛，影响最大。《天讨》共收有《吴樾遗书》《江苏革命书》《河南讨满洲檄》《讨满洲檄》《普告汉人》等十余文。这些文章多以关系各地切身利害者为引爆物，如重税、迫捐、征粮、路权等，结合各地实际，激发人们对清廷的憎恶和反叛。

革命派虽然排满，但早就声明，其排满并非出于仇满，"夫今之人人切齿于满洲，而思顺天以革命者，非仇视之谓也。屠创之惨，焚掠之酷，钳束之工，聚敛之巧，往事已矣，其可以仇满者，亦姑一切置之。今日之满人，则固制汉不足亡汉有余，戴其皆瘰，无一事不足以丧吾大陆。……今满人之阘茸者，进不知政，退不知农商，睢盱榛狂状若鹿豕，惟赖宗室米禄以为养。而一二桀黠者，则一切取吾汉人之善政而颠倒更张之，一切取吾汉人之贤俊而薙之。然则所谓溺职者与所谓杀人行劫者，其今之满人非耶！虽无人关以来屠创焚掠、钳束聚敛之事，而革命固不得不行，奈何徒以仇视之见狭小汉人乎！"② 值得指出的是，革命派号召人民起来颠覆现今之恶劣政府，但《民报》的排满宣传已经注意到把满洲反动统治者同满族人民区分开来。孙中山在1906年《民报》创刊周年庆祝大会的演说中说："民族主义，并非是遇着不同种族的人，便要排斥他。……兄弟曾听见人说，民族革命是要尽灭满洲民族，这话大错。"③ 民族主义不是针对一切满人，而是满洲政府所纵容之虎狼官吏。时人所论中排满亦不等于革命，如孙宝瑄谓"今日海内，党派有四，曰变法党，曰革命党，曰保皇党，曰逐满党。变法党者，专与阻变法者为仇，无帝后满汉之见也。保皇党者，爱其能变法之君，舍君而外，皆其仇敌也。革命党者，恶其不能变法之政府，欲破坏之，别立政府也。三党所恃，皆有理。惟逐满党专与满人为仇，虽以变法为名，宗旨不在变法也，故极无理，而品最下"④。依孙氏之标准，同盟会等亦非"专与满人为仇"。

康有为、梁启超等为首的立宪派在国内外有很大影响，他们主张君主立

---

① 章开沅：《辛亥革命时期的社会动员——以"排满"宣传为实例》，《社会科学研究》1996年第5期。
② 章太炎：《正仇满论》，张枬、王忍之编《辛亥革命前十年间时论选集》第一卷，生活·读书·新知三联书店1977年版，第94—95页。
③ 《孙中山全集》第一卷，中华书局1981年版，第324—325页。
④ 孙宝瑄著：《忘山庐日记》，辛丑十月初二，第422页。

宪，反对革命。为此，革命党以《民报》为阵地，同政敌展开了一场关于革命与改良的大论战。对于君主立宪，革命派认为关键不在于能否实行，而是不能拥戴"异族"君主实行立宪，这是革命派最主要最基本的观点。此种观点以革命党领袖、理论家、活动家为主，理论发挥最充分，影响最大，"在整个革命阵营中居于领导地位和压倒优势"①。譬如汪精卫言："我国今日为异族专制，故不能望君主立宪。"②朱执信说："大辱未雪，大欲未偿，亦复何心以商此事？"③秋瑾呼吁"先以雪我二百余年满族奴隶之耻，后以启我二兆万里天府之新国"④。他们认为汉人当前的急务是进行"民族革命"，驱逐满族，光复汉族，民族革命第一，政治革命第二，解决"异族"统治问题是解决政治问题的前提。

革命派虽然极力反对立宪，但在客观上却促进了清朝的立宪进程。慈禧对革命的痛恨超过对君主立宪的厌恶，决定支持危害较轻的立宪运动。1905年7月初，清廷议决派大臣出洋考察政治。革命党除了用炸弹暗杀考察政治大臣外，在言论上更是展开了猛烈进攻。

朱执信认为在中国立宪很难，"能立宪者惟我汉人，汉人欲立宪，则必革命，彼满洲即欲立宪，亦非其所能也"。清廷施政者于立宪政治处两难境地，"对内之难者，施治之人之危也，非不得于君之为患也。使不平等，则无以谢汉族；使平等，则无以解于满洲也"⑤。另有革命者也同意满洲政府"必不能实行立宪也明矣"，即能行之，"亦必非真正立宪，不过如朝鲜之宪法，俄罗斯之宪法，或不然，而英人对于印度之宪法，日本对于台湾之宪法也明矣。吾汉人切勿为那拉氏之言所愚焉可也"⑥。

立宪论者多谓中国苟立宪，则满汉之界自破，而汉族得同化满洲至不复别，前此诸患一不足虑。革命派对此观点进行了批驳。主张满汉之界，"非由不立宪而兴者也，又恶众以立宪而消灭乎！"夫汉族之夷于满洲，"非常之痛也，痛而无所复则不消。欲令满流之界感情不恶，非有以复之不可也。其复之之手段，则仅革命而已。革命以往，满汉之界不待人消之而自消者

---

① 侯宜杰：《二十世纪初中国政治改革风潮——清末立宪运动史》，第168页。
② 汪精卫：《驳新民丛报最近之非革命论》，《民报》第4号，1906年。
③ 蛰伸（朱执信）：《论满洲虽欲立宪而不能》，《民报》第1号，1905年10月。
④ 《中国近代史资料丛刊·辛亥革命》，第3册，第78页。
⑤ 蛰伸（朱执信）：《论满洲虽欲立宪而不能》，《民报》第1号，1905年10月。
⑥ 佚名：《清太后之宪政谈》，张枬、王忍之编《辛亥革命前十年间时论选集》第二卷，生活·读书·新知三联书店1977年版，第71页。

也。苟不革命,即虽尽其力以图消之,吾知其无一效者也。故消灭种界一问题也,立宪一问题也,种界消灭然后能立宪,即前所云云是也;种族未消灭而欲以立宪之,则不可能之事也"。①

革命党的成长壮大使满洲少数的开明之士深感忧虑,贵族端方在奏折中申述:"孙文演说,环听辄以数千。革命党报发行购阅,数逾数万。……所至欢迎,争先恐后,人心之变,至是而极。"他又说:"近访闻逆党方结一秘密会,遍布支部于各省,到处游说运动,且刊印鼓吹革命之小册子。……入会之人,日以百计,踪迹诡秘,防不胜防。"由此得出结论:"窃以为今日中国,大患真在腹心。"端方认为,只靠严峻的镇压将无济于事,宣布实行立宪,就可以"于政治上导以新希望",以达"解散乱党"之目的。他还主张消除满汉间的隔阂,使革命党失去革命排满的理由。②

1906年,清廷着手进行官制改革,在最终方案尚未正式公布前,汪精卫撰成《满洲立宪与国民革命》长文,对满洲立宪之实质及与国民革命之关系进行了透彻分析。汪氏谓,满洲之汲汲于立宪,"殆无非欲举中央集权之实"。满洲政府所以谋中央集权,乃以少数民族制驭多数民族所不得不然之结果。满洲以少数民族而为征服者,汉人以多数民族而为被征服者。满人欲巩固其权力,"以长居征服者之地位,则莫亟于独占政治上之势力",故其驭治之道不外于中央集权。夫观咸丰以前中央集权之盛隆如此,咸丰以后中央集权之衰落又如彼,"则今日满洲政府所以自为计者,从可识矣"。计之所出,"莫如藉变法之名以收集权之实,然徒曰变法而已犹不得大有所张弛,于是立宪之说因以发生。盖立宪者更变政体之事也,政体既变则官制将随以俱变,于更变官制之际狭地方行政官之权限,则中央政府权力展拓于无形矣。逆料虏廷处此诡计必多,先尚阴柔,终乃强鸷。盖其中央集权力之失坠,已非一日,对于各省督抚之强有力者,方倚藉其力以求自完,心虽叵测,毒未遽肆也。故其始也,必外示包荒,而徐图吸收权力于政府,此纯属于阴谋波谲云诡,非可枚数"。满洲立宪之本意,在"以立宪为表,以中央集权为里;以立宪为饵,以中央集权为钓;阳收汉人之虚望,阴殖满人之实权,洵排汉之上策哉"。③

革命派出于华夷之辩之满汉区分及论列,难免有偏褊、夸张之处,他们

---

① 蛰伸(朱执信):《论满洲虽欲立宪而不能》,《民报》第1号,1905年10月。
② 《中国近代史资料丛刊·辛亥革命》第4册,第41—44页。
③ 精卫:《满洲立宪与国民革命》,《民报》第8号,1906年10月。

无视中国长期以来为多民族国家之历史事实，将满人、满洲排除出中国尤其错误，充分表露了狭隘的大汉族主义和种族主义偏见。但革命党人揭露满洲统治者实行种族压迫和种族歧视政策，满汉种界高筑、畛域严密，认为满汉问题与晚清政治改革之间关切极深，不化除满汉畛域就不可能施行真正的立宪政治，这些都符合历史事实，梁启超、杨度等革命党的反对派也不能一概否认，有些方面甚至高度一致。① 稽之于史，清廷1906年官制改革及丁未政潮后汉人势力大黜，载沣上台后更是疯狂集权亲贵，满洲贵族以立宪而集权而排汉之真相大白于天下。故汪精卫等于满洲立宪本意之论析诚为高论，革命思想之播撒愈复迅猛。

迨清廷颁旨预备立宪，革命党人自然无一信之。他们看到，现在既讲预备立宪，满人的权力，到反一天大一天。所以"预备立宪，就是预备排汉的代名词也，就是预备实行专制的代名词"②。满洲假借立宪之空名，以涂饰天下之耳目，"其恣睢狼戾之私，亦既然彰著而不可掩覆"。满洲对汉之政策，峻其阶级，严其畛域，数百年如一日。岂能"幡然改变，尽弃已得之权利，而与我立于同等之地位"。故预备立宪后之利害之所极有四，1. 扩张满族政事上之特权。2. 巩固满族军事上之实力。3. 遏绝汉族之民气。4. 扩张满族之生计。综是数者观之，"满洲之所谓立宪，从可知矣。美其名曰预备立宪，而实则遵循弘历、玄烨之遗策而厉行之耳。弘历、玄烨行其策而效，故汉族呻吟困顿于虏廷之轭下且三百年。今其策之效否固弗可知，要亦视我族之自待若何而已。诗有之，'无信人之言，人实诳汝'，虏之诳我民至矣"。③

在这场旷日持久的论战中，革命党人对于立宪派的主张作了有力的辩驳，揭露了他们反对革命的实质，进一步划清了革命与改良的界限，扩大了革命阵地，取得了思想领导权，促使革命形势蓬勃发展。就连与其势不两立的立宪派也不得不承认："数年以来，革命论盛行于国中，今得法理论、政治论以为之羽翼，其旗帜益鲜明，其壁垒益森严，其势力益磅礴而郁结，下至贩夫走卒，莫不口谈革命，而身行破坏。革命党者，公然为事实上之进

---

① 比如杨度也认为："今日中国若不能撤去此八旗兵制，则君主立宪之制必不能行。"见杨度《国会与旗人》，《中国新报》第7—8号。
② 楚元王：《谕立宪党》，《天讨》，《民报》1907年4月增刊。
③ 阙名：《预备立宪之满洲》，《民报》第19号，1908年。

行，立宪党者，不过为名义上之鼓吹，气为所摄，而口为所箝。"① 反对革命的杨度也认为革命党之"排满革命"四字"应于社会程度，而几成为无理由之宗教也"。又说排满革命之理由各异，"虽皆无理，而各有一方面之势力。凡理由甚简单而办法甚复杂者，虽智者不易寻其条理。凡理由甚复杂而办法甚简单者，虽愚者亦能知之，能言之，能行之，范围反较为大，势力反较益增也"。② 可见虽然政见有分歧，但杨度对革命派的宣传策略深以为然，对其成功亦私下承认。其实，同盟会之所以在思想上能够压倒立宪派，主要并不在于其法理论、政治论有多么高深，而是在于清末社会矛盾日益激化，满清王朝即将走到尽头的情势下，其颠覆者的形象迎合了清末一般群众亟求反满革新的强烈愿望，清廷之倒行逆施在客观上恰是革命理论的诸多注脚。革命派通过论战，批判了封建专制制度和封建文化思想，使资产阶级民主思想进一步得到传播，三民主义和民主共和观念开始逐渐深入人心，为迎接革命高潮作了思想上的准备。

在舆论鼓吹的同时，同盟会最重要的实践活动，就是策划和发动了一系列反清武装起义及暗杀活动。

1906年春，江西省萍乡县和湖南省浏阳县、醴陵县一带爆发了由会党、农民、矿工参加的武装起义。同盟会会员参加了起义活动，并为起义军发布了以同盟会政纲为内容的革命文告，号召群众奋起反抗。起义队伍很快发展到数万人，并迅速控制了四五个县，屡次击败清军。清廷急调数省军队加以围剿，才把起义镇压下去。在这次起义中，死于官军屠杀下的群众至少有千余人。

1907—1908，潮州黄冈起义，惠州七女湖起义，钦廉防城起义，镇南关起义，钦廉上思起义，河口起义，广州新军起义等七次起义，由同盟会领导在粤、桂、滇三省接连发动，孙文还亲自参加了镇南关起义。

在同盟会连续发动武装起义的同时，光复会也在浙江、安徽发动了起义。光复会的部分成员虽然加入了同盟会，但由于意见分歧等原因，一些人实际上仍以光复会的名义自行活动。陶成章、徐锡麟、秋瑾等人，在浙江秘密联络会党，于绍兴创办大通学堂作为据点，策划起义。原来准备在浙江、安徽两地同时举事。但由于组织不严，浙江嵊县的会党先期发难失败，致使

---

① 与之：《论中国现在之党派及将来之政党》，《辛亥革命前十年间时论选集》第2卷，第607—608页。

② 丁文江、赵丰田编：《梁启超年谱长编》，第398—399页。

事机败露，各地会党武装相继遭到镇压。徐锡麟闻讯后仓促行动，起义失败。1908年11月，受徐锡麟和秋瑾的影响，熊成基乘光绪皇帝和慈禧太后相继死去，人心惶惶的时机，率马炮营新军一千多人起义，进攻安庆。革命军同清军激战一昼夜未能得手，不得不退却，起义失败。参加这次起义的军士学生被官方拿获杀害的不下三百人。徐锡麟、秋瑾的光复军起义，主要靠会党力量。熊成基所依靠的却是新军中的士兵。当时的革命派渐渐感到以旧式的会党作革命的主力是不可靠的，于是转而从新军中寻找革命力量。

同盟会领导的多次起义，主要依靠各地会党，群众基础薄弱，发难条件不够成熟，加之领导不力等原因，最后都未成功。但它们都不同程度冲击了清朝统治。革命党人抛头颅、洒热血的崇高精神，振奋了全国人民的反抗意志，激起更多的人投身于反清斗争。

作为反清暴力斗争的一种特殊方式，政治暗杀是革命党人为推翻清政府所采取的一种极端暴力方式，是清末不可忽视的历史内容。自1900年到1912年的10余年间，革命党制造的暗杀共有50多起，几乎每年都有暗杀事件发生，1904—1905年，1910—1911年是发生频率相对频繁的时期。以地理范围而言，暗杀遍及全国范围，集中发生在北京和广州两个中心。

革命党人暗杀文化大致有内外两个源头。内则古代中国之游侠精神。吴樾字孟侠，秋瑾自号"鉴湖女侠"，显见其崇侠之心，矢志暗杀的革命党"誓捐一死，以少尽力于我同类，而剪除一仇敌"。[①] 革命志士把暗杀活动看作是行"荆轲聂政之事"，期以"我启其途，人步其武，我为其先，人缵其绪"[②]。外则俄国的"无政府主义"思潮。以《民报》为例，其对无政府主义及其暗杀活动十分推重，《民报》所有插图不到60幅，有20幅关联无政府主义及暗杀者，超过总数的1/3。譬如《民报》第二十号便有五幅有关暗杀的插图——"被杀五分钟前之葡萄牙王及其太子""首先枪击葡王者毕夏""杀葡王者克斯德"及遇刺者"王子路易菲理"和"葡萄牙王加罗"。[③]《民报》另有很多消息和文章涉及无政府主义。其暗杀手段尤其为革命党推重，"破坏的无政府党之运动有二：曰鼓吹，曰密交，曰暗杀"，"暴君污吏民不堪命，于是爆弹短铳为博浪之狙击，此第三法也。掌此三法者，或称胁

[①] 揆郑（汤增璧）：《崇侠篇》，《民报》第23号，1908年。
[②] 运甓（黄侃）：《释侠》，《民报》第18号，1907年。
[③] 牛贯杰：《试论清末革命党人政治暗杀活动的文化根源》，《燕山大学学报》（哲社版）2003年第3期。

击团，或曰执刑团，盖对于暴君污吏处以逆民之罪，使若辈反省悔过耳"。①

革命党政治暗杀之目的有多种，为唤醒民众，为扫除革命障碍，为惩处叛徒、奸细，以及配合武装起义等。革命先行者认为革命之先，暗杀可以广播火种。孙文、黄兴、陶成章、胡汉民、章太炎、汪精卫、陈天华、秋瑾等人，皆对暗杀手段加以推崇，其中很多人亲与其事。清末著名的暗杀团有：军国民教育会所属的暗杀团（黄兴等），上海暗杀团（蔡元培等），北京暗杀团（吴越等），同盟会东京总部暗杀团（方君瑛等），支那暗杀团（刘思复等），京津同盟会暗杀团（汪精卫等）。

同盟会甫一成立，吴越②谋炸五大臣的炸弹便响起。吴越是保定高等学堂学生，受革命书刊的影响，决定以暗杀手段来反对清朝政府，属于北京暗杀团，他和同盟会的个别会员有联系，但其暗杀属独立行动。1904 年，吴两度谋刺陆军部尚书铁良未遂。1905 年 7 月清廷宣布派遣大臣出洋考察政治，吴越"深恐立宪告成，益不利于汉族"，乃变更了暗杀铁良的计划，"专向清五大臣下手"。③ 8 月 26 日，被派出国的考察宪政五大臣在北京正阳门火车站遭到吴越的炸弹袭击，载泽、绍英受轻伤，吴越当场牺牲，时年 26 岁。吴越暗杀行动的威力不亚于另一颗更大的炸弹，它鼓励革命党人把暴力直接诉诸专制独裁者的肉体。吴氏就义后，专门的暗杀团亦在同盟会总部设立，"年少之士，钦慕吴之大名，欲步后尘者，日多一日，此种人较空淡革命者更为激烈"④。

吴越牺牲两年后，1907 年 4 月《民报》增刊刊载了他的遗书《暗杀时代》，流布甚广。吴氏认为"排满之道有二，一曰暗杀，一曰革命。暗杀为因，革命为果。暗杀虽个人而可为，革命非群力即不效。今日之时代，非革命之时代，实暗杀之时代也"⑤。革命固有必然性，"若欲驱除强胡，不得不革命；欲保存种族，不得不革命；欲去奴隶之籍，而为汉土之主人翁，不得不革命"⑥。然徒聆革命之空言，而不见革命之实行，其故何在？"人类之不齐，人心之不之一，一言革命，则畏首畏尾，顾身命而不前，未足与有为

---

① 社员：《欧美社会革命运动之种类及评论》，《民报》第 4 号，1906 年。
② 吴越乃其本名，谋炸五大臣案后，清廷将"吴越"改为"吴樾"，以示侮辱，而后世皆误传为吴樾。
③ 冯自由：《革命逸史》第 3 集，中华书局 1981 年版，第 193 页。
④ 冯自由：《革命逸史》第 6 集，中华书局 1981 年版，第 117 页。
⑤ 吴樾：《暗杀时代》，张枏、王忍之编《辛亥革命前十年间时论选集》第二卷，第 715 页。
⑥ 同上书，第 717 页。

也。予于是西验欧洲，东观日本，而见其革命之先，未有不由于暗杀以布其种子者。"他断言"今日为我同志诸君之暗杀时代，他年则为我汉族之革命时代。欲得他年之果，必种今日之因。我同志诸君，勿趋前，勿步后，勿涉猎，勿趑趄，时哉不可失，时乎不再来，手提三尺剑，割尽满人头，此日正其时矣！吾愿为同志诸君之先，吾更愿同志诸君之日继我后，同志诸君其从我愿乎？"① 暗杀与复仇互相为力，互相为功。"暗杀之战兵在前，势不得不有复仇之援兵在后。……欲言革命者，不得不前以暗杀，后以复仇。"② 若革命党人皆持暗杀主义以实行之，吴氏预测"满酋虽众，而杀那拉、铁良、载沣、奕劻诸人，亦足以儆其余。满奴虽多，而杀张之洞、岑春煊诸人，亦足以惧其后。杀一儆百，杀十儆千，杀百杀千杀万，其所儆者自可作比例观。杀之无已，儆之亦无已，安知夫东胡群兽，有不见死见危而思出关走避乎？又安知夫皇皇汉族无继起之，而吾党之不日增月盛乎？"③ 在吴越等鼓吹的暗杀主义影响下，一批又一批的革命党人义无反顾地投身其中。

1907 年 6 月 11 日，广东水师提督李准镇压黄冈、七女湖起义后班师回广州，冯自由、胡汉民等计议乘机诛杀立威，由刘师复实施。11 日晨，刘师复装配炸弹时突然发生爆炸，面部受伤，左手五指全废，被捕入狱。他出狱后仍不改初衷，又成立支那暗杀团。刘师复原名刘绍元，广东香山人，1904 年留学日本，因立志反满，光复故国，更名思复，后再改师复。次年入同盟会，成为同盟会的发起人之一和首批会员。

1907 年夏，徐锡麟、秋瑾准备发动浙皖起义，因事机不密，安徽巡抚恩铭严密查拿革命党人，形势危急。7 月 6 日，在安庆巡警学堂毕业典礼上，徐锡麟毅然拔枪，射杀恩铭，率领学生军起义，激战数小时后失败。后恩铭不治而亡，徐兵败被捕。

徐锡麟 1904 年在上海加入光复会，1905 年到浙东联络会党，又在绍兴办大通学堂，借此积蓄革命力量。后纳粟捐官，任安徽巡警学堂会办兼巡警处会办。一位四品官员刺杀了一位二品巡抚，这在清代是前所未有之事。面对审讯，徐锡麟的回答惊世骇世："尔等言抚台是好官，待我甚厚，但我既以排满为宗旨，即不能问其人之好坏，至于抚台厚我，系属个人私恩；我杀抚台，乃是排满公理。"他坦言自己"做官本是假的"，而且声称"蓄志排

---

① 吴樾：《暗杀时代》，张枬、王忍之编《辛亥革命前十年间时论选集》第二卷，第 718 页。
② 同上书，第 720 页。
③ 同上书，第 719 页。

满已十余年矣,今日始达目的。本拟杀恩铭后,再杀铁良、端方、良弼,为汉人复仇"。① 此案对满人之威慑效应很突出,据陶成章《浙案纪略》载,"徐锡麟事起,铁良、端方惧。铁良遣安徽人程家柽来东京求和于党人,愿出万金以买其命"②。铁良甚至于还愿意出巨资购买《民报》正准备刊发的一篇文章《勉励革命党人完成徐氏未尽之志》。孙宝瑄向铁良推荐其二表侄,皆江南武备学堂毕业生,"铁帅不敢留,曰防其为革命党,又闻是浙人,愈不敢用"。京师一度传言"内外大臣有更调之说,并欲组织内阁,盖为革命党人声势所动摇也"③。端方也在给铁良的电报中忧心忡忡地说:"吾等自此以后,无安枕之一日。"④ 京城的宫苑衙署,迅速添派卫兵及巡警队兵,驻扎防护,如临大敌。不但满族亲贵,朝廷大吏人人惊恐,即使是一向专权自信的慈禧也深受打击。据盛宣怀派往京城的坐探陶湘记载,徐案以后,慈禧的精神大受刺激,"从此心灰意懒,得乐且乐"⑤。恩铭之死,第一次让清廷产生了一种革党人无处不有,无时不在,防不胜防的恐惧感,当时流行的说法是"革命军不足畏,惟暗杀实可怕"⑥。

徐锡麟刺杀恩铭案于晚清政局影响深远。清廷对徐锡麟用刑十分惨无人道,先砸碎睾丸,再剖心斩首,稍后徐的挚友秋瑾亦被罗织罪名处斩。这些酷刑与当时晚清正在进行的司法改良逆流而动,为上海中外报刊大肆报道,自然也激起了更多汉人的仇恨,有利于革命形势进一步高涨。另一方面,它也促使清廷加快了预备立宪的进程,平满汉畛域的步伐也加速。首席军机、庆王奕劻"闻皖恩铭被戕警耗,大惧,以为实行预备立宪,庶可免暗杀之患"⑦。他对慈禧说:"欲弭革命之叛乱,舍实行立宪主义,实无良策。盖此辈无他术,只以中国为专制政体,专以压制为惑人之术,我若及早颁布实行,则革匪无术以惑人。"⑧ 继而清政府再次派遣大臣出洋考察宪政,颁发了亟宜设资政院的上谕,令各省试办地方自治,速设咨议局。徐锡麟案显然

---

① 《中国近代史资料丛刊·辛亥革命》,第 3 册,第 80 页。
② 同上书,第 48 页。
③ 孙宝瑄:《忘山庐日记》,丁未六月二十八,第 1057 页。
④ 《皖变始末记》,《辛亥革命浙江史料选辑》,浙江人民出版社 1981 年版,第 444 页。
⑤ 陈旭麓等编:《辛亥革命前后——盛宣怀档案资料选辑之一》,上海人民出版社 1979 年版,第 57 页。
⑥ 中国人民政治协商会议安徽省委员会文史资料研究委员会编:《辛亥风雷》,安徽人民出版社 1987 年版,第 79 页。
⑦ 《皖变始末记》,《辛亥革命浙江史料选辑》,第 444 页。
⑧ 《盛京时报》1907 年 7 月 16 日。

第四章 预备立宪前期的满汉博弈（1905—1908） / 157

是满汉矛盾极端化的典型，故诸多大小臣工上疏请速化除满汉畛域，不久清政府下诏表示要全面消除满汉畛域，令内外各衙门各抒己见，将切实办法妥议具奏。

革命党之暗杀虽败多成少，然其影响甚巨。孙中山后来在《中国革命史》中曾言："其奋不顾身以褫执政之魄者，则有刘思复之击李准，吴樾之击五大臣，徐锡麟之击恩铭，熊成基之击载洵，汪精卫、黄复生等之击摄政王，温生财之击孚琦，陈敬岳、林冠慈之击李准，李沛基之击凤山。其身或死或不死，其事或成或不成，然意气所激发，不特敌人为之胆落，亦足使天下顽夫廉、懦夫有立志矣。"① 孙文所赞颂的是为国为民而舍生忘死的革命精神，这个评价还是比较客观的。

革命党力量孱弱②，其暗杀和暴动很难有太高的军事价值，但与革命宣传相配合，其政治上影响力却不容小觑。③ 排满宣传与暴力活动显然存在彼此呼应、互相影响的关系。持久不衰的排满反清舆论鼓动，经久不息的对抗现行秩序的暴力行动，制造了一种动荡不安的形势，加速了清朝的灭亡进程。清廷于革命党的因应非常被动，且又始终把维护满洲的部族利益作为首要之事，故其一边大搞预备立宪，一边却不断攘夺汉人之权力。革命党何以生？梁启超以为"生于政治腐败。政治腐败者，实制造革命党原料之主品也。……政府一面以制造革命党为事，一面又以捕杀革命党为事。……革命党者，以扑灭现政府为目的者也。而现政府者，制造革命党之一大工场也"④。故此满汉民族间的恶感愈复增加。满洲权贵之任性而为无异于自掘坟墓，一旦因缘际会，形势逆转，人心突变，大厦之倾将无可挽回。

---

① 《孙中山全集》第7卷，中华书局1985年版，第65页。
② 孙宝瑄戊申五月初二日记载："河口克复，革党溃逃，已见明旨，革党之无能可以见矣。从前粤东之乱，一德静山足以平之；今日滇乱，一锡清弼足以制之，尚何言哉！"（见孙宝瑄《忘山庐日记》，第1192页）可知在汉人京官眼中，革命党毫不足虑。
③ 胡汉民多年以后总结了辛亥革命成功的两条经验：策反新军乃"成功革命之重要因素"，而排满宣传"战胜一时之思想者，实为根本之成功"。见《胡汉民先生自传》，台北党史会1978年影印本，第237—238页。梁启超亦谓："去秋武汉起义，不数日而国体丕变，成功之速，殆为中外古今所未有。南方尚稍频战争，若北方则更不劳一兵不折一矢矣。问其何能如是，则报纸鼓吹之功最高，此天下公言也。"则于舆论之功亦有同感。见《饮冰室合集》第11册，中华书局1936年版，第1页。
④ 梁启超：《现政府与革命党》，《新民丛报》第89号，1907年。

第五章　预备立宪后期的满汉对决（1908—1912）

第一节　集权·分权
——国会大请愿与满汉之争

  国会大请愿以汉人精英梁启超为理论导师，杨度、张謇、孙洪伊等为核心领导，汉人士绅民众为主体，解决满汉矛盾乃其大旨之一，核心则是满汉之间的权力之争。较之革命派的"排满反清"，立宪党之宗旨为"限满保清"，然于消除满洲特权、化除满汉畛域方面与革命党并无二致，只不过言语委婉、行动温和而已。民主自由乃立宪之真精神，设若速开国会，真正立宪，先前由满人、旗人世袭之大量权力势必让渡与诸多汉人，故国会大请愿与满汉矛盾关系极深。汉人发动一次次国会请愿的根本目的首为救国保大清，次则为汉人争权利、争民主，但无论就当时情势抑或立宪派之立场心境，后者皆为可行而不可言之事。

  由满汉势力消长整体而言，在慈禧精心谋划下，光绪朝为清季满洲贵族竭力捍卫政治特权之逆势大反弹时期。对于清廷，施行预备立宪的初衷是"皇位永固""外患渐轻""内乱可弭"①，立宪必须保证大清皇帝统治大清帝国，万世一系，永永尊戴。满洲亲贵非但不愿放弃任何既得利益，反而于势力衰退中不断在中枢机构排挤汉人，集权于亲贵。光绪朝末年，清廷中央机关排汉集权已经非常严重。载沣承继这种政治格局，"承述父志，排斥汉人"②，而且走向了"一切悉委诸宗潢贵胄"，"以天下为一家私物"③ 之极端。摄政王监国的第一件大事就是罢黜袁世凯，其中满汉之防显然过于满洲

---

①《宪政初纲·立宪纪闻》，第3页。
② 恽毓鼎著，史晓风整理：《恽毓鼎澄斋日记》，辛亥九月十八日，浙江古籍出版社2004年版，第557页。
③ 胡思敬：《退庐疏稿》卷一，南昌退庐刻本1924年，第17—18页。

内争。面对愈复汹涌之宪政思潮，清廷也不得不有所因应，展现出一些改革姿态。然而事实胜于雄辩，一次次地失望终致绝望，即便是温文尔雅之立宪党，其忍耐也是有限度的。

以汉人士绅而言，自曾国藩亡去，本族政界之大佬只有两位，"庚子以前，李合肥之世界也；庚子以后，袁项城之世界也"。合肥既死，项城又去位，"不审更推何人支此残局？"① 当初袁失兵柄，汉人便有危及天下之忧心②，如今此汉人大佬一去，国事将如何？朝廷高层已经没有本族利益之代理人，有满洲亲贵之阻碍，由上而下速行宪政断难实行，则集合大家自下而上吁请政府速开国会乃最佳选择。国会请愿之创始人，非杨度莫属。杨氏既为名儒王闿运之高足，亦曾负笈日本研习法政，兼通中西，才华横溢，能量巨大，乃清末第一宪法专家、著名的政治家。杨度与梁启超过往甚从，亦深受其引领启发，为亲密的政治盟友。清廷下诏预备立宪后，立宪派大受鼓舞，杨度于1907年在东京创立《中国新报》月刊，任总编撰，以此为阵地，极力鼓吹宪政。他认定宪法、国会与责任内阁为宪政之根本，而国会可以"解决一切之政治问题"③，召开国会乃是"唯一救国方法"④。个中不能言明者，则在与革命党竞争势力，此于杨氏致梁启超函中表露无遗。杨度曰："其所以必以国会号召而不可以他者，因社会上人明白者甚少，一切法理论、政治论之复杂，终非人所能尽知，必其操术简单，而后人人能喻，此'革命排满'四字所以应于社会程度，而几成为无理由之宗教也。吾辈若欲胜之，则宜放下一切，而专标一义，不仅使其脑筋简单者易知易从，并将使脑筋复杂者去其游思，而专心于此事。……以此为宗教，与敌党竞争势力，彼虽欲攻我，亦但能曰办不到，而不能曰不应办也。"⑤ 其实彼时社会多称革命党为"民主立宪党"，而谓立宪派为"君主立宪党"，仅一字之差；近人研究也认为两派的阶级基础皆为整个民族资产阶级，"不存在阶层的差异"，两派人士关系密切，不断有人向对方阵营转化。⑥

其实杨度于满人之颟顸，满汉之不平等，早已了然于胸，青年时期一度

---

① 孙宝瑄：《忘山庐日记》，戊申十一月十一，第1286页。
② 孙宝瑄：《忘山庐日记》，丙午十二月初七，第951页。
③ 杨度：《国会与旗人》，《中国新报》第7—8号，1907年10月15日—1908年1月12日。
④ 杨度：《金铁主义说》，《中国新报》第1—5号，1907年1月20日—1907年5月20日。
⑤ 丁文江、赵丰田编：《梁启超年谱长编》，第398页。
⑥ 侯宜杰：《论立宪派和革命派的阶级基础》，《近代史研究》1992年第3期。

倾向革命。① 他在《国会与旗人》长文中对国会与满汉问题有深入的客观分析。杨度认为，满汉问题的发生，根源在于八旗制度，它是中国数千年之政治制度中，"一最特别离奇不可以条理之者"。他反复论列，八旗制度不但于汉人为害，于旗人亦无利，撤旗乃当下国家之要政之一。他一再委婉提醒清廷高层，"汉人于感情上、利害上，皆欲存皇室以自存，而势力又足以保之，旗人于感情上、利害上，亦欲存皇室以自存，惟势力不足以保之。此今日之实在情形也"。杨氏断言"今日中国若不能撤去此八旗兵制，则君主立宪之制必不能行，而皇室之安全与人民之安全两无可望，数千年之古国必自此而已矣"。最后他直接警告清廷，时局威迫，"满汉问题至急"，旗汉应共患难，设若旗人"宁肯亡国而牺牲汉人，汉人铤而走险，急何能择，挟其孤注一掷之情，以为玉石俱焚之举，恣睢愤怨，何不可为？"② 稍后《中国新报》刊发之来稿言说更加明确："夫今日中国，本千钧一发之际，存亡危急之秋，以言乎外，则机会均等之政策，并起于列强。以言乎内，则革命排满之风潮，流行于薄海，祸机已兆，后患难言。及今不图，恐三数年后，燎原莫救，即欲行今日之计，亦不可得。"③ 然杨度等人的肺腑之言显然并未打动清廷，八旗兵制依旧，满汉畛域如故。清廷不愿废除八旗制度，他们只能退而求其次，专心于速开国会。杨度认为，若有负责任之国会，负责任之政府，则满汉问题自然可解，在理论上这是可行的。

1908 年春夏之际，在杨度、雷光宇等首度呈递请愿书后，请愿开国会成为社会热门话题，不唯立宪派，绅商学界也热衷于此。参加此次请愿的共有宪政公会、帝国宪政会、政闻社、宪政研究会、预备立宪公会等 8 个立宪团体，全国 18 省人民，以及留学生和海外华侨，"全国签名人数有据可查者达 15 万之多"④。这是全国人民共同向朝廷要求政治权利的伟大行动，时人称颂为"极千古未有之奇观"⑤。清廷一直执着地认为立宪须循序渐进，

---

① 胡思敬：《劾四品京堂杨度折》言：候补四品京堂杨度留学东洋，首倡革命，造谣惑众，形同会匪所作逆书甚多，其业经传布，确实可据者，如《湖南歌》，云 "谓彼当年起义师，不助同胞助胡满"；又云 "长毛死尽辫发留，满洲翎顶满湘洲，捧兹百万同胞血，献与今时印度酋"；又云 "国事伤心不可知，曾洪曲直谁当理"。刊入癸卯秋季《新民丛报》，"饮冰室诗话"内，人人得而见之。该逆员取洪秀全与曾国藩并论曲直，已属丧心病狂，又呼变匪为同胞，呼本朝为胡满、为辫发、为印度酋。天下臣子所不忍闻者，竟敢形之歌咏，传播四方，狂吠无知，令人发指。见胡思敬《退庐疏稿》卷四，第 8—10 页。
② 杨度：《国会与旗人》，《中国新报》第 7—8 号，1907 年 10 月 15 日—1908 年 1 月 12 日。
③ 来稿：《民选议院请愿书》，《中国新报》第 8 号，1908 年 1 月 12 日。
④ 侯宜杰：《清末立宪运动史》，第 215 页。
⑤ 《追记国会请愿之历史》，《申报》1908 年 9 月 14—15 日。

第五章　预备立宪后期的满汉对决（1908—1912）

起初对请愿很不以为然，学部则电令各省禁止师生参与。随着请愿活动的日益高涨，政府不得不认真对待。8月，康、梁发起的政闻社被清廷查禁，但并未收杀一儆百之效，请愿之势势不可挡。不久政府便刊发宪法纲要、议员选举法纲要，决定九年内颁布宪法，召集议会。尽管九年依然很漫长，但立宪派毕竟已经看到了希望。此后，各省立宪派开始把主要精力用于筹备咨议局，将请开国会之事暂行搁置。

载沣监国后，在宪政上的姿态相当高，他再三表示坚定不移地筹备立宪，在实际工作中也把立宪放在头等重要位置，摄政王的态度自然令立宪派大受鼓舞。咨议局是初级形态的地方议会，设立咨议局是清末预备立宪的重大举措之一。1908年7月清廷公布咨议局相关章程，限令一年之内成立。同年秋天起，各省按规定陆续进行议员选举。各省咨议局议员通过选举产生，这种全国范围的选举活动在中国可谓开天辟地第一遭。至1909年10月，除新疆缓办外，全国21个行省的咨议局均如期成立，一律开议。咨议局的成立，"为我国人民获有参政权之第一日"[①]，它"大大突破了封闭式的封建政权结构"，"标志着人民参与管理国家政治生活的正式开始"[②]。咨议局也为立宪派提供了一个前所未有的活动平台，一个同满人专制特权进行斗争的合法阵地，请开国会再次提上议事日程。平等自由、依法治国是现代宪政体制的基本要求，而满汉一体、族群平等乃清末宪政之首要大政，此为彼时满汉立宪派人士之共识，彼辈亦不遗余力地宣传鼓动。不幸的是，一个被既得利益蒙住了双眼的满洲亲贵集团，对此没有足够的认识。他们既想顺应民意实行宪政，又不想与汉人集团分享更多权力。他们一次次地拒绝请愿开国会等要求，越是搞宪政改革，反而越是把权力往皇族手中收拢。

清政府预备九年立宪，这与立宪派的要求（两三年内）有很大的差距。各省咨议局成立后，议员多为士绅、科第或留日学生出身，立宪派声势大增，上海、北京及各大都市均有宣传机关。有理想而后有组织，有组织而后有行动。梁启超等汉人立宪精英积十余年之功，终显威力。1910年，以各省咨议局为中心，在立宪派的领导下，先后发动了四次全国性的国会请愿运动，要求速开国会。前三次请愿皆由江苏咨议局议长张謇策动，直隶省咨议局议员孙洪伊领衔。

张氏名贯东南，颇有时誉，重要督抚多和他相识。张謇同江苏巡抚瑞澂

[①] 《时报》1909年10月14日。
[②] 侯宜杰：《清末立宪运动史》，第238页。

商议：由他出面联络各省咨议局，由瑞澂出面联络各省督抚，分别请朝廷速开国会和速设责任内阁。张謇派出孟昭常、方还、杨廷栋三人分途到各省与咨议局联络。12 月 18 日，16 省抵沪代表 51 人齐集跑马厅预备立宪公会事务所，召开"请愿国会代表团谈话会"，以福建咨议局副议长刘崇佑为主席，江苏咨议局议员孟昭常和福建咨议局书记长林长民为书记。从 18 日至 25 日，共开会六次，要求速开国会，由直隶省咨议局议员孙洪伊领衔。推定各省进京代表为：直隶孙洪伊、张铭勋、王法勤，江苏吴荣萃、方还、于定一，山东周树标、朱承恩，湖南罗杰、刘善渥，湖北陈登山，河南彭运斌、宫玉柱，浙江应贻诰、吴赓廷、郑际平，福建刘崇佑、王邦怀、连贤基，江西闵荷生、聂传曾，广东沈秉仁，广西吴赐龄，奉天永贞、刘兴甲，吉林与黑龙江两省为李芳。① 另外，安徽、山西人数未定，陕西、甘肃、四川、云南、贵州因路远未有代表与会，只好致电通告。请愿团 33 人于 1910 年 1 月 20 日到京②，本欲求见都察院都御史，但未果，于是遍谒王公亲贵大臣，以求疏通，请求于一年内召开国会。与此同时，直隶总督陈夔龙、两广总督袁树勋与奉天、吉林、山东等省巡抚，以及出使各国大臣均致电政府，"请俯从舆论，速开国会"。甚至旗人也"联合同志，公举代表，赴都察院呈请代奏速开国会"③。在此情况下，都察院只好将各省代表与旗汉人民的请愿书一同上奏。清廷的答复是"俟将来九年预备业已完全，国民教育普及，届时朕必毅然降旨，定期召集议院"④。代表们虽然不满，并不气馁，准备扩大组织，再度请愿。

宣统元年年底（1910 年 1 月底）33 位立宪党人之国会请愿，即使在京师亦未激起太多波澜，守旧之士绅视为胡闹，清廷至多视如普通清议而已。然在敏感的西方观察家眼里，这却是一个重要的预兆，"这个多头怪物来到北京，将带给清政府麻烦。在此多事之秋，新的激荡因素必然因此而产生"⑤。濮兰德更是直言："各省咨议局所起的作用以及各省想抱成一团的愿望，迟早要意味着满洲王朝的终结。"⑥ 以后的事实证明了西方人的睿智，

---

① 侯宜杰：《清末立宪运动史》，第 271 页。
② 见张朋园《立宪派与辛亥革命》，吉林出版集团有限责任公司 2007 年版，第 54 页。
③ 问天：《宣统元年十二月中国大事记》，《东方杂志》第 7 年第 1 期。
④ 《清末筹备立宪档案史料》下册，第 642 页。
⑤ "Delegates in Peking", *North China Herald*, Jan. 28, 1910, p. 83. 转引自张朋园《立宪派与辛亥革命》，第 64 页。
⑥ 骆惠敏编：《清末民初政情内幕》（上册），知识出版社 1986 年版，第 651 页。

第五章 预备立宪后期的满汉对决（1908—1912） / 163

国会请愿不但给予清廷莫大压力，也大大加速了清朝的灭亡进程。

第一次国会请愿之不得成功，"政府以为恐非国民之公意也"①。故立宪派注重了扩大规模、加强宣传。各省请愿代表为联合行动成立了"请愿即开国会同志会"，2月初，该会在京开会议决，致电各省绅、商、学团体，要求各省从速成立分会，推定代表进京，再上请愿书。与此同时，黎宗岳、陈佐清等人还在京城组织国会期成会，作为请愿即开国会同志会的后援会。同志会设总部于上海，设支部于北京及其他各地，由江苏、广东、直隶三省分别派员运动海外华侨及邻近省份。为了发动广大民众，他们开办《国民公报》以为喉舌，并发起同盟报纸如《国风报》《时报》《申报》等支持，甚而向四乡张贴标语。这次请愿运动的发动对象，除了咨议局外，还有各省商会、教育会、政治会社、旗籍绅民及华侨代表，甚至于基层民众，可以说真正具备了全国意义的代表性。4月初，请愿即开国会同志会改订章程，正名为"国会请愿同志会"，设总部于北京，设支部于各省及各埠。② 同时，国会请愿同志会发布《意见书》，以速开国会为"救亡之第一策略"③，并系统地阐述了速开国会的主张。这次进京请愿代表有146人，参加请愿签名者达30万人④，规模远远超过第一次。6月16日，请愿代表齐集都察院，仍由孙洪伊领衔，共呈递10份请愿书。各团体代表如下：直省咨议局议员代表孙洪伊，各省商会代表沈懋昭，江苏商务总会代表杭祖良，南洋雪兰峨二十六埠中华总商会代表陆乃翔，旅澳全体商民代表陆乃翔，直省教育会代表雷奋，江苏教育总会代表姚文枬，各省政治团体代表余德元，直省绅民及旗籍绅民代表李长生、文耀，东三省绅民代表乔占九。⑤ 各份请愿书从多方面论证了速开国会的必要性与可能性，皆主张在一年之内召开国会。对于第二次国会大请愿，清廷采取了比上次更加严厉的态度。上谕"仍俟九年筹备完全，再行降旨定期召集议院"，并严词申诫"毋得再行渎请"。⑥ 第二次国会大请愿再次失败，但立宪派并不甘心，"群望三请"⑦。

两次请愿不成，身在海外的立宪导师、言论巨子梁启超异常愤慨。他在

---

① 《时报》1909年6月2日。
② 《国会请愿同志会规约》，《时报》1910年5月14日。
③ 同上1910年5月7日。
④ 侯宜杰：《清末立宪运动史》，第289页。
⑤ 问天：《宣统二年五月中国大事记》，《东方杂志》第7年第6期。
⑥ 《清末筹备立宪档案史料》下册，第645页。
⑦ 《国风报》，第23号。

《国风报》连续撰文,敦促清廷尽快立宪。梁氏指出,清政府已经成为罪恶之政府,"夫孰使我百业俱失,无所衣食者,政府也;夫孰使百物腾涌,致我终岁勤劳而不得养其父母者,政府也;夫孰使我一粟一缕之蓄积,皆使吏胥之婪索者,政府也;夫孰使盗贼充斥,致我晷刻不能即安者,政府也……"①而国会是立宪政体与专制政体的根本不同所在,"有国会谓之宪政,无国会谓之非宪政,筹办国会谓之筹办宪政,不筹办国会不谓之筹办宪政"。他斥责清廷将一般政治事务尽加诸宪政之名,诓骗人民,实在阻挠国会。为惊醒梦中之清廷,梁启超发出了严厉警告:"国民所以哀号迫切再三吁诉者,徒以现今之政治组织循而不改,不及五年,国必大乱以至于亡;而宣统八年召集国会,为将来历史上所必无之事也。"② 质而言之,"循现今之政治组织而不变,恐不待九年筹备之告终,而国已亡矣!此非吾一人之私言也"③。的确,杨度早在四年前便发出了类似的警告。国内不少立宪党人亦非常气愤,但多数仍为对清廷抱有希望,于是又开始了新的斗争。

第三次请愿运动以更大的规模展开。驻京请愿代表团为适应新的形势,作了适当的改组,吸收了各省各团体的代表加入,但各省咨议局仍然是请愿运动的主要力量。国会请愿同志会正式报请民政部立案,作为请愿运动的合法机构。8 月 10 日,立宪派在京正式成立各省咨议局联合会。赴京参会的咨议局议长或副议长有:直隶议长阎凤阁,副议长王振尧,浙江副议长沈钧儒,福建副议长刘崇佑,四川议长蒲殿俊,湖北议长汤化龙、副议长张国溶,奉天副议长张百斛,黑龙江副议长战殿臣等。各省咨议局有影响者与会的还有:江苏孟昭常、雷奋、杨廷栋、方还;江西汪龙光;广西吴赐龄;湖南罗杰;山东周树标等等。会议选举汤化龙为会长,蒲殿俊为副会长;推选孙洪伊、杨廷栋、刘崇佑、雷奋、周树标、汪龙光、孟森、吴赐龄、王法勤等为审查员。④ 会议讨论了各省咨议局共同关心的议案,其中最重要的是速开国会案。第三次请愿,不仅要求速开国会,并要求组织责任内阁,参与代表较第二次更为广泛,各省督、抚亦预通声气,北京、天津、保定及奉天、四川等省学生罢课响应。10 月 7 日,请愿代表团决议上书监国摄政王、会议政务处和资政院,立即进行第三次国会请愿。代表团行前奉天旅京学生赵振清、牛广生等 17 人突然来到,鉴于此前"以文字购国会"不足以打动政

---

① 沧江(梁启超):《为国会期限问题敬告国人》,《国风报》1910 年第 18 号。
② 沧江(梁启超):《论政府阻挠国会之非》,《国风报》1910 年第 17 号。
③ 沧江(梁启超):《为国会期限问题敬告国人》,《国风报》1910 年第 18 号。
④ 侯宜杰:《清末立宪运动史》,第 293 页。

府，表示要"以血购国会"，随即拔刀"欲剖腹绝命以明心迹"，被阻，牛、赵二人迅即从自己左腿、右臂割肉一块，在致代表书上摩擦数遍，并高呼"中国万岁""代表诸君万岁"，拭泪负痛，跄跄而去。①《大公报》严厉批判了政府的冷漠，"资政院开幕以后仅及二十日，为国会一事，显而易见者，则有卦臂割肉断指者，隐而难见者则有椎心顿足饮泣之人，至若声嘶力竭，舌敝唇焦则又有各代表其人，呜呼！国会！国会！其摧残我国民何至于此极！"认为"此次之请愿，不啻全国人民之请愿也，若仍不行达其目的，则咸晓然于立宪之虚伪，国会未必有开设之一日，势将人人丧气，人人灰心"。警告清廷，"革命党且得利用此时机相为鼓煽，则各省不逞之徒，因是蠢动，而大局立见其危。迨至乱象已成，始幡然萌悔祸之心，则天下所失者已多，而元气愈蒙斯斩削，何如于未乱之先亟为收拾人心之计为得矣乎？"②

10月22日，在民选议员的强烈要求下，资政院提前议决并通过了速开国会议案，随后便具折上奏。这是对国会请愿运动的极大支持。10月25日，十六省督、抚联名电请组织内阁，明年开设国会。立宪派在这次请愿中还发动了广大人民进行声势浩大的请愿游行，范围之广，规模之大，是前两次无法比拟的。空前绝后的第三次大请愿对载沣集团造成了很大压力，清廷不得不作出一定让步，预备立宪计划被提前到宣统五年（即1913年）完成，比原来缩短了三年。第三次国会大请愿也算取得了一定的成效。

但清政府在缩短国会期限的同时，还发布了遣散国会请愿代表的上谕："现经降旨，以宣统五年为开设议院之期，所有各省代表人等，着民政部及各省督抚剀切晓谕，令其即日散归，各安职业，静候朝廷详定一切，次第施行。"③ 清廷一面确定对以后的请愿实行镇压，一面立即着手对立宪派实行分解。张謇状元出身，对体制有一种天然的亲近感，尤其对朝廷几个开明派抱有很大的希望，他虽然主张立宪，但不愿意过分刺激朝廷，于是立宪派内部发生了分化，部分咨议局和团体退出了请愿行列。11月初，国会请愿代表团遵旨宣布解散。但国会请愿同志会继续保留，因为该会的宗旨不仅仅是请愿，还包括向民众传播宪政知识，着手组织政党，并要求各团体、各省咨

---

① 《呜呼血泪青年》，《民立报》1910年10月14日。
② 《三次国会请愿之感言》，《大公报》1910年10月19日。
③ 《宣统政纪》卷二八。

议局继续要求朝廷速开国会。各省纷纷致电国会请愿同志会，要求请愿代表不要解散出京，应继续请愿，力争速开国会。奉天、直隶等省人民，还发动了第四次请愿运动，这次青年学生充当了主力。

12月底，奉天各界推举的代表董之威、刘焕文等人，向资政院呈递请愿书。随后，又拜谒奕劻、那桐等王公大臣，并上书摄政王载沣。清廷下令将东三省（奉天）请愿代表遣送回籍，并严厉压制各地请愿运动。在奉天人民请愿运动的影响下，直隶各界人士也开展了轰轰烈烈的请愿活动。12月20日，直隶学界、商界与咨议局等团体3000多人集会游行到总督衙门请愿，迫使总督陈夔龙应允代奏。在天津学生的号召下，直隶、奉天、四川、湖北等省学生也纷纷行动起来，罢课停学，刊印传单，游行请愿。学界风潮渐有蔓延全国之势，引起了清廷的极大恐慌。1911年初，清政府谕令各省督抚严厉弹压，如有违抗，查拿严办。为了惩一儆百，陈夔龙逮捕了全国学界同志会会长、天津学界领袖、普育女学堂校长温世霖，清廷将其遣戍新疆。第四次请愿运动失败，其后再无继起者。由于数次请愿皆未达到速开国会的目的，这也标志着整个请愿运动的基本失败。

清末宪政改革时期，由于事关权力再分配，中央与地方、新与旧、满与汉、新与新、旧与旧、满与满、汉与汉等，各种矛盾斗争盘根错节、交错纷杂，然满汉矛盾渐次成为主要的、决定性的矛盾，"言论之际，无时无地无人不及满汉问题"①。1903年以前，尚无所谓排满之说，"然勃焉忽焉，其议说之流行，以至于今日之盛"。1906年以前，尚无所谓排汉之说，"然今已发生养长于八旗之中"。上自政府，下至人民，"无处不为其影响之所及"。② 而清廷之所谓立宪，又适足以助长满汉问题之发展。满洲亲贵集团掌握立宪的决策权，他们根本不想改变部族专制政体，更不愿损失既得利益，所以宪政编查馆的奏折里屡屡以普鲁士、日本宪法作例证，所以《钦定宪法大纲》之君主专制反较改革之前更盛，皇权甚至于比立宪之前还要强大。职是之故，彼时不言政治改革则已，"一言政治改革则满人之罪恶足以生汉人之恶感，是以满汉问题乃胶固而不可解。于是热心政治之士感情中之，遂以民主政体为地雷，以民族主义为导火线，而满汉问题轰然爆发矣"③。据久值内廷之恽毓鼎所记，慈禧在临死前后悔"不当允彼等立宪"，

---

① 谷钟秀：《国会与二大问题》，《中国新报》第7号，1907年10月15日。
② 杨度：《大同报》题辞，《大同报》第1号，1907年6月25日。
③ 谷钟秀：《国会与二大问题》，《中国新报》第7号，1907年10月15日。

第五章 预备立宪后期的满汉对决（1908—1912）

少顷又曰："误矣，毕竟不当立宪。"[①] 不立宪，汉人不满；假立宪，汉人也不满；真立宪，满人又会丧失特权，满清政权会垮台，这才是慈禧后悔的关键。

自宣布预备立宪后，立宪派逐次形成一个有共同目标，有相当组织，能与政府相对立的全国性的政治力量，而其主要意图是要削夺满洲贵族的特权、实行君主立宪。以载沣为首的满洲贵族势力越来越清楚地意识到，开国会将严重威胁他们的统治权，他们又恐惧，又嫉恨。是故原来赞助立宪、赢得立宪派赞誉的度支部尚书载泽，这时也公开表示否定。载沣集团对立宪派的力量并没有足够的估计，它以为可以像对付儿童一样，哄一哄就会安静下来，结果并非如此。他们应付汉人立宪派的策略有三：第一是拖延，即尽力推迟开国会、定宪法、实行宪政的时间。起初，清政府根本不设立宪时间表，到1908年为了平息国会请愿运动，不得已预定下九年筹备限期。但立宪派仍不满足。最后在出现了数次全国性群众请愿高潮后，才被迫将召开国会的期限提前三年。其实，即使到宣统五年，清廷仍不会把大权真正赋予国会。第二是敷衍，政府"宁肯与人民一尺之空文，不肯与人民一寸之实事"[②]。为了应付舆论，它不能不多少做一点"预备立宪"的表示。成立咨议局，开设资政院，清政府的初衷是作为辅助性政务咨询机构，也就是一个面子工程，是应付和安抚立宪派的手段，相关章程的矛盾与含糊便是满洲亲贵内心纠结的体现。清廷想用一点点"参政权"，使立宪派有所满足。然而，立宪派却利用咨议局、资政院同统治者展开了真正的权力斗争。第三是限制，即用各种途径限制立宪派的活动。1908年，清政府公布的"集会结社律"规定，宗旨不正，违犯规则，滋生事端，防害风俗者，均在取缔之例。按照这一笼统的条文，政府可以随心所欲地取缔一切自己所不喜欢的结社和集会。同年炮制的"报律"，更为专横。规定报纸出版前夕要将内容全部送审，企图把舆论完全控制起来。在整个"预备立宪"期间，清政府和某些地方督抚，曾多次封禁报馆。1910年天津的《北方日报》创办伊始，只因其先期所发广告有"监督政府，向导国民"的字样，即被禁止出版。此外，清廷还多次特发谕旨，禁止士庶学生干政。第四，为排汉集权。所谓明修栈道，暗度陈仓。清廷通过拖延、敷衍和限制，拼命争取时间，以便采取步骤来确立和巩固皇室专权。

[①] 恽毓鼎著，史晓风整理：《恽毓鼎澄斋日记》，宣统三年十月初一，第494页。
[②] 杨度：《致新民丛报记者》，《中国新报》第4号。

1901年载沣到德国谢罪时学到一条经验："军队一定要放在皇室手里，皇族子弟要当军官。他做得更彻底，不但抓到皇室手里，而且还必须抓在自己手里。"① 摄政王不但军权抓得彻底，政权、财权也一同紧握。载沣甫执政即组建自己统领的禁卫军，训练大臣为其胞弟载涛和强烈排汉的贝勒毓朗、陆军部尚书铁良。次年摄政王又代清帝为海陆军大元帅，并新设军咨处（后改军咨府），派毓朗和载涛管理，统筹全国陆海军各项事宜。又任另一胞弟贝勒载洵、萨镇冰充筹办海军大臣，擢留日士官生、排汉最力的宗室良弼为禁卫军第一协统领官。载洵旋充海军部大臣，1910年又授参与政务大臣。同年毓朗拔为军机大臣，贝子溥伦掌农工商部。军机处及外务部则一直由庆亲王奕劻掌控。内阁、部院等其他中枢机构中亲贵集权亦非常显明②。自此全国海陆军大权皆操于载沣兄弟三人手中，皇族亲贵完全控制了军国大政，"所谓宪政者，乃谋皇族集权之一种手段而已"③。彼辈王公亲贵在政治上不一定保守顽固，然在彼时，社会形势尤其是汉人于王公干政已经不能再容忍。有人奏陈"亲贵掌握兵权，有违宪法"④，"要政不可专付亲贵"⑤，他们均无动于衷。载沣集团对于早开国会自然心生厌恶、百计推脱，故"政界变动一次，则满汉问题固结一次，相随俱进，有加无已"⑥。

立宪派固不足以代表4万万国民，然满洲亲贵之颟顸自私，实乃蔑视四万万国民，其中绝大部分为汉人。甲申以降，汉族士绅数十年如一日孜孜以求者乃分权，而满洲亲贵数十年如一日孜孜以求者乃集权，一次次残酷的事实教育了立宪派，他们越来越看清了清政府预备立宪的真面目。1910年第二次国会请愿被拒后，一些按捺不住心头怒气的人便公开号召要"消灭政府假立宪之威焰"，"破除假立宪之狡狯"。⑦ 自第三次国会请愿运动高潮之后，立宪派中许多人便开始产生绝望情绪。《时报》社论说：靠和平请愿，再也得不到什么了；"苟犹有以为不足者，势非另易一办法不为功。然今日国民之实力，恐亦未易语此也"⑧。北京代表团向各省发出的《通告书》称：

---

① 溥仪：《我的前半生》，群众出版社1962年版，第26页。
② 详见本章第二节。
③ 萧一山：《清代通史》（四），第911页。
④ 《时报》1909年8月12日。
⑤ 《国风报》第1年第10号。
⑥ 谷钟秀：《国会与二大问题》，《中国新报》第7号，1907年10月15日。
⑦ 《东方杂志》第7年第8号。
⑧ 《读初三日上谕感言》，《时报》1910年11月8日。

"朝命即下，度非复挟一公呈、一请愿书可以力争也；又非复少数人奔走呼吁可以终得请求也；惟诸父老实图利之。"① 表明请愿已毫无希望，以后如何行动，由大家自行抉择。咨议局联合会也发出了与此意思相同的《宣告全国书》。更有浙江士人在与张謇论开国会事时断言："以政府社会各方面之现象观之，国不亡，无天理。"② 一些绝望、激进的立宪党人甚而已经密谋革命。当时参加请愿代表团并在京主办《国民公报》的徐佛苏曾回忆，诏旨解散请愿代表时，"各代表闻此乱命，亦极愤怒。即夕约集报馆中秘议'同人各返本省，向咨议局报告清廷政治绝望，吾辈公决密谋革命，并即以咨议局中之同志为革命之干部人员，若日后遇有可以发难之问题，则各省同志应即竭力响应援助，起义独立'云云"③。另外参加第三次请愿的美洲华侨代表伍宪子，后来在其所著《中国民主宪政党党史》中也说："请愿代表被勒令出都之日，曾经秘密会议，将以各省独立要求宪政，汤化龙、蒲殿俊等同为请愿代表参与秘议之人，其一触即发，并非偶然。"④ 这种倾向无疑地加强了立宪派与清政府的政治对抗，也预示了彼辈其后的政治走向。立宪党人对政府的批判与革命党言论攻击有异曲同工之妙，在客观上起到了襄助革命之功。立宪派本是清政府在汉族士绅中的重要盟友，一旦直接参与革命，其于清廷之打击无疑将是致命的。

第二节　皇族内阁
——排汉高潮

1911 年，面对风起云涌的国内外情势，清廷陷入了进退两难的政治境地。外有日、俄对锦瑷铁路的抗议，缅甸英军强占滇边片马，汉口英租界巡捕枪杀华人；内有革命党人温生才暗杀广州将军孚琦，继之广州黄花岗起义更使清廷胆悸。不立宪将大失人心，真立宪又会丧失特权。载沣集团的决策是，一方面坚拒立宪派再次缩短立宪年限的强烈要求；另一方

---

① 《国会请愿代表团通问各省同志书》，《时报》1910 年 11 月 14 日。
② 《啬翁自订年谱》，《张謇全集》卷 6，第 870 页。
③ 《徐佛苏记梁任公先生逸事》，《梁任公先生年谱长编初稿》上册，台北世界书局 1958 年版，第 314—315 页。徐氏当时致梁启超函可以证明其回忆大体不错，见《梁任公先生年谱长编初稿》上册，第 333—334 页。
④ 伍宪子：《中国民主宪政党党史》，香港自由出版社 1952 年版，第 16 页。

面则加紧排汉，以"责任内阁"为名，将军政大权进一步集中在满洲贵族尤其是皇族手中。皇族内阁之成立，标志着满洲贵族排汉集权达到高潮。

皇族内阁绝非一蹴而就，既有天命以降皇族政治传统的不断延续，亦有光、宣两朝逐步的累积。笔者前文于清代内阁、部院、总署及军机处四大中枢机关及地方督抚之计量分析表明，皇族政治始终与满汉势力消长相纠结，皇族内阁其来有自。清初是完全的皇族专政，汉人几无地位可言。康熙以降，为了加强皇权，皇族干政受到束缚，汉人地位有所提升，但满人独占权力要津之局面丝毫未易。嘉道之际，满洲势力中衰，汉人势力明显上升，地方督抚尤甚，失之东隅则收之桑榆，清廷中枢皇族干政因之分明加强。①

满洲势力于咸同时期整体衰败，以曾国藩为首的汉人湘军集团逐次坐大，汉人政治势力明显增强，这不能不引起满洲贵族的忌视与反制。中央机构素为满人控驭，位高权重之内阁大学士，据表1—1，自道光年间旗人比例便逆势上扬，至咸丰朝，满人占六成以上，满人为汉人1.8倍，旗人为汉人2倍，无论满人比例、满汉比例、旗汉比例皆达有清一代之顶峰。同治年间稍有回落，仍在高位。部院与军机处大臣旗人比例在道光朝本已下降，然咸丰年间亦皆逆势上扬，处于清季六朝之高位（见表2、表4）。只是到了同治时期，才跌至清代最低。1860年总署初创时，只有奕䜣、桂良、文祥3位满大臣，领班者奕䜣为恭亲王。自次年起才有汉人逐渐加入，但连续6年满汉比例都超过150%，最高时达600%，直到1866年仍为167%。②

咸同年间，表面上看，满人式微于皇族中似亦表现显明，较之咸丰，同治朝内阁中无皇族，而部院、总署中的皇族比重皆明显下行，其中总署还降至清代之最低，仅军机处中皇族比重有直线上扬之势。然而，稍作探究便可发现，咸同时期皇族干政之力度空前提高，不仅创造了清季第一个皇族主政高峰，还构建了一个不断传续的模范，于清代兴亡关匪细也。洪杨事变后，奕䜣重用郑亲王端华、怡亲王载垣及宗室肃顺（端华同父异母弟）等远支亲贵。于是，御前会议渐次取代军机处，而权势尤过之。此与议政王大臣会

---

① 详见第一章第二节。
② 统计数据源于单士元《总理各国通商事务衙门大臣年表》，《故宫博物院院刊》1990年第2期。

第五章 预备立宪后期的满汉对决（1908—1912） / 171

议有异曲同工之妙。肃顺得咸丰信用而专权跋扈，是咸丰后期的实际宰辅。他重用汉人，以汉制汉，扶危定倾，助清祚长延。①尽管奕䜣与肃顺皆为咸丰朝殉葬，然人亡政存，只是慈禧取代了咸丰，奕䜣取代了肃顺。以汉制汉继续推行，相权非但没有取消，反而得到进一步加强，由"宗室宰辅"而至"亲王宰辅"，乾隆以降消失近百年的"议政王"封号再度面世。据说清代祖制，亲王、皇子不得干预政事，现在奕䜣不但重入军机处，而且一人独受议政王之职，于有清一代绝无仅有。同治朝开启了清季之"亲王政治"时代，恭亲王奕䜣既亲且贵，不但总揽军国大政，亦兼领军机处及总署。"议政王"封号（相权）虽然不久便被取消，然军机处及总署由亲王兼领之制却在同、光、宣三朝一直延续，即此后清朝之内政外交皆由满洲亲王控驭，其势直追顺治朝。

继之，光绪、宣统两朝成为满洲贵族竭力捍卫政治特权之大反弹时期，慈禧、载沣皆为重要推手，他们创造了有清一代的诸多最高纪录，皇族内阁是其缩影和典型。事实上，皇族内阁引爆清季政坛，与其说是因皇族亲贵太多，不如说是因满汉比重严重失调，满汉矛盾才是问题的焦点。

由满汉势力消长整体而言，光绪、宣统两朝为清季满洲贵族势力逆势大反弹时期②，他们步步为营，创造了有清一代的诸多最高纪录。地方上，督抚中旗人比值自嘉庆开始跌落后至光绪朝出现了唯一一次反弹，由表3可见，较之同治年间，督抚旗汉比例增长逾两倍，满汉比例增长逾1.5倍，满人比例增加了近5个百分点，汉人比例减少了近12个百分点。据表11—4，光绪朝位高权重的全国八大总督中，前20年里仅5年（1885—1889）有一位旗人，甲午之后14年不仅旗人年年有，且由一位渐增至最高时4位（1907年起总督增至9人）。巡抚亦由最初的满1汉14，减至满5汉10，汉人最低时仅8席。光绪朝督抚满增汉减之趋势非常显明。而宣统朝九大总督中，旗人则更是每年至少5人，1909年还出现了旗6汉3的最高纪录。在中央，较之同治朝，军机处及部院的旗人比例在光绪年间皆有大幅上扬，据表4、表2，满人比例分别增加了近7个和近10个百分点，旗汉比例分别增加了近30和55个百分点，且在宣统朝继续上行。宣统时外务部的满人比例

---

① 考"宗室宰辅"之出，天下糜烂，清帝一人难以独支危局，不得不默许相权存在，此固一解。然面对汉人势力不断坐大，咸丰谨记祖训，倚任宗室，集权于皇族，亦为"宗室宰辅"应有之义。

② 学界多以为载沣上台后清廷才开始大力集权，笔者前文以翔实数据揭示，实际上该趋势自道光时已露端倪，至光绪朝已经非常严重，故慈禧实为重要推手之一，难逃干系。

及旗汉比例分别较光绪朝（总署）上涨了近 15 个和近 40 个百分点（见表 6）。内阁中旗人比重尽管在光、宣年间持续下跌，然品级最高的文华殿大学士光、宣朝共 3 人，汉人仅光绪朝李鸿章一席，满汉比例为 2∶1，次一级的武英殿大学士，光绪朝前 28 年无一汉族（见表 1—2）。

中枢机构中旗人比重虽然大幅上扬，然因时势、人才、年资等诸多条件所限，最终不过旗汉大臣人数基本持平，其中满人大多不足五成，数量上相较于汉族并无绝对优势，这当然不是满洲权贵心目中的理想状态。在此情势下，集权于皇族当是最佳及最后的选择，故光宣朝"亲王政治"继续大行其道。据表 5，军机处自同治始再无汉人首枢，同治、宣统朝领班皆为亲王，光绪朝除开荣禄曾任首揆两年，其余 32 年皆亲王领班共 3 人，为清代最多。总署主管外交、洋务，其存续的 40 年里，领班大臣只有恭亲王奕䜣、庆亲王奕劻、端郡王载漪三位满洲亲王。除开载漪于 1900 年兼领数月，40 年里的绝大部分由奕䜣、奕劻交替掌管。庚子以后至清亡的外务部亦始终由庆亲王奕劻掌控。同、光、宣三朝满洲亲王于总署、军机处控驭之严，为有清一代所罕见。亲王持续主政，于本家之宗室、觉罗自然格外提携。是故光绪、宣统年间内阁、部院、总署及军机处中皇族比例俱直线上升，无一例外地创造或追平了清代最高纪录，乃清季皇族之"黄金时代"。皇族内阁大学士比重在光绪朝达清代巅峰（近 18%），满人大学士中近四成皆皇族（见表 1—1）。皇族军机大臣比例于宣统时追平雍正时 22.2% 的最高纪录，满人大军机有一半是皇族（见表 4）。宣统朝 25% 的皇族外务部（总署）大臣比重为清朝顶点，且高出位于第二的咸丰朝 1.7 倍，满人大臣中皇族占五成（见表 6）。皇族部院大臣比重于宣统时达清代顶点（32.1%），且高出位处第二的光绪朝近 1.8 倍，满人大臣近七成皆皇族（见表 2）。宣统年间乃清季政治之"皇族时代"，其势直追顺治朝。

由表 1 可见，部院、总署及军机处中皇族大臣人数起伏不定，数次波峰皆与清季大政紧密关联。1884 年出现首次波峰，皇族总署及部院大臣首次增至 3 人和 5 人，因甲申朝变后，"瞽瞍秉政，满人之焰复张"[①]。1894 年第二次波峰，皇族大军机第一次增至 2 人，时值中日甲午战争爆发，恭亲王奕䜣复出。1900 年第三次波峰，当与庚子国变有关，彼时以端王载漪为首的大批亲贵用事。1907 年第四次波峰，皇族大军机重回 2 人，部院大臣重回 6 人，则为慈禧精心安排。

---

① 坐观老人：《清代野记》，巴蜀书社 1988 年版，第 2 页。

表1　　　　光绪、宣统朝军机处、总署、部院大臣皇族分年统计表

项目 年份	军机处	总署	部院	项目 年份	军机处	总署	部院	项目 年份	军机处	外务部	部院
1875	1	1	2	1888	1	2	5	1901	1	1	4
1876	1	1	2	1889	1	2	5	1902	0	1	4
1877	1	1	2	1890	1	2	5	1903	1	1	5
1878	1	1	2	1891	1	2	4	1904	1	1	5
1879	1	2	1	1892	1	2	4	1905	1	1	5
1880	1	2	3	1893	1	2	4	1906	1	1	5
1881	1	2	3	**1894**	**2**	**3**	**4**	**1907**	**2**	**1**	**6**
1882	1	2	2	1895	2	3	3	1908	2	1	6
1883	1	2	2	1896	2	3	2	1909	1	1	6
1884	1	3	5	1897	2	3	2	1910	1	1	6
1885	1	2	5	1898	2	3	1	1911	2	1	7
1886	1	2	5	1899	1	1					
1887	1	2	6	1900	2	3	3				

备注：1. 军机处、总署、部院大臣皇族有兼职者仍分计；2.1901年起，总署改称外务部；3.1911年数据止于奕劻内阁成立前。

资料来源：单士元《总理各国通商事务衙门大臣年表》，《故宫博物院院刊》1990年第2期；钱实甫编《清季职官年表》，第152—156、303—330页。

专以光绪朝部院大臣观之，由表2可得，平均而言，满人逾五成，满汉比例为120.5%，旗汉比例为138.6%，满人、旗人皆占明显优势。辛丑以前26年里，总计15位大臣中，旗9满8汉6为常态，旗汉比例连续19年（1878—1896）高达150%，同期内满8汉6之比重亦连续19年。皇族则年年有，在1—6人间浮动，比重为6.7%—40%，高于三成的时间连续出现过7年（1884—1890）。① 清末新政前6年（1901—1906），由表2可知，部院大臣中满人、旗人由8—9人随新部院的出现而不断增至10—12人，满人

---

① 统计数据源于钱实甫编《清季职官年表》，第303—318页。

比重由 44.4% 升至 52.4%。汉人大臣非但绝对数未增，中间两年还曾减少至 8 人，除前两年外，比例皆不足五成，最低至 42.1%。满汉比例及旗汉比例六年间皆大幅上涨了逾三成。皇族人数稳定在 4—5 人，25% 左右的比重在光绪朝位于中等，并不突出。1901 年后，部院中皇族出现的最大变化是亲贵宗室大量干政，这在清季前所未有。①

据表 8 可见，清末新政前 6 年的 8 位皇族部院大臣中俱为宗室，且绝大部分（5 人）为"永绵奕载，溥毓恒启"②中的近支（其中又有父子和兄弟各一对），除载振外 7 人皆经政坛长期历练。庆亲王奕劻乃乾隆第十七子永璘之孙，1884 年任总理各国事务大臣、封庆郡王，1891 年迁总理海军事务大臣，1901 年起任新设外务部之总理大臣，1903 年任领班军机大臣。贝子载振生于 1876 年，乃奕劻长子，1902 年曾代表清廷赴英参加爱德华七世加冕典礼。1903 年赴日本考察第五届劝业博览会，回国后奏请成立商部，直授尚书，时年 27 岁。载振为 8 位皇族中唯一的政坛黑马，如此年轻的一品政府大员，于清季罕见，与其说恩荫乃父，不如说惠自皇族。溥良为雍正六世孙，光绪六年（1880）进士，1900 年由户部右侍郎迁都察院左督御史（主管官员，从一品）。溥兴为溥良胞弟，庚子年曾与载漪等同入总署行走，1903 年由工部右侍郎迁理藩院尚书。溥颋系乾隆第三子永璋之孙，1904 年由盛京户部侍郎迁都察院左督御史，官拜一品。寿耆乃顺治第五子常宁七世孙，光绪九年（1883）癸未科榜眼，1905 年由吏部右侍郎迁都察院左督御史。其余二人，阿克丹系努尔哈赤第六子塔拜八世孙，咸丰十年（1860）庚申恩科进士，1892 年以盛京工部侍郎调任刑部右侍郎，庚子国变时充留京办事大臣，当年由兵部左侍郎迁理藩院尚书，1903 年初卒于任上。敬信乃皇太极长子豪格裔孙，肃亲王永锡之子，资历不次于奕劻，光绪初年已官至金殿卿贰，1893 年升任都察院左都御史，1903 年以吏部尚书协办大学士，8 月授大学士，旋迁体仁阁大学士，位及人臣，次年以病老致仕。对于大量宗室干政，时人恽毓鼎谓之"天潢贵胄，丰沛故家，联翩而长部务，汉人之势大绌，乃不得一席地以自暖"③，绝非妄言。

---

① 笔者据钱实甫编《清季职官年表》统计，此前 26 年（1875—1900），部院共有 10 位皇族，以疏支为主；而此后 11 年共有 12 位皇族，以近支居多。

② 康熙以降，由清帝钦定之宗室辈分首 8 字为"永绵奕载，溥毓恒启"，又规定了名字的用字部首，帝系亲疏一目了然。

③ 恽毓鼎：《崇陵传信录》，《清代野史》第 4 辑，巴蜀书社 1988 年版，第 21 页。

第五章 预备立宪后期的满汉对决（1908—1912）／175

表2　　　　　　　　　1901—1906年皇族部院大臣详表

项目 \ 年份	1901	1902	1903	1904	1905	1906
满族	8	8	9	9	11	10
旗人	9	9	11	11	12	12
汉族	9	9	8	8	9	9
总计	18	18	19	19	21	21
皇族	4	4	5	5	5	5
满汉比例%	88.89	88.89	112.5	112.5	122.22	111.11
旗汉比例%	100	100	137.5	137.5	133.33	133.33
皇族比例%	22.23	22.23	26.32	26.32	23.81	23.81
皇族任职部门 外务部	奕劻	奕劻	奕劻	奕劻	奕劻	奕劻
商部			载振	载振	载振	载振
吏部	敬信	敬信	敬信			
刑部					溥兴	溥兴
礼部				溥良	溥良	溥良
理藩院	阿克丹	阿克丹	溥兴	溥兴		
都察院	溥良	溥良	溥良	溥颐	寿耆	寿耆

备注：1906年数据止于官制改革前。
资料来源：钱实甫编《清季职官年表》，第319—324页；魏秀梅编《清季职官表附人物录》，第328—343页。

　　清末新政后6年（1906—1911年），满人集权的步伐明显加快。光绪季年，"朝政杌陧，满汉之见亘于中，革命之声腾于外"①，满汉畛域的存在使满汉矛盾日益突出。1905年同盟会成立后，策划和发动了一系列反清武装起义及暗杀活动，声威越来越大，亦令满洲权贵深感惶恐，清季预备立宪有着明显的消融革命之目的。1906年秋清廷被迫宣布"预备立宪"后，汉人势力渴望以民主立宪打破满族的政治特权，争取本族的发展空间，由袁世凯实际主持、融汇诸多汉族精英意识的官制改革草案为其代表。多数满族亲贵则企图通过立宪巩固自己的特权，并削弱以汉人为主的地方督抚的权势，即

---

① 张一麐：《古红梅阁笔记》，《心太平室集》卷八，文海出版社1966年影印版，第40页。

"假立宪之名，行中央集权之实，又假中央集权之名以行排汉之实"①。11月初，清廷任命官制改革后各部长官。在12部计14名首长中，满族7人，蒙古族1人，汉族6人，汉族依然不足五成，且外交、财政、军事、经济、教育等要害部门悉数为旗人所控制，故被称为"满族内阁"。比之官制改革前，旗汉比例未变，满汉比例稍增，皇族5人未变，但皇族比重却大幅上扬了近13个百分点。这当然是光绪朝清廷致力于阻抑汉族势力的结果，亦为慈禧晚年集权于皇族的大计划之一②，可说是皇族内阁之预演。

1906—1907年，经由官制改革及丁未政潮，汉族官员大受排斥。军机大臣、外务部尚书瞿鸿机和历任两广总督、邮传部尚书岑春煊被罢职，军机大臣林绍年被逐出中枢，袁世凯辞去八项兼职并被迫交出北洋四镇兵权，湖广总督张之洞明升暗降。清廷中枢满汉差别进一步扩大，王公亲贵干政趋势愈复明显。1906年军机处只有庆亲王奕劻一人，1907年添醇亲王载沣为两人。据表9，1907年部院大臣中，满族8人占57.1%，汉族5人仅占35.7%。虽有载振因贪腐被迫辞职，然部院中皇族又添1员总数至6人，满汉比例、旗汉比例及皇族比例分别为160%、180%、42.9%，俱创有清一代新高，并一直持续到1909年。

正当立宪筹备工作加紧进行之际，1908年底，慈禧与光绪竟然在两日之内先后"晏驾"。当大清最需要一个富有经验、能力的决策权威的关键时期，慈禧竟然为了一己私欲，选择了一位太不称职的继承者。载沣乃道光之孙，醇亲王奕𫍽之子，光绪皇帝异母弟，溥仪之父，绝对的天潢贵胄，可惜年轻资浅，谨小慎微，才具平庸。载沣监国前政治历练极少，1907年6月甫入军机处，任"摄政王"时年仅25岁。作为风雨飘摇的大清帝国的执政者，他的负荷显然超载过多。以醇亲王为核心，大批皇族少壮亲贵聚集，形成了载沣集团，正是他们，决定了大清最后几年的命运。

如何因应宪政改革是满洲少壮派面对的一项太艰巨的任务。载沣年轻易于接受新思想新事物，且"生平喜读西书"③，故其于宪政之姿态相当高。1908年12月3日，宣统登基次日，他便以新皇帝之名颁发谕旨，重申九年

---

① 李剑农：《近百年中国政治史》，复旦大学出版社2002年版，第225页。

② 就笔者所见，郭卫东先生最早有"慈禧晚年集权亲贵"之洞见，其后李细珠先生、路康乐先生所见略同，见郭卫东《论丁未政潮》，《近代史研究》1989年第5期；李细珠《试论宣统政局与清王朝覆灭》，《北方论丛》1995年第5期；[美] 路康乐《满与汉：清末民初的族群关系与政治权力（1861—1928）》，中国人民大学出版社2010年版，第174、182—183页。

③ 《盛京时报》1908年11月29日。

第五章　预备立宪后期的满汉对决（1908—1912）／177

立宪，"凡先朝未竟之功，莫不敬谨继述"①。随后又规定凡发布谕旨，均由摄政王钤章，军机大臣副署，似有"仿立宪国由国务总理副署负责之意"②。然此与立宪派之期望差距甚远。汉士期望已久、企望尤切者乃责任内阁。汉人精英至少在1880年代便提出了初步的议会设想，开国会亦以汉人为主体的戊戌思潮核心之一。庚子以降汉人主导之立宪运动愈演愈烈，袁世凯为首的汉人精英实际主持的1906年官制改革初稿已经明确计划废军机、设责任内阁，中经1908年尤其是1910年4次国会大请愿，久已拖延推诿之清廷备受压力，被迫缩短预备立宪期。急剧高涨的革命风潮使满洲少壮派集团深为忧惧，以汉族绅商为主体的立宪派轮番请愿，愈复增添亲贵们的疑忌。在载沣集团眼里，立宪派之威胁过于革命派③，因为立宪党是体制内的实力派，对满洲权力的威胁最紧迫、最现实，而革命派尽管声势浩大，但实力很有限。多种压力交迫下，满洲贵族深恐大权旁落，越发想把政权、军权、财权集中到自己手里。既然军机处及旧内阁迟早要撤，满洲权贵自然要早作预备。以往军机大臣大致满、汉各半。1908年袁世凯罢，接替者为那桐，成满四汉三局面。1909年9月，张之洞卒，变满三汉二，汉人仅余鹿传霖、戴鸿慈，地位愈轻。1910年7月，鹿传霖卒，军机大臣变为奕劻、那桐、毓朗、徐世昌四人。三位满人中竟有两位皇族，而毓朗强烈排汉，时刻以维护满洲利益为宗旨④，徐为唯一的汉人，且排位最低。而无论如何改革，负

---

① 《清末筹备立宪档案史料》上册，第69页。
② 萧一山：《清代通史》（四），第910页。
③ 国会大请愿的核心领导、立宪派首领杨度1911年初因疏请赦免梁启超而遭顽固派严劾，被视为匪首，该折一定程度上代表了清廷的利益，文曰："以举人倡言革命，情事相同，罪实倍之。去岁既授京职，充宪政馆总核，仍与海外奸党暗通消息，以东洋秘密宗旨掺入宪政章程，又以内廷机要输之报馆，在外则为匪首，在内则为奸细。梁启超既用，则康有为必返，人情汹汹，谓三凶合谋，祸且不测。夫康、梁之罪，定自先朝，已成铁案。迨票匪乱起，康有为充正龙头，梁启超充副龙头，乘都城失陷，勾通三点，哥老各会匪，同时举事，谋窃据东南。幸我故督臣张之洞等先其未备，执唐才常诛之，乱乃大定。此等罪犯，该逆臣竟敢具疏密保，毫无顾忌。莘毅之下，一任革命党纵横至此，朝廷何以自立，民命何以自存？"见胡思敬《劾四品京堂杨度折》，《退庐疏稿》卷四，第8—11页。
④ 据毓朗胞弟毓盈笔记载：清廷议编新军三十六镇时，毓朗上奏："各省驻防，原为八旗劲旅分驻各处，弹压地方。自庚申后添招勇营驻防，久闲几厌兵事，坐耗廪禄，等于赘疣。比议编练三十六镇，广招土著（指汉人，笔者注），不如因利乘便，以各省驻防兵丁训练充补，就原有之人、原有之饷少事增添，节省既多，又化无用为有用，是一举两得也。况农夫笨重，训练不如八旗子弟习于弓马，事半而功倍也。"毓朗任贵胄法政学堂总理时，遇便"则集全堂教习学生，亲自立而演说于众，往往历一小时许，备陈西力东渐，学问日新，诸生苟惰自甘，则吾族将受淘汰，无可挽救！"见毓盈《述德笔记》，《近代史资料》第79号，第113、127页。

责具体行政的部院不可或缺,则部院大臣人选当然是关注焦点。载沣集团治国乏术,则谨尊祖训,紧跟慈禧,任人唯亲,集权皇族为上策。根据传统社会政治潜规则,只有抢先占据有利位置,才有可能长久保持权力。是故,如表9所示,宣统二年(1910)虽部院皇族比重略有回落,然满汉比例及旗汉比例皆大幅上涨两成,满人为汉人1.8倍(满汉比重分别为60%、33.3%),旗人为汉人两倍,4年内第二次刷新纪录。次年皇族更增至7人,比重达46.7%,再至清代顶峰,至此,皇族内阁已经呼之欲出。

表3　　　　　　　1906—1911年皇族部院大臣详表

项目\年份	1906	1907	1908	1909	1910	1911
满族	7	8	8	8	9	9
旗人	8	9	9	9	10	10
汉族	6	5	5	5	5	5
总计	14	14	14	14	15	15
皇族	5	6	6	6	6	7
满汉比例%	116.67	160	160	160	180	180
旗汉比例%	133.33	180	180	180	200	200
皇族比例%	35.71	42.86	42.86	42.86	40	46.67
皇族任职部门 外务部	奕劻	奕劻	奕劻	奕劻	奕劻	奕劻
度支部	溥颋	载泽	载泽	载泽	载泽	载泽
农工商部	载振	溥颋	溥颋	溥颋	溥颋	溥伦
民政部		善耆	善耆	善耆	善耆	善耆
礼部	溥良	溥良	溥良	溥良		
理藩部	寿耆	寿耆	寿耆	寿耆	寿耆	寿耆
法部						绍昌
海军部					载洵	载洵

备注:1911年数据止于奕劻内阁成立前。

资料来源:钱实甫编《清季职官年表》,第325—332页;魏秀梅编《清季职官表附人物录》,第328—343页。

1906年底官制改革后至1911年奕劻内阁成立前,新入阁的皇族先后有

第五章 预备立宪后期的满汉对决（1908—1912） / 179

载泽、善耆、载洵、溥伦及绍昌5人，较上一批皇族显然政治素质不足。镇国公载泽是康熙第十五子允禑之五世孙，载湉之连襟。1901年任满洲正蓝旗副都统，1905年被派为出使各国考察政治五大臣之首，1907年直授度支部尚书。善耆乃第十代肃亲王，其先祖为皇太极长子豪格，清初八大"铁帽子王"之一，历任乾清门头等侍卫、副都统、统领，1907年授民政部尚书。郡王载洵为载沣胞弟，宣统元年（1909）任筹办海军大臣，并赴欧美考察海军，次年直授海军部大臣，年仅24岁，继载振后再次刷新了清末政府一品大员的年龄最低纪录。贝子溥伦乃道光嗣曾孙，1904年曾率清帝国代表团出席美国圣路易斯世界博览会，回国后受到重用，1907年9月清廷下令筹备资政院，任命他与孙家鼐同为总裁。绍昌系清末新政时期皇族部院大臣中唯一之爱新觉罗，为努尔哈赤伯父礼敦十一世孙，光绪十五年（1889）己丑进士，累官外务部左丞，1911年由法部左侍郎迁法部尚书。大批亲贵用事，连体制内的汉官也有意见，如山东巡抚孙宝琦后来上奏："近年以来，宗支迭膺各部尚书，为从前所未有，不免动臣民之疑虑，生天下之浮议，不曰贵族社会，则曰假托立宪。"①

清末新政后6年，外务部、民政部（原巡警部）、陆军部、度支部、农工商部（原商部）、理藩部等六部全被满人把持，且多数首长长期固定，如外务部之奕劻（总理大臣）、那桐（会办大臣），民政部之善耆，陆军部之铁良，度支部之载泽，理藩部之寿耆。此外蒙族荣庆长期霸占学部，溥良长期掌控礼部。12—13部中仅余吏部、法部、邮传部等供汉人点缀。汉人最多时亦仅占42.9%，最低时至33.3%（见表3）。

当然，满洲统治者内部也并非铁板一块，他们互相倾轧，矛盾也很尖锐，又与满汉矛盾互相交织，错综复杂。慈禧在世时，其权术尚能操控全局，迨载沣监国，"亲贵尽出专政，收蓄猖狂少年，造谋生事，内外声气大通"。于是政出多门，一时"八党林立"。载洵把持海军，兼办陵工，与排汉甚力之毓朗合为一党。海军本肃王善耆建议，"载洵等出而攘之"，故用载洵为海军大臣，派毓朗、载搏专司训练禁军大臣。载涛见载洵等已握兵权，恐遂失势，争于摄政王前，"几有不顾而唾之势"②。摄政王大窘，复加派其管理军谘府。载涛统领军谘府，侵夺陆军部权，收用良弼为一党。陆军部本铁良势力，然载沣疑其曾与谋满洲八大臣联名请隆裕垂帘事，大惧，不

---

① 《鲁抚孙宝琦奏陈宗支不宜列入内阁之原折》，《大公报》1911年9月14日。
② 胡思敬：《国闻备乘》，第131页。

日即出铁良为江宁将军。肃亲王善耆是满洲亲贵中极为少见的开明人士，1910 年北京的"国会请愿同志会"向民政部申请备案，他直接批准。也是在他的斡旋下，刺杀载沣未遂的汪精卫得以逃过一死。善耆于革命党，亦多方笼络，关系暧昧。民政部既管辖全国警政及舆论报刊，还负责京师市政基础建设，权限很大，善耆据民政部，自为一党。溥伦在同治帝崩时，曾有望继大宝，为慈禧所阻。1907 年任资政院总裁，"阴结议员为一党"。因思想趋新，力主维护宪政，遭奕劻集团排挤，1911 年初被调任农工商部尚书。隆裕以母后之尊，监国亦事之甚谨，其宠任满人那桐①、太监张德为一党。隆裕妹为载泽妻，尝往来宫中通外廷消息，故载泽虽与载洵兄弟不合而气焰益涨，又曾经出洋，握财政全权，"创设监理财政官盐务处为一党"。载泽既管度支，一设各省监理财政官，尽夺藩司之权；一设盐政处于京师，尽夺盐政盐运使之权，"即所谓中央集权是也"。载泽与粤党争权时，盛宣怀窥其有隙可乘，遂贿 60 万金，起用为邮传部尚书。醇亲王福晋乃荣禄之女，"雅有才能，颇通贿赂，联络母族为党"。"以上七党皆专予夺之权，茸阘无耻之徒趋之若鹜"。而奕劻独树一帜，又在七党之外。慈禧当政时，庆亲王内得帘眷不衰，外联袁世凯，实力雄厚，"权尽萃于奕劻，凡内外希图恩泽者，非夤缘奕劻之门不得入"。宣统改元，"监国亦甚恶之"，作为远支且势力庞大之奕劻自然受到载沣集团的共同抵制，"权力稍杀"，但载沣又不得不"倚之以防隆裕"，故倍加优礼。② 奕劻又与那桐狼狈为奸，网罗大批党羽，号称"庆那公司"，其实力仍在七党之上。

　　宣统以降，满洲贵族统治集团几乎男女老少齐上阵，结党营私，贿政弄权，当时朝士议论，皆言"庆党贪鄙，肃党龌龊，两贝勒党浮薄"③。而京师谚云："近支排宗室，宗室排满，满排汉。"④ 其中，以载沣为首的少壮派集团，与奕劻为首的实力派集团构成基本的对阵态势，但双方内部亦各有争斗，尤以少壮派之间龃龉较多。1911 年春，责任内阁即将成立，竞争最激烈的当属权位最重之内阁总理。载沣青睐载泽，以阻抑老庆亲王。奕劻表面不热心，其心实当仁不让。溥伦、毓朗也是热门人选，善耆亦有此愿。相较而言，还是两朝重臣奕劻的综合实力占优。其他人只得退而求其次，至少先

---

① 那桐日记显示其频繁地受到隆裕召见与赏赐，关系迥非寻常，参见北京档案馆编《那桐日记》1909—1912 年部分，新华出版社 2006 年版。
② 胡思敬：《国闻备乘》，第 131—132 页。
③ 同上书，第 132 页。
④ 刘体智：《异辞录》，中华书局 1998 年版，第 197 页。

第五章　预备立宪后期的满汉对决（1908—1912）／181

保住原位，伺机再作另图，中间之过程亦颇曲折、激烈。[①] 毓朗因在军机处资历最浅而不能入内阁，心有不甘，便联合军谘府大臣载涛、陆军大臣荫昌、海军大臣载洵，一起到载沣面前力争，摄政王亦有压制奕劻之意，终有内阁不过问军政的规定，于奕劻集团一定打击。

5月8日，清廷为形势所迫，宣布裁撤旧内阁和军机处，诏立半新半旧之"责任内阁"，其成员名单如下：总理大臣庆亲王奕劻（满），协理大臣那桐（满）和徐世昌（汉），外务大臣梁敦彦（汉），民政大臣肃亲王善耆（满），度支大臣镇国公载泽（满），学务大臣唐景崇（汉），陆军大臣荫昌（满），海军大臣贝勒载洵（满），司法大臣觉罗绍昌（满），农工商大臣贝子溥伦（满），邮传大臣盛宣怀（汉），理藩大臣宗室寿耆（满）。13名阁员中，满族9人，汉族仅4席，而在满族中，皇族又占7员之多[②]，时论讥之为"皇族内阁"。该内阁是光宣两朝清廷排汉集权、不断累积的结果，亦是宣统三年以来满洲贵族集团激烈争斗的结果。皇族内阁成员无一不自改革前之旧部院及军机处，皇族7位，人数亦未增减，除奕劻改为总理大臣外，各部大臣皆此前原任。那桐、徐世昌皆为奕劻集团成员，二人得协理大臣应为庆亲王之功。而载沣集团之集权远非止此，登极之初载沣便代皇帝任全国海陆军大元帅。1910年底，他又将各省督抚所兼陆军部尚书、侍郎衔一并裁去，从而构建了一个从中央到地方完全由皇族掌控制的军事体系。皇族内阁成立后不久，清廷将军咨处升格为军谘府，以载沣胞弟载涛及贝勒毓朗为军谘府大臣，统筹全国陆海军各项事宜。加上海军大臣贝勒载洵，自此全国海陆军大权皆操于载沣兄弟三人手中，皇族亲贵完全控制了军国大政。不过因明争暗斗，满洲统治阶级高层权力分散，形成内阁、军谘府、度支部"三头政治"格局。

立宪派千气万力，舌敝唇焦，奔走呼号，要求清廷速开国会，设责任内阁，到头来国会被拒，却弄出一个皇族内阁。此于汉人士绅无疑是当头一棒，是极大的污辱。当时在京参加咨议局联合会的各省立宪派领袖和骨干，

[①] 详见李细珠《论清末"皇族内阁"出台的前因后果——侧重清廷高层政治权力运作的探讨》，《中国社会科学院近代史研究所青年学术论坛》2006年卷，社会科学文献出版社2007年版，第195—221页；彭剑《"皇族内阁"与皇室内争》，《华中师范大学学报》（人文社会科学版）2011年第2期。

[②] 1980年代以来，满九汉四皇族七之结论先后经林增平、刘广志、董丛林等先生考实，然有关奕劻内阁各族籍及皇族所占具体数目，迄今仍异说纷杂，莫衷一是。详见董丛林《"皇族内阁"人员成分问题辨析》，《历史教学》2006年第9期。

连续两次上折，抨击"皇族内阁与君主立宪政体者，有不能相容之性质"①，要求另简贤能。然遭清廷谕旨严厉训斥："黜陟百司系君上大权，载在先朝钦定宪法大纲，并注明议员不得干预。……乃议员等一再陈请，议论渐近嚣张，若不亟为申明，日久恐滋流弊。"② 连思想一贯保守的张謇也抨击朝廷，"以海陆军政权及各部主要均任亲贵，非祖制也；复不更事，举措乖张"。其与汤寿潜、沈曾植、赵凤昌诸君公函监国切箴之，"更引咸、同间故事，当重用汉大臣之有学问阅历者。……勿以国为孤注"。③ 其实类似的箴言杨度早在四年之前便已婉陈，如今张謇等直接发出了最严厉的警告——勿再排挤汉臣，即刻重用汉人精英，否则将有亡国之祸。而久值枢廷的恽毓鼎更于当日日记中直言："十三人中，而满人居其九。九人中宗室居其六，爱新觉罗居其一，亦一家也。宗室中，王、贝勒、贝子、公，又居六七。处群情离叛之秋，有举火积薪之势，而犹常以少数控制全局，天下乌有是理！其不亡何待？"④

立宪派几乎全都绝望了。汤化龙在直省咨议局联合会言："大家要知，我们提倡此种舆论是极健全而不可抗之舆论。果能布告国民，使国民确知现政府之不可恃，生出种种恶感，将来政府一定能推倒，此是确有把握的。"⑤ 立宪派组建之宪友会"对于时势有一种紧迫自卫之意"。且"此次咨议局联合会有一最可注意之事实，即其态度与去年大变，绝不重视咨议局、资政院议案之准备也。盖经历次失败，民党已深知咨议局、资政院之不足恃，故咸趋重于自卫之一途。其所拟提出之议案，有所谓商量国民军办法及民立炮兵工厂云云"。⑥ 立宪派认为上书再无必要，他们撰成《为阁制案续行请愿通告各省团体书》，把要说的话直接诉诸社会和人民。通告书向全国人民宣告了政府的罪状和不可救药，将上谕驳得体无完肤。这些事实表明，绝大部分立宪派对满洲贵族已经彻底绝望，他们抛弃了咨议局，欲组织宪友会来扩大自己的实力。立宪派的大多数正在与清政府分道扬镳，走向对立。部分人甚至已转向革命，颇有鸣鼓树帜的势态，准备遇有机会便叛离清廷。立宪主义

---

① 《时报》1911年6月12日。
② 《清末筹备立宪档案史料》上册，第579页。
③ 《啬翁自订年谱》，《张謇全集》卷6，第872—873页。
④ 恽毓鼎著，史晓风整理：《恽毓鼎澄斋日记》，辛亥四月初十，第533页。此亦皇族内阁满九汉四皇族七又一确证。
⑤ 《直省咨议局议员联合会第二届报告书》，转引自侯宜杰《清末立宪运动史》，第422页。
⑥ 《时报》1911年5月14日。

之激进并非没有瑕疵，但载沣集团的因应显然更为不智。1910—1911年春，正是满洲权贵把挽救自己危机的改革力量推到了敌人阵营，满汉矛盾迅即发酵扩散，是时"举国骚然，朝野上下，不啻加离心力百倍"①，本可能走向双赢的局势急转直下为双输，正是国会大请愿及皇族内阁引爆了清季政坛。"革命党者，以扑灭现政府为目的者也。而现政府者，制造革命党之一大工场也。"② 梁启超委实一语中的。

第三节　辛亥革命

——排满高潮

载沣集团"紊政弄权，惟以贵选"③ 的做法恰恰"直接帮了革命党人的忙"④。皇族内阁的出台及其倒行逆施，让立宪派对清廷彻底绝望，他们大多转而反清，与革命派一起，汇成了一股巨大的革命洪流，掀起了排满高潮，满洲统治终被彻底推翻。

自1909年预备立宪步入高潮后，革命运动一度陷入低谷。当年仅有同盟会员佘竟成、熊克武等联合哥老会在四川广安发动了一次起义，旋败。次年有四川同盟会员熊克武、佘英发动的嘉定起义及倪映典、赵声运动之广州新军起义，皆未成。此间章炳麟、陶成章等因对孙文不满，重新组建光复会，与同盟会分裂，革命队伍日趋涣散。1911年1月，同盟会员温朝钟、王克明在四川黔江组织"铁血英雄会"起义，未果。4月27日，黄兴、朱执信亲率敢死队进攻两广总督署，奋战一昼夜，后因孤军无援而失败。1911年广州起义为孙中山领导的第十次革命，亦是同盟会投入人力、物力、财力最大的起义，林觉民、喻培伦、方声洞、林时爽等80余革命党精英罹难。经此重创，同盟会陷于涣散和瓦解的状态，主要领导人都非常灰心，没有1911年再次发动起义的计划。

而另一方面，1910—1911年，立宪党人之革命意识逐渐高涨。该党领导人杨度、徐佛苏等本有革命原质，因清廷预备立宪，与民更始，有以安反

---

① 《啬翁自订年谱》，《张謇全集》卷六，第873页。
② 梁启超：《现政府与革命党》，《新民丛报》第89号，1907年。
③ 《孙中山全集》卷一，中华书局1981年版，第192页。
④ ［美］费正清、刘广京：《剑桥中国晚清史（1800—1911）》下卷，中国社会科学出版社1993年版，第473页。

侧而靖人心，始改言立宪。然多次请愿受挫，让他们又萌生革命心理。譬如徐佛苏1903年曾与黄兴、宋教仁、章士钊等人一同组建反清团体华兴会，受政治迫害逃往日本，投入梁启超门下，开始鼓吹立宪。国会大请愿活动中，徐佛苏为国内立宪派领袖之一。1911年春其致梁启超函中言"欲再倡革命"，且"几欲一齐放倒"。3月13日，梁启超回长信一封与徐探讨。梁氏首先对徐佛苏深表同情，"公愤惋一至此极，此固无怪其然。我究与此妖魔窟相隔稍远，若我与公易地处，则厌世思想或更甚于公，未可知耳"。随后表示对他"几欲一齐放倒"，不敢谓然，但也有可以商略之余地。其实梁启超数月以来也一直在做思想斗争，革命思想"往来于心上者，日必数次"。故终不肯自易其说者，"非自惮以翻云覆雨，为人笑也，实自审其聪明才力，不能任彼事，无取用其所短耳"。对于弟子"从事于旧主义"即重新革命反清，梁氏并不反对，但告诫徐仅以此为目的，勿以之为手段，否则"绝不敢赞同"。①

梁启超虽然以不能弃长改短委婉地表示不能再出尔反尔赞同革命，但对其弟子重新革命实际上是鼓励，尤为重要的是，此后其笔端也不断暴露强烈的革命意识。他在《中国前途之希望与国民责任》一文中言："我国民未尝有事弱于人也，而今乃至无一事不弱于人，则徒以今之恶政府为之梗，我国民不并力以图推翻此恶政府而改造一良政府，则无论建何政策，立何法制，徒以益其敝而自取荼毒。诚能并力以推翻此恶政府而改造一良政府，则一切迎刃而解，有不劳吾民之枝枝节节以用其力者矣。"② 4月，黄兴等领导广州黄花岗起义失败后，梁启超闻讯撰就《粤乱感言》，认为当今内忧外患无以复加，而现政府无以可望，要之，"在今日之中国而持革命论，诚不能自完其说；在今日之中国而持非革命论，其不能自完其说更甚。政府日日以制造革命党为事，日日供给革命党以发荣滋长之资料，则全国人心理趋于革命亦甚"。他预测，"革命党之萌芽畅茂，正未有已时。野火烧不尽，春风吹又生，其不至驱全国人民化为革命党焉而不止"。③ 以梁启超之立宪导师身份，其强烈的革命导向无疑将引领立宪党人的反清意识迅速发酵；以梁启超之言论巨子身份，其鲜明的革命趋向无疑将激起更多的国人支持反清事业。6月初，1909年咨议局成立时便开始酝酿，以国会请愿同志会和咨议局联合会

---

① 丁文江、赵丰田编：《梁启超年谱长编》，第541—542页。
② 沧江（梁启超）：《中国前途之希望与国民责任》，《国风报》1911年第7号。
③ 沧江（梁启超）：《粤乱感言》，《国风报》1911年第11号。

为基础组建的宪友会成立，它是一个合法的资产阶级政党，是立宪党人的政党。谢远涵任临时主席，黄远庸、李文熙任临时书记，常务干事为雷奋、徐佛苏、孙洪伊。宪友会以北京为总部，各省设支部，其地方领袖皆各省咨议局领导，在清末第一批合法政党中，实力最为雄厚。宪友会充分表露"中国中等社会跃起之一特征"，为"诸团体中之最有进步之希望者"。① 宪友会进一步壮大了立宪派的力量。

事实上，尽管革命形势发展不如立宪运动迅猛，然革命与立宪在国内事实上之互动始终存在。两派人士大多和平相处，甚或为朋友、至交，也不断有相互转化者。立宪派国会大请愿失败，大骂政府专制、欺骗人民，此于革命运动亦是一种客观支持。一些革命党人也参加立宪团体，呼吁速开国会，与立宪派携手同政府斗争。革命派是革命的直接鼓吹者，立宪派是革命之间接主张者，"此二派所用手段虽有不同，然何尝不相辅相成！"② 正是立宪派领导的四川保路运动，点燃了辛亥革命的导火索。故时彦张一麐言："辛亥革命，皆以咨议局为发端。"③

"铁路国有"是"皇族内阁"甫一成立便推出的重大改革之一，为邮传部大臣盛宣怀主导，度支部镇国公载泽力挺，主旨是将原本股份制的民营铁路强制收归国有。保路运动由来已久，原以反对帝国主义侵略为主，在强烈的反满、反政府情绪下，迅即转为民间与政府之争，尤以四川最为突出。四川立宪派领袖蒲殿俊等，实亦控制该省铁路董事会，他们一向主张川路自办，请愿立宪被拒，本已十分愤慨，对于铁路国有，更认为是倒行逆施。在立宪派领导下，四川保路运动一开始坚持的是"文明争路"，他们刊发"庶政公诸舆论"及"川路准归商办"两句谕旨，令各家各户张贴，并设案焚香。然清廷始终坚持原商办川路公司的全部资金不退、不赎、不补之实为掠夺的计划，态度蛮横，川人忍无可忍。蒲殿俊明言："国内政治已无可为，政府已彰明昭著不要人民了，吾人欲救中国，舍革命无他法。"④ 8月24日，他们在成都召开保路大会，议决罢市、罢课、停纳税捐，革命党及哥老会领导各州县响应。9月1日，全省实行抗粮抗捐。次日，清廷命端方带兵前往镇压。7日，川督赵尔丰诱捕咨议局议长蒲殿俊及保路会会长、股东会会长

---

① 《时报》1911年6月12日。
② 梁启超：《鄙人对于言论界之过去及将来》，《庸言》第21卷第1号，1912年12月1日。
③ 张一麐：《古红梅阁笔记》，《心太平室集》卷8，第38页。
④ 粟戡时：《湖南反正追记》，《湖南文献汇编》第二辑，湖南人民出版社1981年版，第373—374页。

罗纶、颜楷、张澜、邓孝可等10余人,并开枪打死30余名和平请愿者。同盟会及哥老会领导以农民为主体的同志军包围成都,新军将校亦有人加入,于是川人由和平争路,变为武装反抗。蓬勃发展的革命形势为四川独立提供了的大好机会,9月25日,荣县由同盟会员吴玉章、王天杰等领导光复,中国第一个县级革命政权宣告成立。不数日,武昌革命随之而起。"若没有四川保路同志会的起义,武昌革命或者还要迟一年半载的。"① 孙文之言已经被学界所公认。

会党、侠士、绿林、防营,一向为革命党人的主要活动对象,及新军成立,争取更力。湖北为仅次于北洋的新军重镇,大小革命团体不下20余个。1911年初,文学社和共进会在湖北新军中大力发展革命力量,计约两万余人。他们以蒋翊武为革命军临时总司令,共进会孙武为参谋长,积极准备起义。8、9月之间,留守武汉的新军约8000人,其中半数与革命党保持联系。10月9日,革命党机关连遭破获,捕去数十人,其中3人遇害。列名文学社、共进会的新军士兵人人自危,不得不死中求生。10月10日晚,新军工程第八营的革命党人打响了武昌起义的第一枪,一夜之间,武昌全城为革命军占领。上海的革命报纸《民立报》首先报道了武昌起义,连发评论,热情歌颂,认为"革命党,万恶政府之产儿",指出"今日天下之形势重在武昌"②,激发各省响应。一向温和的《东方杂志》对武昌起义评价亦高,谓其"一改历史革命战争之面目,实为我国革命民族中一种之异彩"③。声势浩大、汹涌澎湃的清末反满高潮由此开始,潮头所至,几无一汉人不排满,有直接的,也有间接的,有主动者,亦有被动者。

革命军占领武昌后,湖北军政府成立。因群龙无首,强清军第二十一混成协统黎元洪为军政府都督,湖北咨议局议长汤化龙应约掌政事,军政府即驻湖北咨议局大楼办公。湖北军政府"自十五日起发行《大汉报》",十六日起又发行《中华民国报》。革命军左腕缠白布,旗为红地十曜花纹,在市内树立"兴汉招兵"之旗,"应募者甚多"。特意造访武昌军政府的日本人宗方小太郎亲见军政府门柱上有对联曰:"手执钢刀九十九,杀尽胡人斯其时矣。"武昌城内每户悬挂"欢迎得胜""汉军百战百胜"等红旗,宜昌起

---

① 《孙中山全集》卷一,第540页。
② 《民立报》1911年10月13日、15日。
③ 伦父:《革命与战争》,《东方杂志》第8年第9期。

第五章 预备立宪后期的满汉对决（1908—1912）

义军悬挂"复汉排满保教安民"之旗帜。① 身在北京的《泰晤士报》记者莫里循遇到的任何人，不论是中国人还是中国人的外籍同事，都私下告诉他"他们希望革命成功"②。湖北军政府旋以黎元洪名义发布反清公告：

今奉军政府令，告我国民知之。凡我义师到处，尔等勿用猜疑，我为救民而起，并非贪功自私。拔尔等于水火，补尔等之疮痍。尔等前此受虐，甚于苦海沉迷。只因异族专制，故此弃尔为遗。须知今满政府，并非吾汉家儿。纵有冲天义愤，报复竟无所施。我今为此不忍，赫然首举义旗。③

"被都督"的黎元洪初"权为应允"，对革命事业并无兴趣。但当他看到"万众一心，同仇敌忾。昔武王云，纣有臣亿万，惟亿万心，予有臣三千唯一心。今则一心之人何止三万。而连日各省纷纷之士，大多留学东西各国各种专门学校及世代簪缨，各有专长，阅历极富，并本省官绅人等。故外交着手，各国已认为交战团体确守中立。党军亦并无侵外人及一私人财产之事。不但在中国历史上视为创见，即各国革命史亦难有文明若此"。深知满清气运已衰。其后与清军的战斗中，"汉族同胞徒手助战，持刀协击，毁损铁轨者指不胜屈，甚有妇孺馈送面包茶水入阵"。此情此景，令黎元洪深受感染，"谁无肝胆，谁无热诚，谁非黄帝子孙，岂肯甘为满族作奴隶而残害同胞耶"。他见事机之大有可为，很快转向赞同革命，"乃誓师宣言，矢志恢复汉土"。④ 黎元洪还致书奉命到武昌镇压革命的海军提督萨镇冰，现身说法后谓："知弟莫若师，知师亦莫若弟。洪虽不肖，不为旗人之奴，独不为大匠之弟乎！时乎时乎。师一出，不但名正言顺，而实较胜于汤武。……洪非为私事干求函丈，实为四万万同胞请命。满汉存亡，系于师之一身。齐王反手，洪计之已熟，否则各同胞视为反对此志之人，即以满奴相待。虽洪亦不能禁止其不要击也。倘不以为妄，尚希训示只遵，当即率汉族同胞出郭欢迎。临颖不胜迫切待命之至。"⑤ 黎元洪"满汉存亡，系于师之一身"一

---

① 宗方小太郎：《辛壬日记》，《近代稗海》第12辑，四川人民出版社1988年版，第15—21页。
② 骆惠敏编：《清末民初政情内幕》（上册），知识出版社1986年版，第762页。
③ 杨经曲：《辛亥起义前后》，《湖北文史资料》第4辑，第145页。
④ 曹亚伯：《武昌革命真史》正编，中华书局1927年版，第133—134页。
⑤ 同上书，第135—136页。

言显然有高度的政治性,虽然对其师称誉有加,但也棉里藏针,暗含威胁。萨镇冰统率海容、海筹、海琛等巨舰停泊武汉江面,占据有利地势。然面对各省纷纷独立,清廷摇摇欲坠之势,非汉族亦非旗籍的他,既不愿殉葬满清,也不愿公然革命,最终选择弃舰而走。海军参谋汤芗铭乃汤化龙昆仲,海军官兵同情革命者不少,终遂起义。时任湖北提督、第八镇统制张彪次子张学骞亦在黎元洪部下,张学骞"请求其父来投不已",黎元洪也频频劝说,压力之下,张决心"等待北洋军到达后即交代军务,放弃军事",并向黎明告"不反抗革命军,又誓言不阻止其部下归向革军云"。① 黎元洪、萨镇冰、张彪等皆清朝体制内军官,革命潮流所及,黎氏由被动而主动,萨、张基本放弃抵抗,皆对革命事业有不同程度的帮助,他们的选择无疑具有相当的典型意义。清朝军官尚且如此,早已绝望的立宪党人欢天喜地、乘势而起则属必然。湖北如此,他省亦然。故不出一月,清朝统治已土崩瓦解。

如果说黎元洪始非所愿,汤化龙则是转换自然,他表示:"革命事业,鄙人素表赞成。但是此时武昌发难,各省均不晓得,须先通电各省,请一致响应,以助大功告成。"② 可知汤氏非但支持革命,亦有大局远见。在被推为总参议长和民政总长之后,他立即发表演说:"本局(咨议局)为国民代表,原有兴复责任。既经诸君推荐。事已成局,自当尽死报命,成则共图勋名,败则生灵涂炭。我汉人从此扬眉吐气,在此一举,我汉人万劫不复,亦在此一举。"③ 这显然与其对清廷之绝望大有关系。不久,汤化龙便以湖北咨议局的名义通电全国。

> 清廷无道,自召灭亡,化龙知祸至之无日,曾连合诸公奔赴京都,吁请立宪。乃伪为九年之约,实无改革之诚。溥仪竖子黄口,摄政愚谬昏庸。兵财大权,存亡所系,而竟摒弃汉人,悉授亲贵。溥仪、载涛,童駿儿戏,分掌海陆军部;载泽贪狠,管领度支,意在钳制汉人。强持专制,维新绝望,大陆将沉。吾皇神明之裔,岂能与之偕亡,楚虽三户,誓必亡秦,非曰复仇,实求自救。武昌义旗一举,军民振臂一呼,满酋瑞澂,仓皇宵遁,长江重镇,日月重光。立乾坤缔造之丕基,待举国同心之响应,特此通电告慰,望即不俟剑履,奋起挥戈,还我神州,

---

① 宗方小太郎:《辛壬日记》,《近代稗海》第12辑,四川人民出版社1988年版,第16页。
② 曹亚伯:《武昌革命真史》正编,中华书局1927年版,第36页。
③ 剑农:《武汉革命始末记》,《中国近代史资料丛刊·辛亥革命》(五),第176页。

第五章 预备立宪后期的满汉对决（1908—1912） / 189

可不血刃。诸公久立悬崖之下，同怀伐罪之忱，必能见义勇为，当仁不让，立举义旗，争先恐后。友邦领馆，来问宗旨，告以政治革命，极表同情。中外腾欢，大势已定。一发千钧，时机不再，伫候佳音，无任激切。湖北咨议局议长汤化龙暨全体同人叩。①

该电对满汉矛盾及政府无道大加利用，加上汤氏在全国的影响力，各省咨议局和革命团体纷纷举义响应，相继独立，对于推动革命的胜利发挥了巨大作用。

武昌起义一个月内外，除直隶、河南、山东、东三省外，各省纷纷响应，宣告独立。独立各省中，有几处最关紧要。长沙居武昌的后方，九江为武昌下游最近之地，湘、赣首先响应，使武昌无后顾之忧，可专力对抗北来之清军。又因得湖南援军及财物之助，鄂军在汉阳一带，能与清军相持一月有余。二是陕西、山西两省，距京师较近，此两省相继响应，使清廷不能专力对付武汉。三是江苏，苏、沪、浙光复后，合力进攻南京，在武昌极度危险中取得第二之安全根据地，得以树立临时政府。各省独立，由革命党人运动发难，而立宪党人无不加入，无一省咨议局与民党作敌对行动，湖南省咨议局议长谭延闿、浙江立宪派领袖汤寿潜还担任了革命政府的都督。清政府已经成为多数汉族士绅共同革命的明确对象，革命派的勇猛顽强，辅以立宪派之权威智谋，"辛亥革命，乃革命党和咨议局合演的一出'痛饮黄龙'"②，在覆亡满清统治中，他们起了同等重要作用。

载沣辈自不甘灭亡，川、鄂起义后，清廷迅即部署武力镇压，以为平常叛乱而已。而正当清军与革命党激战汉口之际，革命燎原之势不可阻遏，陕西、山西、湖南、江西、云南数省独立。京师一片恐慌，王公大臣纷纷告假，满洲权贵计无所出，只得自唾其面，请汉人大佬袁世凯出山。10 月 27 日，载沣召回荫昌，委任袁世凯为钦差大臣接替其职，并应允袁氏早前所提六项条件③。11 月 1 日，袁世凯前往湖北孝感视师，不数日被资政院选举为内阁总理大臣。袁世凯为当时汉人中硕果仅存的实力派大佬，故清廷令袁氏

---

① 张国淦：《辛亥革命史料》，龙门联合书局1958年版，第101页。
② 毛泽东：《民众的大联合》，《湘江评论》第2至第4期，1919年7月21日—8月4日。收入《毛泽东早期文稿》，湖南人民出版社1990年版，第389—390页。
③ 一、明年即开国会，实行立宪；二、组织责任内阁；三、宽容参与此次事件诸人；四、开放党禁；五、须委以指挥水陆各军及关于军队编制的全权；六、须与以十分充足的军费。见蔡寄鸥《鄂州血史》，龙门联合书局1958年版，第124页。

复出并任内阁总理大臣,既倚之扶危定倾,亦为重满轻汉之反正,冀得名利双收之效,然事与愿违。迨天下土崩鱼烂后,载沣集团才悔罪妥协,迭下诏旨,作出了一系列化解满汉矛盾的决策,希图挽回汉人之心,可惜悔之晚矣。10月30日载沣颁布引咎罪己诏。

> 朕缵承大统,于今三载,兢兢业业,期与士庶同登上理。而用人无方,施治寡术。政地多用亲贵,则显戾宪章。路事朦于佥壬,则动违舆论。促行新治,而官绅或藉为网利之图。更改旧制,而权豪或只为自便之计。民财之取已多,而未办一利民之事,司法之诏屡下,而实无一守法之人。驯致怨积于下而朕不知,祸迫于前而朕不觉。川乱首发,鄂乱继之。今则陕湘警报迭闻,广赣变端又见。区夏腾沸,人心动摇。九庙神灵不安歆飨,无限蒸庶涂炭可虞。此皆朕一人之咎也。兹特布告天下,誓与我国军民维新更始,实行宪政。凡法制之损益,利病之兴革,皆博采舆论,定其从违。以前旧制旧法,有不合于宪法者,悉皆除罢。化除旗汉,屡奉先朝谕旨,务即实行。鄂汀乱事虽涉军队,实由瑞澂等乖于抚驭,激变弃军,与无端构乱者不同。朕维自咎用瑞澂之不宜,军民何罪,果能翻然归正,决不追咎既往。朕以眇眇之躬,立于臣民之上,祸变至此,几使列圣之伟烈贻谋,颠坠于地,悼心失图,悔其何及。尚赖国民扶持,军人翼戴,期纳我亿兆生灵之幸福,而巩我万世一系之皇基。使宪政成立,因乱而图存,转危而为安,端恃全国军民之忠诚,朕实嘉赖于无穷。此时财政外交,困难已极,我军民同心一德,犹惧颠危。倘我人民不顾大局,轻听匪徒煽惑,致酿滔天之祸,我中国前途,更复何堪设想。朕深忧极虑,夙夜旁皇,惟望天下臣民,共喻此意。将此通谕知之。①

在"罪己诏"中,清政府首先承认了"政地多用亲贵""铁路国有"这两项直接引发汉人革命的严重错误。而后承诺"化除旗汉","实行宪政",此为汉人士绅最关心之两大端。最后赦免起义之汉族军民,呼吁"军民同心一德"。此诏之大旨,近则有武昌起义后张謇等联衔入奏②及袁世凯

---

① 《宣统政纪》卷六二。
② 武昌起义后六日,由张謇草疏,江苏巡抚程德全与山东巡抚孙宝琦等联衔入奏,请解散亲贵内阁,提前宣布宪法,清廷留中不发。

第五章 预备立宪后期的满汉对决（1908—1912）

六项条件所含，中则四次国会大请愿千气万力之所求，远则为庚子以降立宪派十余年来之求索，而因清廷颟顸，十余年来竟始终一无所成。

罪己诏后，载沣在同日又连发三道上谕，用示清廷"开诚布公与民更始之至意"。

一是实行宪政，迅速起草宪法。"著溥伦等敬遵钦定宪法大纲，迅将宪法条文拟齐，交资政院详慎审议。候朕钦定颁布，用示朝廷开诚布公与民更始之至意。"①

二是革除亲贵秉政。

> 懿亲执政，与立宪各国通例不符。我朝定制，不令亲贵干预朝政，祖训著有明文，实深合立宪国家精义。同治以来，国难未纾，始设议政王以资夹辅，相沿至今。本年设立内阁，仍令王公等充国务大臣，原属一时权宜之计，朝廷本无所容心。兹据该院奏称，皇族内阁与立宪政体不能相容，请取消内阁暂行章程，实行内阁完全制度，不以亲贵充当国务大臣等语。所陈系为尊皇室而固国基起见，朕心实深嘉纳。一俟事机稍定，简贤得人，即令组织完全内阁，不再以亲贵充国务大臣。并将内阁办事暂行章程撤消，以符宪政而方国本。②

清廷言懿亲执政"原属一时权宜之计，朝廷本无所容心"等，此乃百般辩解，于史大谬，前文已证。然迅即取消亲贵内阁则不假，11月16日，袁世凯内阁成立，11位内阁大臣中，仅理藩部达寿为满人，余皆汉族；10位副大臣中，旗人仅3位（满2汉军1），余皆汉人。③总计22名阁员中，不仅无一满族亲贵，且旗人仅占4名，皆未据要津。个中满汉情势对比与半年前之皇族内阁不啻天壤之别，显见清廷大力笼络汉人之意，表明满洲权贵已经向汉人彻底屈服。

三是大赦国事犯。

> 党禁之祸，自古垂为炯戒，不特戕贼人才，抑且消沮士气，况时事日有变迁，政治随之递嬗，往往所持政见，在昔日为罪言，而在今日则

---

① 《宣统政纪》卷六二。
② 同上。
③ 统计数据源于钱实甫编《清季职官年表》，第332页。

为谠论者。虽或遁亡海外，放言肆论，不无微疵，究因热心政治，以致逾越范围，其情不无可原。兹特明白宣示，特沛恩纶，与民更始，所有戊戌以来，因政变获咎，与先后因犯政治革命嫌疑，惧罪逃匿，以及此次乱事被胁自拔来归者，悉皆赦其既往，俾齿齐民。嗣后大清帝国臣民，苟不越法律范围，均享国家保护之权利，非据法律，不得擅以嫌疑逮捕。至此次被赦人等，尤当深自拔擢，抒发忠爱，同观宪政之成，以示朝廷咸与维新之意。①

清廷于此诏中，苦心孤诣地为历来之"乱党"转圜，"在昔日为罪言，而在今日则为谠论"，"其情不无可原"。戊戌以来之政治犯，未开复者皆汉人，非立宪党则革命派。此前经年历请不允开赦之"前朝钦犯"康有为、梁启超，因谋刺摄政王尚狱中之汪精卫，多年从事革命之孙中山、黄兴诸人，以及黎元洪等"被革命者"皆在其列。大赦所有政治犯，尤其是"此次乱事被胁自拔来归者"，显在博取汉人之心，尽力化解满汉矛盾。不仅于此，稍后清政府又公布《宪法重大信条十九条》，解除党禁，可谓用心良苦。

诚如时论，"下罪己诏，改建内阁，协定宪法，开除党禁，停战议和，凡人民奔走呼号于数年而不得者，一日逾量以偿。……自政治革命之说起，朝廷为之易。政府除党禁，编信条书，太庙除保存帝统外，一切取决于国民"②。尽管满洲权贵做出了前所未有的重大妥协，几乎让渡了所有权力与汉人，但仍无济于事。英国记者感慨，"如果一个月前做到这三条之中的任何一条的话，会在清帝国发生什么样的效果啊！历史现象往往重演，这和十八世纪末路易十六的所作所为如出一辙。所有这些都太迟了，没有明显效果"③。汉人之国会大请愿及满人之皇族内阁引爆了清季政坛，若只看1906年清廷宣布预备立宪以来，立宪党两三年之内开国会确实过于急躁、激进，且又是取法英国之高度民主的责任内阁制。欲完成从高度专制到高度民主的转型，莫说两年，二十年亦不长，故清廷决策之九年预备期已属快速。然而，满洲亲贵可知，汉人要求民主政治的时间已经太久了。郑观应、汤寿潜及两广总督张树声等在1884年底便提出了开国会、设议院的初步构想，如

---

① 《宣统政纪》卷六二。
② 《大公报》1912年1月10日。
③ 骆惠敏编：《清末民初政情内幕》（上册），知识出版社1986年版，第784页。

若施行，至1911年至少可有27年预备期。若自3000年未有之甲午战败后开始，也有16年预备期。若由保国保种之戊戌变法起，可有13年预备期。即使于创巨痛深之庚子国变后起步，亦有10年预备期。实际上，宪政问题中最核心的还是权力分配。清朝的满汉双轨制令汉人始终处于政治弱势，甲申以降，汉族士绅数十年如一日孜孜以求者乃分权，满洲亲贵为一己私利、一族私利，数十年如一日孜孜以求者乃集权，且愈演愈烈，满洲统治者失去了太多机会，犯下了太多错误……悔之晚矣！革命洪流继续狂飙突进。清廷发布罪己诏后的一个月里，贵州、江苏、浙江、广西、安徽、广东、福建、四川等八省亦纷纷独立，截至11月底，中原18省中已有14省光复。

辛亥革命过程中，无疑是满汉矛盾最激烈时，尽管双方都有人试图努力防止双方矛盾的恶化，然当此革命洪流滔滔，双方剑拔弩张，满汉矛盾的极端化不可全部避免。

清廷努力制止旗人"排汉"，以减缓满汉之间的敌对情绪。1911年10月31日，清政府致电各省督抚及将军、都统，称"现外间纷传荆州驻防有排汉之举，虽属毫无影响，然此事颇与大局有关，诚恐各省以讹传讹，多滋误会。应即责成各该督抚、将军、都统严查所属驻防旗营，不得误信谣传，妄思暴动。如有不服缔禁，即以军法从事"①。以此观之，政府似无听凭满人排汉之意。稍后又诏令禁军："朝廷对于此次乱事，绝无种族观念，无论满汉，一体同视。尔军士人等务宜仰体朝廷意旨，毋得激生事端，以致大局决裂，招外人干涉之祸，倘有诬造谣诼，是即违背朝廷，即按军法严惩。"②对于京师旗人将大杀汉人的谣言，清廷多次辟谣，并将有"排汉"之举的署民政大臣桂春革职，视化除满汉畛域为"弭乱之急务"。③

革命党亦反对民族仇杀。武昌起义后，满族留日生惊恐万状，甚而计划向日本借兵，章太炎尚在东京，作书以告："所谓民族革命者，本欲复我主权，勿令他人攘夺耳。非欲屠夷满族，使无孑遗效昔日扬州十日之为也。亦非欲奴视满人不与齐民齿叙也。囊日大军未起，人心郁勃，虽发言任情，亦无尽诛满人之意，今江南风靡，大势已成，耆定以还，岂复重修旧怨。"④各省光复中，绝大部分满城都曾出现旗兵与民军对峙的情况，但最终经历长时间激烈战斗的不多。立宪派一向立场温和，反对民族仇视，多数革命军领

---

① 《大公报》1911年11月1日。
② 《大公报》1911年11月14日。
③ 《大公报》1911年11月9日。
④ 冯自由：《革命逸史》第五集，中华书局1981年版，第231—232页。

袖也反对滥杀无辜。对于旗人武装,汉人多采取军事威胁加谈判的方式,尽量劝降以减少伤亡。如镇江革命党人李竟成包围旗营后,便派绅商代表向满洲都统宗室载穆等说降,晓以利害,最终旗兵缴械。① 杭州革命党陈懿晨和楼守光与旗营协领贵林有旧,经过数日往返磋商,最终和平解决。② 在成都,旗营代表文蔚卿先向军政府示善,后由都督尹昌衡带兵严密监视满城军队,收缴了旗人武器。③

然而,流血的暴力事件仍不可避免,一些八旗驻防城市中的旗人披祸至深。反满暴行首发于武昌,当事者回忆,起义"三天来杀旗人不下四五百人,横尸遍地,不及时处理,恐发生瘟疫"④。武昌四大满姓家族都被杀害,其财产也被没收。以致黎元洪也亲自颁布告示,"我们排满革命,只是推翻帝制统治,满族人民,俱是同胞,如无违反本革命军宗旨重大嫌疑事实,一律子以宽大,不得再肆妄行杀戮。犯者严惩不贷"。⑤ 第一个发生大规模反满暴行的驻防城市是西安,陕西革命党多隶属哥老会,仇满情绪很强烈,同盟会虽反对残酷屠杀,但最后还是会党势力占了上风。民军和旗兵相持之时,民军挖墙攻入满城内,攻击北城楼,引发火药库爆炸,旗兵伤亡很大。第二天,革命军在满城内逐户搜索,一些士兵又杀害了一些不必要杀害的旗兵及家属。⑥ 血腥的冲突在西安一直持续了三天。太原是旗人伤亡惨重的下一个驻防城市,当时有旗兵 600 多人,据报载当地满城"被屠甚为惨烈","当乱起之时,该满城地居城之东北隅,并未得有消息。追闻炮声,始知事变,遂始逃奔。追奔至营门,已被围住。是时炮弹如雨,营内房舍尽毁,全城无一逃生者"。⑦ 接下来在本已达成和平的镇江,由于一系列的误会,也发生了暴力排满行动。在福州,民军与旗兵的血腥冲突也持续了三天,"旗兵及妇女投河死者数百人"⑧。南京光复后,没有任何防备的旗人也成了某些革命军满腔怒火的牺牲品。汉人之屠杀必然引起旗人报复。湖北军政府曾遭到旗人士兵的攻击。荆州驻防旗兵听说札凤池、宝英等官佐被杀,愤怒异

---

① 吴次藩:《镇江光复回忆》,《辛亥革命回忆录》第四集,第 266—268 页。
② 马叙伦:《我在辛亥这一年》,《辛亥革命回忆录》第一集,第 175—176 页。
③ 王右瑜:《大汉四川军政府成立前后见闻》,《辛亥革命回忆录》第三集,第 73 页。
④ 杨霆垣:《记鄂军政府的初期外交活动》,《辛亥革命回忆录》第七集,第 33 页。
⑤ 同上书,第 47 页。
⑥ 朱叙五、党自新:《陕西辛亥革命记》,《辛亥革命回忆录》第五集,第 10—11 页。
⑦ 《大公报》1911 年 11 月 14 日,11 月 29 日。
⑧ 尚秉和:《辛壬春秋》卷四十。

第五章 预备立宪后期的满汉对决（1908—1912） / 195

常，出队至荆州沙市，"逢人便杀，大屠两日"①。福州旗人文凯等组织杀汉党，居民闻之"无不惶惶"②。成都旗营千余人联队曾扑出满城，先发制人，击毙汉民数人，将军及都统闻变劝谕，始稍平静。③ 署民政大臣桂月亭（春），倡诛戮京师汉人为报复之议，昌言于朝，为奕劻、载涛所斥，谓若此，"吾满族将无噍类"。桂意稍沮，"然犹调三山旗营兵入京，编附警队，以防南人"。京师汉人恟惧，纷纷避往天津。④

满汉矛盾在辛亥年酷烈的暴力中达到极点，以京师为例，时人恽毓鼎载"复有都中旗兵仇视汉人，欲先发肆戮之说，于是满人惧为革命汉人所杀，汉人复惧为报雌满人所杀，讹言满城，朝不保夕"⑤。莫里循在信中也说消息灵通的汉人、满人已经离开北京，"汉人害怕满人报复，大批出走或将他们的家眷送走。满人出走是因为害怕将来的下场"⑥。相较而言，旗人当然处于弱势。社会盛传革命军以服装、名字、头型、说话口音、女人大小脚等辨旗即斩，甚而有操北音即杀之说，"一犬吠声，百犬吠影，风声鹤唳，人人相惊以伯有"⑦。此类谣传难于一一考证，然旗人改名换姓、易装皆为事实。《申报》载：学生之旗籍者，纷纷冠以汉姓，世家之有协领之匾额者，急为卸下。"他若妇女改装，男子改姓者，尤不一而足。"⑧ 在南京，满人天天哭泣，尤其是妇女。因为既没有缠足，服装也和汉人不同。她们"纷纷向估衣铺购买汉人妇女衣服，打扮成汉人。男子也都改名换姓，充作汉人"⑨。满人伤亡严重也是事实。辛亥年二品以上旗籍大员殉难者即不下10人，遑论他人。被戕者如广州将军孚琦（满人），福州将军朴寿（满人），四川总督赵尔丰（汉军）、署理四川总督端方（汉军）、伊犁将军志锐（满人）、镶白旗汉军副都统良弼（满人）等；自尽者如西安将军文瑞（满人），荆州副都统恒龄（满人），镇江都统载穆（满人），闽浙总督松寿（满人）等。辛亥年的极度恐怖，令旗人尤其是满人内心深处烙下了弥久不散的恐怖

---

① 《申报》1911年10月20日。
② 《申报》1911年11月26日。
③ 《申报》1912年1月3日。
④ 恽毓鼎著，史晓风整理：《恽毓鼎澄斋日记》，壬子二月初四，第597页。
⑤ 恽毓鼎著，史晓风整理：《恽毓鼎澄斋日记》，辛亥九月十七，第557页。
⑥ 骆惠敏编：《清末民初政情内幕》（上册），知识出版社1986年版，第764页。
⑦ 《大公报》1911年10月26日。
⑧ 《申报》1911年12月29日。
⑨ 马涯民：《南京光复见闻琐记》，《辛亥革命回忆录》第四集，第258页。

记忆,并对其余生乃至后世产生了不可估量的影响。①

于此暴力旋涡中,爱新觉罗王朝之命运可想而知。经革命党边打边炸、袁世凯连哄带吓及奕劻、那桐假劝真骗②,满洲贵族已经丧失了所有反抗的勇气,叶赫那拉·隆裕终于1912年2月12日(宣统三年十二月二十五)颁布清帝退位懿旨。

前因民军起事各省响应,九夏沸腾、生灵涂炭,特命袁世凯遣员与民军代表讨论大局,议开国会,公决政体,两月以来,尚无确当办法。南北暌隔,彼此相持,商辍于途,士露于野。徒以国体一日不决,故民生一日不安。今全国人民心理,多倾向共和。南中各省既倡议于前,北方诸将亦主张于后。人心所向,天命可知。予亦何忍因一姓之尊荣,拂兆民之好恶。是用外观大势,内审舆情,特率皇帝将统治权公诸全国,定为立宪共和国体。近慰海内厌乱望治之心,远协古圣天下为公之义。袁世凯前经资政院选举为总理大臣,当兹新旧代谢之际,宜有南北统一之方。即由袁世凯以全权组织临时共和政府与民军协商统一办法。总期人民安堵,海宇乂安,仍合满汉蒙回藏五族完全领土,为一大中华民国。予与皇帝得以退处宽闲,优游岁月,长受国民之优礼,亲见郅治之告成。岂不懿欤。③

退位诏书表面上冠冕堂皇,似为满洲禅权,实则爱新觉罗"孤儿寡母"连性命亦堪虞,岂有讨价还价之力。该诏书由汉人所拟④,亦是汉人各派利益妥协的产物。它既满足了南方革命党对民主共和的渴望:"今全国人民心

---

① 民初旗人冠姓、更名、改籍蔚为风潮,参见戴迎华《冠姓、更名、改籍与民初旗民身份变化》,《江苏大学学报(社会科学版)》2008年第5期,然转型时期包括皇族在内的众多旗民所遭辛酸很多是无法言表的,尽管其在客观上有利于满汉民族的进一步融合。如那桐后人改姓张(其孙名张寿崇),皇族毓朗当选议员时绝不承认自己为旗籍(见《述德笔记》第134页),甚而雍正九世孙、当代书法家启功不承认爱新觉罗为姓,"从感情上不愿以爱新觉罗为姓"(见《启功口述历史》,第4页)。

② 那桐与奕劻联手,于袁世凯复出及清帝退位皆关系重大,袁世凯柄政后对那桐倍加优礼,是为反证。

③ 《宣统政纪》卷七十。

④ 拟诏者究竟何人,讫无定论,但所讨论者如张謇、刘厚生、张元奇、华世奎、阮忠枢、徐世昌等无一旗人。这样一份划分时代的文件,似不可能仅出于一人之手,应经多次筹商、删改、润色。参见季真《拨开历史的迷雾——张謇与清廷逊位谕旨》,南通张謇研究中心 http://www.zjyjnt.com.cn/show.asp?id=94。

理多倾向共和，南中各省既倡议于前；北方诸将亦主张于后，人心所向，天命可知。"又满足了袁世凯对权力的追求，"即由袁世凯以全权组织临时政府"，这一句话给袁氏留下了极大的操作空间。同时保全了满洲皇室的安富尊荣，"退处宽闲，优游岁月，长受国民之优礼"，这主要是温和的立宪派的愿望。

退位诏书终结了清朝，也终结了中国帝制王朝时代。三天后，中华民国临时政府大总统孙文亲率文武官员，赴明孝陵祭奠明太祖朱元璋，宣告汉人之光复大功告成，标志清代满汉矛盾之终结。民国肇建，一度大行其道的"排满运动"竟然戛然而止，末代皇室退处宽闲，世所罕见，"五族共和"迅速代替了"驱逐鞑虏"，自古鼎革之局，岂有如今日之文明者？[①] 个中缘由不易陈清，但无论如何，此为炎黄子孙之大幸，尽管满汉情仇远未结束。

[①] 满人重臣那桐对清亡记曰："民国元年新正月即阳历一千九百十二年二月二十八日，余年五十六岁。子刻接神大吉，阖家道新喜。午刻天地桌，佛堂、祠堂上供行礼。昨日呈进皇太后、皇上如意二柄，今日蒙恩赏还。风定天晴，气象甚好。此后遵照临时大总统袁通告，改书阳历。"（见北京档案馆编：《那桐日记》，1912年2月18日，新华出版社2006年版，第709页）"旗下三才子"之一的那桐未有任何留恋与伤感，反倒是满心欢喜，一般满人之心理亦可推之。

结　语

传闻清宫内立有"御碑"，专谕满族大臣。碑文略谓："本朝君临汉土，汉人虽悉为臣仆，然究非同族，今虽用汉人为大臣，然不过用以羁縻之而已。我子孙须时时省记此意，不可轻授汉人以大权，但可使供奔走之效。"①而据生活于乾嘉之际的满洲亲贵昭梿记载，清太宗尝读《金世宗本纪》，见其申女真人学汉人衣冠之禁，心伟其语。曾御翔凤楼传谕诸王大臣，"不许褒衣博带以染汉人习气，凡祭享明堂，必须手自割俎以昭其敬"。谆谆数千言，详载圣训。故纯皇帝钦依祖训，凡八旗较射处，皆立卧碑以示警焉。②两碑未必确有，然其涵义颇合清代满汉矛盾关系之大要。"首崇满洲、以满驭汉"之满汉双轨制贯穿全清两个半世纪以上，种界高筑，畛域严明，此则后来排满亦有自种之因。

整体而言，满汉矛盾于清朝大致呈现两头高、中间低的态势。清军入关后，一度实行残酷的民族征服政策，对江南汉族人民大加杀戮，满汉矛盾异常尖锐。清中期，在清廷长期的刚柔兼济、软硬兼施下，满汉矛盾表面上趋于缓和，然其潜流一直未绝。清末，由于清廷在国势阽危中救国无方且排汉愈力，满汉矛盾逐次恶化。以满汉势力消长观之（参见下三图），清初是完全的满洲皇族专政，汉人几无地位可言。康熙以降，为了加强皇权，皇族干政受到束缚，汉人地位有所提高，但满人独占权力要津之局面丝毫未易。嘉道之际，满洲势力中衰，汉人势力明显上升，地方督抚尤甚，失之东隅则收之桑榆，清廷中枢皇族干政因之分明加强。咸同时期满洲势力整体衰败，以汉人曾国藩为首的湘军集团逐次坐大，然皇族干政力度亦空前提高，开启了清季之"亲王政治"时代，清廷中枢的汉人大受排挤。继之，光绪、宣统两朝成为满洲贵族竭力捍卫政治特权之大反弹时期，清廷四大中枢机构中皇族比例无一例外地升至有清一代之顶峰（见图1），慈禧、载沣皆清季集权

---

① 《清代野史》第七辑，巴蜀书社1988年版，第339页。
② 昭梿：《啸亭杂录》卷一，《太宗读金史》。

排汉之关键推手。事实上，皇族内阁引爆清季政坛，与其说是因皇族亲贵太多，不如说是因满汉比重严重失调，满汉矛盾才是问题的焦点。

彼时汉士于此多有议论，如京官何刚德曾言："有清入关之初，文字之狱滋炽。康乾以降，崇尚儒术，满汉之见渐融。道光中叶，满人柄政，又复排斥汉才。迨洪、杨变亟，起用林文忠，中道星陨，行省糜烂殆半，俶扰逾十稔。曾、胡、左、李诸公，以儒将风流，削平大难。朝廷惩前毖后，知汉人之有造中国，复壹意向用之。同光之际，外省大吏，满人所占特二三耳。宝文靖师相尝告余曰：'满洲一部人材，安能与汉人之十八省比？'盖满人之达者，固不以排汉为然也。光绪末造，举措渐歧，旋而亲贵用事，不特排汉，竟且排满焉，大事遂不可问矣。"① 久值内廷的恽毓鼎亦认为"醇亲王承述父志，排斥汉人（重满轻汉，始于高宗，老醇亲王猜忌汉人尤甚）。……广张羽翼，遍列要津，借中央集权之名，为网利营私之计，纪纲昏浊，贿赂公行。有识痛心，咸知大祸之在眉睫矣。……即无革命军，亦必有绝之者矣"②。

有清一代，满汉矛盾与朝政国局关切尤深，晚清尤甚。"政治斗争的核心问题是政治权力"③，满汉斗争的核心亦为权力之争。

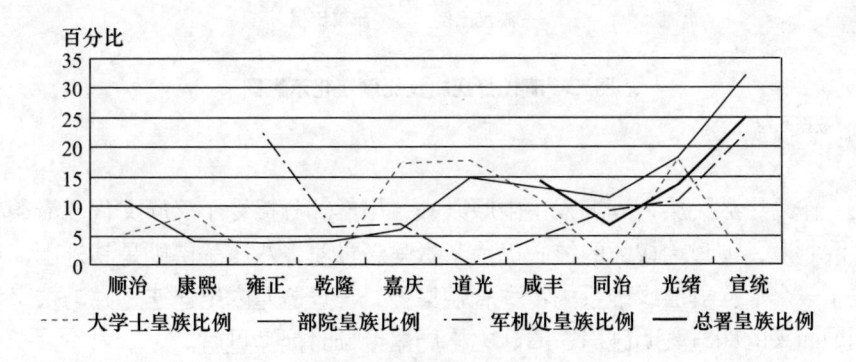

图一　清代中枢皇族政治变化示意图

数据来源：表1-1、表2、表4、表6。

---

① 何刚德：《客座偶谈》卷一，上海古籍书店1983年影印版，第6—7页。
② 恽毓鼎著，史晓风整理：《恽毓鼎澄斋日记》，辛亥九月十八日，浙江古籍出版社2004年版，第557页。
③ 王浦劬主编：《政治学基础》，北京大学出版社1995年版，第129页。

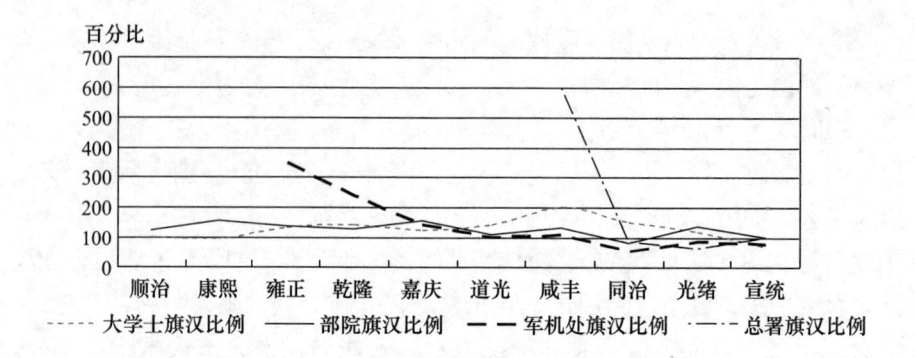

图二　清代中枢大员旗汉比例变化示意图

数据来源：表1-1、表2、表4、表6。

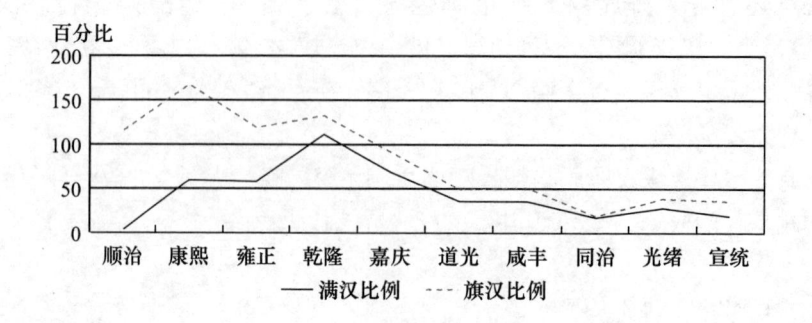

图三　清代督抚旗汉比例变化示意图

数据来源：表3。

作为少数民族，满洲人主中原以来，虽然部分接受了汉族文化并沿袭其政治制度，但政治权力的核心仍为亲贵爱新觉罗，八旗子弟则是其外围，形成了一个靠族群血缘维系的特殊利益集团，一旦遭遇内患连连，并与挟坚船利炮而来的西方文明碰撞，清廷之格局器量顿时捉襟见肘。

嘉道以降的事实证明，满人"强悍之气已失，蒙昧之性未改"[①]。清政府在地位上足以统筹全局，而在实力与人才上则远不足以相符。满人整体的政治势力在下降，政治智慧、政治能力也在退化。同光中兴时，尚有奕䜣、文祥、文庆等勉强支撑，之后便后继乏人，一蟹不如一蟹，陷入人才危机。外廷领袖，由恭而醇，由醇而礼、庆，每况愈下，遂使慈禧日益随心所欲，而朝政则窳败不已。盖满人已尽失早年之朝气，不足以担此变局矣。然满洲

[①] 梁启超：《论变法必自平满汉之界始》，《饮冰室合集·文集》第1册，第78页。

亲贵仍恪守满汉双轨制，抱残守缺，绝不认输，不肯化解满汉畛域，其部族政权的私心，越到危殆时刻越敏感、越焦虑、越排外。

试以清廷中枢核心内阁而言，满汉大学士无论数量抑或品级皆犹若霄壤。内阁掌议天下之政，枢纽行政。内阁大学士乃百僚之长，例管部务，兼充军机处或总署大臣，故大学士于清代中枢位最高、勋最贵。乾隆十三年，内阁制度基本完善，三殿（保和殿、文华殿、武英殿）、三阁（文渊阁、东阁、体仁阁）定员满汉各 2 人。然由表 1—1 可知，清代内阁大学士满汉比例平均为 98.57%，满汉总体持平，但旗汉比例平均为 122.86%，旗人明显占优，最高的咸丰朝达 200%。

不仅如此，据表 1—3，乾隆以降各朝顶级大学士（乾隆朝为保和殿，嘉庆以降为文华殿）中，旗人有 16 人计任职 93 年，而汉人仅 3 人计任职 56 年。乾隆以降各朝第二级大学士中，旗人有 24 人计任职 103 年，而汉人仅 14 人计任职 64 年。乾隆以降高品级的三殿大学士共计 62 人，汉人仅 17 席，不足三成。45 位旗人共任职 224 年，为汉人 2.38 倍。旗人大学士升入三殿的比例是 26%，逾汉人（12%）2 倍。而且其中共有 13 位旗人特拔入阁，绝大部分为不经协办大学士而空降（直入）三殿，此于汉人异常罕见，仅有乾隆朝蔡新一人，经年不迁则为汉人大学士常事。① 清季六朝等级最高的文华殿大学士总计 14 人，其中汉族仅有嘉庆朝董诰、光绪朝李鸿章两席，董诰死后长达 55 年，李鸿章死后至清亡 10 年间，从未再授汉人。而同期满蒙贵族先后有和珅、长龄、穆彰阿、塞尚阿（蒙）、裕诚、桂良、官文、倭仁（蒙）、瑞常（蒙）、瑞麟、荣禄、世续共 12 人。满人人数为汉人 4.5 倍，旗人更为汉人 6 倍，旗人任职年数约为汉人 1.4 倍。虽不排除有资历深浅、病死更替等因素，然连续 55 年、总计 65 年不授汉人，旗汉人数及任职年数如此悬殊，崇满抑汉显然是其根本所在。

再换一个视角，大学士虽号为宰相，然"非兼军机处，不得为真宰相"②。以此标准，据表 1-5，雍正以降共有大学士兼军机的真宰相 55 人（跨朝者不复计），其中满人 26、蒙古 3、汉军 1、汉人 25。单从人数上看满汉基本持平，然稍作比较便知差距所在，满人真宰相近七成乃高品级的三殿大学士，而其中的汉人仅占 26%，即汉人真宰相逾七成属低品级的三阁大

---

① 譬如乾隆十分推重的汉臣刘统勋，1751 年便入军机，然 10 年后才拜品位较低之东阁大学士，其后 12 年至死未迁。又如同光重臣洋务精英沈桂芬 1867 年迁军机大臣兼总署大臣，并授协办大学士，然至 1881 年死，竟然协办 14 年亦未转正入阁。

② 《清史稿》卷，列传 89。

学士。

据表 1—1，清代皇族大学士比例平均为 8.33%，顺治朝以后，皇族大学士比例几经波动，嘉庆、道光两朝已逾顺治 3 倍，咸丰时有所下降，但仍为顺治朝两倍。以各朝每年皇族大学士平均数观之，顺治以降几经波动，总体亦为上升趋势，光绪朝至清代顶点。综上可见，以皇族为代表的满洲权贵于内阁控驭至深，尤以光绪朝为最。甲申易枢便是在清廷始终恪守以满驭汉之祖制，又于光绪朝加速集权排汉之背景下展开。

"甲申易枢"是慈禧继辛酉政变以后发动的第二次宫廷政变，论者咸目甲申为晚清政局之关键。它以叔嫂斗法、手足参商为主，既有满汉矛盾为重要推手，亦使其后"瞽瞍秉政，满人之焰复张"①。1884 年出现了光绪朝皇族参政的首次波峰，汉族南派与北派精英首度完全被排挤出权力核心。醇亲王柄政 10 余年，以首崇满洲为本。甲申易枢实为晚清政治走向堕落最重要的转折点，自此，慈禧擅权的时代到来，清廷高层决策机制完全得不到理性的保证，晚清政治愈复瘉败，这也正是此后汉族士绅对议会体制日趋热衷的根源。

甲午战前的满汉矛盾使中国民族分裂，自强运动阻力重重，给日本侵略者提供了机会。甲午战争期间，清廷对李鸿章淮系集团既利用又猜忌，旗汉将领互不信任，满汉民族矛盾依然存在，产生了很大的消极影响。满汉矛盾在战争期间被日本大加利用，对中国人的斗志起了很大的打击作用。满汉矛盾也极大动摇了清廷抗战的信心和决心，对清军的战略产生了重大影响。甲午战争最终变成了大清帝国崩溃的临界点。甲午战争后，中国的民族主义开始发轫，中外民族矛盾和国内满汉矛盾渐次契合，而清廷中枢内以旗人为主体的顽固派势力大增，致使变法维新迟迟不能展开。戊戌维新正式开始后，遭到旗人顽固派坚决抵制，清廷趁机大力安排满人占据关键岗位。由于事关权力再分配，清廷中枢的政治改革成为满汉势力双方斗争的焦点，最终导致戊戌政变的发生。要而言之，戊戌变法之核心实为满汉之争。戊戌政变激化了满汉矛盾，它使更多的汉族士大夫觉醒，渐次失去了对清廷的信任。它也加深了自慈禧以下的满人对汉人的仇恨，清廷排汉进一步加剧。此后积滞满洲亲贵心中之"戊戌心结"，终清之世未解，每虑及此必愤恨不已，必有政治上之大反动。

汉人改革派在戊戌年被镇压后，旗人顽固派势力空前高涨，晚清政治车

---

① 坐观老人：《清代野记》，巴蜀书社 1988 年版，第 2 页。

轮不由自主地向后转。慈禧等私欲屡屡受阻,新仇旧恨,步步累积,排汉加剧,仇洋至极,驯致庚子事变。当时汉族趋新士人孙宝瑄说:"本朝鉴元人之弊,满汉并重,不稍偏视;故洪杨之乱,犹恃汉人为之荡平。迨戊戌以后,渐渐向用满人,摈抑汉人,乃不旋踵祸起辇毂,宗社几至为墟,噫!"① "满汉并重,不稍偏视"的说法完全与事实不符,可见其时孙氏偏袒清王朝,并不排满。然而连他也不得不承认戊戌以后清廷"渐渐向用满人,摈抑汉人"的政策,终于招来了八国联军的大祸。如果说戊戌政变让汉族士绅对清廷深感失望,则庚子国变已令彼辈几近绝望,他们不再相信政府能解决中国的问题了。清廷接连犯下严重错误,创巨痛深,汉人皆受害最重,满洲权贵当然成为众矢之的。广大汉族士绅民众透过各种形式表达了明确的反满反清意识——张之洞、李鸿章两位重臣意欲独立称王,容闳、严复等50余趋新人士开中国议会,张謇、盛宣怀、赵凤昌、汪康年、张之洞、李鸿章、刘坤一等东南绅商"一约共传支半壁"。②

为中外情势所迫,庚子后慈禧竟亦宣布变法新政。而专制体制一旦松动,清廷便须面对诸多前所未有的困难,正如法国历史学家托克维尔所说:"对于一个坏政府来说,最危险的时刻通常就是它开始改革的时刻。"③ 清政府显然对自身所处情势没有充分体认和足够重视。清末新政持续11年,这是满洲贵族保家救国的最后机会,惜其抱残守缺,进两步退三步,非但错失良机,还使满汉矛盾不断恶化。《江楚会奏变法三折》由刘坤一、张之洞领衔,实代表了汉族士绅精英之集体意识,它成为新政前期改革的总纲,多数奏议得以施行。其间,平满汉畛域成为满汉精英之共识,多有建言。但由于关涉满洲部族根本利益,自身合法性的问题,清廷对于平满汉畛域显得异常敏感,口惠而实不至,收效甚微。另一方面,满洲亲王干政倾向愈复明显,旗人在地方也收复了很多失地,集权排汉的步伐逐次加速。与此同时,铁良南下却使汉人为主的东南督抚势力遭到很大削弱,"东南互保"不复存在。革命党因应拒俄运动,排满风潮愈演愈烈,这些因素都促使满汉矛盾进一步

---

① 孙宝瑄:《忘山庐日记》,辛丑六月十四,上海古籍出版社1983年版,第373页。余英时先生在《戊戌政变今读》(香港中文大学《二十一世纪》1998年第2号)中引用此文时标明为"汉族知识分子孙宝薇说",然日记原文乃"忘山居士言","忘山居士"在文中皆指忘山庐主人孙宝瑄,且书末附录日记中出现的所有孙姓人物中亦无"孙宝薇",余英时先生当笔误。

② 出自严复给积极参与东南互保的沈渝庆的赠别诗,表明他也赞同东南互保,见王栻主编《严复集》第二册,中华书局1986年版,第363页。

③ [法]托克维尔:《旧制度与大革命》,冯棠译,商务印书馆1992年版,第210页。

恶化。

被迫进入宪政改革期后，满洲亲贵囿于狭隘的部族利益，唯恐在实行君主立宪的政治改革中失去统治特权，既不根本消除满汉种界，亦对宪政要求一再推诿、敷衍，坚持"政要之地位，非无阶级者可以骤跻，机密之大计，非至亲贵者不足与议"①，故以"预备立宪"之名推行中央集权，又以集权而排汉甚且排满，1906 年之满人内阁是为明证。《申报》辛辣地指出："自不分满汉以来，任汉人为将军、都统者，固属创例，然任满人为尚书、督抚者，亦自此加多。以官重权轻之将军都统界于汉人，而满人多居权要之地位，朝廷权衡之妙，亦别有深心，而怀疑者实不能无议于其后。"② 而国势阽危以及自身权力不断受到威胁和损失使汉族士绅对清廷的不满与日俱增，他们强烈要求化解满汉畛域，打破满族政治优势，争取自身政治权利，此即立宪派千气万力，数十年如一日斗争之动因。康有为、梁启超、张謇、赵凤昌、汤寿潜等大半皆属自强运动和戊戌变法的局中人与同路人，庚子年东南趋新诸事的参与者，在 30 年新旧嬗递之中彼辈同出一脉并前后相承。立宪派国会请愿如火如荼，革命派排满思潮日益高涨，则满人对汉人愈不放心，排汉进一步加速，"以天下为一家私物"③，1910 年皇族内阁已经呼之欲出。如此互动连环、恶性循环，最终导致皇族内阁出台，排汉至无以复加之顶峰。"革命党者，以扑灭现政府为目的者也。而现政府者，制造革命党之一大工场也。"④ 梁启超确是一语中的。而后立宪派对清廷彻底绝望，大部分转而加入革命党，武昌起义后，排满反清到达高潮，满洲的统治资格被汉人完全否定，清廷无以慰之，则呼吸而倒。

"自来亡国，无如是之速者"⑤，时人多于大清之速亡错愕不已。然亡清之因固已多矣。满洲以八旗雄武而兴，亦以八旗衰败而亡；以不拘成格维新创制而兴，亦以恪守祖制抱残守缺而亡；以亲贵戮力同心而兴，亦以亲贵擅权弄国而亡；以刚柔兼济驯服汉人而盛，亦以寄命汉人仍力行制汉排汉绝望汉人而亡。

---

① 《内阁学士兼礼部侍郎衔宗室宝熙奏开贵胄法政学堂折附片》，《政治官报》，光绪三十三年十一月初二日，第 42 号。
② 《申报》1907 年 8 月 12 日。
③ 胡思敬：《退庐疏稿》卷一，南昌退庐刻本 1924 年，第 17—18 页。
④ 梁启超：《现政府与革命党》，《新民丛报》，第 89 号。
⑤ 恽毓鼎著，史晓风整理：《恽毓鼎澄斋日记》辛亥九月十八日，第 557 页。孟森先生亦谓"自古亡国未有易于清者"，见孟森《清史讲义》，第 386 页。

战国名士郭隗把君臣关系分为四类："帝者与师处，王者与友处，霸者与臣处，亡国与役处。"[1] 清代君臣之间是明显的"亡国与役处"即主奴关系，满汉合作更是始终缺乏互信和平等，汉人始终处于绝对弱势。在八旗雄武或天下太平时，这种严重不平衡的合作关系尚可维系。迨至清季国势阽危、内外交困而满洲已整体衰败、不得不寄命于汉人时，这种合作于清廷便有莫大危险。以清季汉人三大佬观之，曾国藩、李鸿章与袁世凯可谓一脉传承，然时移势易，与清廷之关系大有不同。曾氏荡平洪杨之乱可谓居功厥伟，然慈禧在极力笼络之同时亦严防死守，终以曾国藩主动遣散湘军主力而妥协。而曾氏在1868年迁武英殿大学士后至少两次文华殿遇缺不升，至死仍在武英殿，亦未入军机，慈禧打压之心昭然若揭。与其说曾氏忠于清廷，不如说他激于保中国之大义，乃"血诚儒者"也。是故曾氏于清廷早已貌合神离，庚申之变时湘军集团坐视首都沦陷而拒施援手可为明证。尽管曾国藩对清朝的前途很悲观，对满洲执政者之能力很失望，而其属亦下多有拥戴之心，但他本人无意或无勇自立，于反清可谓"有力无心"，否则满汉矛盾早已根本解决。李鸿章承继曾国藩衣钵，又自有创制，与环伺中国之列强折冲樽俎，为大清做了一辈子裱糊匠，表面上极尽慈禧之荣宠，实亦极尽天下之谤逸。然李氏于光绪朝独任品级最高之文华殿大学士26年，却始终未兼管部务，未值军机，庚子前后两次入总署亦不过1年，若是旗人，绝不至此。故李鸿章于大清显然持现实主义，庚子年力主东南互保、坐视两宫西逃，且欲自立总统可为明证，惜其时彼已无兵可用，于反清可谓"有心无力"。承李鸿章之遗产者，厥惟袁世凯，其出身捐班，以戎马起家，乃一标准政客，他一手建立了清代最大的汉人军事政治势力——北洋集团，慈禧照例一边拉一边打，收放由心，临死前才令袁入军机，但始终不让他入阁，彼时袁氏无心反也不敢反。年幼无知、治国乏术的载沣甫监国，便将袁世凯逐出京城，并与另一汉族重臣张之洞闹僵。洹上垂钓时袁氏已经对清廷恩断义绝，其后载沣集团之颟顸及形势之发展更使他对清廷绝望。故袁世凯于反清可谓"有心有力"，也正是他给大清压上了最后一根稻草。

"首崇满洲、以满驭汉"之满洲祖制是导致满汉民族矛盾冲突的根本原因。1901年春，孙宝瑄与友人王浣生（王修植）议论新政时局，王言："政府已主张变法，所不变者惟心术耳。故观累降谕旨，辄再三注意于心术二字，此何意耶？"孙曰："心术者，即君权之代表也。彼惧法变而民权之说

---

[1] 《战国策·郭隗说燕昭王求士》。

起，故以心术二字压倒之，然否？"王修植甚以为然。① 以有清一代观之，心术者，即"首崇满洲、以满驭汉"之满洲祖制也。清廷"一切由满族政权的私心出发，所以全只有法术，更不见制度"②，钱穆先生可谓一针见血。欲屈天下奉一族，必至尽天下敌一族，满汉矛盾于清代之兴亡实关匪细也。

---

① 孙宝瑄：《忘山庐日记》，辛丑四月十三日，第347页。
② 钱穆：《中国历代政治得失》，生活·读书·新知三联书店2001年版，第141页。

附录一

清代皇族政治计量考察
——以四大中枢机关为核心

"从来国家政务，惟宗室协理。"① 皇族无疑是清代皇权的重要屏障，与清朝政治关切极深，学界于此已有探研②。清初之皇族专权及清末之皇族集权已有共识，然有关雍正以降至光绪朝末是否有亲贵用事，清代官书与众多方家一同否定，官书载"本朝自设立军机处以来，向无诸王在军机处行走者"③。"我朝定制，不令亲贵干预朝政，祖训著有明文。"④ 今人曰"乾、嘉、道三朝禁止宗室进入军机处等中枢机构"⑤，"雍正以来定下不准亲贵用事的规矩，历代相传"⑥，或言"皇族贵胄自雍正年间以后几乎不曾参与国家重要职务"⑦，"皇族内阁"自然多被解读为单纯的载沣集权⑧。有清一代

---

① 《清世祖实录》卷一，顺治十八年正月。
② 代表论文如赖惠敏《清代皇族的封爵与任官研究》，见李中清、郭松义主编《清代皇族人口行为和社会环境》，北京大学出版社版 1994 年版；李细珠《论清末"皇族内阁"出台的前因后果——侧重清廷高层政治权力运作的探讨》，《中国社会科学院近代史研究所青年学术论坛》2006 年卷，社会科学文献出版社 2007 年版，第 195—221 页。专著如杨学琛、周远廉《清代八旗王公贵族兴衰史》，辽宁人民出版社 1986 年版；杜家骥《清皇族与国政关系研究》，五南图书出版公司 1998 年版。
③ 《清仁宗实录》卷五三，嘉庆四年十月丁未。
④ 《宣统政纪》卷六二，宣统三年九月壬申。
⑤ 吴吉远：《清代宗室科举制度刍议》，《史学月刊》1995 年第 5 期。
⑥ 侯宜杰：《二十世纪初中国政治改革风潮——清末立宪运动史》，人民出版社 1993 年版，第 224 页。
⑦ 赖惠敏：《清代皇族的封爵与任官研究》，见李中清、郭松义主编《清代皇族人口行为和社会环境》，第 147 页。
⑧ 如"载沣只感觉皇室和满人地位的危险，深恐大权旁落，满人将受汉人的宰制……所以对于宪政的热心，还远不如谋皇族集权的热心"。见李剑农《近百年中国政治史》，复旦大学出版社 2002 年版，第 250 页。又如"载沣集权皇族之政策，自是暴露无遗，国人始知清廷之所谓立宪者，不过借此以为集权之招牌耳"。见萧一山编《清代通史》（四），华东师范大学出版社 1996 年版，第 916 页。

皇族参政是否有传统，中间流变情形如何，可否计量实证，此乃皇族政治研究不可回避之话题，目前尚未见深入析论①。本文宏观清代历朝政势，以定量研究为据，辅之定性研究，试求廓清皇族政治源流。不当之处，敬祈方家斧正。

一 清代前期的皇族专权

追本溯源，努尔哈赤时期是完全的皇族专政。清初数十年，宗室便涌现出一大批能征善战的武将。仅《清史列传》"宗室王公传"即载有49名因战绩而封王公的宗室，如代善、阿济格、多尔衮、多铎、豪格、济尔哈朗、莽古尔泰、尼堪等。彼辈由赫赫军功而自然获取强大权势。以八旗制度为基础，议政会议成为后金政权的中枢机构，渐次形成代善、阿敏、莽古尔泰、皇太极等八王"共理国政"②，四大贝勒按月轮值之制，是为亲王辅政之雏形。八王既是八旗旗主，又管理国政，国家行政与军事征战不分，统治权牢牢控制在努尔哈赤家族手中。此间辅政亲王的权力主要有：议政权、统军权、执政权、旗权。皇太极即位后，先后设置了六部三院，及主掌监察之都察院，管理少数民族的理藩院，合称"三院八衙门"，后金国家中央机构日趋完善。这既适应了社会形势的发展，也有利于皇太极打击代善、阿敏、莽古尔泰等宗室政敌以加强皇权。此间因皇族内讧，蒙古人和汉人获得了些许权力，但军政大权仍然由皇族掌控。

清军入关之始，危机四伏，多尔衮一系在皇位争斗中获胜，其以"摄政王"权倾天下，宗室贵族势力极度膨胀，皇权受到极大压制，以皇族为核心的议政王大臣会议主军国大事。彼时满汉民族矛盾非常尖锐，清廷在用武力残酷镇压的同时，亦极力拉拢汉族上层精英。顺治朝开始的中枢机构满汉复职制，为缓和满汉矛盾奠定了重要的制度基础。福临亲政后大胆"改革维新"，严厉打击多尔衮集团势力，遏制远支宗室亲贵，信用亲兄承泽亲王硕塞、堂兄和硕简亲王济度、亲侄显亲王富绶及异姓勋旧，皇族权势总体上有所下降，异姓贵族地位上升，但皇帝对议政王大臣会议的控制力度加

---

① 目前仅见杜家骥有"事实表明，有清一代，宗室贵族始终是朝政的重要参与者"之肯定观点，唯杜先生之入关后皇族参与清廷中枢机要机构论述较简，相关数据很少。参见杜家骥《清皇族与国政关系研究》，第333—381页。

② 《清太祖实录》卷八，天命七年三月己亥。

强。顺治还放手任用汉人，允许满汉联姻，逐渐稳定了国内局势。清初内阁是在清帝与皇族势力的斗争中被逐渐引入和完善的，"内阁，尤其是汉族阁僚往往是皇权的坚定支持者"①。而是时内阁制度尚未完善，大学士起初仅五品，事权极有限。据表一，虽然顺治朝汉人大学士远多于满人（满汉比重为63.2%），然旗汉人数大体持平，且汉人大学士之地位最为卑微。据表二，部院大臣旗汉比重为124.3%，于清初四朝中已属最低，旗人明显占优。然部院大臣之10.8%的皇族比例在清初四朝中最高，较其他三朝平均逾两倍。地方上，出于稳固新建政权的需要，各省督抚亦多用汉军八旗，由表三可见，本朝161名督抚中，只有两位满人，而汉军多至84人，占逾五成。

表一　　　　　　　清代内阁大学士族籍统计表

项目\朝代	满族	蒙古族	汉军	汉族	总计	皇族人数	皇族比例%	满族比例%	满汉比例%	旗汉比例%
顺治	12		7	19	38	2	5.3	31.6	63.2	100
康熙	19		4	24	47	4	8.5	40.4	79.2	95.8
雍正	9		3	9	21	0		42.9	100	133.3
乾隆	30	1	5	25	61	0		49.2	120	144
嘉庆	13	2	1	13	29	5	17.2	44.8	100	123.1
道光	16	3	1	14	34	6	17.7	47.1	114.3	142.9
咸丰	11	1		6	18	2	11.1	61.1	183.3	200
同治	7	2		6	15			46.7	116.7	150
光绪	18	1	2	18	39	7	18	46.2	100	116.7
宣统	3	1		6	10	0		30	50	66.7
总计	138	11	23	140	312	26	8.3	44.2	98.6	122.9

备注：各朝间重复者仍分计，汉军不计入汉族，下同。

资料来源：原始数据统计互核于钱实甫编《清季职官年表》，中华书局1980年版，第2—132页，萧一山著《清代通史》（五），《清代宰辅表》，华东师范大学出版社2006年版，第45—62页。

---

① 高翔：《也论军机处内阁和专制皇权——对传统说法之质疑，兼析奏折制之源起》，《清史研究》1996年第2期。

表二　　　　　　　　清代部院大臣族籍统计表（1644—1910）

项目\朝代	顺治	康熙	雍正	乾隆	嘉庆	道光	咸丰	同治	光绪	宣统
满人	43	117	38	80	61	45	27	18	53	13
旗人	46	124	48	99	71	50	31	20	61	14
汉人	37	79	35	77	46	45	23	24	44	14
总数	83	203	83	176	117	95	54	44	105	28
满人比例%	51.8	57.6	45.8	45.5	52.1	47.4	50	40.9	50.5	46.4
满汉比例%	116.2	148.1	108.6	103.9	132.6	100	117.4	75	120.5	92.9
旗汉比例%	124.3	157	137.1	128.6	154.4	111.1	134.8	83.3	138.6	100
皇族人数	9	8	3	7	7	14	7	5	19	9
满人中皇族比例%	20.9	6.8	7.9	8.8	11.5	31.1	25.9	27.8	35.8	69.2
本朝皇族比例%	10.8	3.9	3.6	4	6	14.7	13	11.4	18.1	32.1

备注：各朝间重复者仍分计。

资料来源：原始数据统计互核于钱实甫编《清季职官年表》，第158—330页；魏秀梅编《清季职官表附人物录》，"中央研究院"近代史研究所2002年版，第7—343页。

表三　　　　　　　　清代督抚族籍统计表

项目\朝代	顺治	康熙	雍正	乾隆	嘉庆	道光	咸丰	同治	光绪	宣统
满族	2	86	40	184	59	35	23	15	29	7
旗人	86	245	82	219	79	48	33	16	41	13
汉族	75	147	69	166	87	100	67	88	109	38
总数	161	392	151	385	166	148	100	104	150	51
满汉比例%	2.7	58.5	58	110.8	67.8	35	34.3	17	26.6	18.4
旗汉比例%	114.7	166.7	118.8	131.9	90.8	48	49.3	18.2	37.6	34.2
满人比例%	1.2	21.9	26.5	47.8	35.5	23.6	23	14.4	19.3	13.7

资料来源：清代前四朝原始数据统计于李霞《清前期督抚制度研究》，博士论文，中央民族大学，2006年，第23—24页。原文为督抚分计；除同治、宣统朝外，清季其余四朝原始数据统计于魏秀梅《从量的观察探讨清季督抚的人事嬗递》，《"中央研究院"近代史研究所集刊》第四期上册。原文为督抚分计，仅有旗汉数据，满人督抚数据系笔者先由钱实甫编《清季职官年表》统计出各朝蒙古族及汉军督抚总数，再与原文旗人督抚总数相减而得。同治、宣统朝数据系笔者由钱实甫编《清季职官年表》统计，同治朝数据与魏秀梅先生所得差异较大。

玄烨亲政后，为了加强皇权，他一方面大力削弱开国诸王权势，严格束缚皇族参政，另一方面又大力扶植皇子议政，亲王统兵。康熙晚年，诸皇子为夺嫡争权，先后形成太子党、八子党和四子党，争斗不息。雍正虽然在位时间不长，但对加强皇权不遗余力。迫于严重的帝位合法性危机，他在即位之初采取断然措施，"以严猛为政的方式将专制皇权推向登峰造极"[①]。十三弟允祥成为胤禛抵挡政敌及治理国家的中流砥柱，登极不久，即被任命为总理事务大臣，并赐封怡亲王，同时奉命领户部，管理三库事。其他兄弟被软禁或流放。弘历特别强调乾纲独断，大树皇权威严，加强对宗室贵族管控为其主要措施之一，很多亲王遭受重罚。庄亲王允禄曾与礼亲王允礼同任总理事务王大臣，后被革去亲王双俸及议政大臣、理藩院尚书职务。理郡王弘晳被削爵圈禁，果亲王弘瞻被降为贝勒。迄乾隆末年，议政王大臣职名被取消，宗室权贵干涉皇权的合法途径自此消亡，皇族势力大大减弱，金清之君主独裁臻于至极。清代前期亲王辅政的主要目的是夹辅皇帝，但在其间，皇族势力对皇权的侵犯亦不可避免，多尔衮摄政乃其极端，是故血缘关系与政治关系、王权与皇权矛盾不断。康熙以降，清帝对皇族的管控日益强化，例如不准抗传不到，王等不许擅传，王公及闲散宗室不许离开京城40里，不许任外官，不许经商等。虽然少数皇族偶尔被暂时委以重任，但已经难成气候，皇族政治势力由此渐趋衰落。然以其天皇贵胄之特殊身份及现实政治之需，清帝于皇族参政始终重视有加。入关后，清廷专门设立宗室缺。宗人府几乎全为宗室垄断，政府部院机构亦有专门的宗室官职。康熙特设由王公大臣特简兼充之御前大臣以统辖内廷事务，为解决部分宗室无路入仕的问题，还特增侍卫90人。雍正曾裁撤宗人府满洲笔帖式的一半，令宗室补充。乾隆特设宗室御史4员，作为司员晋升之阶。

　　康、雍、乾三朝乃所谓清代盛世。在中央，虽然满汉复职制成为主要的权力配置形式，但实际上即使在复职官缺中亦存在明显的满洲倾向。部院大臣之旗汉比例在康熙朝便至清代巅峰（157%，见表二），表明旗人增速非常迅猛。乾隆十三年，清代内阁制度基本完善，大学士定员每殿阁满汉各二人。内阁掌议天下之政，枢纽行政。大学士乃百僚之长，地位尊崇。雍、乾两朝内阁大学士无一皇族，部院中皇族主官人数偏少，连续的空白年份大量出现，显然与清帝加强皇权有关。然旗人尤其是满人大学士比重亦不断增高，据表一，乾隆时120%的满汉大学士比例、144%的旗汉比例皆至清

---

① 高翔：《略论清朝中央权力分配体制——对内阁、军机处和皇权关系的再认识》，《中国史研究》1997年第4期。

初顶峰。雍正创设军机处之初，至少有两位亲郡王入职，对皇族倚恃有加，故开场便创造了清代军机处皇族比重的最高纪录（22.2%，见表四）。至乾隆朝，军机处大臣旗汉比重大幅回落，但满汉比重继续上扬，达有清一代之顶点。地方上，据表三，康、雍两朝，汉军督抚持续减少，满人督抚不断激增，雍正朝满人督抚比例已逾顺治22倍。弘历较其父祖更为重视满汉之别，满人督抚比例达到了清代最高峰47.8%，110.8%的满汉比例亦为清朝之最，131.9%的旗汉比例仅次于康熙位列清代第二。康、雍、乾三朝无疑为旗人的全盛时代，无论是中枢大员抑或地方督抚，旗人皆占绝对优势，相较而言，清廷于中枢的控驭力度更大，王公亲贵无疑是核心支柱。

表四　　　　　清代军机大臣族籍统计表

朝代\项目	满族	蒙古族	汉军	汉族	总计	满族比例	皇族人数	皇族比例%	满汉比例%	旗汉比例%
雍正	3	4		2	9	33.3	2	22.2	150	350
乾隆	26	6	1	14	47	55.3	3	6.4	185.7	235.7
嘉庆	14	3		12	29	48.3	2	6.9	116.7	141.7
道光	6	3	1	10	20	30	0		60	100
咸丰	9	2		10	21	42.9	1	4.8	90	110
同治	4			7	11	36.4	1	9.1	57.1	57.1
光绪	16	1		20	37	43.2	5	13.5	80	85
宣统	4			5	9	44.4	2	22.2	80	80
总计	82	19	2	80	183	44.8	15	8.2	102.5	128.8

备注：1. 各朝间重复者仍分计。2. 军机处成立时间采萧一山、邓之诚等"雍正七年说"。3. 乾隆元年曾暂罢军机处，另设亲王为主的总理事务处，然实为代理军机，本表仍视为军机处统计。

资料来源：原始数据统计互核于钱实甫编《清季职官年表》，第136页—156页；魏秀梅编《清季职官表附人物录》，第18—45页；萧一山著《清代通史》（五），《清代军机大臣表》，第76—142页。

二　清代中后期的皇族政治演变

乾隆以降，清朝统治无可挽回地进入中衰时期，王公亲贵的腐败堕落在白莲教起义中表露得尤为突出，至鸦片一案，"则为清运告终之萌芽。……二百年控制汉族之威风，扫地以尽，于清一代兴亡之关匪细也"①。内外交困的清廷被迫把王朝部分重任渐次交与汉人。这种趋势在督抚中最为显见。由表三可见，嘉庆以降至同治，旗人督抚比重直线下降，汉族督抚比重则不断增高。较之乾隆，道光朝满族督抚比重下降了近五成，旗汉比重下降了六成多，满汉比例下降了近七成，汉族督抚比例增高了近 1.6 倍，达到 76.4%。中枢机构中，道光朝大军机中满人比重比乾隆朝减少两成五，满汉比例减少近 127 个百分点，旗汉比例减少近 136 百分点（见表四）。军机处首辅中，据表五，道光朝 33.3% 的满人比重为有清一代之波底，较之乾隆时期下降近四成，满人首辅任职时间之短（不足五成）于嘉庆以后六朝中亦为最低。反之，汉人军机处首揆于道光朝大放光芒，人数比重达到了清代之顶峰，任职年数比例为清季六朝之最。曹振镛连任军机处首揆长达 15 年，创造了有清一代汉人首揆的最高纪录。故为史家所公认的咸同以降之"满轻汉重"的政治格局，其实已经于嘉道之际露出了端倪。

表五　　　　　　　　清代军机处首枢统计表

朝代 \ 项目	满族人数	满人任职年数	汉族人数	汉人任职年数	总计人数	皇族人数	皇族比例%	满人比例%	满人任职年数比例%
雍正	2	3	1	4	3	1	33.3	66.7	42.9
乾隆	5	52	2	8	7			71.4	86.7
嘉庆	4	20	1	5	5			80	80
道光	1	14	2	16	3			33.3	46.7
咸丰	3	6	2	5	5	1	20	60	54.6
同治	1	13			1	1	100	100	100
光绪	4	34			4	3	75	100	100
宣统	1	3			1	1	100	100	100
总计	21	145	8	38	29	7	24.14	72.4	79.2

备注：各朝间重复者仍分计。
资料来源：同表四。

失之东隅则收之桑榆，面对地方上日渐增强的汉族势力，在中央突出满

---

① 孟森：《清史讲义》，浙江人民出版社 1998 年版，第 356 页。

洲成为一种必然的补救。突出满洲则必突出皇族，他们是清廷在危难时最信任的自家人。嘉庆朝，除特设宗室翻译乡会试外，又在六部、理藩院增设宗室司员，扩大宗室入仕之途。以皇族内阁大学士而言，由表一可知，嘉庆、道光两朝比例（17.2%、17.7%）皆逾顺治朝3倍，于清季六朝位列第二、第三，满族大学士中近四成为皇族。① 以皇族部院大臣而言，雍正以降呈现明显的上升趋势。据表二，较之乾隆朝，道光朝满人中皇族比例（31.1%）及总人数中皇族比例（14.7%）皆涨至3倍以上，达清季六朝之高位。满族部院大臣中皇族（共14人）已逾三成，其中更有近支宗室亲贵奕颢、奕经、奕纪、奕山等共4人。尤其是道光十四年至二十年（1834—1840）的7年间，总共15人的部院大臣中，皇族至少4人（占26.67%），最多至6人②（占40%），高达总数四成（6/15）的皇族部院大臣连续3年出现，无论绝对数抑或比例皆已达光绪朝之前的巅峰，与70多年后的皇族内阁非常接近。要之，嘉道时期汉人势力于地方督抚激增，而满洲皇族在中枢机构中的比重猛涨，二者有显明的因果关系，清廷集权皇族之策已经悄然起步。然非经宏观清代历朝政势多种详尽数据，难以参透个中玄妙，故长期以来为论者所忽。③

　　太平天国运动使清朝从嘉道"衰世"径入"乱世"，英法联军之役又致外患空前严重，内外交困的非常形势迫使清廷在咸同年间以创为守、有所兴革。洪杨之役于满汉力量趋于对汉族有利提供了契机，能否及时调整满汉关系，成为清王朝生死存亡的关键。满洲统治者在中央恢复相权，地方行放权督抚、以汉制汉之策。咸同年间，旗人督抚比重承嘉道之势继续下降。同治朝汉人总督计28人，为旗人的3倍多，占总数的75.7%，而汉人任巡抚者则高达89.6%。④ 由表三可知，汉族督抚总计88人，逾满族近6倍，占总数之84.6%，为清季六朝之巅峰。中枢机构中，同治朝内阁、部院、总署与军机处中旗人比例皆有明显下落。内阁第二级的武英殿大学士咸同年间共

---

① 嘉庆朝有吉庆、琳宁、禄康、长麟等共4人。道光朝有宝兴、奕经、敬徵、耆英、肃顺等共5人。
② 1836—1838年，计有奕颢、奕经、奕纪、敬徵、耆英、禧恩、载铨等7人，统计数据源于钱实甫编《清季职官年表》，第279页。
③ 学界多以为载沣上台后清廷才开始大行亲贵集权，笔者所见，仅有清季曾任京官的汉人何刚德有"道光中叶，满人柄政，又复排斥汉才"的感性认识。见何刚德《客座偶谈》卷一，上海古籍书店1983年影印版，第6页。
④ 统计数据源于钱实甫编《清季职官年表》，第1476—1483、1705—1715页。

6人，旗人仅1人，汉旗比例高达5∶1①，于清季罕见。部院与军机处大臣中的汉人比重皆升至清代顶点（分别为55.5%、63.6%，见表二、表四），总理衙门中的汉人比例亦迅猛增高（见表六）。

表六　　　　　　　　　清代总理衙门大臣族籍统计表

朝代\项目	满族	蒙古族	汉军	汉族	总计	皇族人数	满族比例%	皇族比例%	满汉比例%	旗汉比例%
咸丰	6			1	7	1	85.7	14.3	600	600
同治	7			8	15	1	46.7	6.7	87.5	87.5
光绪	21	1	1	36	59	8	35.6	13.6	58.3	63.9
宣统	2			2	4	1	50	25	100	100
总计	36	1	1	47	85	11	42.4	12.9	76.6	80.9

备注：各朝间重复者仍分计，1900年后数据按外务部计，宣统朝止于1911年奕劻内阁成立前。
资料来源：单士元《总理各国通商事务衙门大臣年表》，《故宫博物院院刊》1990年第2期。大臣族籍系笔者据多种工具书考实，原文未注明。外务部数据见钱实甫编《清季职官年表》，第319—330页。

满人政治势力日渐衰败，汉人政治势力明显增强，这不能不引起满洲贵族的忌视与反制。中枢机构素为满人控驭，据表一，位高权重之内阁大学士，自道光年间旗人比例便逆势上扬，至咸丰朝，满人占六成以上，满人为汉人1.8倍，旗人为汉人2倍，无论满人比例、满汉比例、旗汉比例皆达有清一代之顶峰。同治年间稍有回落，仍在高位。品级最高的文华殿大学士咸同年间共7人，汉人仅李鸿章一位，旗汉比重高达6∶1。② 部院与军机处大臣旗人比例在道光朝本已下降，然咸丰年间亦皆逆势上扬，处清季六朝之高峰（见表二、表四）。只是到了同治时期，才跌至清代最低。1860年总署初创时，只有奕䜣、桂良、文祥三位满大臣，领班者奕䜣为恭亲王（自此亲王领总署成为常例）。自次年起才有汉人逐渐加入，但连续6年满汉比例都超过150%，最高时达600%，直到1866年仍为167%。③

---

① 统计数据源于魏秀梅编《清季职官表附人物录》，第8页。
② 统计数据源于魏秀梅编《清季职官表附人物录》，第7—8页。
③ 统计数据源于单士元《总理各国通商事务衙门大臣年表》，《故宫博物院院刊》1990年第2期。

咸同年间，表面上看，满人式微于皇族中似亦表现显明。较之咸丰，同治内阁无皇族，而部院、总署中的皇族比重皆明显下行，其中总署还降至清代之最低，仅军机处中皇族比重有直线上扬之势。然而，稍作探究便可发现，咸同时期皇族政治势力空前膨胀，不仅创造了清季第一个皇族政治高峰，还构建了一个不断传续的模范，于清代兴亡关匪细也。洪杨事变后，奕訢重用郑亲王端华、怡亲王载垣及宗室肃顺（端华同父异母弟）等远支亲贵。于是，御前会议渐次取代军机处，而权势尤过之。此与议政王大臣会议有异曲同工之妙。肃顺得咸丰信用而专权跋扈，是咸丰后期的实际宰辅。他重用汉人，以汉制汉，扶危定倾，助清祚长延。面对汉人势力不断坐大，咸丰谨记祖训，倚任宗室，集权皇族，为"宗室宰辅"应有之义。其后奕訢取代肃顺，由"宗室宰辅"而"亲王宰辅"，乾隆以降消失近百年的"议政王"封号再度面世。

同治朝开启了清季之"亲王政治"时代，恭亲王奕訢既亲且贵，不但总揽军国大政，亦兼领军机处及总署。"议政王"封号（相权）虽然不久便被取消，然军机处及总署由亲王兼领之制却在同、光、宣三朝一直延续，即此后清朝之内政外交皆由满洲亲王控驭，其势直追顺治朝，皇族政治势力空前膨胀①，是以其后皇族内阁现身绝非偶然。

内乱削平，外患暂轻，如何"驾驭此辈汉人，以使中枢得以长保威势地位，遂亦成为此后数十年满清统治者之一中心问题"②。由满汉势力消长整体而言，光绪、宣统两朝为清季满洲贵族竭力捍卫政治特权之大反弹时期③，步步为营，创造了有清一代的诸多最高纪录。据表二、表四，较之同治朝，军机处及部院的旗人比例在光绪年间皆有大幅反弹，且在宣统朝继续上扬。宣统时外务部（总署）的满人比例及旗汉比例分别较光绪朝上涨了近15个和近40个百分点（见表六）。中枢机构中旗人比重虽然大幅上扬，然因时势、人才、年资等诸多条件所限，最终不过旗汉大臣人数基本持平，其中满人大多不足五成，相较于汉族并无绝对优势，这当然不是满洲权贵心目中的理想状态。在此情势下，集权于皇族当是最佳及最后的选择，故光宣

---

① 史家多认同恭王位极人臣，而忽视其与清季皇族政治势力空前高涨之前后联系。倒是末代清廷大方地承认"同治以来，国难未纾，始设议政王以资夹辅，相沿至今"。见《宣统政纪》卷六二，宣统三年九月壬申。

② 石泉：《甲午战争前后之晚清政局》，生活·读书·新知三联书店2003年版，第31页。

③ 学界多以为载沣上台后清廷才开始大力排汉集权，笔者以翔实数据揭示，实际上该趋势自道光时已露端倪，至光绪朝已经非常严重，故慈禧实为重要推手之一，难逃干系。

朝"亲王政治"继续大行其道。

据表五，军机处自同治始再无汉人首枢，同治、宣统朝领班皆为亲王，光绪朝除开荣禄曾任首揆两年，其余 32 年皆亲王领班（共 3 人），为清代最多。总署主管外交、洋务，其存续的 40 年里，领班大臣只有恭亲王奕䜣、庆亲王奕劻、端郡王载漪三位满洲亲王。除载漪于庚子年兼领数月，40 年里的绝大部分由奕䜣、奕劻掌管，庚子以后至清亡的外务部亦始终由庆王奕劻管控。同、光、宣三朝满洲亲王于总署、军机处控驭之严，为有清一代所罕见。亲王持续主政，于本家之宗室、爱新觉罗氏自然格外提携。是故光绪、宣统年间内阁、部院、总署及军机处中皇族比例俱直线上升，无一例外地创造或追平了清代最高纪录，乃清季皇族之"黄金时代"。清季六朝，皇族于两殿三阁皆有大学士，文华殿比例最低，文渊阁比例最高。光绪朝历经 34 年，远短于康、乾，然据表一，皇族大学士（7 人）接近清代总人数的三成，占满族大学士近四成，无论绝对数、人数百分比、年代百分比还是平均数皆为清朝之最。宣统朝短短 3 年，然皇族军机大臣比例追平雍正时 22.2% 的最高纪录，满人大军机有一半是皇族（见表四）。25% 的皇族外务部（总署）大臣比重为清朝顶点，且高出位于第二的咸丰朝 1.7 倍，满人大臣中皇族占五成（见表六）。皇族部院大臣比重于宣统时达清代顶点（32.1%），且高出位处第二的光绪朝近 1.8 倍，满人大臣近七成皆皇族（见表二）。宣统年间乃清季政治之"皇族时代"，其势直追顺治朝，皇族内阁出现实属自然。

三　清末的皇族集权

皇族内阁绝非一蹴而就，既有天命以降皇族政治传统的不断延续，亦有咸、同、光、宣朝的逐步累积。由表七可见，部院、总署及军机处中皇族大臣人数起伏不定，数次波峰皆与清季大政紧密关联。1884 年出现首次波峰，皇族总署及部院大臣首次增至 3 人和 5 人，因甲申朝变后，"瞽瞍秉政，满人之焰复张"[①]。1894 年第二次波峰，皇族大军机首增至 2 人，时值中日甲午战争爆发，恭亲王奕䜣复出。1900 年第三次波峰，当与庚子国变有关，彼时以端王载漪为首的大批亲贵用事。1907 年第四次波峰，皇族大军机重回 2 人，部院大臣重回 6 人，则为那拉氏精心安排。1911 年第五次高潮即皇族内阁。

[①] 坐观老人：《清代野记》，巴蜀书社 1988 年版，第 2 页。

表七　　光绪、宣统朝军机处、总署、部院大臣皇族分年统计表

项目年代	军机处	总署	部院	项目年代	军机处	总署	部院	项目年代	军机处	外务部	部院
1875	1	1	2	1888	1	2	5	1901	1	1	4
1876	1	1	2	1889	1	2	5	1902	0	1	4
1877	1	1	2	1890	1	2	5	1903	1	1	5
1878	1	1	2	1891	1	2	4	1904	1	1	5
1879	1	2	1	1892	1	2	4	1905	1	1	5
1880	1	2	3	1893	1	2	4	1906	1	1	5
1881	1	2	3	**1894**	**2**	**3**	**4**	**1907**	**2**	**1**	**6**
1882	1	2	2	1895	2	2	3	1908	1	1	6
1883	1	2	3	1896	2	2	3	1909	1	1	6
1884	**1**	**3**	**5**	1897	2	3	1	1910	1	1	6
1885	1	2	5	1898	2	3	1	1911	2	1	7
1886	1	2	5	1899	1	1	1				
1887	1	2	6	**1900**	**2**	**3**	**3**				

备注：1. 军机处、总署、部院大臣皇族有兼职者仍分计；2. 1901 年起，总署改称外务部；3. 1911 年数据止于奕劻内阁成立前。

资料来源：单士元《总理各国通商事务衙门大臣年表》，《故宫博物院院刊》1990 年第 2 期；钱实甫编《清季职官年表》，第 152—156、303—330 页。

六部两院负责具体行政，攸关政治，有清一代，皇族于此从未放手。专以光绪朝部院大臣而言，由表二可得，平均而言，满人逾五成，满汉比例为 120.5%，旗汉比例为 138.6%，满人、旗人皆占明显优势。辛丑以前 26 年里，总计 15 位大臣中，旗 9 满 8 汉 6 为常态，旗汉比例连续 19 年（1878—1896）高达 150%，同期内满 8 汉 6 之比重亦连续 19 年。皇族则年年有，在 1—6 人间浮动，比重为 6.7%—40%，高于三成的时间连续出现过 7 年（1884—1890）。[①] 清末新政前 6 年（1901—1906），由表八可知，部院大臣中满人、旗人由 8—9 人随新部院的出现而不断增至 10—12 人，满人比重由 44.4%升至 52.4%。汉人大臣非但未增多，中间两年还曾减少至 8 人，除前两年外，皆不足五成，最低至 42.1%，满汉比例及旗汉比例皆大幅上涨

[①] 统计数据源于钱实甫编《清季职官年表》，第 303—318 页。

了逾三成,崇满抑汉的集权趋势非常明显。皇族人数稳定在 4—5 人,25% 左右的比重在光绪朝位于中等,并不突出。1901 年后,皇族出现的最大变化是亲贵宗室大量干政,这在清季前所未有。①

据表八可见,清末新政前 6 年的 8 位皇族部院大臣中俱为宗室,且绝大部分(5 人)为"永绵奕载,溥毓恒启"② 中的近支(其中又有奕劻父子和溥兴、溥良兄弟各一对),除载振外 7 人皆经政坛长期历练。时人恽毓鼎谓之"天潢贵胄,丰沛故家,联翩而长部务,汉人之势大绌,乃不得一席地以自暖"③,绝非妄言。

表八　　　　　　　　1901—1906 年皇族部院大臣详表

项目	年代	1901	1902	1903	1904	1905	1906
	满族	8	8	9	9	11	10
	旗人	9	9	11	11	12	12
	汉族	9	9	8	8	9	9
	总计	18	18	19	19	21	21
	皇族	4	4	5	5	5	5
满汉比例%		88.89	88.89	112.5	112.5	122.22	111.11
旗汉比例%		100	100	137.5	137.5	133.33	133.33
皇族比例%		22.23	22.23	26.32	26.32	23.81	23.81
皇族任职部门	外务部	奕劻	奕劻	奕劻	奕劻	奕劻	奕劻
	商部			载振	载振	载振	载振
	吏部	敬信	敬信	敬信			
	刑部					溥兴	溥兴
	礼部				溥良	溥良	溥良
	理藩院	阿克丹	阿克丹	溥兴	溥兴		
	都察院	溥良	溥良	溥良	溥颋	寿耆	寿耆

备注:1906 年数据止于官制改革前。

资料来源:钱实甫编《清季职官年表》,第 319—324 页;魏秀梅编《清季职官表附人物录》,第 328—343 页。

---

① 笔者据钱实甫编《清季职官年表》统计,此前 26 年(1875—1900),部院共有 10 位皇族,以疏支宗室为主。而此后 11 年共有 12 位皇族,以近支宗室居多。
② 康熙以降,由清帝钦定之宗室辈分首 8 字为"永绵奕载,溥毓恒启",又规定了名字的用字部首,帝系亲疏一目了然。
③ 恽毓鼎:《崇陵传信录》,《清代野史》第 4 辑,巴蜀书社 1988 年版,第 21 页。

清末新政后 6 年（1906—1911 年），"朝政杌陧，满汉之见亘于中，革命之声腾于外"①，满汉畛域的存在使满汉矛盾日益突出，满人集权的步伐也明显加快。1906 年秋清廷被迫宣布"预备立宪"后，汉族官僚希望借立宪之机打破满洲的政治优势，给自己带来更大的发展机会，由袁世凯实际主持、融汇诸多汉族精英意识的官制改革草案为其代表。多数满族亲贵则欲"假立宪之名，行中央集权之实，又假中央集权之名以行排汉之实"②。11 月初，清廷任命官制改革后各部长官。在 12 部计 14 名主官中，满族 7 人，蒙古族 1 人，汉族 6 人，汉族依然不足五成，且外交、财政、军事、经济、教育等要害部门悉数为旗人所控制，故被称为"满族内阁"。比之官制改革前，旗汉比例未变，满汉比例稍增，皇族 5 人未变，但皇族比重却大幅上扬了近 13 个百分点。这当然是光绪朝清廷致力于阻抑汉族势力的结果，亦为慈禧晚年集权于皇族的大计划之一③，可说是皇族内阁之预演。

1906—1907 年，经由官制改革及丁未政潮，汉族大吏大受排斥。瞿鸿禨、岑春煊被罢职，林绍年被逐出中枢，袁世凯辞去八项兼职并被迫交出大半兵权，张之洞明升暗降。清廷中枢满汉差别进一步扩大，王公亲贵干政趋势愈复明显。1906 年军机处只有庆王奕劻一人，1907 年添醇王载沣为两人。据表九，1907 年部院大臣中，满族 8 人占 57.1%，汉族 5 人仅占 35.7%。虽有载振因贪腐被迫辞职，然部院中皇族又添 1 丁总数至 6 人，满汉比例、旗汉比例及皇族比例分别为 160%、180%、42.9%，俱创有清一代新高，并一直持续到 1909 年。

至宣统朝，年轻而平庸的载沣监国，大批皇族少年亲贵聚集，如何应对宪政改革是少壮派面对的一项太艰巨的任务。责任内阁无疑当是清末新政的压轴戏，汉士期望已久、企望尤切。尤其是 1910 年 4 次国会大请愿，久已拖延推诿之清廷备受压力，被迫一再缩短预备立宪期。急剧高涨的革命风潮使满洲少壮派集团深为忧惧，以汉族绅商为主体的立宪派轮番请愿，愈复增添亲贵们的疑忌。在载沣集团眼里，立宪派之威胁过于革命派④。多种压力交迫下，满洲贵族越发想把政权、军权、财权集中到自己手里。以往军机大臣大

---

① 张一麐：《古红梅阁笔记》，《心太平室集》卷八，台北文海出版社 1966 年影印版，第 40 页。
② 李剑农：《近百年中国政治史》，复旦大学出版社 2002 年版，第 225 页。
③ 就笔者所见，郭卫东先生最早提出"慈禧晚年集权亲贵说"，其后李细珠先生认识相类，见郭卫东：《论丁未政潮》，《近代史研究》1989 年第 5 期；李细珠《试论宣统政局与清王朝覆灭》，《北方论丛》1995 年第 5 期。
④ 国会大请愿的核心领导、立宪派首领杨度 1911 年初因疏请赦免梁启超而遭顽固派严劾，被视为匪首。

致满、汉各半。1908年那桐接替袁世凯，成满四汉三。1909年9月，张之洞卒，变满三汉二。1910年7月，鹿传霖卒，军机大臣更至满三汉一，为奕劻、那桐、毓朗、徐世昌四人，且三位满人中竟有两位皇族，徐世昌排位最低。既然军机处及旧部院迟早要撤，他们自然要早作预备。负责具体行政的新部院人选当然是关注焦点。根据传统社会政治潜规则，只有抢先占据有利位置，才可能长久保住权力。是故，如表九所示，宣统二年（1910）虽部院皇族比重略有回落，然满汉比例及旗汉比例皆大幅上涨两成，满人为汉人1.8倍（满汉比重分别为60%、33.3%），旗人为汉人两倍，4年内第二次刷新纪录。次年皇族更增至7人，比重达46.7%，至清代顶峰。至此，皇族内阁已经呼之欲出。故光绪之末，京师谚云："近支排宗室，宗室排满，满排汉。"①

表九　　　　　1906—1911年皇族部院大臣详表

项目 \ 年代	1906	1907	1908	1909	1910	1911
满族	7	8	8	8	8	9
旗人	8	9	9	9	10	10
汉族	6	5	5	5	5	5
总计	14	14	14	14	15	15
皇族	5	6	6	6	6	7
满汉比例%	116.67	160	160	160	180	180
旗汉比例%	133.33	180	180	180	200	200
皇族比例%	35.71	42.86	42.86	42.86	40	46.67
皇族任职部门 外务部	奕劻	奕劻	奕劻	奕劻	奕劻	奕劻
度支部	溥頲	载泽	载泽	载泽	载泽	载泽
农工商部	载振	溥頲	溥頲	溥頲	溥頲	溥伦
民政部		善耆	善耆	善耆	善耆	善耆
礼部	溥良	溥良	溥良	溥良		
理藩部	寿耆	寿耆	寿耆	寿耆	寿耆	寿耆
法部						绍昌
海军部					载洵	载洵

备注：1911年数据止于奕劻内阁成立前。
资料来源：钱实甫编《清季职官年表》，第325—332页；魏秀梅编《清季职官表附人物录》，第328—343页。

---

① 刘体智：《异辞录》，中华书局1998年版，第197页。

1906年底官制改革后至1911年奕劻内阁成立前，新入阁的皇族先后有镇国公载泽、肃亲王善耆、郡王载洵、贝子溥伦及觉罗绍昌5人，较上一批皇族显然政治素质不足。此间，外务部等实权部门全被满人把持，且多数首长长期固定，如外务部之奕劻（总理大臣）、那桐（会办大臣），民政部之善耆，陆军部之铁良，度支部之载泽，理藩部之寿耆。此外蒙族荣庆长期霸占学部，溥良长期掌控礼部。12—13部中仅余吏部、法部、邮传部等供汉人点缀。汉人最多时亦仅占42.9%，最低时至33.3%（见表九）。

1911年5月8日，清廷为形势所迫，宣布裁撤旧内阁和军机处，诏立半新半旧的"责任内阁"，名单如下：总理大臣庆亲王奕劻，协理大臣那桐（满）和徐世昌（汉），外务大臣梁敦彦（汉），民政大臣肃亲王善耆，度支大臣镇国公载泽，学务大臣唐景崇（汉），陆军大臣荫昌（满），海军大臣贝勒载洵，司法大臣觉罗绍昌，农工商大臣贝子溥伦，邮传大臣盛宣怀（汉），理藩大臣宗室寿耆。13名阁员中，满族9人，汉族仅4席，而在满族中，皇族又占7员之多①，时论讥之为"皇族内阁"。该内阁完全是光宣两朝清廷排汉集权、不断累积的直接成果。皇族内阁成员无一不自改革前之旧部院及军机处，皇族7位，人数亦未增减，除奕劻改为总理大臣外，各部大臣皆此前原任。而载沣集团之集权远非于此，皇族内阁成立后不久，清廷任命载涛及贝勒毓朗为军谘府大臣，加上海军大臣贝勒载洵，自此全国海陆军大权皆操于载沣兄弟三人手中，皇族亲贵完全控制了军国大政，"所谓宪政者，乃谋皇族集权之一种手段而已"②。

结　语

以捍卫政治特权计，清廷始终重视在中枢机构保持旗人的优势，作为清帝最信赖之自家人，皇族自然不可或缺。皇族政治贯穿有清一代，大致以嘉道时期为界，呈现两头高中间低的态势。雍正以降，亲王之事权虽大减，但王公亲贵参政者历代皆有。其抑扬皆由帝心，合意则用，不合则曰与国家定制未符，此乃满洲家事，清帝以外何人敢置喙。据前表统计，清代四大中枢

---

①　1980年代以来，该结论先后经林增平、刘广志、董丛林等先生考实，笔者管见亦同，然有关奕劻内阁各族籍及皇族所占具体数目，迄今仍异说纷杂，莫衷一是。详见董丛林《"皇族内阁"人员成分问题辨析》，《历史教学》2006年第9期。

②　萧一山：《清代通史》（四），第911页。

机关中，除开内阁有 4 朝空缺、军机处有一朝空缺，其余内阁、部院、军机处及总署皆有皇族主官，皇族参与中枢政治的传统一直延续。除总署大员旗人平均不足五成外，内阁、部院及军机处大臣旗人明显占优，平均比重均逾五五成，旗汉比例至少 122.9%，皇族比值平均在 8.3%—12.9% 之间，满洲亲贵可谓参与极深。

不宁唯是，皇族势力于地方亦持续渗透。八旗驻防带有鲜明的民族色彩，防止汉人反抗是重点之一，是故"八旗都统、副都统，均系朕宗支亲属及信任大臣"①。乾隆二十四年至嘉庆十年（1959—1805）的 47 年中，每年有 4—6 位皇族任八旗驻防将军、都统、副都统，占总数的 1/3 至 1/4。② 据魏秀梅先生统计，清季宗支亲贵任职八旗驻守将军、都统、副都统者，嘉庆朝 42 人，道光朝 34 人，咸丰朝 17 人，同治朝 8 人，光绪朝 23 人。③ 封疆大吏中皇族亦常见。第八代郑亲王德沛雍正朝末授职为兵部侍郎，乾隆元年始，历提督、巡抚、总督、吏尚等，屡任封疆 13 年。④ 直到清季，地方督抚中的皇族亦屡见不鲜。嘉庆朝有长麟、吉庆、琅玕、桂芳等 4 位总督，道光朝有崇恩、耆龄、宝兴等 3 位督抚，咸同时期有乐斌、耆龄两位督抚。⑤ 职是之故，清代史书所言"故事，亲王不假事权"等⑥，显然不符史实。

皇族是拱卫皇室的最佳屏障，如何控驭数以亿计的汉人始终是清代的重大政治课题，故皇族政治势必与满汉势力消长持续纠结互动。有清一代，"首崇满洲、崇满抑汉"乃祖传家法，清季皇族集权干政之根本亦在于此。

---

① 《清宣宗实录》卷一九五，道光十一年八月己亥。
② 杜家骥，《清皇族与国政关系研究》，第 362 页。
③ 魏秀梅：《从量的观察探讨清季驻防将军都统之人事嬗递》，《"中央研究院"近代史研究所集刊》第 10 期；魏秀梅：《从量的观察探讨清季驻防副都统之人事嬗递》，《"中央研究院"近代史研究所集刊》第 13 期。
④ 《清史稿》卷《列传二·诸王一》。
⑤ 据钱实甫编《清季职官年表》，第 1645—1715、1437—1478 页。
⑥ 《清史稿》卷一一四《职官志一》，第 3—70 页。

附录二

清代满汉势力消长统计图表

表 1-1　　　　　清代内阁大学士族籍统计表

朝代\项目	满族	蒙古族	汉军	汉族	总计	皇族人数	皇族比例%	满族比例%	满汉比例%	旗汉比例%
顺治	12		7	19	38	2	5.3	31.6	63.2	100
康熙	19		4	24	47	4	8.5	40.4	79.2	95.8
雍正	9		3	9	21	0		42.9	100	133.3
乾隆	30	1	5	25	61	0		49.2	120	144
嘉庆	13	2	1	13	29	5	17.2	44.8	100	123.1
道光	16	3	1	14	34	6	17.7	47.1	114.3	142.9
咸丰	11	1		6	18	2	11.1	61.1	183.3	200
同治	7	2		6	15	0		46.7	116.7	150
光绪	18	1	2	18	39	7	18	46.2	100	116.7
宣统	3	1		6	10	0		30	50	66.7
总计	138	11	23	140	312	26	8.3	44.2	98.6	122.9

备注：各朝间重复者仍分计。

资料来源：统计数据互核于钱实甫编《清季职官年表》，中华书局1980年版，第2—132页。

萧一山著：《清代通史》（五），《清代宰辅表》，华东师范大学出版社2006年版，第45—62页。

表 1-2　　　　　　　　　乾隆以降三殿大学士详表

朝代 \ 项目		保和殿	文华殿	武英殿	特拔入阁者
乾隆	旗人	鄂尔泰（1736—1745） 讷亲（1745—1748） 傅恒（1748—1770）	查郎阿（1736—1747） 庆复（1745—1747） 来保（1749—1764） 尹继善（1764—1771） 高晋（1771—1779） 李侍尧（1773—1780） 和珅（1786—1795）	阿尔泰（1771） 温福（1771—1773） 舒赫德（1773—1777） 阿桂（1777—1795） 福康安（1792—1795）	庆复 讷亲 傅恒 尹继善 阿尔泰 温福 舒赫德 阿桂
	汉人	张廷玉（1736—1749）	嵇曾筠（1736—1738） 于敏中（1773—1779） 蔡新（1783—1788）		蔡新
嘉庆	旗人		和珅（1796—1799）	福康安（1796） 阿桂（1796—1797） 保宁（1799—1806） 勒保（1813—1814） 松筠（1814—1817） 明亮（1817—1821）	勒保
	汉人		董诰（1799—1818）		
道光	旗人		长龄（1822—1838） 穆彰阿（1838—1850）	穆彰阿（1836—1838）	长龄
	汉人			曹振镛（1821—1835） 潘世恩（1838—1849） 卓秉恬（1850—1851）	
咸丰	旗人		赛尚阿（1851—1852） 裕诚（1852—1858） 桂良（1858—1861）	文庆（1856）	赛尚阿
	汉人			卓秉恬（1851—1855） 贾桢（1856） 彭蕴章（1858—1860）	

续表

朝代\项目		保和殿	文华殿	武英殿	特拔入阁者
同治	旗人		桂良（1862） 官文（1862—1871） 倭仁（1871） 瑞常（1871—1872） 瑞麟（1872—1874）	文祥（1874）	瑞常 瑞麟
	汉人			贾桢（1861—1868） 曾国藩（1868—1872） 李鸿章（1872—1874）	
光绪	旗人	荣禄（1901—1903）		文祥（1875—1876） 宝鋆（1877—1884） 文煜（1884） 灵桂（1884—1885） 俄勒和布（1885—1894） 麟书（1896—1898） 荣禄（1898—1901）	文煜
	汉人		李鸿章（1875—1901）	王文韶（1903—1907） 孙家鼐（1907—1908）	
宣统	旗人		世续（1909—1911）	孙家鼐（1909）	世续
	汉人				

备注：括号内为任职年限。

资料来源：统计数据互核于钱实甫编《清季职官年表》，第45—132页；魏秀梅编《清季职官表附人物录》，第5—8页。

表1-3　　　　　乾隆以降三殿大学士统计表

朝代\项目		保和殿		文华殿		武英殿	
		人数	年长	人数	年长	人数	年长
乾隆	旗人	3	34	7	59	5	28
	汉人	1	13	3	13		
嘉庆	旗人			1	3	6	15
	汉人			1	17		

续表

朝代	项目	保和殿 人数	保和殿 年长	文华殿 人数	文华殿 年长	武英殿 人数	武英殿 年长
道光	旗人			2	28	1	2
	汉人					3	26
咸丰	旗人			3	10	1	1
	汉人					3	7
同治	旗人			5	14	1	1
	汉人					3	13
光绪	旗人			1	2	7	24
	汉人			1	26	2	5
宣统	旗人			1	2	1	1
	汉人						

备注：不足一年按一年计，各朝间重复者不另计。

资料来源：表1-2

表1-4　　　　　　嘉庆以降内阁大学士统计表

殿阁 \ 项目	满族	蒙古族	汉军	汉族	总计	皇族人数	皇族比例%	满汉比例%	旗汉比例%
文华殿	9	3		2	14	1	7.1	450	600
武英殿	12	3		10	25	2	8.7	120	150
文渊阁	17	2	1	7	27	4	14.8	242.9	285.7
东阁	11	1	1	10	22	2	9.1	110	130
体仁阁	11	1	1	10	22	5	22.7	110	130

资料来源：统计数据互核于魏秀梅编《清季职官表附人物录》，第5—13页；萧一山著《清代通史》（五），《清代宰辅表》，第45—62页。

表1-5　　　　　　雍正以降大学士兼军机大臣统计表

朝代	项目	保和殿	文华殿	武英殿	文渊阁	东阁	体仁阁
雍正	旗人			马尔塞			
	汉人	张廷玉（3）			蒋廷锡		

续表

朝代	项目	保和殿	文华殿	武英殿	文渊阁	东阁	体仁阁
乾隆	旗人	鄂尔泰（9） 傅恒（22） 讷亲（3）	来保（15） 和珅（10） 尹继善（6）	舒赫德 阿桂	高斌		
	汉人	张廷玉（13）	于敏中（6）		刘纶	徐本 刘统勋 梁国治 王杰 董诰	
嘉庆	旗人		和珅（3）	阿桂（2） 勒保（2）	庆桂	托津	蒋攸铦
	汉人		董诰（18）		戴均元	王杰	戴衢亨
道光	旗人		长龄（1） 穆彰阿（12）		文孚		蒋攸铦
	汉人			曹振镛（14） 潘世恩（11）		王鼎	祁寯藻
咸丰	旗人		赛尚阿（2） 桂良（3）		文庆		
	汉人			彭蕴章（2）			祁寯藻
同治	旗人		桂良（1）	文祥（3）			宝鋆
	汉人						
光绪	旗人	荣禄（2）		文祥（1） 宝鋆（7） 俄勒和布（11）	世续	那桐	
	汉人			王文韶（2）		左宗棠 阎敬铭 张之万	张之洞
宣统	旗人		世续		那桐		
	汉人					鹿传霖	徐世昌

备注：括号内数字为任职年数，不足一年按一年计。

资料来源：钱实甫编《清季职官年表》，第135—156页。

表2　　　　　　　　清代部院大臣族籍统计表（1644—1910）

项目＼朝代	顺治	康熙	雍正	乾隆	嘉庆	道光	咸丰	同治	光绪	宣统
满人	43	117	38	80	61	45	27	18	53	13
旗人	46	124	48	99	71	50	31	20	61	14
汉人	37	79	35	77	46	45	23	24	44	14
总数	83	203	83	176	117	95	54	44	105	28
满人比例%	51.8	57.6	45.8	45.5	52.1	47.4	50	40.9	50.5	46.4
满汉比例%	116.2	148.1	108.6	103.9	132.6	100	117.4	75	120.5	92.9
旗汉比例%	124.3	157	137.1	128.6	154.4	111.1	134.8	83.3	138.6	100
皇族人数	9	8	3	7	7	14	7	5	19	9
满人中皇族比例%	20.9	6.8	7.9	8.8	11.5	31.1	25.9	27.8	35.8	69.2
本朝皇族比例%	10.8	3.9	3.6	4	6	14.7	13	11.4	18.1	32.1

备注：各朝间重复者仍分计。

资料来源：统计数据互核于钱实甫编《清季职官年表》，第158页—330页；魏秀梅编《清季职官表附人物录》，第7—343页。

表3　　　　　　　　清代督抚族籍统计表

项目＼朝代	顺治	康熙	雍正	乾隆	嘉庆	道光	咸丰	同治	光绪	宣统
满族	2	86	40	184	59	35	23	15	29	7
旗人	86	245	82	219	79	48	33	16	41	13
汉族	75	147	69	166	87	100	67	88	109	38
总数	161	392	151	385	166	148	100	104	150	51
满汉比例%	2.7	58.5	58	110.8	67.8	35	34.3	17	26.6	18.4
旗汉比例%	114.7	166.7	118.8	131.9	90.8	48	49.3	18.2	37.6	34.2
满人比例%	1.2	21.9	26.5	47.8	35.5	23.6	23	14.4	19.3	13.7

备注：各朝间重复者仍分计。

资料来源：清代前四朝原始数据统计于李霞《清前期督抚制度研究》，博士论文，中央民族大学，2006年，第23—24页。原文为督抚分计；除同治、宣统朝外，清季其余四朝原始数据统计于魏秀梅《从量的观察探讨清季督抚的人事嬗递》，《"中央研究院"近代史研究所集刊》第四期上册。原文为督抚分计，仅有旗汉数据，满人督抚数据系笔者先由钱实甫编《清季职官年表》统计出各朝蒙古族及汉军督抚总数，再与原文旗人督抚总数相减而得。同治、宣统朝数据系笔者由钱实甫编《清季职官年表》统计，同治数据与魏秀梅先生所得差异较大。

表4　　　　　　　　　　　清代军机大臣族籍统计表

项目 朝代	满族	蒙古	汉军	汉族	总计	满族比例	皇族人数	皇族比例%	满汉比例%	旗汉比例%
雍正	3	4		2	9	33.3	2	22.2	150	350
乾隆	26	6	1	14	47	55.3	3	6.4	185.7	235.7
嘉庆	14	3		12	29	48.3	2	6.9	116.7	141.7
道光	6	3	1	10	20	30			60	100
咸丰	9	2		10	21	42.9	1	4.8	90	110
同治	4			7	11	36.4	1	9.1	57.1	57.1
光绪	16	1		20	37	43.2	4	10.8	80	85
宣统	4			5	9	44.4	2	22.2	80	80
总计	82	19	2	80	183	44.8	15	8.2	102.5	128.8

备注：各朝间重复者仍分计。军机处成立时间采萧一山、邓之诚等"雍正七年说"。

乾隆元年曾暂罢军机处，另设亲王为主的总理事务处，然实为代理军机，本表仍视为军机处统计。

资料来源：原始数据统计互核于钱实甫编《清季职官年表》，第136—156页；魏秀梅编《清季职官表附人物录》，第18—45页；萧一山著《清代通史》（五），《清代军机大臣表》，第76—142页。

表5　　　　　　　　　　　清代军机处首枢统计表

项目 朝代	满族人数	满人任职年数	汉族人数	汉人任职年数	总计人数	皇族人数	皇族比例%	满人比例%	满人任职年数比例%
雍正	2	3	1	4	3	1	33.3	66.7	42.9
乾隆	5	52	2	8	7			71.4	86.7
嘉庆	4	20	1	5	5			80	80
道光	1	14	2	16	3			33.3	46.7
咸丰	3	6	2	5	5	1	20	60	54.6
同治	1	13			1	1	100	100	100
光绪	4	34			4	3	75	100	100
宣统	1	3			1	1	100	100	100
总计	21	145	8	38	29	7	24.14	72.4	79.2

备注：各朝间重复者仍分计。

资料来源：同表4。

表6　　清代总理衙门大臣族籍统计表

项目 朝代	满族	蒙古族	汉军	汉族	总计	皇族人数	满族比例 %	皇族比例 %	满汉比例 %	旗汉比例 %
咸丰	6			1	7	1	85.7	14.3	600	600
同治	7			8	15		46.7	6.7	87.5	87.5
光绪	21	1	1	36	59	8	35.6	13.6	58.3	63.9
宣统	2			2	4		50	25	100	100
总计	36	1	1	47	85	11	42.4	12.9	76.6	80.9

备注：各朝间重复者仍分计，1900年后数据按外务部计，宣统朝止于1911年奕劻内阁成立前。

资料来源：单士元《总理各国通商事务衙门大臣年表》，《故宫博物院院刊》1990年第2期。原文未注明大臣族籍，笔者据多种工具书考实。外务部数据见钱实甫编《清季职官年表》，第319—330页。

表7　　光绪、宣统朝军机处、总署、部院大臣皇族分年统计表

项目 年份	军机处	总署	部院	项目 年份	军机处	总署	部院	项目 年份	军机处	外务部	部院
1875	1	1	2	1888	1	2	5	1901	1	1	4
1876	1	1	2	1889	1	2	5	1902	0	1	4
1877	1	1	2	1890	1	2	5	1903	1	1	5
1878	1	1	2	1891	1	2	4	1904	1	1	5
1879	1	2	1	1892	1	2	5	1905	1	1	5
1880	1	2	3	1893	1	2	5	1906	1	1	5
1881	1	2	3	1894	2	3	4	1907	2	1	6
1882	1	2	2	1895	2	3	5	1908	2	1	6
1883	1	2	3	1896	2	3	5	1909	1	1	6
1884	1	3	5	1897	2	3	5	1910	2	1	6
1885	1	2	5	1898	2	3	5	1911	2	1	7
1886	1	2	5	1899	2	3	5				
1887	1	2	6	1900	2	3	3				

备注：1. 军机处、总署、部院大臣皇族有兼职者仍分计；2. 1901年起，总署改称外务部；3. 1911年数据止于奕劻内阁成立前。

资料来源：单士元《总理各国通商事务衙门大臣年表》，《故宫博物院院刊》1990年第2期；钱实甫编《清季职官年表》，第152—156、303—330页。

232 / 晚清满汉矛盾与国政朝局：1884—1912：以统治阶级上层为中心的考察

表8　　　　　　　　1901—1906年皇族部院大臣详表

项目＼年代	1901	1902	1903	1904	1905	1906
满族	8	8	9	9	11	10
旗人	9	9	11	11	12	12
汉族	9	9	8	8	9	9
总计	18	18	19	19	21	21
皇族	4	4	5	5	5	5
满汉比例%	88.89	88.89	112.5	112.5	122.22	111.11
旗汉比例%	100	100	137.5	137.5	133.33	133.33
皇族比例%	22.23	22.23	26.32	26.32	23.81	23.81
皇族任职部门 外务部	奕劻	奕劻	奕劻	奕劻	奕劻	奕劻
商部			载振	载振	载振	载振
吏部	敬信	敬信	敬信			
刑部					溥兴	溥兴
礼部				溥良	溥良	溥良
理藩院	阿克丹	阿克丹	溥兴	溥兴		
都察院	溥良	溥良	溥良	溥颋	寿耆	寿耆

备注：1906年数据止于官制改革前。

资料来源：钱实甫编《清季职官年表》，中华书局1980年版，第319—324页；魏秀梅编《清季职官表附人物录》，"中央研究院"近代史研究所2002年版，第328—343页。

表9　　　　　　　　1906—1911年皇族部院大臣详表

项目＼年代	1906	1907	1908	1909	1910	1911
满族	7	8	8	8	9	9
旗人	8	9	9	9	10	10
汉族	6	5	5	5	5	5
总计	14	14	14	14	15	15
皇族	5	6	6	6	6	7
满汉比例%	116.67	160	160	160	180	180
旗汉比例%	133.33	180	180	180	200	200
皇族比例%	35.71	42.86	42.86	42.86	40	46.67

续表

项目	年代	1906	1907	1908	1909	1910	1911
皇族任职部门	外务部	奕劻	奕劻	奕劻	奕劻	奕劻	奕劻
	度支部	溥颋	载泽	载泽	载泽	载泽	载泽
	农工商部	载振	溥颋	溥颋	溥颋	溥颋	溥伦
	民政部		善耆	善耆	善耆	善耆	善耆
	礼部	溥良	溥良	溥良	溥良		
	理藩部	寿耆	寿耆	寿耆	寿耆	寿耆	寿耆
	法部						绍昌
	海军部					载洵	载洵

备注：1911年数据止于奕劻内阁成立前。

资料来源：钱实甫编《清季职官年表》，中华书局1980年版，第325—332页；魏秀梅编《清季职官表附人物录》，"中央研究院"近代史研究所2002年版，第328—343页。

表10　　　　　　　　　光绪朝部院大臣族籍分年统计表

项目 年代	满族	蒙古族	汉军	汉族	总计	皇族人数	皇族比例%	旗汉比例%
1875	7		1	7	15	2	13.33	114.29
1876	8			7	15	2	13.33	114.29
1877	8			7	15	2	13.33	114.29
1878	8		1	6	15	2	13.33	150
1879	8		1	6	15	1	6.67	150
1880	8		1	6	15	3	20	150
1881	8		1	6	15	3	20	150
1882	8		1	6	15	2	13.33	150
1883	8		1	6	15	3	20	150
1884	8		1	6	15	5	33.33	150
1885	8		1	6	15	5	33.33	150
1886	8		1	6	15	5	33.33	150
1887	8		1	6	15	6	40	150
1888	8		1	6	15	5	33.33	150
1889	8		1	6	15	5	33.33	150

续表

项目\年代	满族	蒙古族	汉军	汉族	总计	皇族人数	皇族比例%	旗汉比例%
1890	8		1	6	15	5	33.33	150
1891	8		1	6	15	4	26.67	150
1892	8		1	6	15	4	26.67	150
1893	8		1	6	15	4	26.67	150
1894	8		1	6	15	4	26.67	150
1895	8		1	6	15	3	20	150
1896	8		1	6	15	2	13.33	150
1897	8			7	15	1	6.67	114.29
1898	8			7	15	1	6.67	114.29
1899	8			7	15	1	6.67	114.29
1900	8			7	15	3	20	114.29
1901	8		1	9	18	4	22.22	100
1902	8		1	9	18	4	22.22	100
1903	9	1	1	8	19	5	26.32	137.5
1904	9	1	1	8	19	5	26.32	137.5
1905	11	1		9	21	5	23.81	133.33
1906	7	1		5	13	5	38.46	160
1907	8	1		4	13	6	46.15	225
1908	8	1		4	13	6	46.15	225

备注：满族人数包含皇族。

资料来源：钱实甫编《清季职官年表》，第303—327页。

表11-1　　　　　　　　嘉庆朝督抚族籍分年统计表

项目\年代	总督					巡抚				
	皇族	满	蒙	汉军	汉族	皇族	满	蒙	汉军	汉族
1796	1	6			2	1	4			11
1797	1	6			2		4	1		10
1798	1	5		1	2		4	1		10
1799	2	5			2		4	1		10
1800	2	6			2		4	1		10

续表

项目\年代	总督 皇族	总督 满	总督 蒙	总督 汉军	总督 汉族	巡抚 皇族	巡抚 满	巡抚 蒙	巡抚 汉军	巡抚 汉族
1801	3	6			2		4	1	1	9
1802	1	4	1		3		5	1	1	8
1803	1	4	1		3		5	1	1	8
1804	1	4	1		3		5	1	1	8
1805		6	1		1		5	1	1	
1806		5	1		2		5	1	1	8
1807		4	1		3		6	1	1	7
1808		4	1		3		6			9
1809		4	1		3		6			9
1810		4	1	1	2		7		1	7
1811		4	1	1			7		1	7
1812		4	1	1	2		6	1		8
1813		2	1	3	2		6	1		8
1814		4		3	1		3			12
1815		4		3	1		2	1		12
1816		4		2	2		2	1		12
1817		4		1	3		2	1		12
1818		2	1	1	4		2	1		12
1819		2	1	1	4		2	1		12
1820		2	1	1	4		3		1	11

备注：一年多人者以时间最长计，一人同年多任者只计时间最长者。总督人数不计权位较轻的漕运、河道总督。满族督抚人数包含皇族。以下皆同。

资料来源：钱实甫编《清季职官年表》，第1437—1451、1645—1668页。

表11-2　　　　道光朝督抚族籍分年统计表

项目\年代	总督 皇族	总督 满	总督 蒙	总督 汉军	总督 汉族	巡抚 皇族	巡抚 满	巡抚 蒙	巡抚 汉军	巡抚 汉族
1821		1	1	1	5	1	6			9
1822		2		1	5	1	5			10
1823		2		1	5	1	5			10

续表

年代\项目	总督 皇族	总督 满	总督 蒙	总督 汉军	总督 汉族	巡抚 皇族	巡抚 满	巡抚 蒙	巡抚 汉军	巡抚 汉族
1824		2		1	5	1	6			9
1825		4			4	1	6			9
1826	1	3			5		7			8
1827	1	2		1	5		7			8
1828	1	2		1	5		6			9
1829	1	2		1	5		6			9
1830		3			5		7			8
1831		3			5		6			9
1832		4			4		5			10
1833		5			3		6		1	8
1834		5			3		6		1	8
1835		5			3		6	1	1	7
1836		6			2		6	1		8
1837		5		1	2		6			8
1838		4		1	3	1	6			9
1839		5			3	1	6	2		7
1840	1	6	1		1		4	2		9
1841	1	4	2		2		2	1		12
1842	2	7			1		1	2		12
1843	2	7			1		1			14
1844	2	6	1		1	1	2			13
1845	2	6	1		1	1	2			13
1846	2	5			2	1	2			13
1847	1	5	1		2	1	2			13
1848	1	5			3		1		1	13
1849		4			4		1		1	13
1850		3		1	4		1			13

资料来源：钱实甫编《清季职官年表》，第 1452—1468、1669—1694 页。

表11-3　　　　　咸丰、同治朝督抚族籍分年统计表

年代 \ 项目	总督 皇族	总督 满	总督 蒙	总督 汉军	总督 汉族	巡抚 皇族	巡抚 满	巡抚 蒙	巡抚 汉军	巡抚 汉族
咸丰1851		2		1	5		2	1	2	10
1852		2		1	5		2	1	2	10
1853		5			3		3	1	2	9
1854		4			4		7	1	1	6
1855		4			4		6	1	1	7
1856	1	5			3		6	1	1	7
1857	1	4			4	1	6	2	1	6
1858	1	2	1		5	1	5	2	1	7
1859	1	3	1		4	1	4		2	9
1860	1	3			4	1	6		1	8
1861	1	6			2	1	4			11
同治1862	1	3			5		1		1	13
1863	1	3			5		1		1	13
1864		2			6		1			15
1865		2			6		1			15
1866		2			6		1			14
1867		2			6		1			14
1868		3			5		1			14
1869		2			6		1			14
1870		2			6		1			14
1871		2			6		1			14
1872		1			7		1			14
1873		1			7		1			14
1874		1			7		1			14

资料来源：钱实甫编《清季职官年表》，第1469—1482、1695—1715页。

表 11-4　　　　　　　光绪、宣统朝督抚族籍分年统计表

年代 \ 项目	总督 皇族	总督 满	总督 蒙	总督 汉军	总督 汉族	巡抚 皇族	巡抚 满	巡抚 蒙	巡抚 汉军	巡抚 汉族
光绪 1875		1			7		1			14
1876					8		1			14
1877					8		2			13
1878					8		3			12
1879					8		4			11
1880					8		3			12
1881					8		3			12
1882					8		3			12
1883					8		2		1	12
1884					8		2	1	1	12
1885		1			7		3	1		11
1886		1			7		3	1	1	11
1887		1			7		3	1	1	11
1888		1			7		3	1		12
1889		1			7		4			11
1890					8		5			11
1891					8		6	1		9
1892					8		7	1		8
1893					8		6	1		9
1894				1	7		6	1		9
1895		1		1	6		5	1		10
1896		1		1	6		2	1		12
1897		1		1	6		3			12
1898		3		1	4		5			10
1899		3			5		4		1	10

续表

年代 \ 项目	总督 皇族	总督 满	总督 蒙	总督 汉军	总督 汉族	巡抚 皇族	巡抚 满	巡抚 蒙	巡抚 汉军	巡抚 汉族
1900		2			6		4	1	1	9
1901		2			6		4	2		9
1902		3			5		3	2		10
1903		2	1		5		3	1		11
1904		1	1		6		3	1		12
1905		1	2		5		4			12
1906		1	2		5		4			8
1907		1	2	1	5		4	1		10
1908		2	2	1	4		3	2		10
宣统 1909		4	1	1	3		3	2		10
1910		3	1	1	4		2	2		11
1911		3	1	1	4	1	1	2		11

资料来源：钱实甫编《清季职官年表》，第1483—1511、1716—1751页。

数据来源：表1、表2、表4、表6。

数据来源：表3。

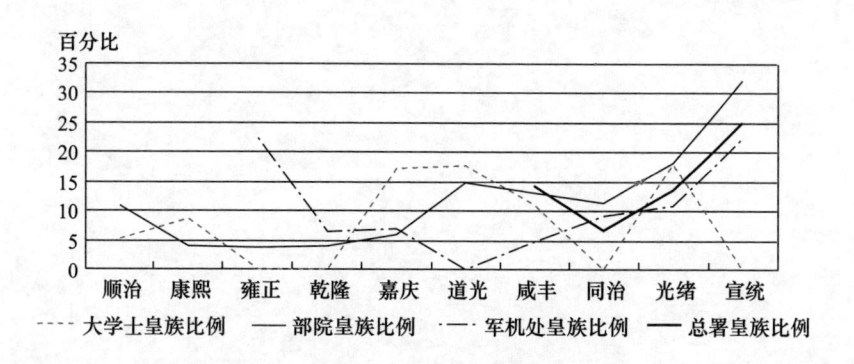

图一　清代中枢皇族政治变化示意图

数据来源：表1-1、表2、表4、表6。

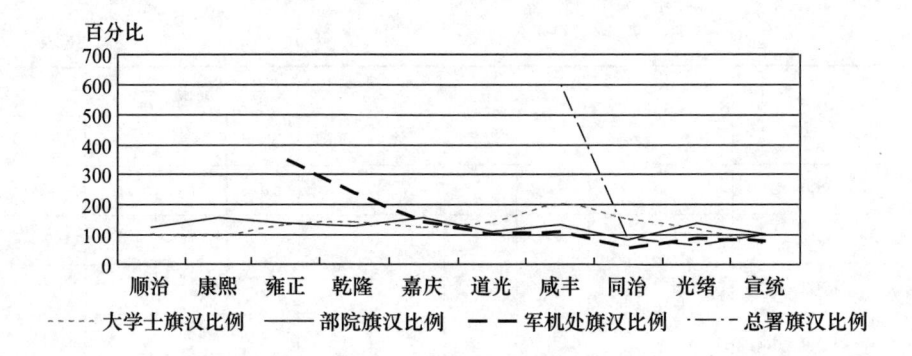

图二 清代中枢大员旗汉比例变化示意图

数据来源：表1-1、表2、表4、表6。

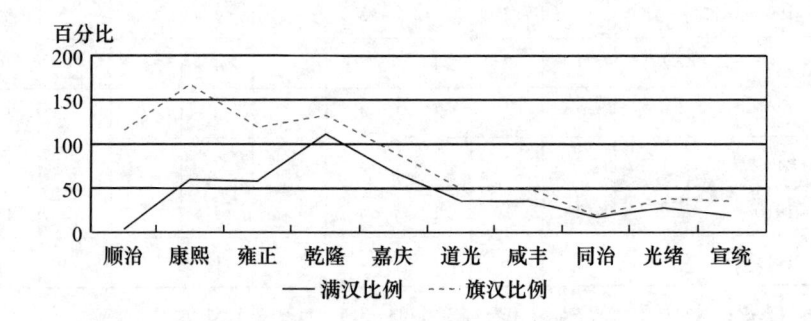

图三 清代督抚旗汉比例变化示意图

数据来源：表3。

参考文献

一 官书、档案、史料辑

1. 《清高宗实录》，中华书局1986年版。
2. 《清仁宗实录》，中华书局1986年版。
3. 《清宣宗实录》，中华书局1986年版。
4. 《清穆宗实录》，中华书局1986年版。
5. 《清德宗实录》，中华书局1986年版。
6. 《宣统政纪》，中华书局1986年版。
7. 朱寿朋编，张静庐等校点：《光绪朝东华录》，中华书局1958年版。
8. 中国第一历史档案馆编：《咸丰同治两朝上谕档》，广西师范大学出版社1998年版。
9. 中国第一历史档案馆编：《光绪宣统两朝上谕档》，广西师范大学出版社1996年版。
10. 沈云龙主编：《近代中国史料丛刊正编·皇清道咸同光奏议》，台北文海出版社1969年版。
11. 中国史学会主编：《中国近代史资料丛刊·太平天国》，上海人民出版社1952年版。
12. 中国史学会主编：《中国近代史资料丛刊·洋务运动》，上海人民出版社1961年版。
13. 中国史学会主编：《中国近代史资料丛刊·中法战争》，上海人民出版社1957年版。
14. 中国史学会主编：《中国近代史资料丛刊·戊戌变法》，上海人民出版社1957年版。
15. 中国史学会主编：《中国近代史资料丛刊·中日战争》，上海人民出版社1957年版。
16. 中国史学会主编：《中国近代史资料丛刊·义和团》，上海人民出版社1957年版。

17. 中国史学会主编：《中国近代史资料丛刊·辛亥革命》，上海人民出版社 1957 年版。

18. 戚其章主编：《中国近代史资料丛刊续编·中日战争》，中华书局 1996 年版。

19. 北京大学历史系中国近现代史教研室编：《义和团运动史料丛编》，中华书局 1964 年版。

20. 国家档案局明清档案馆编：《义和团档案史料》，中华书局 1959 年版。

21. 中国第一历史档案馆编辑部编：《义和团档案史料续编》，中华书局 1990 年版。

22. 中国第一历史档案馆编：《庚子事变清宫档案汇编》，中国人民大学出版社 2003 年版。

23. 张国淦编：《辛亥革命史料》，龙门联合书局 1958 年版。

24. 王锺翰点校：《清史列传》，中华书局 1989 年版。

25. 赵尔巽主编：《清史稿》，中华书局 1977 年版。

二　年谱、日记、文集

1. 康有为：《康南海自编年谱》（外二种），中华书局 1992 年版。

2. 李宗侗、刘凤翰编：《李鸿藻先生年谱》，中国学术著作奖著作委员会 1969 年版。

3. 王文韶著，袁英光、胡逢祥整理：《王文韶日记》，中华书局 1989 年版。

4. 王闿运著，马积高主编：《湘绮楼日记》，岳麓书社 1997 年版。

5. 谢俊美编：《翁同龢集》，中华书局 2005 年版。

6. 陈义杰整理：《翁同龢日记》，中华书局 1988—1998 年版。

7. 赵烈文：《能静居日记》，台湾学生书局 1964 年版。

8. 恽毓鼎著，史晓风整理：《恽毓鼎澄斋日记》，浙江古籍出版社 2004 年版。

9. 张謇：《张謇日记》，《张謇全集》第六册，江苏古籍出版社 1994 年版。

10. 李鸿章著，吴汝纶编：《李文忠公全集》，海南出版社 1997 年版。

11. 姜义华编：《康有为全集》，中国人民大学出版社 2007 年版。

12. 顾廷龙、戴逸等编：《李鸿章全集》，安徽教育出版社 2007 年版。

13. 李慈铭：《越缦堂日记》，台湾广陵书社 2004 年版。

14. 胡钧编：《张文襄公年谱》，台湾文海出版社1966年版。

15. 丁文江、赵丰田编：《梁启超年谱长编》，上海人民出版社1983年版。

16. 丁文江编：《梁任公先生年谱长编初稿》，台北世界书局1958年版。

17. 孙宝瑄：《忘山庐日记》，上海古籍出版社1983年版。

18. ［日］宗方小太郎：《辛壬日记》，《近代稗海》第12辑，四川人民出版社1988年版。

19. 任青、马忠文整理：《张荫桓日记》，上海书店出版社2004年版。

20. 叶昌炽：《缘督庐日记》，江苏古籍出版社2002年版。

21. 谢兴尧注释：《荣庆日记》，西北大学出版社1986年版。

22. 北京档案馆编：《那桐日记》，新华出版社2006年版。

23. 杜春和、耿来金、张秀清编：《荣禄存札》，齐鲁书社1986年版。

24. 张一麐：《心太平室集》，《近代中国史料丛刊》第8辑，文海出版社。

25. 胡林翼：《胡文忠公遗集》，《近代中国史料丛刊续编》第34辑，文海出版社1976年版。

26. 岑毓英：《岑襄勤公奏稿》，《近代中国史料丛刊续编》第38辑，文海出版社1976年版。

27. 刘坤一：《刘忠诚公遗集》，《近代中国史料丛刊续编》第26辑，文海出版社1976年版。

28. 端方：《端忠敏公奏稿》，1919年铅印本。

29. 苑书义、孙华峰、李秉新主编：《张之洞全集》，河北人民出版社1998年版。

30. 天津图书馆、天津社会科学院历史研究所编：《袁世凯奏议》，天津古籍出版社1987年版。

三　私家笔记、文史资料

1. 坐观老人：《清代野记》，巴蜀书社1988年版。

2. 巴蜀书社编：《清代野史》（1—8辑），巴蜀书社1988年版。

3. 荣孟源、章伯锋主编：《近代稗海》（1—14辑），四川人民出版社1985—1988年版。

4. 谈迁撰，汪北平点校：《北游录》，中华书局1960年版。

5. 王伯恭：《蜷庐随笔》，《近代中国史料丛刊》第235辑，台湾文海出版社（出版时间不详）。

6. 何刚德：《春明梦录·客座偶谈》，上海古籍出版社1983年影印版。

7. 王树枏、龙顾山人辑：《陶庐老人随年录　南屋述闻（外一种）》，中华书局2008年版。

8. 祁寯藻、文廷式、吴大澂等：《〈青鹤〉笔记九种》，中华书局2008年版。

9. 岑春煊：《乐斋漫笔》，中华书局2008年版。

10. 吴庆坻：《蕉廊脞录》，中华书局2007年版。

11. 李伯元：《南亭笔记》，山西古籍出版社1999年版。

12. 辜鸿铭：《张文襄幕府纪闻》，山西古籍出版社1996年版。

13. 李岳瑞：《春冰室野乘》，内蒙古人民出版社2003年版。

14. 沈祖宪等：《容庵弟子记》，台湾文星书店1966年版。

15. 毓盈：《述德笔记》，《近代史资料》第79号。

16. 金梁：《近世人物志》，北京图书馆出版社2007年版。

17. 薛福成：《庸庵笔记》，江苏人民出版社1983年版。

18. 胡思敬：《国闻备乘》，中华书局2007年版。

19. 孙静安：《栖霞阁野乘》，上海书局2000年版。

20. 欧阳兆熊、金安清：《水窗春呓》，中华书局1984年版。

21. 徐一士：《一士谈荟》，中华书局2007年版。

22. 黄濬：《花随人圣庵摭忆》，中华书局2008年版。

23. 徐凌霄、徐一士：《凌霄一士随笔》，山西古籍出版社1997年版。

24. 徐珂：《清稗类钞》，中华书局1984年版。

25. 梁章钜、朱智：《枢垣纪略》，中华书局1984年版。

26. 陈夔龙：《梦蕉亭杂记》，中华书局2007年版。

27. 陈灏一：《睇向斋谈往》，上海书店出版社1998年版。

28. 葛虚存：《清代名人轶事》，山西古籍出版社1997年版。

29. 刘声木：《苌楚斋随笔续笔三笔四笔五笔》，中华书局1998年版。

30. 刘体智：《异辞录》，中华书局1998年版。

31. 吴永、刘治襄：《庚子西狩丛谈》，广西师范大学出版社2008年版。

32. 朱彭寿：《安乐康平室随笔·旧典备徵》，中华书局1982年版。

33. 张一麐：《古红梅阁笔记》，《心太平室集》卷8，台湾文海出版社1966年影印版。

34. 溥仪：《我的前半生》，群众出版社1981年版。

35. 文安主编：《晚清述闻》，中国文史出版社2004年版。

36. 文廷式：《闻尘偶记》，《近代史资料》第 44 号。

37. 全国政协文史资料研究委员会编：《晚清宫廷生活见闻》，文史资料出版社 1985 年版。

38. 全国政协文史资料研究委员会编：《中华文史资料文库——政治军事编》第一卷，中国文史出版社 2004 年版。

39. 全国政协文史资料研究委员会编：《文史资料存稿选编——晚清·北洋》上，中国文史出版社 2002 年版。

40. 全国政协文史资料研究委员会编：《辛亥革命回忆录》（1–8 集），文史资料出版社 1982 年版。

41. 曹亚伯：《武昌革命真史》，中华书局 1927 年版。

42. 冯自由：《革命逸史》，中华书局 1981 年版。

43. 骆惠敏编：《清末民初政情内幕》，知识出版社 1986 年版。

四 报纸杂志

1. 《清议报》。
2. 《政治官报》。
3. 《东方杂志》。
4. 《申报》。
5. 《大公报》。
6. 《盛京时报》。
7. 《顺天时报》。
8. 《民报》。
9. 《新民丛报》。
10. 《神州日报》。
11. 《时报》。
12. 《国风报》。
13. 《知新报》。
14. 《江苏》。
15. 《河南》。
16. 《大同报》。
17. 《中国新报》。
18. 《近代史资料》。

五 专著

1. 冯尔康：《清史史料学》，沈阳出版社 2004 年版。

2. 冯尔康：《清代人物传记史料研究》，商务印书馆 2000 年版。
3. 王戎笙主编：《台港清史研究文摘》，辽宁人民出版社 1988 年版。
4. 孔祥吉：《清人日记研究》，广东人民出版社 2008 年版。
5. 陈生玺、杜家骥编：《清史研究概说》，天津教育出版社 1991 年版。
6. 郭廷以编：《近代中国史事日志》，中华书局 1987 年版。
7. 钱实甫编：《清季职官年表》，中华书局 1980 年版。
8. 魏秀梅编：《清季职官表附人物录》，"中央研究院"近代史研究所 2002 年版。
9. 张德泽：《清代国家机关考略》，学苑出版社 2008 年版。
10. 清史编委会编：《清代人物传稿》，中华书局 1984 年版。
11. 朱东安：《曾国藩传》，百花文艺出版社 2001 年版。
12. 朱东安：《曾国藩集团与晚清政局》，华文出版社 2003 年版。
13. 董丛林：《曾国藩/百年家族》，河北教育出版社 2000 年版。
14. 戚其章：《甲午战争史》，上海人民出版社 2005 年版。
15. 石泉：《甲午战争前后之晚清政局》，上海三联书店 1997 年版。
16. 常熟市人民政府、中国史学会合编：《甲午战争与翁同龢》，中国人民大学出版社 1995 年版。
17. 姜鸣：《龙旗飘扬的舰队——中国近代海军兴衰史》，生活·读书·新知三联书店 2002 年版。
18. 戚其章、王如绘主编：《甲午战争与近代中国和世界——甲午战争 100 周年国际学术讨论会文集》，人民出版社 1995 年版。
19. 董丛林：《变政与政变（光绪二十四年聚焦）》，河北大学出版社 2006 年版。
20. 孔祥吉：《戊戌维新运动新探》，湖南人民出版社 1988 年版。
21. 孔祥吉：《康有为变法奏议研究》，辽宁教育出版社 1988 年版。
22. 梁启超：《戊戌政变记》，中华书局 1954 年版。
23. 汤志钧：《戊戌变法人物传稿》（增订本），中华书局 1961 年版。
24. 汤志钧：《戊戌变法史论》，群联出版社 1955 年版。
25. 茅海建：《戊戌变法史事考》，生活·读书·新知三联书店 2005 年版。
26. 林华国：《义和团史事考》，北京大学出版社 1993 年版。
27. 中国义和团运动史研究会编：《义和团运动与近代中国社会国际学术讨论会论文集》，齐鲁书社 1992 年版。

28. 桑兵：《庚子勤王与晚清政局》，北京大学出版社 2004 年版。
29. 李细珠：《张之洞与清末新政研究》，上海书店出版社 2003 年版。
30. 张海林：《端方与清末新政》，南京大学出版社 2007 年版。
31. 侯宜杰：《二十世纪初中国政治改革风潮——清末立宪运动史》，人民出版社 1993 年版。
32. 韦庆远、高放、刘文源：《清末宪政史》，中国人民大学出版社 1993 年版。
33. 董方奎：《清末政体变革与国情之论争——梁启超与立宪政治》，华中师范大学出版社 1991 年版。
34. 张连起：《清末新政史》，黑龙江人民出版社 1994 年版。
35. 郭世佑：《晚清政治革命新论》，湖南人民出版社 1997 年版。
36. 高旺：《晚清中国的政治转型——以清末宪政改革为中心》，中国社会科学出版社 2003 年版。
37. 萧功秦：《危机中的变革：清末现代化进程中的激进与保守》，上海三联书店 1999 年版。
38. 张朋园：《立宪派与辛亥革命》，吉林出版集团有限责任公司 2007 年版。
39. 孔祥吉：《晚清佚闻丛考》，巴蜀书社 1998 年版。
40. 孔祥吉：《晚清史探微》，巴蜀书社 2001 年版。
41. 谢俊美：《翁同龢评传》，南京大学出版社 1998 年版。
42. 侯宜杰：《袁世凯传》，百花文艺出版社 2003 年版。
43. ［日］佐藤铁治郎，孔祥吉、［日］村田雄二郎整理：《一个日本记者笔下的袁世凯》，天津古籍出版社 2005 年版。
44. 苑书义：《李鸿章传》，人民出版社 2004 年版。
45. 董丛林：《李鸿章的外交生涯》，团结出版社 2008 年版。
46. 梁启超：《李鸿章传》，海南出版社 1993 年版。
47. 徐彻：《慈禧大传》，辽沈书社 1994 年版。
48. 苗长青：《晚清官僚派别派系研究》，辽宁大学出版社 1993 年版。
49. 杨天石：《海外访史录》，社会科学文献出版社 1998 年版。
50. 杨天石：《寻求历史的谜底》，首都师范大学出版社 1993 年版。
51. 董守义：《恭亲王奕䜣大传》，辽宁人民出版社 1989 年版。
52. 宝成关：《奕䜣慈禧政争记》，吉林文史出版社 1980、1990 年版。
53. 辛向阳：《大国诸侯——中国中央与地方关系之结》，中国社会科学出版社 1996 年版。

54. 刘伟：《晚清督抚政治——中央和地方关系研究》，湖北教育出版社 2003 年版。

55. 杜家骥：《八旗与清朝政治论稿》，人民出版社 2008 年版。

56. 白钢：《中国政治制度史》，天津人民出版社 2002 年版。

57. 王浦劬主编：《政治学基础》，北京大学出版社 1995 年版。

58. 孟森：《清史讲义》，浙江人民出版社 1998 年版。

59. 杨国强：《晚清的士人与世相》，生活·读书·新知三联书店 2008 年版。

60. 桑咸之：《晚清政治与文化》，中国社会科学出版社 1996 年版。

61. 张鸣：《再说戊戌变法》，陕西人民出版社 2008 年版。

62. 朱维铮：《重读近代史》，中西书局 2010 年版。

63. 袁伟时：《帝国落日：晚清大变局》，江西人民出版社 2003 年版。

64. 钱穆：《中国历代政治得失》，生活·读书·新知三联书店 2001 年版。

65. 钱穆：《国史新论》，生活·读书·新知三联书店 2001 年版。

66. 冯友兰：《中国现代哲学史》，广东人民出版社 1999 年版。

67. 沈渭滨：《晚清女主——细说慈禧》，上海人民出版社 2007 年版。

68. 董丛林：《晚清社会传闻研究》，人民出版社 2007 年版。

69. 德龄：顾秋心等译：《慈禧御前女侍官德龄见闻录》，大众文艺出版社 2003 年版。

70. 萧一山：《清代通史》，华东师范大学出版社 2006 年版。

71. 李剑农：《近百年中国政治史》，复旦大学出版社 2002 年版。

72. 郭廷以：《近代中国史纲》，中国社会科学出版社 1999 年版。

73. 蒋廷黻：《中国近代史》，上海古籍出版社 1999 年版。

74. 陈旭麓：《近代中国的新陈代谢》，上海人民出版社 1999 年版。

75. 王玉堂：《刘坤一评传》，暨南大学出版社 1990 年版。

76. 苏同炳（庄练）：《中国近代史上的关键人物》，百花文艺出版社 2007 年版。

77. 张孝若：《南通张季直先生传记》，学生书局 1974 年版。

78. 张朋园：《梁启超与清季革命》，食货出版社 1964 年版。

79. 吴相湘：《近代史事论丛》，传记文学出版社 1964 年版。

80. 吴相湘：《晚清宫廷实纪》，中国大百科全书出版社 2010 年版。

81. 吴相湘：《晚清宫廷与人物》，传记文学出版社 1979 年版。

82. 李守孔：《李鸿章传》，台湾学生书局 1978 年版。

83. 沈云龙编：《袁世凯全传》，台湾文海出版社 1966 年版。

84. 林文仁：《南北之争与晚清政局：以军机处汉大臣为核心的探讨》，中国社会科学出版社 2005 年版。

85. 林文仁：《派系分合与晚清政治：以"帝后党争"为中心的探讨》，中国社会科学出版社 2005 年版。

86. 高阳（许晏骈）：《翁同龢传》，黄山书社 2008 年版。

87. 高阳（许晏骈）：《清朝的皇帝》，上海三联书店 2004 年版。

88. 高阳（许晏骈）：《同光大老》，华夏出版社 2006 年版。

89. 高阳（许晏骈）：《清末四公子》，华夏出版社 2008 年版。

90. 包遵彭、李定一、吴相湘编：《中国近代史论丛》第一辑，正中书局 1968 年版。

91. 萧公权，杨肃献译：《翁同龢与戊戌维新》，联经出版有限公司 1983 年版。

92. 黄彰健：《戊戌变法史研究》，上海书店出版社 2007 年版。

93. 戴玄之：《义和团研究》，台湾文海出版社 1963 年版。

94. 徐中约：《中国近代史》，香港中文大学出版社 2001 年版。

95. 赫德兰，晏方译：《慈禧与光绪——中国宫廷中的生存游戏》，中华书局 2004 年版。

96. 丹尼斯·朗，陆震纶、郑明哲译：《权力论》，中国社会科学出版社 2001 年版。

97. 史景迁（Jonathan D. Spence）：《追寻现代中国——最后的王朝》，中国人民大学出版社 1994 年版。

98. 费正清、刘广京编，中国社会科学院历史研究所编译室译：《剑桥中国史——晚清篇》，中国社会科学出版社 1985 年版。

99. 濮兰德、白克好司，陈冷汰、陈诒先译，张宪春整理：《慈禧外记》，珠海出版社 1995 年版。

100. 魏斐德（Frederic E. Wakeman, Jr.），陈苏镇等译：《洪业——清朝开国史》，江苏人民出版社 1995 年版。

101. 马士（Hosea Morse），张汇文等译：《中华帝国对外关系史》，上海书店出版社 2000 年版。

102. Edward J. M. Rhoads, Manchus and Han, *Ethnic Relations and Politi-*

cal Power in Late Qing and Early Republican China, 1861—1928, Seattle and London: University of Washington Press, 2000.

103. Mark C. Elliot, The Manchu Way, *The Eight Banners and Ethnic Identity in Late Imperial China*, Stanford, California: Stanford University Press, 2001.

六　论文

1. 吴磊：《清末民初满汉关系研究——兼论近代中华民族国家的初期建构》，硕士学位论文，中央民族大学，2009 年。

2. 靳丽波：《清末新政中的统治阶级政争》，硕士学位论文，吉林大学，2006 年。

3. 梁其承：《东南互保研究》，硕士学位论文，吉林大学，2004 年。

4. 徐雪梅：《清朝职官制中的满汉差异问题研究》，博士学位论文，南开大学，2009 年。

5. 李霞：《清前期督抚制度研究》，博士学位论文，中央民族大学，2006 年。

6. 张华腾：《北洋集团崛起研究》，博士学位论文，复旦大学，2005 年。

7. 陆玉芹：《庚子事变中被杀五大臣研究》，博士学位论文，华东师范大学，2006 年。

8. 黄庆林：《义和团运动时期清政府守旧派思想研究》，博士学位论文，北京师范大学，2006 年。

9. 孙静：《满族形成的再思考——清中期满洲认同意识研究》，博士学位论文，复旦大学，2005 年。

10. 常书红：《辛亥革命前后的满族研究》，博士学位论文，北京师范大学，2003 年。

11. 冯尔康：《清史研究与政治》，《清史研究》2005 年第 3 期。

12. 冯尔康：《断代史清史研究的过去、现状与问题》，《天津师范大学学报》（社会科学版）2007 年第 6 期。

13. 姚念慈：《再评"自古得天下之正莫如我朝"——〈面谕〉、历代帝王庙与玄烨的道学心诀》，《清史论丛》2009 年号。

14. 姚念慈：《评清世祖遗诏》，《燕京学报》新 17、18 期。

15. 刘大年：《辛亥革命与反满问题》，《历史研究》1961 年第 5 期。

16. 丁名楠：《十九世纪六十至九十年代清朝统治集团最高层内部斗争概述》，《近代史研究》1982 年第 1 期。

17. 史全生：《论戊戌维新运动中的帝党》，《历史档案》1984 年第 4 期。

18. 何若钧：《甲午战争时期的清议》，《历史教学》1987 年第 4 期。

19. 马艾民：《试论洋务运动时期的满汉联合》，《吉林大学社会科学学报》1993 年第 2 期。

20. 汤志钧：《翁同龢和帝党》，《近代史研究》1994 年第 4 期。

21. 马勇：《民族主义与戊戌维新》，《江汉论坛》1993 年第 6 期。

22. 余英时：《戊戌政变今读》，香港中文大学《二十一世纪》1998 年 2 月号。

23. 高翔：《略论清朝中央权力分配体制——对内阁、军机处和皇权关系的再认识》，《中国史研究》1997 年第 4 期。

24. 张双志：《清朝皇帝的华夷观》，《历史档案》2008 年第 3 期。

25. 丁水娟：《中国近代满汉民族矛盾与早期现代化的关系》，《经济与社会发展》2004 年第 2 期。

26. 邓文如：《谈"军机处"》，《史学年报》第二卷第 4 期，1933 年版。

27. 刘伟：《晚清新政时期中央与各省关系初探》，《华中师范大学学报（人文社会科学版）》2003 年第 6 期。

28. 冯尔康：《清朝前期与末季区域人才的变化》，《历史研究》1997 年第 1 期。

29. 李细珠：《清末新政时期地方督抚的群体结构与人事变迁》，《中国社会科学院近代史研究所青年学术论坛》2005 年卷。

30. 欧立德，华立译：《清代满洲人的民族主体意识与满洲人的中国统治》，《清史研究》2002 年第 4 期。

31. 孙静：《试论八旗汉军与满洲的差异性》，《中央民族大学学报》（哲学社会科学版）2006 年第 5 期。

32. 张小强：《湘军的崛起与晚清统治集团内的满汉矛盾》，《湘潭师范学院学报》1998 年第 2 期。

33. 杨益茂：《洋务运动与晚清政局》，《清史研究》1995 年第 4 期。

34. 孔祥吉：《百日维新前后的开新与守旧之争》，《晋阳学刊》1985 年第 1 期。

35. 孔祥吉：《甲申易枢与中法战争》，《中国人民大学学报》1989 年第 1 期。

36. 戚其章：《论甲午战争初期的帝后党争》，《山东社会科学》1987 年第 2 期。

37. 戚其章：《论甲午战争后期的帝后党争》，《山东社会科学》1990 年第 12 期。

38. 郭卫东：《戊戌政变后废帝与反废帝的斗争》，《史学月刊》1990 年第 6 期。

39. 张海山：《戊戌变法与晚清满汉矛盾的演变》，《康定民族师范高等专科学校学报》2006 年第 3 期。

40. 吴心伯：《甲午战争至戊戌变法前清廷朝局初探》，《安徽史学》1995 年第 2 期。

41. 王道成：《中日甲午战争与慈禧太后》，《清史研究》1994 年第 4 期。

42. 高强：《试论甲午战争期间的满汉矛盾》，《宝鸡文理学院学报》（社会科学版）2006 年第 2 期。

43. 刘子明：《论慈禧在中法战争中的战略指导》，《军事历史研究》1988 年第 4 期。

44. 姜铎：《慈禧与洋务运动》，《历史研究》1991 年第 4 期。

45. 姜铎：《洋务运动与晚清政局》，《历史教学》1995 年第 7 期。

46. 章开沅：《翁张交谊与晚清政局》，《近代史研究》1981 年第 1 期。

47. 李锦全：《论戊戌变法与清末新政中的慈禧》，《文史哲》1999 年第 1 期。

48. 欧阳跃峰：《义和团运动时期慈禧太后心态剖析》，《史学月刊》2003 年第 4 期。

49. 杨国强：《1900 年——新旧消长和人心丕变》，《史林》2001 年第 1 期。

50. 王德召：《东南互保和几种政治势力》，《铜仁学院学报》2008 年第 5 期。

51. 孔祥吉：《义和团运动若干重要史实辨析》，《历史档案》1988 年第 1 期。

52. 戚其章：《论庚子事变中的和战之争》，《东岳论丛》1986 年第 6 期。

53. 高路、金强：《义和团运动期间国内政治分野》，《湖北大学学报》（哲学社会科学版）2002 年第 1 期。

54. 张玉田：《庚子那拉氏对外宣战原因的探讨》，《辽宁大学学报》

1982年第4期。

55. 董丛林：《清末戊戌、己亥年间"废立"传闻探析》，《南开学报》（哲学社会科学版）2003年第2期。

56. 高心湛：《简论戊戌至庚子时期清朝最高层内部斗争中的西太后》，《许昌师专学报》1991年第4期。

57. 李细珠：《论清末"皇族内阁"出台的前因后果——侧重清廷高层政治权力运作的探讨》，《中国社会科学院近代史研究所青年学术论坛》2006年卷。

58. 迟云飞：《清末最后十年的平满汉畛域问题》，《近代史研究》2001年第5期。

59. 楚双志：《利益集团争斗与大清王朝灭亡》，《中共中央党校学报》2005年第4期。

60. 杨国强：《论清末知识人的反满意识》，《史林》2004年第3期。

61. 王开玺：《清末满汉官僚与满汉民族意识简论》，《社会科学辑刊》2006年第6期。

62. 李学智：《清末政治改革中的满汉民族因素》，《天津师范大学学报》（社会科学版）2007年第5期。

63. 朱东安：《晚清满汉关系与辛亥革命》，《历史档案》2007年第1期。

64. 马平安：《北洋集团对清室军权的侵夺及对清末政局的影响》，《首届"晚清国家与社会"国际学术讨论会论文集》，社会科学文献出版社2007年版。

65. 张践：《丁未政潮与预备立宪》，《四川师范大学学报》（社会科学版）1994年第2期。

66. 刘硕：《地方督抚与清末预备立宪》，《河北学刊》1996年第5期。

67. 雷俊：《官僚立宪派与清末政争》，《华中师范大学学报》（哲学社会版）1992年第4期。

68. 张玉芬：《清末统治集团内部纷争与清帝退位》，《辽宁师范大学学报》（社会科学版）1993年第1期。

69. 董丛林：《清末新政立宪革命三者关系简论》，《光明日报》1997年5月6日。

70. 李德新：《清末新政时期八旗军制改革论述》，《齐齐哈尔大学学报》（哲学社会科学版）2008年第5期。

71. 黎俊祥、丁晓腊：《晚清统治集团与清末新政的失败》，《池州学院学报》2008年第4期。

72. 李细珠：《试论新政、立宪与革命的互动关系》，《社会科学战线》2003年第3期。

73. 黎俊祥：《晚清新政的困境——以官制改革为中心》，《安徽教育学院学报》2004年第5期。

74. 刘伟：《晚清新政时期中央与各省关系初探》，《华中师范大学学报》（人文社会科学版）2003年第6期。

75. 陈文英：《预备立宪公会与1910年国会请愿运动》，《河南师范大学学报》（哲学社会科学版）2006年第3期。

76. 吴春梅：《预备立宪和清末政局演变》，《安徽史学》1996年第1期。

77. 王贵文：《浅析晚清中央统治机构的改革》，《辽宁大学学报》1993年第4期。

78. 徐友春：《晚清政府机构改革述评》，《学海》1993年第6期。

79. 侯宜杰：《评清末官制改革中赵炳麟与袁世凯的争论》，《天津社会科学》1993年第1期。

80. 袁亚忠：《丙午官制改革与清末政局》，《山东社会科学》1996年第2期。

81. 程为坤：《袁瞿党争及其对清末宪政改革的影响》，《清史研究通讯》1990年第1期。

82. 郭卫东：《丁未政潮中康梁派活动考略》，《历史档案》1990年第1期。

83. 朱英：《晚清政治改良中的地方与中央》，《战略与管理》1995年第2期。

84. 张华腾：《清末袁世凯与岑春煊关系述论》，《河南大学学报》1996年第5期。

85. 董丛林：《权监势力与晚清朝政》，《河北学刊》1995年第3期。

86. 林志玲：《论立宪运动中的权力之争与辛亥革命》，《山东师范大学学报》1995年第4期。

87. 朱英：《晚清政治改良中的地方与中央》，《战略与管理》1995年第2期。

88. 孔祥吉：《张之洞与清末立宪别论》，《历史研究》1993年第1期。

89. 许纪霖、杨国强、陆建德、周武、罗志田、沈渭滨：《山雨欲来——辛亥革命前的中国》,《东方早报》2010年10月10日,第B2版—第B10版。

90. 隋丽娟:《多隆阿与曾国藩交恶的实质》,《黑龙江教育学院学报》(社会科学版)1997年第1期。

91. 冯天瑜:《庚子年间的张之洞》,《湖北大学学报》(哲学社会科学版)1985年第1期。

92. 易惠莉:《光绪六、七年的晚清中国政坛——以刘坤一与李鸿章之争为中心的考察》,《近代中国》第18辑。

93. 薛学共:《刘坤一与晚清政局述论》,《西南交通大学学报》(社会科学版)2000年第4期。

94. 杨明:《刘坤一与晚清政治》,《四川师范大学学报》1989年第5期。

95. 翁飞:《试论义和团时期的李鸿章》,《安徽史学》1991年第1期。

96. 孙伟:《试析袁世凯与慈禧的关系(1898—1908)》,《许昌学院学报》2005年第4期。

97. 李细珠:《试论戊戌—庚子政局变动中的张之洞》,《中国社会科学院近代史研究所青年学术论坛》2001年卷,社会科学文献出版社2002年版。

98. 谢俊美:《翁同龢的人际交往与晚清政局》,《历史教学》2003年第8期。

99. 龚书铎:《翁同龢与甲午战争》,《清史研究》1994年第4期。

100. 谢俊美:《翁同龢与中法战争》,《历史档案》1996年第1期。

101. 杨天石:《袁世凯〈戊戌纪略〉的真实性及其相关问题》,《近代史研究》1998年第5期。

102. 梁严冰:《袁世凯与清末官制改革》,《河南师范大学学报》(哲学社会科学版)2004年第2期。

103. 杨天宏:《袁世凯与清廷的矛盾》,《四川师范大学学报》1990年第3期。

104. 吕坚:《曾国藩与晚清政治》,《中国档案报》2004年8月27日。

105. 戴根平:《张荫桓在维新运动中的作用探析》,《黑龙江史志》2009年第6期。

106. 何晓明:《张之洞政治风格论》,《江汉论坛》1994年第1期。

107. 张玉芬:《慈禧与荣禄》,《紫禁城》1999年第11期。

108. 宫玉振:《铁良南下与清末中央集权》,《江海学刊》1994年第1期。

109. 滕新才:《良弼、铁良与清末政局》,《文史杂志》1994年第6期。

110. 赵朝峰、宋艳丽：《略论慈禧预备立宪的实质》，《齐鲁学刊》1999 年第 5 期。

111. 宋艳丽：《慈禧太后与清末新政》，《首都师范大学学报》1998 年第 1 期。

112. 张玉芬：《论晚清重臣荣禄》，《辽宁师范大学学报》（社会科学版）1990 年第 3 期。

113. 刘圣宜：《浅论庚子事变肇祸诸臣》，《华南师范大学学报》（社会科学版）1987 年第 8 期。

114. 冯永亮：《荣禄与戊戌变法》，《清华大学学报》（哲学社会科学版）1998 年第 3 期。

115. 谢俊美：《翁同龢与晚清政局》，《天津师范大学学报》（社会科学版）2004 年第 6 期。

116. 何树宏：《奕劻与晚清政局》，《清史研究》2000 年第 2 期。

117. 梁严冰：《奕䜣与晚清政局》，《求索》2005 年第 8 期。

118. 陈一容：《奕譞与晚清八旗陆军近代化尝试述论》，《西南师范大学学报》（哲学社会科学版）1995 年第 1 期。

119. 雷俊：《载沣集权政策与清末政争》，《荆门职业技术学院学报》2005 年第 4 期。

120. 魏秀梅：《从量的观察探讨清季督抚的人事嬗递》，《"中央研究院"近代史研究所集刊》1973 年第 4 期上册。

121. 金承艺：《慈禧太后的家族》，《"中央研究院"近代史研究所集刊》1973 年第 4 期上册。

122. 刘凤瀚：《晚清新军编练及指挥机构的组织与变迁》，《"中央研究院"近代史研究所集刊》1980 年第 9 期。

123. Eastman, Lloyd E., Ch'ing-i and Chinese Policy Formation during the Nineteenth Century, *The Journal of Asian Studies*, Vo2. XXIV, No. 4 (August, 1965).

124. Mark Elliot, Bannerman and Townsman Ethnic Tension in Nineteenth-Century Jiangnan, *Late Imperial China*, Vo11., No. 1 (June, 1990).

125. Madeleine Yue Dong, COMMUNITIES AND COMMUNICATIONS: A STUDY OF THE CASE OF YANG NAIWU, 1873 - 1877, *Late Imperial China*, Vo16., No. 1 (June, 1995).

后　记

晚清政治史研究成果虽汗牛充栋,但在很长时期内,"近代统治集团,特别是晚清统治集团内部的矛盾斗争并没有得到很好的研究和科学的评价"。① 遗憾的是,李书源等先生20多年前早已揭示的现象至今仍未有本质的改变。有关晚清派系矛盾斗争的论著寥若星晨,似乎反映了统治集团内部斗争问题在研究上受到忽略。

有清一代,满汉斗争与妥协无时不在,此乃清代政治史重要特征之一。然清代"满汉合作"始终缺乏互信和平等,汉人始终处于绝对的政治弱势,前文已经用计量分析确证。满汉畛域严密,究其根源,在于内化于历代清帝心中的"崇满抑汉、以满驭汉"之祖制,清廷对占人口绝对多数的数万万汉人始终加以猜忌和防范。

满洲以亲贵戮力同心而兴,亦以亲贵擅权弄国而亡;以刚柔兼济驯服汉人而盛,亦以寄命汉人仍力行制汉排汉绝望汉人而亡。以满汉矛盾为主线,以统治阶级上层为中心。本文将1884-1912年之政治风云变幻详加考察,上启甲申易枢,下至辛亥革命,其间甲午战争、戊戌变法、庚子事变、清末新政等诸多史事皆学界过往之探研重点。读者或许不难发现,过往很多自觉熟稔或已盖棺论定之史事,抑或会有新的面貌浮现。这并非表示满汉矛盾是解释此段史事的唯一路径,但可能反映以往的探研存在某些不足。或许更有意义的是,透过这些讨论我们会发现,以往历经"深耕"的某些晚清政治史课题,仍有其丰蕴内涵以待发掘。

惟统治阶级之内部矛盾亦错综复杂,互相交融,各阶层、各集团间利益盘根错节,犬牙忽见。职是之故,条分缕析满汉矛盾与晚清政局变动之关系,势必关涉"满满矛盾"及"汉汉矛盾",前者如恭(王)肃(顺)之争,恭(王)醇(王)之争等;后者如南北之争,瞿(鸿禨)袁(世凯)

---

① 李书源、赵矢元:《晚清政治史研究的新探索——评〈奕䜣慈禧政争记〉》,《近代史研究》1990年第5期。

之争等。固然，中央与地方的矛盾亦必纠结其中。由清代整体满汉形势俯瞰晚清满汉矛盾，可避就晚清论晚清。同时注意厘清晚清满汉矛盾与晚清中央与地方、新与旧、满与满、汉与汉等矛盾之间的复杂联系，力避就满汉论满汉。

然就本文特性而论，满汉畛域乃可行而不可言者。有清一代，清廷始终一边反复宣扬"满汉一体、满汉并重"；另一边却笃行"首崇满洲、以满驭汉"。由于关涉满洲部族根本利益、自身合法性的问题，满洲统治者对于满汉畛域诸问题显得异常敏感，屡兴文字狱，大开杀戒。职是之故，有关满汉矛盾，无论官、私，成文之资料甚少，笔者虽呕心沥虑、筚路蓝缕亦所获不丰，文献类新材料尤少，致本文难以在资料上见长。

清末政局，中央与地方、新与旧、满与汉、新与新、旧与旧、满与满、汉与汉等，各种矛盾错综复杂，互相交融，各阶层、各集团间利益盘根错节，犬牙忽见。满汉集团间既有利用与趋附，争斗与妥协，亦有忠诚与背叛、分化与重组。如何恰如其分地厘清满汉矛盾与其它矛盾之间的复杂联系，如何全面的揭示满汉矛盾自身的多面性，如何在满汉之间保持相对客观的立场（绝对客观的立场似难以实现），避免满汉二元对立的机械认识，笔者只能尽力而为。

本书源于博士论文，课题由我自选，但离不开业师河北师范大学董丛林教授的精心指教。先生专攻中国近代史有年，治学严谨、成果颇丰，而又一向平易近人、谦虚大度。然因晚生才疏学浅，功夫不足、学力有限，本研究未全如先生所望，甚以自惭。

感谢我的硕士导师、上海大学张元隆教授，是他毫无保留、不厌其烦地教导，引领我走向学术殿堂的门径，并对本书提供了宝贵意见。

感谢拙荆李卫平女士，多年来是她承担了养儿理家的大量事务，并始终给予坚定的支持，才使我有足够的时间和精力在学术研究中砥砺奋进。

感谢江苏师范大学副校长蔡国春教授、教育学院院长高伟教授等大力支持，感谢中国社会科学出版社编审宋燕鹏博士等尽心尽力，让本书在历经两年多曲折后得以付梓。

特别致敬新浪爱问·资料共享平台（http：//ishare.iask.sina.com.cn），它可以免费、快速下载海量的网友上传的共享资料，主办方及参与的网友皆功德无量！鄙人在该平台下载了大量急需的专业资料，省时省力省钱，其服务态度和开放程度超过大陆任何的图书馆、档案馆及博物馆，尤于贫寒弱势之青年学子善莫大焉！

本文表达之观点，除已做注释和参考文献外，理论上皆鄙人陋见。然亦有先前拜读，心有所悟，后却难觅出处，故掠美难免，望前贤海涵。当然，一切文责自负，敬祈方家斧正。电子信箱：deyanghu@163.com

薛伟强

2017 年 11 月于多伦多